Friedenau erzählt

Unseren Kindern Jonas, Simon und Sonja gewidmet

edition
Friedenauer
Brücke

www.friedenauer-bruecke.de

Titelbild: Eisenbahnüberführung (Friedenauer Brücke) von Ernst Ludwig Kirchner, 1914
Öl auf Leinwand 79 x 100 cm, Museum Ludwig, Köln
© by Ingeborg & Dr. Wolfgang Henze-Ketterer, Wichtrach/Bern
und dem Rheinischen Bildarchiv Köln

Abbildungen auf dem Umschlag:
Panorama Friedenau, von der Wannseebahn aus gesehen, Ansichtskarte um 1900
Ausschnitt aus dem Situationsplan des dem Landerwerb- und Bauverein gehörigen Villen-Terrains zu Friedenau, Berlin um 1880

Friedenauer Brücke von Ernst Ludwig Kirchner im Logo
© by Ingeborg & Dr. Wolfgang Henze-Ketterer, Wichtrach/Bern

Friedenau erzählt

Geschichten aus einem Berliner Vorort
1871 bis 1914

Eine Dokumentation von Hermann Ebling

Blick auf Neu-Friedenau, im Hintergrund die Friedenauer Brücke, um 1900

Vorwort

Man lasse mich hier eine Geschichte erzählen, einfach deshalb, weil es mich gelüstet, es zu tun. Aus keinem Grunde sonst. Ich will mich ganz in ihr verplaudern, mich darin einspinnen wie der Seidenwurm in seine eigenen Fäden. Nehmt es als Laune! Denkt, es ist ein Spielzeug, das er sich da zusammenbaut! Weiß Gott, weshalb! Aber – hört zu! Denn erzähle ich nicht diese Geschichte, so wird niemand sein, der sie euch erzählen wird, und sie könnte verlorengehen, könnte ungeschehen werden – und das wäre schade! Sie selbst nämlich, die an den Vorgängen Anteil hatten, werden nichts mehr von ihnen verraten. Keine Silbe darüber werdet ihr von ihnen vernehmen; denn sie sind ein wenig schweigsam, seitdem sie sich vom Geschäfte dieses Daseins vor einigen Jahrzehnten zurückgezogen haben, um ungestört in behaglicher Selbstbeschaulichkeit auf den Tag zu warten, an dem mit Schnur und Meßstange Wege und Straßen durch die lärmumwogte Einsamkeit ihres heutigen Domizils gezogen werden, und man statt ihrer bescheidenen efeubezogenen Hügel, zwischen denen sich nachmittags die Kinder jagen, granitene Bordschwellen und Platten für den Bürgersteig zu Haufen schichtet. Es ist Sage geworden, das Leben all derer, von denen ich sprechen werde. Mehr noch – es hat sich in Nichts aufgelöst, sie sind, wie der Psalmist sagt, dahingegangen, als ob sie nie gewesen wären.

Und deshalb laßt mich von ihnen sprechen! Denn es ist eine Ungerechtigkeit, eine schreiende Ungerechtigkeit, daß etwas, das einmal gewesen ist, so glatt wieder in das Nichts zurücktauchen soll, daß nach uns ... nach unserer Anwesenheit an dieser zweifelhaften Stelle, kaum fünfzig, sechzig Jahre nach unserem Abgang von der Lebensbühne keine Seele mehr fragen soll, kein Huhn gackern, kein Hahn krähen. Leben wir dazu? Weinen wir und freuen wir uns dazu? Tragen wir die Ketten von eisernen Ringen und goldenen Gliedern, die unlösbar miteinander verhakt und vernietet sind, von Glück und Leid, nur dazu? Soll niemand wissen, was wir getragen haben? Warum soll nicht das Wort vom Leben Zeugnis geben? Warum soll nicht der letzte Hall von Menschen und Dingen aufgefangen werden? Warum nicht den Stein noch einmal mühselig bergan wälzen, ehe er für immer von der nächtlichen Tiefe der Schluchten verschlungen wird? ...

Georg Hermann

Aus dem Vorwort zu seinem Roman „Jettchen Gebert“, geschrieben in Friedenau

Die Erstausgabe erschien 1906 im Berliner Verlag Egon Fleischel & Co.

Johann Anton Wilhelm von Carstenn-Lichterfelde

Die zukünftige Entwicklung von Berlin

„Majestät, nach den Errungenschaften des Jahres 1866 ist Berlin zur ersten Stadt des Continents berufen, und was seine räumliche Ausdehnung anbelangt, so muß Berlin und Potsdam eine Stadt werden, verbunden durch den Grunewald als Park." –

Diese Worte durfte ich Sr. Majestät unserm unvergeßlichen König Wilhelm I. auf die Frage antworten, wie ich mir die Entwickelung Berlins dächte, als Allerhöchstderselbe im Jahre 1869 mich in Lichterfelde mit Seinem Besuch beehrte, um das von dem damaligen Kriegsminister von Roon für die Central-Cadettenanstalt in Aussicht genommene Terrain zu besichtigen.

Bald folgten die noch gewaltigeren Errungenschaften des glorreichen Feldzuges 1870/71, die Wiedererstehung des Deutschen Reiches mit Berlin als Reichshauptstadt; und was ich zwei Jahre vorher in prophetischem Sinne geäußert, daß Berlin zur ersten Stadt des europäischen Continents berufen sei, mußte nun zur Wahrheit werden.

Im Jahre 1864, zu welcher Zeit bereits das gesundheitsgefährliche Anwachsen der beiden Hauptstädte des damaligen Deutschen Bundes, Berlin und Wien, in engen Straßen und himmelhohen Häusern begann, hatte ich den Entschluß gefaßt, meine seit 1854 bei der Entwickelung von Hamburg-Wandsbeck gesammelten Erfahrungen einer rationellen Erweiterung und Entwickelung der größten Städte zu widmen, und nach den Ereignissen des Jahres 1866 bestimmte mich mein Patriotismus, meine Thätigkeit der Preußischen Hauptstadt unmittelbar nutzbar zu machen. Ein beträchtliches Vermögen setzte mich in den Stand, selbsthandelnd vorzugehen, und so studirte ich zunächst in London, was schon damals eine Einwohnerzahl von rund 2500000 Seelen und eine räumliche Ausdehnung von fast sechs Quadratmeilen hatte, an Ort und Stelle die Entwickelung dieser damals einzigen Weltstadt, welche in ihren neuen Theilen rationell angelegt war. (...)

Mit den gesammelten Erfahrungen kehrte ich nach dem Continent zurück, studirte nun die Umgebung von Paris, Wien und Berlin, mußte erkennen, daß gerade Berlin in der rationellen Entwickelung am meisten zurückgeblieben war, sah aber, daß auch hier gerade in den Naturschönheiten der Umgegend die Vorbedingungen vorhanden waren, um mit Unterstützung der Regierung Berlin ohne Schwierigkeiten zu der schönsten Stadt der Welt machen zu können. Weiter erkannte ich als einzig richtige Ausdehnung dieser Stadt die nach Südwesten in Richtung auf Potsdam und legte hierzu die Grundlage, indem ich mich 1865 käuflich in den Besitz der Rittergüter Lichterfelde und Giesendorf setzte, um hier eine vornehme Villenstadt im Sinne der Entwickelung Londons zu gründen. ...

Gleichzeitig begann ich mit der Ausarbeitung eines Parzellirungsplanes und mit der Anlage von Straßen, so daß ich im Frühjahr 1868 die ersten Verkäufe von Bauparzellen abschließen konnte. So Manche belächelten meine kühnen Pläne; weitsichtige scharfblickende Männer aber zollten meinem Beginnen Beifall, und unter diesen ganz hervorragend der damalige Kriegsminister von Roon. ...

Als ich die, vorliegende Schrift einleitenden Worte, Berlin und Potsdam müsse **eine** Stadt werden, zu Seiner Majestät dem damaligen König Wilhelm I. äußerte, war dies nicht etwa der Ausfluß eines mir durch den Kopf gehenden Gedankens, sondern eine bei mir unerschütterlich fest stehende Überzeugung und das Resümee eines vor meinem geistigen Auge bereits fertig daliegenden Projektes. Die Einleitung desselben hatte ich schon mit dem Ankauf der Rittergüter Lichterfelde und Giesendorf beschlossen und dessen Durchführung nach den Errungenschaften Preußens im Jahre 1866 mir zur Lebensaufgabe gemacht.

Zur Durchführung eines so großen Planes ist erforderlich Geld und Energie. Beides war mir eigen. Ich hatte ein für damalige Zeiten beträchtliches Vermögen und die erforderliche Energie bereits bethätigt durch meine Unternehmungen ähnlicher Art bei Hamburg. Durch die Parzellirung der Güter Lichterfelde und Giesendorf, zu denen ich dann auch noch das Rittergut Deutsch-Wilmersdorf erwarb, mußte mein Vermögen naturgemäß mehr und mehr anwachsen und ich hierdurch die erforderlichen Mittel zur weiteren Verfolgung des ganzen großen Projectes erhalten; die Energie aber wächst mit den Erfolgen und mit der Größe der gestellten Aufgabe. Der Anfang ist schwer, ist dieser aber erst gemacht – und dies war 1869 bereits der Fall – , so ergiebt sich bei ungestörter Entwickelung das Weitere ganz von selbst; nur muß die Sache im Großen und Ganzen in ein und derselben Hand bleiben oder in einheitlichem Sinne wenigstens von einer Centralstelle aus geleitet werden, dann ist aber auch der Erfolg gesichert. Bei solchen Unternehmen wachsen nicht die Schwierigkeiten mit jedem Schritte vorwärts, sondern sie werden im Gegentheil immer geringer.

Auch Seine Majestät König Wilhelm I. hatte gelegentlich Seines hier in Rede stehenden Besuchs in Lichterfelde im Jahre 1869 die Gnade, mir gegenüber derselben Ansicht Ausdruck zu geben, indem Allerhöchst-Er zu mir äußerte: „Ein Unternehmen, welches Sie so lange mit Ausdauer und Fleiß bisher geführt haben, macht sich von selbst“, und die aus Allerhöchstem Munde noch hinzugefügte Ermuthigung „Ich werde das Meinige dazu beitragen“ spornte meine Energie aufs Höchste. …

Die Begründung von Villen-Colonien hatte bei dem Publikum schnell Anklang gefunden. Da jedoch die einheitliche rationelle Leitung fehlte, so bemächtigten sich theils wohl solide Unternehmer, noch mehr aber gewissenlose Spekulanten des bei dem Publikum nach dieser Richtung hin erwachsenden Interesses. In allen Richtungen der Windrose um Berlin herum wurden die Anfänge zu Villen-Colonien gemacht, ohne Plan, ohne einheitlichen wenigstens und ohne einheitliches bestimmtes Ziel. Die besser situirten Berliner folgten dem Drang nach frischer reiner Luft, der Landwirth verkaufte gern seinen Acker als Baustellen, Spekulanten drängten sich dazwischen und das Terraingeschäft entwickelte sich zu dem waghalsigsten, verderblichsten Gründungsschwindel. Terraingesellschaften wuchsen wie Pilze aus der Erde, bezahlten das Land an die Zwischenhändler schon zu hohen Preisen, verkauften es zu exorbitanten – der unausbleibliche Rückschlag kam und gleichzeitig der allgemeine finanzielle Krach, in welchen dann die meisten Terraingesellschaften mit verwickelt wurden.

Ein Jahrzehnt ruhte nun das Terraingeschäft in den Vororten von Berlin fast gänzlich, dann setzte es allmählich wieder ein, entwickelte sich jetzt freilich auf solideren Grundsätzen, aber eine der für das Gemeinwohl, für die Ausdehnung von Berlin wichtigsten Fragen, das „Wo und Wohin" wurde noch nicht einheitlich behandelt und noch viel weniger endgültig gelöst. Während der Gründerperiode waren fast in jedem Dorf rund um Berlin herum die Anfänge zu Villen-Colonien entstanden, und in Anlehnung an diese wurde auch in der zweiten Periode überall weitergebaut.

...

Man vergegenwärtige sich die damalige Lage: Ich war ganz unbestritten der Urheber des Gedankens zur Begründung der Villen-Colonien in der Umgebung von Berlin; ich war auch in Wirklichkeit der Begründer der ersten derartigen Colonie; ich hielt mich hierbei in Preisen, welche es jedem einigermaßen vermögenden Manne möglich machten, in meinen Colonien sich anzusiedeln, denn der von mir geforderte Höchstbetrag betrug pro Quadratruthe nur 75 Mark, so daß sich ein genügend umfangreiches Villen-Grundstück von 60 Quadratruthen auf 4500 Mark und der ganze Morgen auf 13500 Mark stellte. Ich hatte aber auch die Preise der Bauunternehmungen und Handwerker angemessen nivellirt, hatte für die Errichtung einer Eisenbahnstation, von Post und Telegraph und für bequeme Eisenbahn-Verbindungen mit Berlin gesorgt, hatte Arzt und Apotheker an den Ort gezogen und die Errichtung höherer Knaben- und Mädchenschulen veranlaßt, kurz man konnte sich in meiner Villen-Colonie ein gesundes Heim für ein Capital gründen, dessen Zinsen bei Weitem nicht an die Miethen der Großstadt mit ungesunder schlechter Luft heranreichten, man brauchte dabei das großstädtische Leben nicht zu entbehren, fand andererseits aber auch am Orte selbst Alles, was man für das Leben bedarf. Ich hatte weiterhin die Gemarkung Deutsch-Wilmersdorf für gleiche Villenanlagen bereits vorbereitet, hatte hier in der großen Kaiserstraße eine vortreffliche Straßenverbindung mit dem Westen von Berlin in Anlehnung an den Kurfürstendamm geschaffen und wäre in gleicher Weise Schritt für Schritt unter Berücksichtigung aller vernünftigen und sachgemäßen Forderungen, dabei aber ohne Speculation auf die Geldbeutel der Interessenten weiter vorgedrungen bis zur Erreichung des mir gesteckten Zieles, der Vereinigung von Berlin und Potsdam zu einer Stadt.

...

Von den einbezogenen Ortschaften hängen Charlottenburg und Schöneberg schon jetzt auf verschiedenen Stellen mit dem heutigen Berlin zusammen, und beide zeigen mehr oder weniger städtisches Aussehen. Die übrigen Ortschaften haben zum Theil bereits ansehnliche Villen-Colonien, und ihre Gemarkungen sind zur Vergrößerung derselben vorbereitet. ...

Auch alle modernen Communicationsmittel sind auf diesem Terrain bereits vereinigt. Neben den weiter vorstehend aufgeführten, dem Lokalverkehr dienenden großen Schienenwegen ist hier das stattliche Netz der Dampfstraßenbahnen des bekannten Eisenbahnunternehmers Bachstein aufgespannt, welches Schöneberg, Deutsch-Wilmersdorf, Friedenau, Steglitz, Schmargendorf und die Villen-Colonien am Grunewald bedient; ferner verbindet eine im Betrieb desselben Unternehmers stehende und sogar dem Güterverkehr dienende Dampfstraßenbahn Groß-Lichterfelde vom Anhalter Bahnhofe aus mit der Villen-Colonie Seehof, Teltow und Stahnsdorf bzw. Klein-Machnow, und eine electrische Bahn durchfährt Groß-Lichterfelde in seiner ganzen Ausdehnung von Norden nach Süden vom Potsdamer bis zum Anhalter Bahnhof: auf der Havel aber durchschneiden neben keuchenden Schleppdampfern elegante flotte Salondampfer die Wellen.

Nach diesen Seiten, nach Westen und Südwesten hin ist zunächst und in erster Linie die Ausdehnung von Berlin gedacht, indem hier die bereits bestehenden Villen-Colonien und Straßenanlagen sowie die eben genannten vortrefflichen Communicationsmittel die Ausführung des Projectes wesentlich erleichtern und beschleunigen. …

Für den neuen Theil des Weichbildes von Berlin wird vor Allem und in erhöhtem Maße die Gesundheitspflege, die berechtigte Forderung nach Licht und Luft bestimmend sein müssen, und bei dem reichlich bemessenen Raum kann und muß diese Forderung die weitestgehende Berücksichtigung finden. Zahlreiche Straßen von angemessener Breite, öfters wiederkehrende Schmuckplätze, wenigstöckige Häuser, sowie Gartenanlagen vor und zwischen diesen wird das hierbei anzustrebende Ziel sein. …

Mit diesem Flächenraum und unter Berücksichtigung weitläufiger Bebauung wären wir auf eine Bevölkerungszahl von 4 Millionen Menschen und darüber eingerichtet.

…

So bin ich denn am Ende des zweiten Theils meiner Abhandlungen angelangt. Ich habe in diesem das von mir vor 27 Jahren bereits geplante Project einer rationalen Ausdehnung der Königlichen ersten Residenz- und Reichs-Hauptstadt Berlin, unter Berücksichtigung der Gesundheitspflege, des Verlangens nach Licht und Luft, der Bedürfnisse für die Sittlichkeit, des Wunsches nach heimlichen Wohnstätten unter gleichzeitiger Benutzung der vorhandenen Naturschönheiten den zuständigen Behörden und Körperschaften vorgeführt, und unterbreite es hiermit allerunterthänigst Seiner Majestät dem Könige von Preußen und Deutschen Kaiser Wilhelm II. mit der ehrfurchtsvollen Bitte:

> „Majestät wollen dieses Project eines Mannes, welcher seinen Patriotismus bereits bethätigt hat, und welcher in unveränderter Vaterlandsliebe bestrebt ist, seine Erfahrung und Überzeugungstreue dem Gemeinwohl nutzbar zu machen, Allergnädigst und Höchstselbst prüfen und als der große Enkel großer Ahnen darüber Entscheidung treffen – zur Erhöhung des Ansehens Euerer Kaiserlichen und Königlichen Majestät Residenz, zum Dank der gegenwärtigen Generation und zum Segen für kommende Geschlechter!“ …

von Carstenn-Lichterfelde

Offener Brief an die Mitglieder des Reichstages und des Preußischen Landtages über meine Schenkung an den Staat und deren gerichtliche und außergerichtliche Folgen sowie Die zukünftige Entwicklung von Berlin | von Carstenn-Lichterfelde, Berlin 1892

Johann Anton Wilhelm von Carstenn war unbestritten der Begründer von Lichterfelde, Friedenau, Halensee und großer Teile Wilmersdorfs. Die Dimensionen seines in der Euphorie der Gründerjahre entstandenen Traumes von der zukünftigen Entwicklung der Reichshauptstadt Berlin und seiner Vororte, die mehr als 8 Millionen Menschen Wohnraum geboten hätte, waren aber, aus heutiger Sicht betrachtet, eine zum Scheitern verurteilte Utopie.

Die Ausschreitung über die Grenzen des Berliner Weichbildes hinaus, das Außercultursetzen von zahllosen Feldern, meilenweit um Berlin, der Umstand, daß man jetzt da, wo Kartoffeln gepflanzt werden sollten, junge Bäume als Begrenzungen zukünftiger Straßen sehen kann, Terrains, die zehn Millionen Einwohner nicht occupieren könnten – Gesellschaften und Privaten gehörend – und wobei viele Tausende ihr Vermögen verloren haben – dieses Kunststück verdanken wir Herrn v. Carstenn, und hier hat sich die Tugend belohnt, denn der Adel und Millionen sind sein Lohn, ausserdem ist er populär geworden... er hat als kluger Geschäftsmann gehandelt, hat die Courage gehabt, hier ein neues Feld in Angriff zu nehmen, mit eigenen Mitteln, großer Energie und Ausdauer das Möglichste aus dem Vorhandenen gemacht und reichlich dabei geerntet, ...

So beschrieb 1876 der „Eisenbahnkönig" Bethel Henry Strousberg den großen Visionär und Städteplaner, vom Kaiser wegen der Schenkung des Terrains für die Lichterfelder Kadettenanstalt mit dem Adel derer von Lichterfelde ausgezeichneten Carstenn noch vor dessen finanziellem und gesellschaftlichem Ruin.

Der 1892 vier Jahre vor seinem Tod in Buchform herausgegebene „Offene Brief" Carstenns ist die groß angelegte Rechtfertigungs- und Verteidigungsrede seines über drei Jahrzehnte hinweg gespannten Lebenswerks, nämlich der zukünftigen Entwicklung von Berlin, gleichzeitig aber auch die Anklage über die Vereitelung seiner Pläne durch den preußischen Staat.

Die Annahme der „Schenkung" des Geländes für die projektierte Kadettenanstalt in Lichterfelde war mit umfangreichen Auflagen durch den preußischen Staat verbunden, deren Einlösung Carstenn – nach der Ernüchterung der Gründerjahre kam der Bau von Villenkolonien ein Jahrzehnt lang fast gänzlich zum Stillstand – finanziell nicht mehr in der Lage war.

In langen Prozessen nahm der Militärfiskus ihm Werte ab, die Carstenn auf weitere 9 Millionen berechnete. Unter der Last dieser Prozesse ist er zusammengebrochen. Das Eingreifen Wilhelms I. mußte ihn vor der Pfändung schützen. Sein Name ist verschwunden. Die Nachschlagebücher wissen nichts mehr von diesem weitblickenden Kaufmann, dessen Name in den sechziger und siebziger Jahren zu den bekanntesten in Berlin gezählt und der als Städtebauer Großartigeres geleistet hat als irgendein preußischer Herrscher. Nur auf seinem Grabstein bei der alten Kirche von Lichterfelde findet man seine kurzgefaßte Lebensgeschichte:

„J. A. W. von Carstenn-Lichterfelde, geb. d. 12. Dec. 1822, gest. d. 19. Dec. 1896. Ps. 84. 12. 13. HERR Zebaoth, wohl dem Menschen, der sich auf dich verläßt."

Werner Hegemann, Das steinerne Berlin, 1930

Auch die Friedenauer haben ihrem Gründer nie gedankt. Keine Straße und kein Platz im Ort erinnern an Carstenn. Historisch nicht nachvollziehbar wurden beispielsweise 1962 zwei der ältesten Straßen Friedenaus, die Ring- und die Kirchstraße, nach den beiden kurz zuvor verstorbenen Schöneberger Kommunalpolitikern Konrad Dickhardt und Hans Schmiljan benannt.

Als Johann Anton Wilhelm von Carstenn-Lichterfelde vereinsamt und zurückgezogen 1896 starb, war dieses Ereignis dem Friedenauer Lokal-Anzeiger nur folgende kleine Mitteilung wert:

Herr Wilhelm von Carstenn-Lichterfelde, durch seine Schenkung für die Kadettenanstalt und dann durch seine Prozesse mit dem Militärfiskus bekannt geworden, ist am 20. d. M. nach langem schweren Leiden im vollendeten 74. Lebensjahre gestorben. Bekanntlich war Herr v. Carstenn vor der Gründung Friedenaus Besitzer des Grund und Bodens, welches damals zum Rittergute Dt. Wilmersdorf gehörte. Nach der Gründung Friedenaus zog der Verstorbene nach Lichterfelde und hat dieser Ort seine jetzige Villenkolonie ihm zu verdanken.

Friedenauer Lokal-Anzeiger 23. Dezember 1896

„Situationsplan von dem Wilmersdorfer Oberfeld, auf Grund des Busse'schen Planes angefertigt im Central-Bureau des Rittergutsbesitzers J. A. W. Carstenn in Lichterfelde durch J. Otzen, Königl. Baumeister, vervollständigt den 25. Juli 1874"

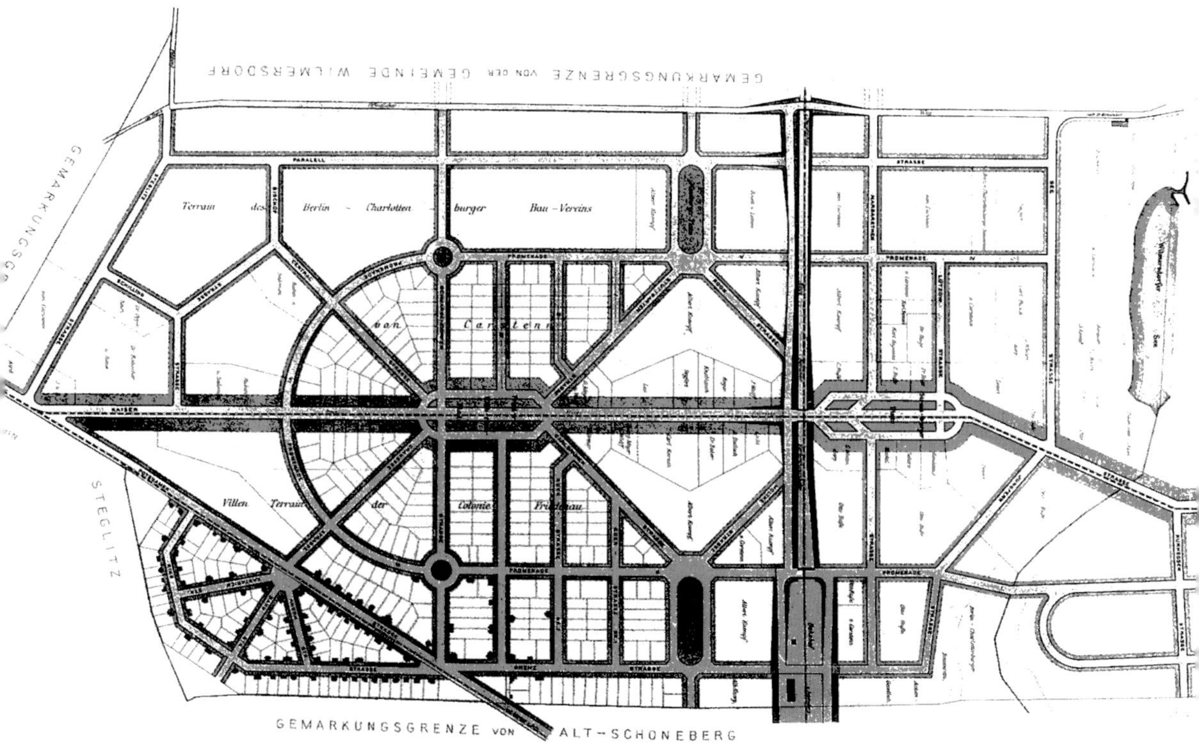

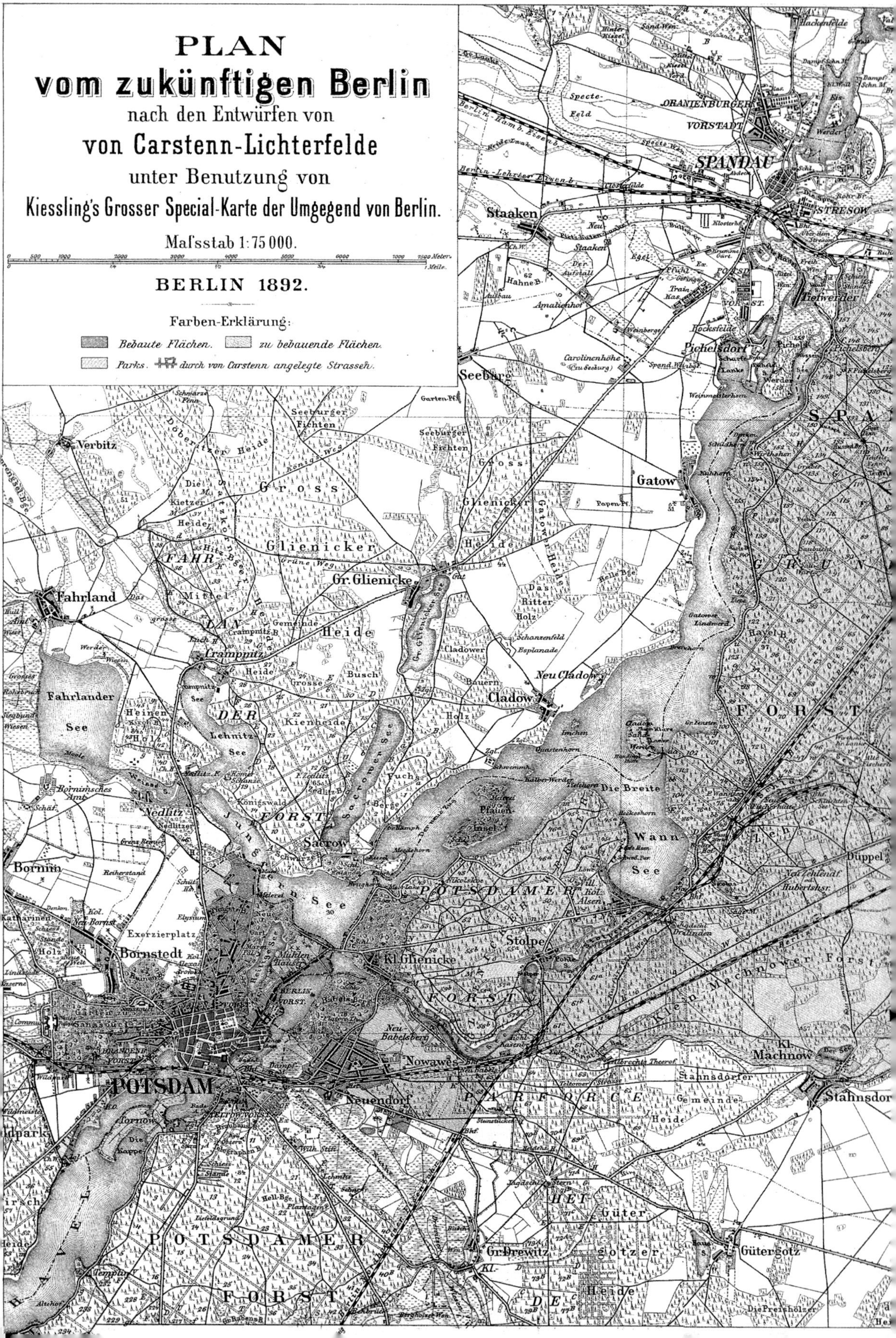
PLAN
vom zukünftigen Berlin
nach den Entwürfen von
von Carstenn-Lichterfelde
unter Benutzung von
Kiessling's Grosser Special-Karte der Umgegend von Berlin.
Maſsstab 1:75 000.
BERLIN 1892.
Farben-Erklärung:
Bebaute Flächen.
zu bebauende Flächen.
Parks.
durch von Carstenn angelegte Strassen.
SPANDAU
ORANIENBURGER VORSTADT
STRESOW
Tiefwerder
Pichelsdorf
Staaken
Seeburg
Gatow
Verbitz
Döberitzer Heide
Gross Glienicker Heide
Gr. Glienicke
Fahrland
Fahrlander See
Crampnitz
Lehnitz See
Nedlitz
Bornim
Bornstedt
Cladow
Neu Cladow
Sacrow
Pfauen-Insel
Die Breite
Wann See
Stolpe
Kl. Glienicke
POTSDAM
Neu-Babelsberg
Nowawes
Neuendorf
Düppel
Kl. Machnow
Stahnsdorf
Gütergotz
Gr. Drewitz
POTSDAMER FORST
PARFORCE HEIDE
GRUNEWALD FORST
HAVEL

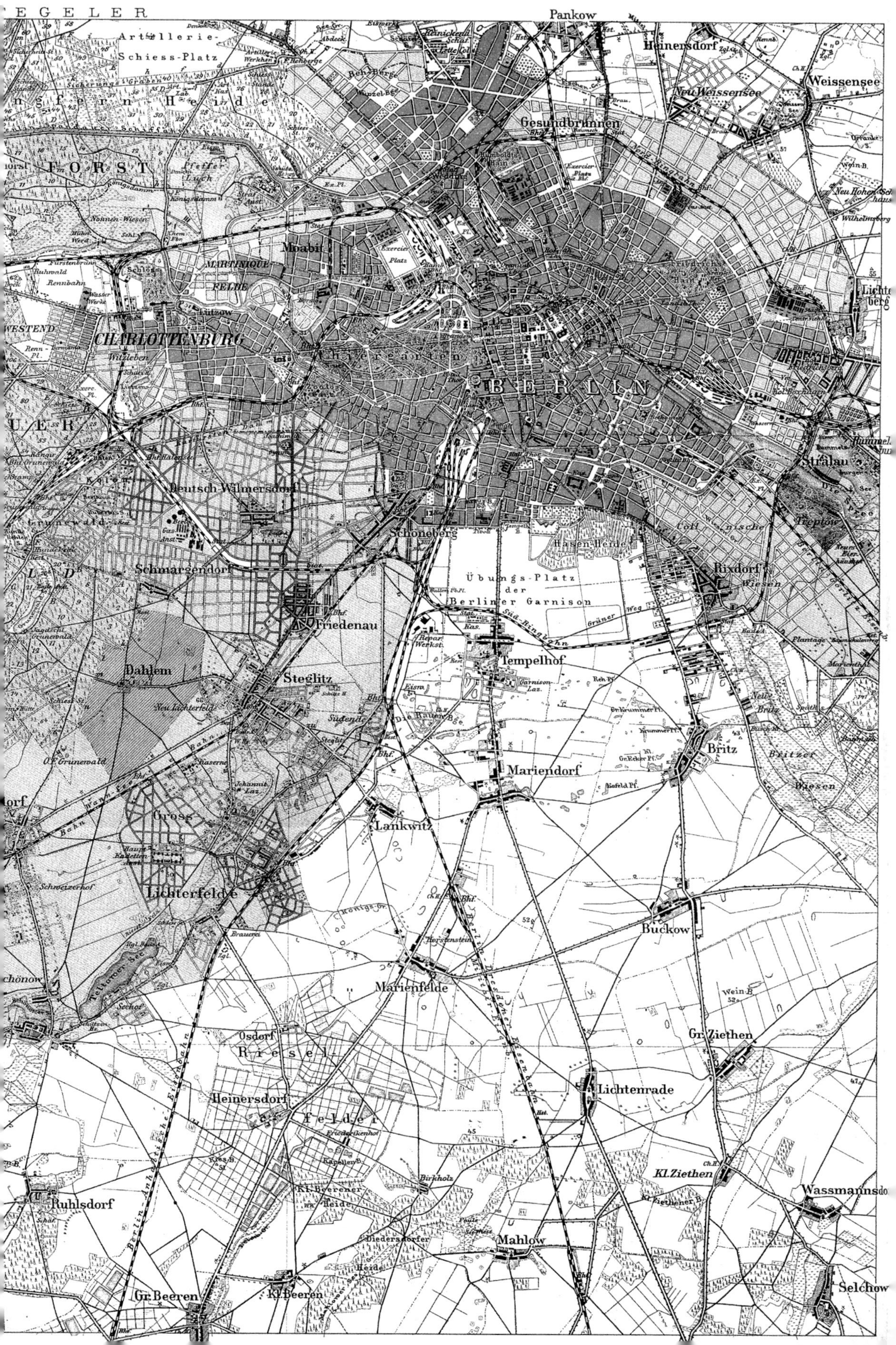

EGELER
Pankow
Artillerie-Schiess-Platz
Heinersdorf
Neu Weissensee
Weissensee
Gesundbrunnen
FORST
Moabit
MARTINIQUE-FELDE
WESTEND
CHARLOTTENBURG
Thiergarten
BERLIN
Lichtenberg
Stralau
Treptow
Deutsch Wilmersdorf
Schöneberg
Schmargendorf
Friedenau
Übungs-Platz der Berliner Garnison
Hasen Heide
Rixdorf
Tempelhof
Dahlem
Steglitz
Neu Lichterfelde
Mariendorf
Britz
Lankwitz
Gross Lichterfelde
Buckow
Marienfelde
Osdorf
Riesel-felder
Heinersdorf
Gr. Ziethen
Lichtenrade
Kl. Ziethen
Wassmannsdo
Ruhlsdorf
Mahlow
Gr. Beeren
Kl. Beeren
Selchow
Berlin-Anhaltische Eisenbahn
Berlin-Dresdener Eisenbahn

Willy Spatz

Geschichte der Ortschaften des Kreises Teltow

Wenn man die Geschichte der Entstehung der Ortschaften des Teltow überblickt, so lassen sich drei große Gründungsepochen deutlich unterscheiden. Zuerst das 13. Jahrhundert, die Zeit, in der die alten Ortschaften wie Markgrafendorf (Schmargendorf), Sconenberch (Schöneberg), Steglitz und Deutsch-Wilmersdorf entstanden. Sodann die Regierungszeit Friedrichs des Großen. In den Jahren vor und nach dem Siebenjährigen Kriege wuchsen besonders in der Spreeniederung neue Ortschaften wie Grünau, Müggelheim, Adlershof, ferner auch Böhmisch-Rixdorf, Neu-Schöneberg und Nowawes empor. War die Entstehung der deutschen Ortschaften im 13. Jahrhundert vornehmlich auf die Tatkraft der deutschen Kolonisten zurückzuführen, so sind die „Etablissements" und Kolonien des 18. Jahrhunderts als ein Werk der großen preußischen Herrscher zu betrachten. Eine dritte Periode setzt um 1870 ein. Sie unterscheidet sich dadurch von den vorhergehenden, daß nicht ein Überschuß deutscher Volkskraft, auch nicht das Machtgebot eines Herrschers neue Ortschaften entstehen ließ – das Aufblühen von Friedenau ebenso wie von Eichwalde, Wildau und anderen Vororten ist vielmehr aufs Engste mit dem Emporwachsen der Großstadt Berlin verknüpft und ohne das beispiellose Anschwellen der großstädtischen Bevölkerung nicht denkbar.

Willy Spatz, Der Teltow, 3. Teil, Geschichte der Ortschaften des Kreises Teltow, Berlin 1912

Jejend, nischt wie Jejend

Der Ausschnitt aus Simon Schropps „Karte vom Weichbilde Berlins" von 1846 zeigt das Terrain zwischen den Dörfern Schöneberg, Tempelhof, Steg(e)litz, Schmargendorf und Wilmersdorf, auf welchem später Friedenau entstehen sollte. „Jejend, nischt wie Jejend", wie der Berliner sagte.

„... da waren da nur Gräben und Feldraine, Weidenalleen und Buschketten, Wiesen, Kartoffeläcker und Mohrrübenfelder; ... da lag der schöne alte Feldweg mit seinen tiefen Gleisen, ganz einsam – und rechts und links standen mit den kurzen, dicken, gewundenen Stämmen die Bäume, morsch, rissig, gekröpft, mit großen runden Büscheln grüner Gerten. Ganz in Nesseln standen sie – man könnte sagen, sie standen bis zur Brust in diese Nesseln gedrückt. In ihren Rissen und Höhlungen nisteten Fink und Bachstelze; ..." So beschrieb Georg Hermann in seinem Roman „Kubinke" 1908 dieses weitgehend brachliegende Land.

Und doch zeigt die Karte mehr.

Von Berlin aus in südwestlicher Richtung wird das Gebiet von der schon seit mehr als 2000 Jahre alten Handelsroute, der späteren Königstraße von Königsberg bis Aachen, durchschnitten. 1791–95 von Carl Gotthard Langhans als erste Kunststraße Preußens zwischen Berlin und Potsdam chausseemäßig angelegt, ist ihr Abschnitt, auf Friedenauer Gebiet Haupt- und Rheinstraße genannt, heute Teilstück der Bundesstraße 1.

Parallel zur Straße verlaufen die Gleise der am 22. Oktober 1838 zwischen Berlin und Potsdam eröffneten Potsdamer Eisenbahngesellschaft, der ersten Bahnstrecke auf preußischem Staatsgebiet.

Der Signalberg, die ehemals höchste Erhebung in diesem Gebiet, dessen Kuppe durch den Eisenbahnbau ab 1835 zerschnitten und damals bereits weitgehend abgetragen wurde, ist auf dem Plan noch verzeichnet.

Heute überspannt die Friedenauer Brücke dort die Bahngleise und die in den 1970er Jahren angelegte Westtangente; an klaren Tagen kann man von hier den Berliner Dom erkennen. Vom Signalberg aus war nach Norden geblickt die historische Mitte Berlins in direktem Sichtkontakt und nach Südwesten hin über die Stationen Fichte- und Schäferberg Potsdam. Noch lange vor der Erfindung von Telegraf und Telefon war ein Lichtsignal der schnellste Weg der Nachrichtenübertragung. Als im Jahre 1786 Friedrich der Große in Potsdam gestorben war, erfuhr man über diesen „Kommunikationsweg" in Berlin wenige Minuten später davon.

Der vom Kartographen versehentlich einige hundert Meter zu weit in Richtung Steglitz eingezeichnete Meilenstein, ein von einer Kugel gekrönter Obelisk, wurde um 1730 unter Friedrich Wilhelm I. etwa in Höhe der heutigen Haupt- Ecke Fregestraße aufgestellt. Damals errichtete Steinsäulen, ausgehend vom Dönhoffplatz in Berlin, bezeichneten die jeweilige Entfernung nach Potsdam. Dieser erste Meilenstein außerhalb Berlins, eine deutsche Meile oder 7,5 Kilometer vom Stadtzentrum entfernt, verschwand 1898 bei Bauarbeiten an der Friedenauer Straße, welche 1907 in Hauptstraße umbenannt wurde. Eine Kopie dieses Obelisken wurde 1980 auf dem Innsbrucker Platz aufgestellt.

Gänzlich verschwunden ist der vom „Schwarzen Graben" gespeiste „Drees Pfuhl", von den Friedenauern „Püderingspfuhl" genannt. Er lag etwa an der heutigen Kreuzung von Stubenrauch- und Wilhelmshöher Straße und wurde zum Leidwesen der Friedenauer Jugend noch vor 1900 zugeschüttet.

Karte vom Weichbilde Berlins 1846, von Simon Schropp, Ausschitt

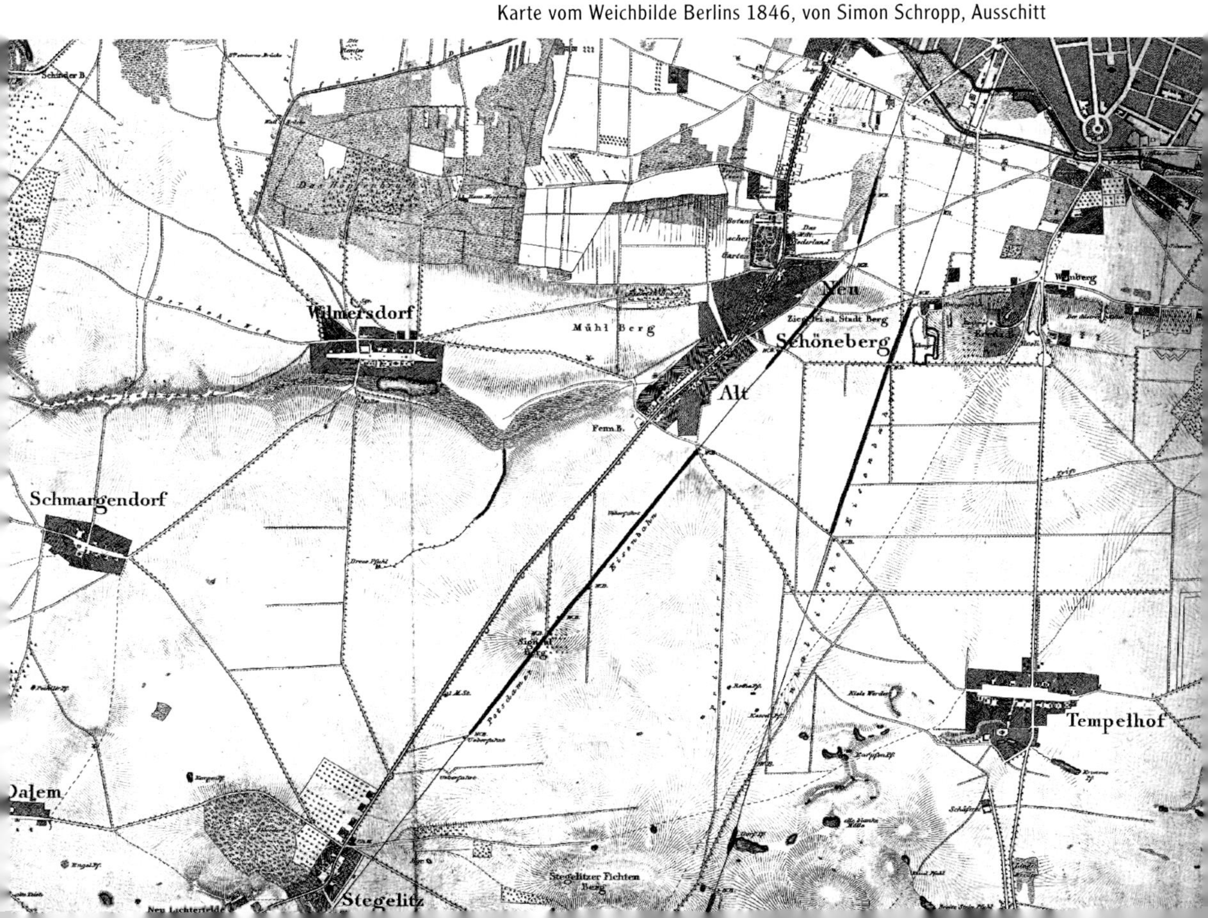

David Born

Zur Wohnungsfrage

Durch die projektierten Pferdebahnen sind die Bestrebungen, welche die Bebauung der Umgegend Berlins seit Jahren bezwecken, ungemein erleichtert worden; daher ist es mir möglich, den vielen an mich ergangenen Aufforderungen, endlich mit der Gründung eines Bauvereins vorzugehen, jetzt nachkommen zu können. – Es ist mir nämlich infolge meiner seit Jahren in der Presse und in öffentlichen Versammlungen fortgesetzten Bemühungen gelungen, für meine Bestrebungen die nötigen Unterstützungen zu finden. Ein Großgrundbesitzer, der sich für die Sache interessiert, hat mir ein Areal von 40 Morgen zum Zwecke der Parzellierung und Bebauung – aber nur für eine Baugesellschaft – zu einem sehr billigen Preise zur Verfügung gestellt. Das Areal, eine Stunde vom Mitrtelpunkt der Stadt, jetzt schon günstig an Eisenbahn und Chausseen im Westen von Berlin gelegen, wird von einer der projektierten Pferdebahnen durchzogen werden und eignet sich für Bebauung wie für Gärten ganz vorzüglich. Aber nur einer Baugesellschaft will der Besitzer den billigen Preis und außerdem günstige Bedingungen stellen, dagegen aber stellt er seinerseits die Anforderung, daß keine Fabriken, keine hochstöckigen Wohnhäuser und Proletarierwohnungen dort gebaut werden dürfen. – Demnach ersuche ich diejenigen, welche sich bei einer solchen Baugesellschaft beteiligen wollen, um gemeinschaftlich Wohnhäuser und die dazu passenden Gärten vermittelst einer Summe, welche die jetzt zu zahlende Miete nicht übersteigt, zu erwerben, mir dies recht bald mitzuteilen; es soll dann eine Versammlung der Angemeldeten einberufen werden. Beamten, Pensionären, Lehrern, Künstlern, Literaten und allen denen, deren Einkommen nicht so rasch und in gleichem Maße als die Wohnungsmiete steigt, kann ich das Unternehmen auf das angelegentlichste empfehlen.

Vossische Zeitung, Mai 1871

Der von David Born verfaßte Artikel „Zur Wohnungsfrage" ist zweifellos das älteste bekannte Dokument zur Gründung der Kolonie, die am 9. November 1874 unter dem Namen „Friedenau" zur selbständigen Landgemeinde erhoben wurde.

David Born, ein deutscher Staatsbürger jüdischer Herkunft, wurde am 30. Oktober 1817 als David Buttermilch im von Preußen besetzten Lissa/Kreis Posen geboren. Seit 1842 war es jüdischen Familien gestattet, ihre oft so typischen, Ende des 18. Jahrhunderts von der Obrigkeit verordneten Nachnamen zu ändern – so änderte er seinen Nachnamen in Born. Nach der bürgerlichen Revolution von 1848 wurde David Born als volkswirtschaftlicher Schriftsteller über Berlin hinaus bekannt; Schriften wie beispielsweise „Schutzzoll oder Freihandel? Zunft oder Gewerbefreiheit?" und „Die bürgerliche Existenz ist gesichert! Das Gewerbe-Beschränkungs-Gesetz vom 9. 2. 1849" veröffentlichte er im Selbstverlag.

In den Gründerjahren widmete sich Born dann ganz der Grundstücksspekulation und übernahm in dem 1871 von ihm mitbegründeten „Landerwerb- und Bauverein auf Aktien" die Direktion. In dieser Funktion war er der Vermittler zwischen dem Großgrundbesitzer von Carstenn-Lichterfelde und den Aktionären des Bauvereins, die beabsichtigten, sich in der geplanten Villenkolonie niederzulassen.

Später, als Friedenau dann entstanden war, und der Villenbau in den Berliner Vororten nach den Gründerjahren fast zum Erliegen gekommen war, gründete David Born noch die „Groß-Lichterfelder Terrain- und Bau-Aktiengesellschaft“, jedoch ohne größeren finanziellen Erfolg. Born starb am 17. März 1879 in Schöneberg. An seinem 10. Todestag erinnerten sich die Friedenauer des Mitbegründers ihrer Landgemeinde und gaben der an der Südgrenze Friedenaus gelegenen Steglitzer Straße den Namen Bornstraße.

Sein Sohn Arthur wurde einer der ersten und bekanntesten Villenbaumeister in Lichterfelde.

David Borns Großneffe Max Born, der 1882 in Breslau geborene deutsche Mathematiker und Physiker, bekam 1953 die Ehrenbürgerwürde von Göttingen, wo man später auch eine Straße nach ihm benannte. 1954 erhielt Max Born den Nobelpreis für Physik.

Alwin Petersilie
Begründung und Entwickelung der Ansiedlung bis zum Erlaß der Gemeindeverfassung

Als nach Beendigung des ruhmreichen deutsch-französischen Krieges von 1870 und 1871 die Hauptstadt des neubegründeten Deutschen Reiches einen ungeahnten Aufschwung nahm und ihre Bevölkerung durch ungewöhnlich starken Zuzug sich rasch vermehrte, trat in wenigen Monaten eine so empfindliche Wohnungsnoth und eine so lebhafte Nachfrage nach Wohnungen ein, daß binnen Kurzem die Miethspreise auf das Doppelte und Dreifache stiegen. Das Bedürfnis, für die in ihrem Obdach gefährdeten Menschenmassen Unterkunft zu schaffen, regte zu einer fast fabelhaften Bauthätigkeit an. Unterstützt wurde diese, wie die gesammte Gewerbthätigkeit und der Handel, durch den Zufluß der französischen Kriegsentschädigungen von fünf Milliarden Francs und durch das hierdurch bedingte Freiwerden ungemessener Privatkapitalien, welche anderweitige gewinnbringende Anlage zu suchen hatten. Die Bauthätigkeit beschränkte sich indessen nicht blos auf das Weichbild Berlins, sondern griff sehr bald, man darf sagen, gleichzeitig, auf einen mehrmeiligen Umkreis der Hauptstadt hinüber. Es entstanden Landerwerb- und Baugesellschaften, welche sich geeignete Baugründe um Berlin herum sicherten, sie nach einheitlichen Bebauungsplänen in Einzelbaustellen auftheilten und zur Ansiedelung vorbereiteten, theilweise auch mit Wohngebäuden bebauten. Indessen war diese Thätigkeit dieser Gesellschaften mehr auf Gewinn gerichtet, als auf sachgemäße Lösung der brennenden Frage der Wohnungsnoth.

Der vorerwähnten Gestaltung der Dinge verdankte auch der in Berlin am 9. Juli 1871 begründete „Landerwerb- und Bauverein auf Aktien“, der Schöpfer der gegenwärtigen Ortschaft Friedenau, seine Entstehung. Bei ihm stand jedoch weniger der gewerbliche Gewinn, als vielmehr die wohlmeinende Absicht, billige und zweckmäßige Wohnstätten für den von der Wohnungsnoth besonders empfindlich betroffenen Mittelstand zu schaffen, im Vordergrunde seiner geschäftlichen Aufgabe; er wollte „durch Ankauf von Land, dessen Parzellirung, Anlage der Straßen, Bau von Landhäusern usw. jedem Vereinsmitgliede Gelegenheit geben, sich ein eigenes schuldenfreies Haus nebst Garten bei mindestens nicht höheren Ausgaben als den derzeitigen Berliner Miethspreisen innerhalb von 15 bis 20 Jahren zu erwerben.“

Der Verein, der nach Maßgabe der bestehenden Gesetzgebung die Form einer Aktiengesellschaft anzunehmen hatte und dessen Organe folgende waren:

I. Aufsichtsrath:

1. Kämpf, Banquier, Vorsitzender;
2. Froeauf, Rechnungsrath bei der Gewerbe-Akademie;
3. Blankenberg, Kanzleirath im Kriegsministerium;
4. Consentius, Lehrer an der Gewerbe-Akademie;
5. Hacker, Geheimer Rechnungsrath im Kriegsministerium;
6. Hähnel, Baumeister;
7. Simon, Direktor der Aktiengesellschaft für Holzarbeiten;

II. Direktion: Born, volkswirthschaftlicher Schriftsteller – erwarb zunächst von dem Herrn von Carstenn-Lichterfelde gehörigen Rittergute Deutsch-Wilmersdorf bei Berlin eine Fläche von 43 Preuß. Morgen und 19 Quadratruthen, gleich rund 11 Hektar, welche südöstlich von der Berlin-Potsdamer Landstraße zwischen den Ortschaften Schöneberg und Steglitz belegen und von deren Gemarkungen und der sogenannten Landstraße begrenzt war. Der Kaufpreis, welchen der Verein zahlte, betrug 28000 Thaler, gleich 84000 Mark. Der Selbstkostenpreis der Quadratruthe stellte sich sonach auf 3 Thaler 18 Silbergroschen 4 Pfennig, gleich zehn Mark 84 Pfennig, erhöhte sich jedoch durch die Aufschließung des Grund und Bodens für die Bebauung mit Straßenanlagen, Pflasterung, Bepflanzung usw. auf etwa 6½ Thaler, gleich 19 Mark 50 Pfennig. Den Mitgliedern wurden Theilstücke mit mäßigem Preisaufschlag zur Auswahl gestellt. Im Ganzen wurden auf jener Fläche 95 Parzellen von je 60 bis 150 Quadratruthen – 1 Quadratruthe = $14,_{185}$ Quadratmeter – hergerichtet, und 1240 Quadratruthen den Straßenzügen zugewiesen. Schon am 25. Oktober 1871 aber genehmigte eine außerordentliche Generalversammlung des Vereins den Ankauf einer weiteren, nordwestlich von der Berlin-Potsdamer Landstraße belegene, an den bisherigen Besitz anstoßende Fläche von 86 Preuß. Morgen unter Erhöhung des Aktienkapitals auf 200000 Thaler gleich 600000 Mark.

Diese 129 Morgen 19 Quadratruthen bildeten den Grundstock der gegenwärtigen Gemeinde-Gemarkung, welche bei der mit dem Jahre 1875 erfolgten Erhebung der Ansiedelung Friedenau – so benannt zur Erinnerung an den ruhmreichen Frieden zu Frankfurt am Main im Jahre 1871 – zu einer selbständigen Gemeinde Friedenau durch Zulegung von Ländereien des Restgutes Deutsch Wilmersdorf weiter auf eine Gesammtfläche von $141,_{3516}$ Hektar gebracht worden ist und, abgesehen von geringfügigen Grenzregulirungen, im Wesentlichen noch gegenwärtig in diesem Umfange besteht. Unmittelbar nach dem Erwerbe des zuerst erwähnten Flächenabschnitts hatte der Landerwerb- und Bauverein den Bebauungsplan festgestellt und die Besiedelung vorbereitet. Noch vor Beginn des Winters 1871/72 waren 2000 laufende Fuß – 1 Fuß gleich 0,3138 Meter – Entwässerungsröhren von Thon in die Straßenzüge verlegt, letztere theilweise gepflastert und mit Baumpflanzungen eingefaßt worden. Bereits im Oktober 1871 wurde auf 3 Grundstücken mit dem Bau von Wohnhäusern begonnen, welcher so gefördert wurde, daß die Dachstühle noch vor Ablauf des Jahres 1871 aufgesetzt und die Gebäude selbst zum April 1872 bezogen werden konnten.

Im Jahre 1872 entwickelte sich in der Ansiedlung eine rege Bauthätigkeit; wohl 500 Bauhandwerker jeder Art waren den Sommer über hier thätig. Im Oktober dieses Jahres waren 12 Wohnhäuser fertig gestellt und weitere 42 im Bau begriffen; 25 Haushaltungen mit 120 Personen bildeten schon im Herbste 1872 die Bewohnerschaft von Friedenau. Im Oktober 1873 gab es bereits 44 bewohnte Häuser mit 120 Haushaltungen von zusammen 540 Personen, die bis auf 25 Katholiken, 10 Juden und 4 Dissidenten sämmtlich evangelisch waren.

Dies günstige Ergebnis war erzielt worden, obwohl sich dem Unternehmen mannigfache Schwierigkeiten mittelbar und unmittelbar entgegenstellten. Denn einerseits brachte der unvergleichliche, in der Folge selbst ungesunde Aufschwung der Gewerbethätigkeit und des Handels im Anfang der siebenziger Jahre eine unerhörte Preissteigerung aller Baubedürfnisse und der Arbeitslöhne mit sich, und zahlreiche Arbeitseinstellungen seitens der in ihren Lohnforderungen unberechenbar gewordenen Handarbeiter hemmten nur zu empfindlich den Fortgang so mancher Unternehmung; andererseits war die im freien Felde belegene Ansiedelung anfänglich naturgemäß entblößt von allen Einrichtungen, deren der Mensch von heute nun einmal nicht entrathen kann; es fehlten nicht blos Kaufläden, Bäcker, Schlächter und die sonstige bequeme Versorgung mit den alltäglichen Nahrungsmitteln, sondern es waren auch die Verkehrsverhältnisse für die Ansiedler, welche fast ausnahmslos ihre Berufsthätigkeit in Berlin ausübten, völlig ungeregelt und unentwickelt; auch für viele andere Annehmlichkeiten blieb noch zu sorgen, und außer gesunden und bequemen Wohnungen, frischer Luft und gutem Brunnenwasser war so gut wie nichts vorhanden, was die ersten Pioniere für ihr muthiges Vorgehen hätte entschädigen können.

Es galt also, Einrichtungen zu treffen, durch welche sich das Dasein in Friedenau freundlicher gestalten und gleichzeitig die Entwickelung des Ortes gefördert werden konnten.

Dieser Aufgabe unterzog sich zunächst der im Oktober 1872 begründete „Gesellige Verein", aus welchem im August 1873 der „Gemeinnützige Verein" hervorging. Letzterer, an dessen Spitze die Ansiedler Froeauf, Rechnungsrath an der Gewerbe-Akademie, Roenneberg, Geheimer expedirender Sekretär im Handelsministerium, und Hertel, Rechnungsrath im Kriegsministerium, traten, machte sich die „Förderung, Vertretung und Verwaltung der Gesammtinteressen des Ortes, insbesondere auch die Regelung der Schul- und kirchlichen Verhältnisse" zur Aufgabe und ist in seiner Tätigkeit und seinen Leistungen bis zum vollständigen verwaltungsrechtlichen Ausbau der Gemeinde ein mustergültiges Beispiel der Selbstverwaltung geworden, zumal in einer Zeit, wo, wenigstens in ländlichen Verhältnissen, die behördliche Bevormundung noch zu den selbstverständlichen Nachwirkungen des aufgeklärten Polizeistaates zählte. Die Leiter des Vereins haben es verstanden – und das ohne über irgendwelche behördlichen Zwangsmittel zu verfügen –, nicht allein durch freiwillige Selbstbesteuerung die erforderlichen Geldmittel zur Durchführung gemeinnütziger Einrichtungen aufzubringen, das Nachtwachwesen zu ordnen, für Hülfe in Feuersgefahr zu sorgen, geregelte Verbindung, zunächst mittels Omnibus, sodann mittels der Eisenbahn, mit Berlin herbeizuführen, die Eröffnung einer Postagentur zu erwirken u. A. m., sondern auch den öffentlichen Behörden soviel Achtung abzunöthigen, daß diese den Auftrag, welchen sich der Verein selbst beigelegt hatte, willig anerkannten und ihn, wie ein von Rechts wegen bestehendes amtliches

Organ zur Erledigung behördlicher Geschäfte heranzogen. Die wichtigsten Geschäfte der letzteren Art waren die Vorarbeiten zur Bildung einer selbständigen Gemeinde aus der bisherigen, in verwaltungsrechtlicher Beziehung noch zu dem Gutsbezirke Deutsch-Wilmersdorf gehörigen Ansiedlung Friedenau.

Auf Grund mündlicher Anregungen war der damalige Kreislandrath Prinz Handjery – später Regierungspräsident in Liegnitz –, welcher auch in der Folge unserer Gemeinde eine wohlwollende Theilnahme bewahrt und sich um sie hervorragende Verdienste erworben hat, bereits Anfang Juli 1874 mit dem Besitzer des Rittergutes Deutsch-Wilmersdorf dahin in Verhandlung getreten, daß der Gutsbezirk gleichen Namens aufgelöst und zu einem Theile der Landgemeinde dieses Namens zugewiesen, zu einem anderen Theile aber zu einer eigenen Landgemeinde Friedenau erhoben werden solle. Die Verhandlungen führten überraschend schnell zu dem Ergebniß, daß die weiteren gesetzlichen Maßnahmen zur Bildung unserer Gemeinde noch im Jahre 1874 getroffen werden konnten, nachdem sich insbesondere der Besitzer noch verpflichtet hatte, an die neu zu bildende Gemeinde eine Abfindungssumme von 7500 Thaler, gleich 22500 Mark für seine bisherigen Verpflichtungen als Gutsobrigkeit zu zahlen. Ihren Abschluß fand die Angelegenheit durch den Allerhöchsten Erlaß vom 9. November 1874, mittels dessen von dem Gutsbezirke Deutsch-Wilmersdorf eine Fläche von 141,3516 Hektar abgetrennt und mit der darauf befindlichen Ansiedlung zu einer selbständigen Gemeinde Friedenau erhoben wurde. Die Grenzen des neuen Gemeindebezirks werden gebildet:

gegen Norden:

durch die südliche Seite des Bahndammes der Ringbahn bez. des an derselben entlang führenden Weges, und zwar von der Grenze zwischen der Gemeinde und Gutsgemarkung Deutsch-Wilmersdorf bis zum Eintritt der Ringbahn an die Schöneberger Feldmark;

gegen Osten:

durch die Grenze der Schöneberger Feldmark von der Ringbahn bis zur Grenze der Gemarkung von Steglitz;

gegen Süden:

durch die Grenze der Gemarkung von Steglitz vom Schnittpunkte mit der Schöneberger Grenze ab bis zur Berlin-Potsdamer Landstraße, dann in südwestlicher Richtung durch die Ostseite dieser Landstraße bis zur Gabelung derselben mit der späteren Kaiser-Allee benannten Straße nach Wilmersdorf und von dort ab durch eine in nordwestlicher Richtung führende gerade Linie bis zur Grenze der Gemeinde Deutsch-Wilmersdorf;

gegen Westen:

durch die Grenze der Feldmark der Gemeinde Deutsch-Wilmersdorf vom Schnittpunkte der Steglitzer und Wilmersdorfer Gemeindegrenze ab in östlicher Richtung bis zum Wege von Steglitz nach Wilmersdorf und von dort ab in nördlicher Richtung an der Ostseite dieses Weges entlang bis zur Ringbahn.

Nachdem schon vorher über die Ortsverfassung mehrfache Berathungen stattgefunden hatten, wurde in einer am 17. Dezember 1874 im Beisein des Kreislandraths abgehaltenen Versammlung der nach damals geltendem Rechte allein stimmberechtigten Grundbesitzer Friedenau's das

Statut betreffend Bildung einer gewählten Gemeindevertretung für die Gemeinde Friedenau im Kreise Teltow beschlossen. Dieses Grundgesetz der Gemeindeverfassung, welches alsbald von der Aufsichtsbehörde genehmigt wurde, hatte hier eine ausdrücklich zu kennzeichnende verwaltungsrechtliche Merkwürdigkeit, durch welche es sich von den Gemeindeverfassungen der anderen Vororte Berlins und aller übrigen Landgemeinden des östlichen Theiles des preußischen Staates unterschied, nämlich:

a. den beiden zur Zeit in Friedenau Grundeigenthum besitzenden Aktiengesellschaften (Landerwerb- und Bauverein und Berlin-Charlottenburger Bauverein) war die Befugnis eingeräumt, vermöge eigenen Rechtes an den Verhandlungen der Gemeinde-Verwaltung mit vollem Stimmrechte durch einen Vertreter theil zu nehmen;

b. jedes stimmberechtigte Gemeindemitglied führt bei der Wahl der Gemeindeverordneten eine Stimme (allgemeine direkte Wahl).

Die Gemeinde Friedenau wurde in polizeilicher Hinsicht dem Amtsbezirk Deutsch-Wilmersdorf zugewiesen; letzterer wurde vom Amtsvorsteher zu Schöneberg, Bürgermeister a. D. Feurig, dessen Fürsorge für die neue Gemeinde hier dankbar anerkannt werden soll, mitverwaltet. Unter dessen Vorsitz fand am 11. Januar 1875 die erstmalige Wahl der Gemeinde-Verordneten statt, welche den Gemeindevorstand ihrerseits zu wählen hatten. Nach den durch deren Wahl erforderlich gewordenen Nachwahlen bestand der erste Gemeindevorstand bezw. die erste Gemeindevertretung Friedenau's aus folgenden Männern, deren Namen in Anbetracht ihrer vielfachen Verdienste um das Wohl unserer Gemeinde hier aufgeführt werden mögen:

I. Gemeindevorstand.

1. Gemeindevorsteher Rönneberg, Geheimer expedirender Sekretär im Handelsministerium.
2. Schöffe Hacker, Geheimer Rechnungsrat im Kriegsministerium,
3. Schöffe Koppe, Handschuhfabrikant und Königl. Hoflieferant;

II. Gemeindevertretung.

4. Blankenberg, Kanzleirath im Kriegsministerium und Hauptmann a. D.
5. Brinkmann, Schuhmachermeister,
6. Cronbach, Verlagsbuchhändler,
7. Fröauf, Rechnungsrath bei der Gewerbe-Akademie
8. Hertel, Rechnungsrath im Kriegsministerium,
9. Kempf, Banquier,
10. Köcher, Buchhalterei-Vorsteher,
11. Lochbaum, Lederwaarenfabrikant,
12. I. Schneider, Versicherungs-Inspektor,
13. Dr. Jausel, Direktor des Landerwerb- und Bauvereins (als dessen Vertreter),
14. Voigt, Kaufmann (als Vertreter des Berlin-Charlottenburger Bauvereins).

Diese Männer und ihre Nachfolger haben gewetteifert, die Gemeinde Friedenau aus kleinen Anfängen zu einem großen und ansehnlichen Gemeinwesen herauszubilden und diese Landgemeinde auf eine Stufe der gemeindlichen Verwaltung zu erheben, welche – ohne Ruhmredigkeit darf es gesagt werden – von sehr vielen Stadtgemeinden des preußischen Staates nicht erreicht wird. Friedenau ist auch höheren Ortes mehr als einmal als das Muster einer tüchtigen und leistungsfähigen Stadtverwaltung bezeichnet worden. Und es ist das geworden trotz mancher innerpolitischen Hemmnisse und trotz der von Außen her auf die Verwaltung des Gemeinwesens eindringender Schwierigkeiten, welche sich vorwiegend aus der Nähe der mächtigen Nachbargemeinde Berlin und aus dem raschen Anwachsen der Bevölkerung ableiten und auch in der Folge fortgedauert haben und fortdauern werden.

Teltower Kreisblatt, 10. November 1899

Erscheint täglich
mit Ausnahme der Tage nach den Sonn- und Festtagen.
Abonnementspreis für das Vierteljahr Mk. 1.25; durch Postboten oder Zeitungsträger in's Haus gebracht 40 Pf. mehr.
Abonnements werden von sämmtlichen Postanstalten, Briefträgern und Zeitungs-Spediteuren angenommen.

Teltower Kreis-Blatt.

Inserate
werden in der Expedition Berlin W., Lützow-Straße 87,
sowie von sämmtlichen Annoncen-Bureaux, den Zeitungs-Spediteuren und unseren Agenten im Kreise angenommen.
Preis der einfachen Petitzeile oder deren Raum im Anzeigentheil 20 Pf., im Reklametheil 40 Pf.

Fernsprech-Anschluß: Amt VI, Nr. 671.

Täglich erscheinende Zeitung.

Fernsprech-Anschluß: Amt VI, Nr. 671.

Nr. 267. Berlin, Sonntag, den 12. November 1899. 43. Jahrg.

Prof. Dr. Alwin Petersilie wurde 1847 in Bremsdorf geboren; er war Geheimer Regierungsrat und Leiter des königlichen Landesamtes für Statistik in Berlin, später auch Gemeindeschöffe in Friedenau. Petersilie war der Verfasser von staatswissenschaftlichen Hand- und Lehrbüchern. Seine Veröffentlichungen, hauptsächlich zum Thema Schulwesen in Preußen, machten ihn weit über die Grenzen Preußens hinaus bekannt. Eines seiner Hauptwerke, „Das öffentliche Unterrichtswesen im Deutschen Reich und den übrigen europäischen Kulturländern" erschien 1897.

Alwin Petersilie kam schon 1878 nach Friedenau, er gehört zur ersten Generation von Ansiedlern nach der Gründung der Landgemeinde. Vom Kreuzberger Planufer 11 zog er in die Rheinstraße 40. Das Berliner Adreßbuch von 1879 verrät auch, daß er in seiner Wohnung Sprechstunden abhielt – Besuchszeiten von 5–6 Uhr! Die Villenkolonie Friedenau mit ihren damals etwas mehr als tausend Einwohnern in kaum 100 Gebäuden wurde dem Statistiker Petersilie über Jahrzehnte zum privaten Forschungsobjekt. Auf einer von dem Gemeindeältesten und Ehrenbürger Friedenaus, Johann Carl Hacker, 1875 begonnenen Chronik von Friedenau aufbauend, führte er diese Arbeit auf wissenschaftlich fundierter Grundlage weiter. Am 22. November 1891 wurden bei der Grundsteinlegung der Kirche Zum guten Hirten Petersilies Aufzeichnungen zur Geschichte Friedenaus, die sich hauptsächlich auf die Gründungsphase der Landgemeinde zwischen 1871 und 1874 bezogen, beigegeben.

Anläßlich des 25jährigen Jubiläums von Friedenau kam man 1899 nochmals auf Alwin Petersilie zu. Seine nun schon recht umfangreiche und bis in die Neuzeit recherchierte Arbeit wurde in vier Extrabeilagen unter dem Titel „Geschichte und Entwicklung der Landgemeinde Friedenau" im Teltower Kreisblatt abgedruckt und somit erstmals einem breiten Publikum zugänglich gemacht. Alwin Petersilie gilt als frühester und bedeutendster Chronist der einstmaligen Villenkolonie. Seine Verdienste um die Bewahrung der Geschichte Friedenaus, insbesondere der ersten Jahre ihres Bestehens, können nicht hoch genug gewürdigt werden. Letztmalig ist er 1917 im Adreßbuch genannt; seine Witwe, Frau Dr. Reg. Rat Gertrud Petersilie zog nach dem Tod ihres Mannes 1918 von der Wohnung Wilhelmshöher Straße 5 in die Ringstraße 42 zu ihrem Sohn Erich, der wie einst sein Vater als Regierungsrat im königlichen Statistischen Landesamt in Berlin beschäftigt war.

Allerhöchster Erlaß zur Gründung Friedenaus

Seine Majestät König von Preußen und Kaiser des Deutschen Reiches Wilhelm I.

Auf den Bericht vom 5. November will Ich die Abtrennung der Kolonie Friedenau mit einem Flächeninhalt von 141,3516 Hektaren von dem Kommunalverbande des Gutsbezirks Deutsch-Wilmersdorf, Kreis Teltow, und ihre Erhebung zu einer Landgemeinde unter dem Namen „Frie d e n a u“ hierdurch genehmigen.

Berlin, den 9. November 1874.

gez. Wilhelm

Der 9. November 1874, an welchem der Kaiser mit seiner Unterschrift Friedenau den Status einer Landgemeinde genehmigte, gilt seither als der offizielle „Geburtstag“. Der Zeitraum seit der Gründung des „Landerwerb- und Bauverein auf Aktien“ 1871 bis zum „Allerhöchsten Erlaß“ stellt Friedenaus Vorgeschichte dar.

Gustav Haustein
Unser liebes Friedenau lebe hoch! hoch! hoch!

Hochgeehrte Herren des Gemeinde-Vorstandes und der Gemeindevertretung! Vor allem sage ich Ihnen meine Herren, den innigsten tiefgefühltesten Dank für Ihre freundliche Einladung zu diesem Gedenktage, ich schätze es mir als eine besondere Ehre dieses 30jährige Bestehen Friedenaus als selbständige Gemeinde mit feiern zu können, und bin Gott dankbar, daß ich dies erleben durfte. Lassen Sie mich meine hochgeehrten Herren einen kurzen Abriß meiner Erlebnisse als Friedenauer Bürger geben, ich werde mich möglichst kurz fassen. Als ich im April 1872 hier Land kaufte, war Friedenau noch ein großes Ackerland, kein Baum kein Strauch war zu sehen, meine erste Bauparzelle war Ringstraße Nr. 13, ich wählte diese Nummer weil der 13. April mein Hochzeitstag war. Nach dem Kaufvertrage mußte innerhalb eines Jahres mit dem Bau begonnen werden, wäre diese Bestimmung nicht gewesen, so würde wohl mancher Bau unterblieben sein, denn die Baumaterialien wurden sehr teuer, die Mauersteine kosteten das Tausend 60 Mk, die Klinkersteine 75 Mark dazu kam der teure Transport per Achse hinaus, auch die lieben Berliner trieben so manchen Spott mit uns, wie man so dumm sein könnte, sich in solcher Einöde anzusiedeln, sie sangen das bekannte Lied ja in Friedenau ist der Himmel blau usw. Es sah aber auch wirklich sehr öde hier aus, einige Häuser in der Ringstraße und der Rheinstraße wurden gebaut, vom ersten Gasthof in der Rhein- und Ringstraßen Ecke dessen Wirt Rockel war, ging stündlich ein Omnibus nach Berlin bis Mauerstraße, die Fahrt kostete 25 Pf., der Landerwerb- und Bauverein zahlte Rockel eine bestimmte Summe zu, damit er bestehen konnte und regelmäßig fuhr. Eine große Freude wurde uns zu teil, als endlich durch unser Petitionieren, die Potsdam-Magdeburger-Eisenbahn-Direktion uns eine Haltestelle bewilligte mit der Bedingung, daß wir eine Wartehalle bauen sollten, zu der jeder Eigentümer, je nach Größe seines Grundstücks einen Teil zu den Baukosten beitragen sollte, welches auch bereitwilligst geschah. Stündlich ging für uns ein Zug nach Berlin, der Fahrpreis 3. Klasse war 30 Pf., hin und zurück 50 Pf., nun brauchten wir nicht mehr mit neidischen Augen nach Steglitz zu sehen oder hinzugehen um von dort nach Berlin fahren zu können oder mit dem Omnibus uns rütteln zu lassen. Alles dies hatte aber auch seine Reize, alle kannten sich unter einander, alle bildeten so zu sagen eine große Familie, klagten sich gegenseitig Freud und Leid und trösteten sich auf bessere Zeiten. Wie es nun bei uns Deutschen ja immer ist, wurde sehr schnell der gemeinnützige Verein gegründet und am 25. Oktober 1873 sein erstes Stiftungsfest gefeiert in Kaiser-Wilhelms-Garten, wobei es sehr gemütlich zuging, ich bin noch in dem Besitz des Liedes, welches bei diesem Feste gesungen wurde. In Mitte der siebziger Jahre kommen aber trübe Zeiten, die Mieten gingen rapide herab, für eine Wohnung von 6 Zimmern mit Garten bekam ich per anno 525 Mk. und war froh, wenn ich wieder auf ein Jahr vermietet hatte und auch Miete bekam. Aber es sollte noch schlimmer kommen, im Jahr 1878 waren die meisten Hypotheken zurückzuzahlen, der Landerwerb- und Bauverein hatte liquidiert und seine Hypothekenforderungen Herrn Bonguin Kempf in Dresden cediert, auch mir wurde meine Hypothek von 18 000 Mk. gekündigt, es war sehr schwer einen anderen Darlehner zu finden, da inzwischen auch die Bodenpreise sehr erheblich gesunken waren, die Quadratruthe war für 15 bis 20 Mk. zu haben, trotzdem fehlten die Käufer. Nach vieler Mühe war es mir endlich gelungen einen wohlhabenden mir wohlgesinnten Mann zu finden, der Willens war, mir die 18 000 Mk. zur ersten Stelle zu geben, er sagte aber, ich muß mir erst den Ort einmal ansehen, ich kenne Friedenau gar nicht und versprach mir dieses in den nächsten Tagen zu tun und auch mein Grundstück zu besichtigen. Zum Unglück ging er gerade oberhalb der Rheinstraße in die Ringstraße hinein, da wo Herr Koppe eine große Geflügelzucht in seinen parkähnlichen Garten angelegt hatte, seine nächste Nachbarin hatte einigen Hühnern, die über den Zaun geflogen waren, die Köpfe abgedreht und sich einen Braten gemacht, infolge dessen hatte Herr Koppe rote Zettel angeheftet mit der Inschrift: Ich warne hiermit Jedermann sich Federvieh zu halten, hier werden ihnen die Köpfe abgedreht. Infolge dessen bekam ich die

Hypothek nicht, nach so einem Ort kann man keine Hypothek geben. Gottlob sind diese Zeiten längst überwunden, ich gedenke dankbarlichst der werten Herren, die hier die Pioniere waren, es würde zu weit führen sie alle zu nennen, ich will nur erwähnen, daß sie sowohl als auch der erste Ortsvorsteher Herr Geh. Rat Roenneberg Zeit und Mühe nur aus Liebe zur Sache geopfert haben, denn zu Anfang hatten wir noch keinen Freund. Inzwischen hat Friedenau manche Wandlung erfahren, heute schauen wir alten Friedenauer mit Stolz und Befriedigung auf unsere Verwaltung, die sich an ihre Spitze einen Mann gewählt hat, der tatkräftig und mit Geschick für die zeitgemäße Entwickelung Friedenaus bemüht ist. Ich erlaube mir als ältester Bürger Friedenaus mein Glas zu erheben und Sie zu bitten mit mir auf das Weiterblühen und Gedeihen Friedenaus anzustoßen: „Unser liebes Friedenau lebe hoch! hoch! hoch!“

Friedenauer Lokal-Anzeiger 9. November 1904

Schneidermeister Gustav Haustein sen., der schon 1871 ein Stück Land erworben und bereits 1872 mit dem Bau seines Hauses begonnen hatte, wohnte nur zeitweise in Friedenau. Ab 1891 zog er ganz hierher und verbrachte den Lebensabend im Haus seines Sohnes Oskar, dem in Friedenau bekannten Baumeister und Mitglied der Gemeindevertretung, am Friedrich-Wilhelm-Platz 1. Der älteste Sohn Gustav ist dem Vater in seinem ehemaligen Berufe als Schneidermeister gefolgt. Gustav Hausteins sen. Tochter war mit dem königlich preußischen Kammervirtuosen Felix Meyer verheiratet. Die Familien Haustein und Meyer fanden auf dem Friedenauer Friedhof ihre letzte Ruhe.

Für die ältere Generation der Berliner war mit Schöneberg die Welt nach Südwesten zu Ende. Durch den tiefen Sand nach dem stillen Dörfchen Wilmersdorf zu waten, bot keinen Reiz, und die kahle staubige Chaussee nach Steglitz wirkte ebenso wenig einladend. Brauste doch die Potsdamer Bahn an Steglitz vorüber, ohne zu halten. Da brachte in den Gründerjahren ein unternehmender Mann Leben in die Gegend. Er hieß David Born und hatte lange Zeit in England gelebt. Heut war er Agent für eine englische Hutfabrik, morgen vertrat er eine Spiegelglasversicherung, und daneben schrieb er volkswirtschaftliche Artikel für die Vossische Zeitung, welche Hand und Fuß hatten. Über Seide hatte er bei allen den Sachen nicht gesponnen.

„Hören Sie", sagte er eines Tages auf der Straße zu mir, „ich möchte eine Landerwerb- und Baugenossenschaft gründen; Sie könnten mich dabei unterstützen." „Wo soll denn das Unternehmen ins Leben treten?" „Gleich hinter dem Meilenstein zwischen Schöneberg und Steglitz." „Auf dem kahlen Kartoffel-Acker, wo nicht ein Baum, nicht ein Stauch steht?" „Ja!"

„Na; Born, wenn Sie damit nur viel Glück haben."

„Die Hauptsache ist, ob Sie mir ein Bischen beistehen wollen."

„Kommen Sie einmal nach der Redaktion, wir wollen sehen, was Schenk (der Redakteur des betreffenden Blattes) dazu meint."

Richtig, eines Tages kam mein Born angewackelt. Ich stellte dem Redakteur vor, was er wollte. Dieser aber machte hinter seinem Pulte hervor eine abwehrende Bewegung mit beiden Händen und rief:

„Kommen Sie mir blos nicht mit sowas – nicht in die la main!"

„Aber hören Sie doch Born wenigstens einmal an!"

Schenk ließ sich endlich zureden, und ich ging wieder an meine Arbeit.

Ein paar Wochen später begegnete mir Herr Born wieder auf der Straße und sagte vergnügt: „Wir haben gestern die Landerwerb- und Bau-Genossenschaft Friedenau gegründet; Schenk ist mit Leib und Seele dabei." „Und mich haben Sie nicht eingeladen?" „Ich konnte doch nicht wissen, daß Sie sich dafür interessieren." Die ersten Gründer haben ein feines Geschäft gemacht; sie bekamen die Quadratrute zum Selbstkostenpreise, mit 15 Thalern. Eine der ersten und schönsten Villen baute sich Herr Schenk.

Friedenauer Lokal-Anzeiger 1. Februar 1909, Erstveröffentlichung im Mai 1892

Herr Schenk hatte sich nicht nur eine der ersten und schönsten Villen gebaut, er hatte sich dafür auch ein Doppelgrundstück in der Ringstraße 33–34 Ecke Saarstraße gesichert. Als Mann der Tat war der leidenschaftliche Kolonist bald Vertrauensmann im „Gemeinnützigen Verein von Friedenau", der sich ab 1873 die Förderung der Gesamtinteressen des Ortes, insbesondere auch die Regelung „der Schul- und kirchlichen Verhältnisse" zur Aufgabe machte.

Schenk persönlich ist es in zähen Verhandlungen mit der Direktion der Berlin-Potsdam-Magdeburger Eisenbahn gelungen, die Einführung der Station Friedenau in den Winterfahrplan 1874–75 zu erreichen.

Bei Ankunft des ersten Zuges am 1. November 1874 soll das junge Friedenau noch geschlafen haben, doch beim zweiten, 7 Uhr früh, ließ Gustav Schenk jedem Beamten des Fahrpersonals eine Flasche Wein reichen. Alle Mitreisenden erhielten von ihm einen Festgruß:

Willkommen in Friedenau!
Entnimm bei deinem ersten Zug
Dem Fläschchen einen kräft'gen Zug:
Auf daß auf dieser Eisenstraße
Man noch recht Viele fahren lasse!

Bei dem wichtigsten Geschäft des Gemeinnützigen Vereins, den Vorarbeiten zur Bildung einer selbständigen Gemeinde, war es wieder Schenk, der den Landrat des Kreises Teltow, Nikolaus Prinz Handjery, von der „Friedenauer Sache" überzeugen konnte, sodaß dieser fortan die Kolonie tatkräftig unterstützte.

Dem Redakteur Gustav Schenk, der in allen die junge Kolonie berührenden wichtigen Angelegenheiten an erster Stelle tätig mitgewirkt hat, der besonders aber auch durch das von ihm redigierte Berliner Fremdenblatt für Friedenaus Emporblühen eingetreten ist, überreichten Ende März 1875 die Mitbewohner Friedenaus als Ausdruck ihres Dankes und ihrer Anerkennung seiner großen Verdienste um den Ort eine von ihnen allen unterzeichnete, von Künstlerhand mit hübschen Aquarellen geschmückte Adresse in eleganter Plüschmappe mit Bronzebeschlägen.

Der Haus- und Grundbesitzer-Verein zu Berlin-Friedenau 1888–1913, Friedenau 1913

1887 verließ Gustav Schenk Friedenau. Eine neue Bauordnung, die die Errichtung von mehrstöckigen Mietshäusern erlaubte und somit den Villencharakter des Ortes weitgehend zerstörte, trieb ihn weiter hinaus aufs Land.

Als am 7. Dezember 1900 Prinz Handjery starb, wurde der Redakteur Gustav Schenk, sozusagen als Zeitzeuge, vom Friedenauer Lokal-Anzeiger gebeten, einen Blick in die Vergangenheit zu werfen.

Gustav Schenk
Erinnerungen an Friedenau

Es war kurz nach dem Friedensschlusse im Jahre 1871, als der Nationalökonom und Schriftsteller David Born zu mir kam mit der Nachricht: der Lichterfelder Herr von Carstenn habe das Rittergut Wilmersdorf gekauft, von dem ein Dreieck von 42 Morgen jenseits der Potsdamer Chaussee läge, das Carstenn gern abzweigen möchte, lediglich zu dem Zwecke, Beamten, Schriftstellern, Künstlern ec. Gelegenheit zu geben, sich außerhalb Berlins ein eigenes Heim zu gründen. Er stellte für das Terrain, falls es von einer solchen Gesellschaft übernommen würde, einen Kaufpreis, der wegen seiner großen Billigkeit verlockend wirken mußte. Born erbat meine Unterstützung in der Sache und hatte in den Ministerien schon gegen 30 Unterschriften von Interessenten gesammelt. Ich sagte, da ich als alter Berliner die Gegend genau kannte, mit Freuden meine Unterstützung zu und wenige Tage darauf erhielten die Interessenten bereits eine Einladung ins ‚Englische Haus' zur Besprechung. Da hingen an den Wänden auch schon Situationspläne und Entwürfe von niedlichen Villen, sogenannten ‚Fünftausend-Thaler-Häuschen', die ihren Reiz auf die Naturfreunde nicht verfehlten. Bei Feststellung der Finanzfrage stellte es sich bald heraus, daß ein Terrain von 42 Morgen nicht von 30–40 Personen gemeinschaftlich gekauft werden könne, sondern daß dazu als gesetzliche Grundlage die Bildung einer Aktien-Gesellschaft nothwendig sei. Der Name ‚Aktien-Gesellschaft' machte viele der äußerst soliden Theilnehmer bedenklich; aber auf Auseinandersetzungen seitens eines anwesenden Bankiers und eines Baumeisters ließ man sich um so leichter herbei, ein ‚Aktionär' zu werden, als mein Vorschlag, die Gesellschaft unter der Firma ‚Landerwerb- und Bauverein' in's Leben zu rufen, allgemein Anklang fand. Bald darauf wurde auch seitens des geschäftsführenden Komitees ein Name für die neue Kolonie gefunden und, anknüpfend an den kürzlich geschlossenen Frieden zu Frankfurt a. M., wurde der Name ‚Friedensau' der in das bequemere ‚Friedenau' umgewandelt wurde, einstimmig angenommen.

Nachdem auch festgestellt war, daß den Mitgliedern die Quadratruthe inklusive Straßenbau, Kanalisirung und Beleuchtung für 7 Thaler 15 Silbergroschen abgegeben werden könne und sie Aktien al pari mit nur zehn Prozent Einzahlung übernehmen könnten, machte man sich schnell daran, die Parzellen zunächst auf dem Papier zu belegen, wobei die meisten die Hauptstraße (Potdamer Chaussee) wählten, da sich dort die Steigerung des Werthes der Grundstücke zuerst fühlbar machen müßte. Ich kannte die Gegend gründlich, wußte, daß das Terrain an dem sogenannten Signalberg läge, wo dereinst ein Zeichentelegraph die Vermittlung des Berliner Telegraphen hinter der Kunstakademie und dem Zehlendorfer bis Potsdam besorgt hatte. An einer alten Akazie, die noch heute dort steht, trafen die Spitzen der Grenzen der drei Gemeinden Schöneberg, Wilmersdorf und Steglitz zusammen. Ich wählte daher, zwar mit dem vollen Bewußtsein der Hinterste zu sein, den höchsten Punkt in der Nähe dieser Akazie, was man theils für Bescheidenheit, theils für Unkenntnis annahm.

Raabes Windmühle mit Bäckerei an der Rheinstraße, um 1890

Es waren inzwischen Baustatuten berathen, wonach jeder Eigenthümer nur in gewisser Entfernung von dem Nachbar bauen dürfe, einen Vorgarten anlegen und für jeden Bewohner so und soviel Kubikfuß Luftraum schaffen müsse. Gewerbliche Anlagen waren ausgeschlossen, über zwei Stock durfte nicht gebaut werden und dem Ganzen sollte der Charakter einer stillen Villenkolonie entschieden bewahrt bleiben.

Noch konnten im Sommer 1871 die Theilnehmer ihr Terrain nicht beschreiten, denn soweit das Auge reichte, sah man nur Getreidefelder. Als Staffage ragte nur Müller Raabe's Windmühle und obige alte Akazie hervor. Der alte Meilenstein stand an der Chaussee in der Nähe des Anfangs des Kolonie-Terrains, sonst gab es nur die alten Pappeln der Chaussee und die halbrunden Ruheplätze für Handwerksburschen und andere Wanderer mit Rasenbänken und Schatten spendenden Laubhölzern. Das Auge konnte frei nach Osten bis Tempelhof, Mariendorf – bei hellem Wetter bis zu den Müggelbergen, nach Norden nach Schöneberg und dem im Spreethal liegenden Berlin, nach Süden bis Steglitz, nach Westen bis zum Grunewald – davor Dahlem und Schmargendorf – schweifen. Luft- und Fernblick überall!

Endlich gestattete die beendete Ernte das Betreten unseres Eigenthums. Mit Wonnegefühl ließ sich jeder vom Direktor Born seine Parzelle anweisen; unten nur Stoppeln, oben aber der Himmel so blau! Mit einer Regsamkeit sondergleichen ging es an die Anlage der Straßen, Einzäunung der Parzellen, Legen der Thonröhren und an die – allerdings sehr primitive – Pflasterung. Zahlreiche Arbeiter bevölkerten plötzlich das stille Feld, Baubuden wurden errichtet, in deren Küchen und Kellern es hoch herging, denn es war Gründerzeit und die Löhne stiegen von Tag zu Tag.

In Frühjahr 1872 kamen auch schon von Berlin die Wagen mit Baumaterialien angerasselt und noch in demselben Jahre waren 8–10 Häuser unter Dach, während ein Dutzend anderer in Bau begriffen waren. In zahlreichen Fuhren langten Laubbäume, Obstbäume und Ziersträucher an, es wurde rigolt, gesäet und gepflanzt, so daß schon im Herbst 1872 zahlreiche Gartenanlagen jeden Gedanken an das Kornfeld verscheuchten.

Als ich an Kaisers Geburtstag 1873 meine Villa bezog, hatte ich, trotz aller Vorsorge all die Schwierigkeiten durchzukosten, die bei solchen Bauunternehmungen unvermeidlich sind, zumal zu einer Zeit, wo die Steinträger im Weißbierglase nicht Weißbier, sondern schäumenden Sect tranken, denn unter vier Thalern für den Tag, arbeiteten sie nicht und in den Baubuden – die schwarzen Buden genannt – wurde gejeut nach Art der ‚Harmlosen' am Ende des vorigen Jahrhunderts. Da fehlten also noch der Hofabschluß und die Hausthüren, der Brunnen gab plötzlich kein oder nur schlechtes Wasser, die Dielen waren – trotz aller bindenden Zusagen – dennoch ganz frisch im Aufstrich, die Centralheizung fungirte nicht wegen der fehlenden Thüren – und wir standen mit der Familie und mehreren Möbelwagen draußen im Märzschnee und mußten nolens volens hinein in die unfertige Hütte zukünftiger Glückseligkeit! – –

Nachdem wir endlich eingerichtet und mehrere Nächte im neuen Heim, abseits von Berlin, zugebracht, alles Fehlende nach und nach ergänzt war, kam auch das Hochgefühl des Besitzes einer eigenen Scholle deutscher Erde. Die Nachbarn gruppierten sich bald und kamen darin überein, in Ermangelung jeglicher Obrigkeit die dort zu Rechtens etwas zu sagen hatte, zunächst einen

‚Gemeinnützigen Verein' zu bilden, der die nöthige Ueberwachung und Leitung der öffentlichen Angelegenheiten übernehmen solle. Da war es nun Landrath Prinz Handjery, bei dem wir für alle unsere Anliegen ein offenes Ohr fanden und der uns seine volle Unterstützung lieh. Es ward uns gestattet einen Nachtwächter – sogar bewaffnet – anzustellen und für sonstige Polizei- und Eigenthums- Angelegenheiten bezeichnete er uns den damaligen Ortsvorsteher, Bürgermeister a. D. Feurig in Schöneberg, der mit gleicher Bereitwilligkeit sich unserer Angelegenheiten annahm, obgleich wir eigentlich zu Wilmersdorf gehörten. Als Litfaßsäulen ließen wir Tafeln an den Laternenpfälen anbringen und ich vertheilte Nothpfeifen unter einzelne Vereinsmitglieder, um im Falle der Noth in der Nacht Nachtwächter oder Nachbarn zur Hilfe zu rufen. In dem Rechnungsrath Roenneberg vom Handelsministerium fanden wir einen in allen amtlichen Angelegenheiten sachverständigen, rührigen Vertreter, der auch zum Vereins-Vorsitzenden gewählt wurde und so steuerten wir wohlgemuth als selbständige Ortsgemeinde mit Selbstverwaltung, ohne staatlich eingereiht zu sein, der Zukunft entgegen.

Landhäuser an der Wannseebahn, um 1890

Bald kam aber vom Landrath Prinzen Handjery die Mahnung an uns: an die Bildung einer politischen Gemeinde zu gehen. Zu diesem Behufe wurden in meinem Hause einige Konferenzen mit dem Landrath, Bürgermeister Feurig und unserem Vereinsvorstand abgehalten und ein Ortsstatut berathen.

Ein Zwischenfall möge hier Platz finden, der für die persönliche Liebenswürdigkeit des Prinzen, der das Angenehme mit dem Nützlichen stets zu vereinen wußte, Zeugniß ablegt. Eines schönen Sommerabends überraschte er uns mit Feurig in dem Augenblick, als eben herrlich geplatzte Pellkartoffeln mit obligatem neuen Häring im Garten aufgetragen waren. Meine Frau wollte die Spuren solch' plebejischen Mahles schleunigst beseitigen lassen, damit Durchlaucht (so ward der Prinz Handjery allgemein betitelt) nichts davon bemerke. Ich aber that Einspruch, bewillkommnete die Herrn und lud sie zu dem seltenen Mahle herzlich ein. – ‚Mit größtem Vergnügen', antwortete der Prinz, das ist ja ein glückliches Eintreffen zu meinem Lieblingsgericht. Ich nehme dankbar an und Sie doch gewiß auch?' – richtete er sich fragend an Feurig, welcher sofort einstimmte. Zwei Gedecke waren bald dem Familientisch hinzugefügt und nun ging es mit Humor und Wohlgefallen an die prächtigen Kartoffeln und den Fetthäring, wozu der Rothwein gut mundete. Der Prinz versicherte uns schließlich, daß er selten einen so vergnügten und genußreichen Abend im Kreise einer Familie verlebt habe.

Bald darauf traten wir mit Ernst an die Gemeindebildung, zu welchem Behufe ich beauftragt ward, sämmtliche Grundeigenthümer Friedenaus einzuladen mit dem Bemerken, daß der Landrath des Kreises Teltow der Versammlung beiwohnen würde. Alle erschienen in dem damals schon eröffneten Saale von Rockel, dem ersten Restaurant Friedenau's. Das Ortsstatut wurde nach der Berathung seitens des ‚Gemeinnützigen Vereins' im Entwurf zur Debatte gestellt. Dabei entdeckte ich als Vorsitzender bald, daß sich in dem neuen Heimathsort auch bereits Parteien gebildet hatten, ohne welche es bekanntlich kein politisches Leben giebt. Der Debattenkampf begann, es wurde tüchtig opponiert und gegen Mitternacht stand die Sache derartig, daß die Gemeindebildung zweifelhaft wurde, wenn Prinz Handjery nicht neues Pulver auf die Pfanne schüttete. Und das that er – mit Ruhe, Eleganz und Erfolg. Er erklärte, daß er der Versammlung nur beigewohnt, um die Wünsche der Herren kennen zu lernen, die, wie er sich überzeugt, durch das Ortsstatut erfüllt würden. Käme dasselbe nicht zur Annahme, dann bliebe es Sache der Regierung, ein solches zu erwirken. – Nachdem ich hierauf auf die Gefahr hingewiesen, die für uns entstehen könne, wenn wir noch länger ‚vaterlandslos' dahinlebten, wurde zur Abstimmung geschritten und unser Ortsstatut nach Mitternacht mit großer Majorität angenommen.

Die erhitzten Gemüther platzten später noch mehrfach aufeinander, als es an die Wahl der Schöffen und des Ortsvorstehers ging, wir brachten aber unsern Roenneberg als solchen auf sechs Jahre und den größten Theil des Vorstandes des ‚Gemeinnützigen Vereins' als Schöffen durch. 1874 war die Gemeinde Friedenau fertig. Mit dem Frieden war es aber nicht mehr so zweifelsohne, als vorher und wenn die Vorübergehenden die Inschrift an meinem Hause: *Nach Tages Last – hier Ruh' und Rast, Zufriedenheit der stete Gast* laut ablasen, dann konnte ich mich eines Lächelns nicht erwehren, denn ‚Ruh' und ‚Rast' ließen uns der Garten und die Parteien nicht mehr und waren auch meine zahlreichen Gäste stets zufrieden, so kam die Zufriedenheit doch seltener zu Gast, als anfangs. – Dazu trug nicht wenig die Gesellschaft der Potsdamer Eisenbahn bei, bei der ich es, trotz aller Bemühungen, immer noch nicht durchsetzen konnte, uns eine Haltestelle zu bewilligen, trotzdem wir schon einige 30 Häuser und ein paar Hundert Einwohner präsentirten. Der Beamten und Schulkinder wegen, rasselte Rockels Omnibus einige Male des Tages nach und von Berlin, Andere gingen zu Fuß nach Steglitz, um von dort mit der Bahn für 6 resp. 8 Silbergroschen nach Berlin zu fahren. Nachdem die Gemeinde endlich einen Bauplatz und ein Kapital zur Anlage einer Haltestelle geschenkt hatte, gewährte uns die Gesellschaft eine solche und ließ ein paar Züge halten, richtete auch Abonnements ein. Nun war der Jubel groß und der Zuzug zur neuen Kolonie wuchs von Jahr zu Jahr.

Die bessere Gesellschaft hielt ihre Réunions, Bälle und Abendtische bei Rockel; Kaisers Geburtstag, Sedan und andere Festtage wurden meißt gemeinschaftlich gefeiert. Ich pflanzte an dem kleinen Halbrund an der Chaussee eine Kaisereiche, die ich von ‚Drei Linden' beim Prinzen Friedrich Carl bezog, der eine solche Eichenzucht besaß. Nach wenigen Tagen war die Eiche von ruchloser Hand durchschnitten und ich ersetzte sie durch eine neue Friedenseiche, die heut in schönstem Wuchse steht. – Die Einquartierungen an den Manövertagen waren stets Festtage für die Jugend. Wir hatten meißt Offiziere des Ersten Garde-Regiments in Quartier, mit denen wir schöne Stunden verlebten und die auch später noch vorsprachen, ohne ‚Einquartierung' zu sein. So entwickelte sich in dem jungen Friedenau ein gemüthliches, harmloses Landleben, wo jeder seine Blumen und Bäume pflegte, seinen Kohl selbst pflanzte und zum allgemeinen Besten manches Opfer brachte.

Dieses Aufblühen der jungen Kolonie steigerte natürlich auch die Bodenpreise. Die Aktien-Gesellschaft hatte bald die ursprünglichen 42 Morgen vergeben und kaufte noch einen großen Komplex an der Westseite der Potsdamer Chaussee hinzu. Ihre Aktien wurden mit 100 Prozent Plus glatt eingelöst und wir Pioniere sahen zu spät ein, daß wir unsere Zeit nicht richtig verstanden, indem wir nur soviel Aktien zeichneten, als wir jeden Tag pari einlösen konnten, anstatt die zehnprozentige Einzahlung als Norm der Zeichnung zu rechnen.

Die Unterstützung des Prinzen Handjery bei einer Lieblingsidee für Friedenau hatte ich mich schon zu jener Zeit zu erfreuen, nämlich der Ueberbrückung des Eisenbahneinschnittes im Zuge der Saarstraße, da wir bald erkannten, daß die junge Kolonie auch jenseits ihre Fortsetzung nehmen würde. Es gelang uns damals nicht, den Plan durchzuführen. Heute verbindet eine solche Brücke das Schöneberger und Wilmersdorfer Friedenau zum Nutzen Beider.

In den achtziger Jahren entwickelte sich die Spekulation in Grundstücken derart, daß es Zeit ward, sich zu arrondiren, um nicht eingebaut zu werden. Ich konnte dies noch zu mäßigen Preisen bewerkstelligen, obgleich die Ruthe von 22,50 M. auf 75 M. längst gestiegen war und hatte mein an drei Straßen grenzendes Grundstück auf drei Morgen gebracht, womit eine direkte Nachbarschaft ausgeschlossen war. Mit der Bildung der politischen Gemeinde waren aber auch unsere statutenmäßigen Selbstbestimmungen des ‚Landerwerb- und Bauvereins' aufgeflogen.

Schon Anfangs der achtziger Jahre machte sich ein Drang nach Hochbauten geltend; Gärten wurden mehr und mehr zur Nebensache, unser Prinz Handjery konnte sich des Dranges nach Miethskasernen nicht mehr erwehren, denn immer neue Erwerber traten in die Erscheinung, die weniger Landluft und Einsamkeit suchten, als zu spekuliren gedachten. 1887 war der Charakter einer Villenkolonie schon durchbrochen, die Gemüthlichkeit kam gleichfalls in die Brüche und da ohnehin die Kinder erwachsen waren und ihre eigenen Wege gingen, mich aber mein Berliner Beruf immer mehr in Anspruch nahm, so kam alsbald auch der Gedanke auf, Friedenau zu verlassen. Es trat hier nicht der Fall der ‚glücklichsten Stunden des Lebens' ein, nämlich die eine, wo der Villenbesitzer seine Villa bezieht und die andere, wo er sie verläßt – sondern bei uns war es umgekehrt, unser Einzug war sauer und trübe, unser Auszug aber noch mehr, denn wir mußten eine Stätte verlassen, wo wir vierzehn der glücklichsten Jahre verlebt und mit vielen Mühen und reichlichem Schweiß aufgebaut hatten, wo nun andere den Schatten genießen konnten, den wir mühsam geschafft.

Einen Trost hatte ich bei dem schweren Abschiede in Friedenau: ich hatte einen Käufer gefunden, der versprach, mein Grundstück intakt zu halten und es nicht zu parzellieren. Mein letztes Vermächtnis an Friedenau, daß er auch bis heute ritterlich gehalten hat.

Ich schließe meine Aufzeichnungen, nachdem ich leider konstatiren muß, daß zahlreiche Mitarbeiter an der jungen Kolonie längst die Erde deckt. Auch der noch durch mein Zuthun kurz vor meinem Abzuge abermals gewählte Geh. Rechnungsrath Roenneberg starb dahin und sein Bruder, Major a.D. Roenneberg, trat an seine Stelle. Heute ist Friedenau gleichsam, in Verbindung mit Schöneberg, eine Fortsetzung von Berlin. Der hohe Damm der Verbindungsbahn hatte uns allerdings von Berlin thatsächlich abgeschnitten, das pulsirende Leben der Großstadt ist aber über ihn hinweggeschritten und wer heute noch frische Landluft athmen und das elektrische Berlin fliehen will, der muß weiter gen Westen ziehen und so mache es auch ich für meine letzten Lebensjahre, denn die Natur zieht uns ewig an und leicht wird es dem Alter, das nerventödtende Großstadtleben zu meiden. G. Sch.

Friedenauer Lokal-Anzeiger 14. und 15. Februar 1901

Aus Werder a. H. kommt die Nachricht, daß dort ein alter Friedenauer aus dem Leben geschieden ist, in der Person des Hofbuchhändlers Gustav Schenk. Herr Schenk kam als einer der ersten Ansiedler nach Friedenau. Er besaß das nunmehr Möllersche Grundstück in der Ringstraße und war somit einer der Mitbegründer des Ortes. Er nahm regen Anteil an der Entwickelung des Ortes, stiftete die Kirchenbibel und ließ auch der freiwilligen Feuerwehr, als sie ins Leben gerufen wurde, seine Unterstützung zukommen. Im Jahre 1877 übernahm er gemeinsam mit Otto Marquardt das Verlagsgeschäft der damaligen Königlichen Oberhofbuchdruckerei, als die Druckerei dieses Unternehmens vom Deutschen Reiche aufgekauft wurde. Über die Entwickelung Friedenaus hat er uns seiner Zeit manchen Beitrag geliefert, die er ja miterlebt hat. Der Verstorbene war aber auch sonst literarisch tätig, er schrieb u.a. eine Novelle „Auf dornigem Pfade" und einen Schwank „Sekt". Sein Hinscheiden wird allgemein betrauert. Die Beerdigung findet morgen Donnerstag auf dem Jerusalemer Kirchhof statt.

Friedenauer Lokal-Anzeiger 29. März 1905

Komm mit nach Friedenau, da ist der Himmel blau,
Da tanzt der Ziegenbock mit seiner Frau Galopp,
Da lacht der lieben Kuh der Ochs so freundlich zu.
Komm mit nach Friedenau, da ist der Himmel blau!

Friedenauer Gassenhauer aus den 1880er Jahren

SITUATIONS=PLAN

des

dem Landerwerb und Bauverein gehörigen Villen-Terrains

zu Friedenau.

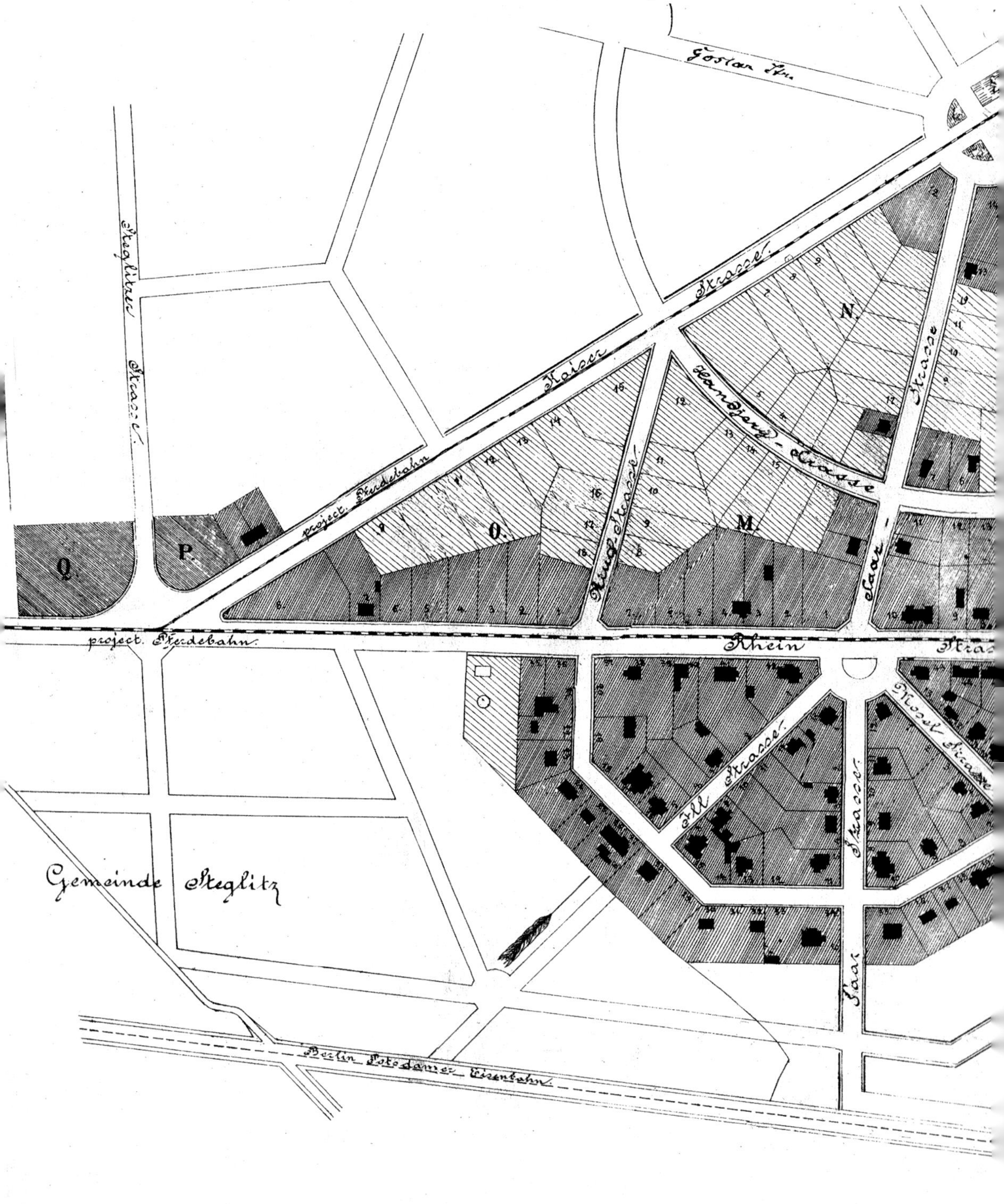

nach Charlottenburg
Norden
Bismarck Strasse
Ringbahn
Bahnhof Wilmersdorf Friedenau
F.G.
H.
E
D.
C.
B
A
Schul Platz
Schöneberg
proj. Pferdebahn
Feldmark
Masstab 1:3000.
400 Meter
Bahnhof der Potsdamer-Bahn
Friedenau

Heinrich Kastor

Am alten Friedenauer Bahnhof anno 1889

„Das Ende des neunzehnten Jahrhunderts steht unter dem Zeichen des Verkehrs"– dieses vor einigen Jahren ausgesprochene Kaiserwort trifft auch für unseren Ort Friedenau in vollem Maße zu. Und doch ist es dem ohnehin schon durch seine zahlreichen Verkehrsmittel arg verwöhnten Berliner hier draußen immer noch lange nicht bequem genug gemacht. Diese Erfahrung kann man häufig genug machen; man kann sich aber damit trösten, daß es überhaupt außerordentlich schwer fällt, dem geborenen Berliner etwas recht zu machen. Das liegt nun einmal in seiner Natur; über alles muß er raisonnieren, besonders aber über die Verkehrsmittel. Das Alte erklärt er für unbrauchbar, während er sich gleichzeitig gegen jede Neuerung auf diesem Gebiete mit Händen und Füßen sträubt.

Wenn man einen befreundeten Berliner Kaufmann, welcher sich mit Umzugsgedanken trägt, fragt, ob er nicht in einen der Vororte ziehen will, und ihm erklärt, wie gut die Luft dort sei, wie gut Frau und Kinder und nicht zum mindesten auch er selbst sich da erholen, wie oft und wie schnell man von hier nach Berlin, „der Stadt", kommen könne, so erhält man häufig zur Antwort: ja, das ist ja alles ganz schön und gut, aber die ewige Eisenbahnfahrt und das Gebundensein an bestimmte Züge ist doch zu unangenehm und zu unbequem. Hierbei bedenken aber die allerwenigsten, daß sie innerhalb Berlins mindestens den selben Weg und womöglich noch dazu mit der Pferdebahn zurückzulegen gezwungen sind und noch obendrein dazu mehr Zeit gebrauchen, als wie wenn sie in einem Vororte wohnten.

Diese allgemeinen Dinge sollen gewissermaßen nur die Einleitung zu dem Folgenden bilden. Für uns kommt hier von den Vororten ausschließlich das herrliche Friedenau in Betracht; und welche großartigen Verkehrsverbesserungen im Laufe der letzten Jahre bei uns eingetreten sind, verstehen nur diejenigen wahrhaft zu würdigen, welche Friedenau vor zehn bis zwölf Jahren schon gekannt und noch die alten Verkehrsmittel benutzt haben.

Die neuen Bahnhofsgebäude um 1900

Wir beginnen am geeignetsten mit der Entwickelung unseres Hauptverkehrsmittels, der jetzigen Wannseebahn, der alten Berlin-Potsdam-Magdeburger Eisenbahn. Es mag wohl gegen Anfang des Jahres 1874 gewesen sein, als eine Anzahl Friedenauer Einwohner, welche ja zum weitaus größten Theile Beamte in Berliner Ministerien, Großkaufleute oder Lehrer sind, die durch ihren Beruf gezwungen werden, Tag für Tag nach Berlin zu fahren, sich zusammenthaten, um bei der königlichen Eisenbahndirektion Magdeburg um die Anlage einer Haltestelle bei dem neugegründeten Villenvorort Friedenau vorstellig zu werden. Aber nicht so ohne weiteres wollte die Eisenbahndirektion auf das Gesuch eingehen, sondern sie stellte ihre Bedingungen. Zunächst mußten von der jungen Gemeinde die Kosten für das Bahnhofsgebäude aufgebracht werden, dann erst wollte der Fiskus die übrigen Mittel zur Anlage der Haltestelle hergeben. Dieses Opfer war an und für sich schon schwer, aber es wurde gern gebracht, in der Erwartung, daß man durch die Eisenbahn eine bessere Verbindung mit Berlin erhielt und so auch neue Einwohner nach Friedenau ziehen konnte. Es war aber auch nicht das einzige Opfer, denn Friedenau mußte zu seinem eigenen Bahnhofe doch auch einen eigenen Zugang haben und sah sich daher genöthigt, die Hedwigstraße von unserer Nachbargemeinde abzukaufen; erst vor wenigen Jahren ist, soviel wir uns entsinnen, die genannte Straße an ihre erste Besitzerin wieder abgetreten worden.

Während anfangs täglich nur vier Züge von und eben so viele nach Berlin hier hielten, kamen wir bald in Folge des sehr schnell anwachsenden Verkehrs auf täglich etwa zwanzig Züge in jeder Richtung, ein Etat, welcher aber zu Lebzeiten der Direktion der alten Berlin-Potsdam-Magdeburger Eisenbahn nie überschritten worden ist und erst bei der Eröffnung der jetzigen Wannseebahn eine durchgreifende Verbesserung erfahren hat.

Viele Friedenauer, welche den alten Bahnhof nicht mehr im Betriebe gesehen haben, werden jetzt wohl fragen: „Wie sah es denn eigentlich auf demselben aus und wie gestaltete sich das Leben und Treiben auf ihm?" Diese berechtigte Neugierde zu befriedigen mögen die nächsten Zeilen dienen.

Versetzen wir uns mitten hinein in diese „gute, alte Zeit", an einen trüben Wintermorgen des Jahres – na, sagen wir 1889 – in die Zeit des täglichen Schul- und Bureauanfangs, das heißt also, in die achte Morgenstunde. Um 7 Uhr 19 Minuten soll der Zug von Brandenburg ankommen, um die zahlreich sich dem Bahnhofe nähernden Friedenauer ihrem Ziele, der Stadt zuzuführen. Es ist etwa 10 Minuten nach sieben. In aller Ruhe ziehen allein, zu zweien oder truppweise die älteren Bürger dem Bahnhofe zu; nur die immer lustige und muntere Jugend springt und tollt auf der Straße herum. Völlige Ruhe herrscht im Orte, nur das dumpfe Gemurmel sich Unterhaltender ist hörbar. Da, mit einem Male ertönt eine mächtige Glocke, ein Zeichen, daß der Zug bereits in Sicht ist. Alles ist wie elektrisiert, die Schritte werden beschleunigt, die Unterhaltung stockt, in langen Reihen, die Hintersten im Hundtrab, nähert man sich dem Bahnhofe. Hier ist schon ein zahlreiches Publikum versammelt, wenn der Zug mit schrillem mehrmals wiederholtem Pfiff einläuft. Die Aeltesten steigen gemessenen Schrittes in Abtheile dritter Wagenklasse ein, denn damals war das zweiter Klasse Fahren noch nicht Mode und galt als ein großer Luxus, welchen sich nur wenige leisten konnten. Die muntere Schuljugend aber läuft tobend und lärmend den Zug entlang, von vorn nach hinten und von hinten nach vorn. Ab und zu sieht einmal einer aus ihrer Mitte in einen Wagen hinein, um aber sofort wieder abzusteigen, und den von seinen Kameraden hundertfach wiederholten Ruf auszusprechen „alles voll". Sie weiß sehr gut, daß der aus Brandenburg kommende Zug stets bis fast auf den letzten Platz besetzt hier anlangt und für die Friedenauer nur noch Stehplätze verzapft werden; sie weiß aber auch, daß, wenn die Wagen dritter Klasse besetzt sind, diejenigen zweiter und sogar erster, manchmal allerdings auch die vierter Klasse geöffnet werden, zum größten Gaudium der „besser Situierten". Einen wahren Hochgenuß aber bereitet so einem Schuljungen eine Fahrt im Packwagen oder, wie er bei dieser Kategorie von Menschen früher hieß, im „Viehwagen". Der Aufenthalt auf unserem Bahnhofe ist auf eine Minute festgesetzt, eine Zeit, welche aber bei weitem nicht ausreicht und stets überschritten wird. Endlich, nachdem alle sichtbaren Fahrgäste eingestiegen, die Thüren mit lautem Krach zugeworfen und auch die letzte vom Schaffner unter dem Rufe „alles fertig" geschlossen ist, ertheilt „der Mann mit der rothen Mütze" dem Zugführer die Erlaubnis zur Abfahrt. Da kommt noch im letzten Augenblick ein Junge angelaufen mit fliegendem Rock, hängender Zunge, in einer Hand die Schulmappe und in der anderen die angebissene, schon halb verzehrte Schrippe. Die Eisenbahnbeamten waren damals noch die reinen Gemüthsmenschen, welche mancher neuzeitliche sich zum erhabenen Vorbilde nehmen kann. Niemandem wird, wenn es schon etwas spät ist und der Zug bereits abfahren will, das jetzt übliche, leidige „Zurück" entgegengeschrieen, alle werden mitgenommen, so weit sie vom Bahnhofe gesehen werden können. Aber dafür fahren die Züge auch nur höchstens alle Stunde einmal. Endlich ist auch der letzte Reisende sicher geborgen und langsam, mächtig schnaubend und ebenso qualmend setzt sich der mindestens fünfzehn Wagen lange Zug in Bewegung, um bald in schnelleres Tempo überzugehen, und, nachdem er noch in Schöneberg eine ganz kurze Rast gemacht hat, nach einer Fahrtzeit von acht bis neun Minuten auf dem Potsdamer Hauptbahnhofe in Berlin anzukommen. Wie schön war es doch damals noch, als man so schnell fahren konnte; und jetzt gelangt man mit der zweiten vermehrten und „verbesserten" Auflage der alten Potsdamer Eisenbahn auf einer um fast einen halben Kilometer kürzeren Strecke nach einer Fahrt von elf Minuten mit mittlerer Schneckengeschwindigkeit nach dem Berliner Wannseebahnhofe, von wo aus man nach dem Potsdamer Platz aber noch gute fünf Minuten zu gehen hat, wogegen man früher bis unmittelbar dahin fuhr.

Nachdem wir das Leben und Treiben auf der alten Potsdamer Bahn geschildert und so der Vergessenheit entrissen haben, wollen wir es nicht versäumen, auch die Einrichtungen auf unserem alten Bahnhofe, die Anlage desselben, der Nachwelt in Worten aufzubewahren. Wir nehmen an, daß wir den Zug um 7 Uhr 19 Minuten noch nicht zur Fahrt nach Berlin benutzt, sondern, da wir etwas vergessen, noch einmal nach Hause gegangen sind. Wir nähern uns dem Bahnhofe von der einzig möglichen Seite, der Friedenauer, denn im jetzigen Neu-Friedenau hatte dazumal noch niemand etwas zu suchen, geschweige denn da zu wohnen oder gar den Bahnhof zu benutzen, welcher nach jener Seite hin durch einen hohen, aus alten Schwellen hergestellten Zaun, man könnte beinahe sagen luftdicht abgeschlossen war. Wer aber dennoch dieses allerdings nicht ausgesprochene, aber doch thatsächlich bestehende Verbot übertrat, mußte auch die Folgen dieses

Frevels auf sich nehmen, denn der Weg vom jetzigen Dürerplatz zum Bahnhof war gar weit und beschwerlich, ungepflastert und etwa von der Breite eines Maulthierpfades im Gebirge – Aber hatten wir denn kein solches? Gewiss, ganz ansehnliche Sandberge die Hülle und Fülle, welche ebenfalls erst, wie so vieles andere, beim Umbau des Bahnhofes verschwunden sind. Also wie gesagt, der Weg war weit und man hatte eine doppelte Auswahl zwischen zwei annähernd gleich weiten und gleich schlechten Wegen. Entweder ging man an der Bahn entlang nach Schöneberg zu bis zu dem Uebergang, welcher da beim jetzigen neuen Schöneberger Kirchhof war, wo auch jetzt noch das Häuschen steht (auf der Fahrt nach Berlin muß man in der Fahrtrichtung rechts hinaussehen) und mußte sich dann über Feldwege, die entweder unter Wasser standen oder den reinen Hippodrom bildeten, nach der Provinzialchaussee bemühen, diese entlang und durch die nichts weniger als angenehm zu gehende Sponholzstraße zum Bahnhofe zu gelangen suchen, ein Marsch, welcher etwa eine halbe Stunde in Anspruch nehmen durfte; oder man konnte einen anderen Weg benutzen, welcher uns vom Dürerplatz hinauf ins Hochgebirge führte, über das Plateau desselben bis zu einem Übergange, der etwa bei der Flensburger Straße in Steglitz lag, das heißt also ziemlich in der Mitte zwischen der neuen Unterführung der Albrechtstraße ebenda (diese wurde früher ebenfalls unmittelbar über die Schienen geführt und beim Herannahen eines Zuges durch Barrieren abgeschlossen) und der jetzigen Hochbrücke am Ende der Fregestraße (bei der Gartenbauschule von Fräulein Dr. Castner). Von diesem Uebergange aus mußte man sich anfangs ebenfalls erst nach der Provinzialchaussee durchzuschlagen suchen, diese entlang bis zur Ringstraße und dann durch die Hauff-, Wieland- und Bahnhofstraße gehen, wogegen später hin der die Düppel- und Fregestraße versperrende Zaun beseitigt wurde und man durch die Frege-, Hauff-, Wieland- und Bahnhofstraße in annähernd 35 Minuten zum Bahnhof gelangen konnte, während man früher zu dem Umwege gute 45 Minuten rechnen mußte.

Angenommen, wir hätten nunmehr alle Fährlichkeiten des Weges überwunden und treten jetzt vor den Bahnhof, allerdings eine gute halbe Stunde zu früh. Um im Freien zu bleiben, ist das Wetter zu schlecht, der Fahrkartenschalter oder, wie er damals offiziell hieß, „der Billetverkauf" ist noch nicht geöffnet und die unerfreulichen und leeren Warteräume sind ebenfalls noch geschlossen. Wir gehen also in das gegenüber liegende Restaurant von Möhring, um uns nach der überstandenen Arbeit bei einem Glase Bier die Zeit zu vertreiben und uns für die weite Reise noch einmal nachdrücklich zu stärken.

Der Wannseebahnhof Friedenau um 1900

Bahnhofshalle um 1900

Endlich wird der Schalter geöffnet und wir erstehen für 20 deutsche Reichspfennige „eins dritter nach Berlin“. Bewaffnet mit diesem Fahrtausweise sind wir nunmehr im Gebäude als Reisende zugelassen und berechtigt, den Bahnhof zu betreten.

Doch wir benutzen dieses Recht noch nicht sofort, da noch gute zwanzig Minuten bis zur Abfahrt des Zuges übrig sind, und besehen uns lieber das Bahnhofsgebäude einmal etwas näher. Dasselbe besteht außer den nothwendigen Nebengelassen aus vier Räumen. Von der Außenwelt, oder hier im engeren Sinne genommen von der Sponholzstraße her, gelangt man zunächst in den Empfangsraum, das heißt einen nicht allzubreiten Gang, an dessen rechtem Ende sich der „Billetschalter“, durch ein großes Plakat als solcher gekennzeichnet, befindet.

Die Wände sind in ihrem oberen Theile mit graugrüner Leimfarbe (nicht Oelfarbe, Gott bewahre) gestrichen und mit braunem Rand versehen, wogegen der untere Theil mit Fahrplänen aller Art, gelb mit schwarzem Druck, weiß mit schwarzem, blauem und rothem Druck, sowie mit feuerroten, schwarzbedruckten Bekanntmachungen tapeziert ist. Außerdem finden sich Plakate vor mit verschiedenem Inhalt; z.B. „das Beschwerdebuch liegt im Stationsbureau aus“, „Hunde müssen an der Leine geführt werden“ usw. Diese Lektüre und das eingehende Studium derselben ist zwar außerordentlich interessant, aber dazu reicht unsere Zeit denn doch nicht aus, da einmal keine bestimmte Reihenfolge bei der Aufhängung der Fahrpläne befolgt ist und da ferner diejenigen einer bestimmten Eisenbahndirektion über deren Grenze hinaus nicht gehen, die Anschlüsse von den benachbarten Direktionsbezirken aber nur höchst unvollständig angegeben sind.

Da hängt beispielsweise ein Fahrplan der Eisenbahndirektion Magdeburg friedlich neben einem der Direktion Königsberg und einem der Direktion Köln. Wie anders ist das doch heute geworden!

Wir haben alle diese Fahrpläne nicht nöthig, da wir ganz genau wissen, daß unser Zug nicht vor 9 Uhr 19 Min. ankommt, und schreiten kühn erhobenen Hauptes an ihnen vorbei, öffnen die gleich links neben dem mit einem Schiebefenster versehenen Fahrkartenschalter befindliche Thür und treten in den Wartesaal für Reisende erster und zweiter Klasse, welcher also ausschließlich für die „besseren" Reisenden bestimmt ist. Wir sind aber unvorsichtig gewesen, indem wir unsere Fahrkarte nicht in die Tasche gesteckt, sondern offen in der Hand gehalten haben. Forschende Blicke der Reisenden mustern uns, und es dauert auch gar nicht lange, so kommt ein Eisenbahnbeamter auf uns zu, und es geht uns gerade so, wie dem Manne, von welchem schon der seelige Schiller so schön in seinem „Lied von der Glocke" singt: „der Mann muß hinaus!" Nolens Volens müssen wir schon, es bleibt uns wirklich nichts weiter übrig, uns in den links nebenan gelegenen Wartesaal für Reisende dritter und vierter Klasse zu verfügen, aber so viel haben wir denn doch dem Heim der „oberen Zehntausend" (hier am Orte sind es allerdings noch nicht ganz so viele) abgeguckt, daß wir es mit seinem Inhalt annähernd beschreiben können. Seine Wände sind mit, wenn auch nicht gerade vorzüglichen Tapeten versehen, während ferner ein Tisch mit sechs Stühlen und eine Uhr, eine Eisenbahnkarte von Deutschland, einige Bekanntmachungen über Sonderzüge (oder „Extrazüge", wie sie damals noch so herrlich von Amtswegen benannt wurden), eine Tafel, auf welcher diese häufig eintretenden Zugverspätungen den wartenden Fahrgästen mitgetheilt werden sollten, aber nur selten wurden, vorhanden sind. Besondere Zugverspätungen bildeten nämlich zur Zeit der alten Potsdamer Bahn die Regel und das pünktliche Eintreffen der Züge die Ausnahme; ja man kann wohl sagen, daß man die Tage, an welchen sämmtliche Züge

Der Wannseebahnhof Friedenau um 1898

– doch wir wollen nicht gar zu große Ansprüche machen, sagen wir nur, an welchen die Hälfte der Züge pünktlich einlief, im Kalender roth anstreichen konnte, ohne diesen mit den entstehenden roten Strichen etwa gar zu sehr zu verschmieren. Ferner findet man im genannten Warteraum eine Tafel, auf welcher die Abfahrzeiten sämmtlicher Züge von und nach Berlin verzeichnet sind. Der Wartesaal dritter und vierter Klasse besitzt mit Ausnahme der Tapeten und der Uhr dieselben Gegenstände, wie der für die Reisenden der ersten und zweiten Wagenklasse bestimmte Aufenthaltsraum, nur in bedeutend ruppigerer Ausführung.

Nachdem wir uns so die jedem Fahrgaste zugänglichen Räumlichkeiten etwas näher betrachtet haben, treibt uns die Neugierde dazu, auch noch das „Stationsbureau" einer eingehenden Besichtigung zu unterziehen. Ein Grund, in das selbe hineinzugelangen, ist bald gefunden. Dieser Raum ist nur vom „Perron" aus zugänglich und bildet den Aufenthaltsort für den jeweilig diensthabenden Stationsbeamten. In dem nicht gerade übermäßig geräumigen Zimmer sind auf zwei Tischen Morsetelegraphenapparate aufgestellt, ferner erblickt man eine Uhr, welche genaue Bahnzeit angeben soll, außerdem einige Stühle und einen Lehnsessel zur Benutzung für den Diensthabenden. Weiter ist nichts an dem Raume zu bemerken, welcher stets von zwei Mann bewohnt wird. Außen am Bahnhofsgebäude befindet sich, nach den Geleisen zu, noch eine von der Straße aus allerdings unsichtbare Uhr, deren Zifferblätter nur leider gar zu oft durch Aktendeckel verhängt sind, so daß ein gehen der Uhr eigentlich nur ausnahmsweise beobachtet werden kann.

Dies wäre wohl alles, was an dem alten Bau vorhanden und bemerkens- und erwähnenswerth wäre, wenigstens können wir beim besten Willen weiter nichts an ihm entdecken. Wohl aber fällt uns ein recht fühlbarer Mangel auf: man bekommt nämlich auf dem ganzen Bahnhofe nichts zur Stärkung des leiblichen Menschen. Es muß damals doch kein Bedürfnis dafür vorhanden gewesen sein; heute befindet sich auf jedem Bahnhofe wenigstens eine Bierquelle. – Ja, ja, die Menschheit war dazumal noch unendlich viel solider, als heutzutage.

Mit solchen und ähnlichen Gedanken verfliegt die Zeit und wieder ertönt die mächtige Glocke, ein Zeichen dafür, daß wir uns auf den Weg zum Bahnsteig machen müssen, was gar nicht einfach ist und auch eine ziemliche Zeit in Anspruch nimmt. Hierbei haben wir die Gelegenheit, auch den Außenbahnhof einer eingehenden Besichtigung zu unterziehen. Um auf den Bahnsteig zu gelangen, von welchem die Züge nach Berlin abfahren, müssen wir das Geleise kreuzen, welches von Berlin kommt, aber: „Das Ueberschreiten dieses Geleises ist nach §§ 52 und 63 der Betriebsordnung für die Haupteisenbahnen Deutschlands bei Strafe verboten." Also müssen wir entweder unten darunter durch oder oben darüber weg; vor dem Entlanggehen unter der Erde hatte man doch zu jener Zeit noch eine heilige Angst und überließ dies Vergnügen gern den Bergleuten. Um nun durch die Luft hinüberzukommen, war ein gewaltiges, großartiges, schwarz angestrichenes, hölzernes Bauwerk aufgeführt, an welchem nur die Stricke fehlten, um einen Galgen daraus herzustellen. Ueber dieses anmuthige, prachtvolle Gebäude müssen wir wohl oder übel hinüber und gelangen dann auf einen mit einer Bordkante von alten Schwellen eingefaßten, ungepflasterten und unbedeckten Bahnsteig, auf welchem nur eine kleine, hölzerne Wartebude aufgestellt ist. Dieselbe besteht aus zwei Theilen: einer kleinen geschlossenen, mit einem Fenster nach Westen

Unterführung vom Dürerplatz aus gesehen, um 1912

hin versehenen, aber durch die hellste Rothgluth eines Ofens nicht warm zu kriegende Bude, die durch eine Wand mit Thür von dem größeren, nach vorn offenen und hier jeder Witterung preisgegebenen Raum getrennt ist. Neben dem Eingange zu letzterem ist die bewußte Glocke aufgehängt. Vor uns bemerken wir einen langen Zaun, welcher die beiden Geleise voneinander trennt. Auf dem gegenüberliegenden Bahnsteige sieht man außer etwa mitgebrachten Regen- oder Sonnenschirmen überhaupt kein Schutzdach gegen die Witterung. Endlich kommt unser Zug. Wir steigen ein und fahren ohne Aufenthalt bis Berlin durch.

Friedenauer Lokal-Anzeiger 18. und 23. August 1898

Heinrich Kastor beschreibt die Zustände noch vor dem großen Umbau der Station und der Gleise im Jahr 1891. Die Tage der 1874 auf dem geschenkten Terrain des Grundbesitzers Sponholz eröffneten kleinen Haltestelle Friedenau mit dem, noch von den Einwohnern selbst bezahlten, in Fachwerk errichteten alten Stationsgebäude, welches Dienstraum, Fahrkartenschalter und auch noch einen Warteraum enthielt, waren gezählt.

In den 1880er Jahren war das Verkehrsaufkommen auf der Strecke Berlin–Potsdam erheblich gestiegen. Gegenüber 80 Zügen zwischen Berlin und Steglitz und 76 Zügen zwischen Steglitz und Zehlendorf im Jahr 1882 war der Verkehr 1886 auf 98 bzw. 96 Züge angewachsen. Dazu kamen noch 6 planmäßige Güterzüge, zahlreiche Hofzüge und im Sommer sowie an Sonn- und Feiertagen viele Sonderzüge, sodaß in Zeiten des stärksten Verkehrs die Zugfolge knapp 5 Minuten betrug. Ende der 80er Jahre hielten dann 21 Züge nach Berlin und 22 Züge von Berlin in Friedenau. Angesichts dieses Betriebes, dessen Bewältigung noch dadurch sehr erschwert wurde, daß die Züge mit recht unterschiedlichen Geschwindigkeiten fuhren, entschloß man sich 1887 zu einer Vermehrung um 2 Gleise auf der Stammbahn zwischen Berlin und Zehlendorf. Mit Nachdruck wurde an dem Ausbau der Gleise und dem Umbau der Bahnhöfe gearbeitet. Am 1. Oktober 1891 konnte der Betrieb auf der nun „Wannseebahn“ genannten Strecke aufgenommen werden. Die Abbildung zeigt den neuen Bahnhof nach dessen Fertigstellung.

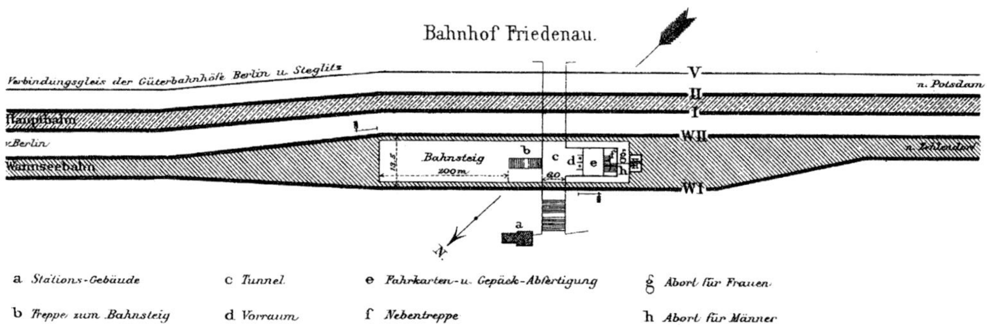

Die Verbesserung der Verkehrsverhältnisse begünstigte besonders in den südwestlichen Vororten Berlins ein enormes Ansteigen der Einwohnerzahl. Vielerorts wurden Pferdeomnibusse durch Dampfstraßenbahnen ersetzt, diese wiederum mußten bald der „Großen Berliner Straßenbahn“, auch einfach „Elektrische“ genannt, weichen. Und noch bevor um die Jahrhundertwende motorgetriebene Omnibusse die Fahrtzeiten in die Hauptstadt erneut verkürzten, hatte der Vorortbewohner vielleicht auch schon gute Aussichten auf einen der modernen Untergrundbahn-Anschlüsse in seiner Nähe.

Wohnten um 1870 in dem Gebiet zwischen Friedenau und Wannsee ca. 7 000 Personen, so waren es Anfang der 1890er Jahre bereits etwa 32 000. Bis zum ersten Weltkrieg sollten dort mehr als 200 000 Menschen leben.

Unser Ort mit ca. 2 000 Seelen hat bis heute noch keine eigene Kirche, sondern gehört, wie Schmargendorf, zur Pfarre Deutsch-Wilmersdorf. Die Aula der Gemeindeschule dient daher gleichzeitig den kirchlichen Handlungen, deren Funktionen dem Pastor Andée in Deutsch-Wilmersdorf obliegen, hat sich aber als sehr unzureichend erwiesen. Vor einigen Tagen hat nun der Gemeinde-Kirchenrath über den längst projektirten Kirchenbau definitiven Beschluß gefasst. Darnach soll die Grundsteinlegung möglichst bald erfolgen. Als Baustelle hat die Gemeinde Friedenau den Friedrich-Wilhelmplatz unentgeltlich hergegeben, der gleichzeitig Raum genug für ein später zu errichtendes Pfarrhaus bietet. Nach dem von dem betreffenden Kreisbau-Inspektor angefertigten Plane wird die Kirche im Ziegelrohbau, im gothischen Stile, mit gewölbtem Schiffe, Schieferbedachung und einem Thurme von 70m Höhe erbaut werden, ähnlich der neuen Kirche in Wiesbaden. Die Heizung soll zunächst durch Oefen erfolgen, jedoch wird die Anlage für spätere Centralheizung vorgesehen. Eigenartig dürfte sein, daß die Anlage des Orgelchors unmittelbar hinter dem Altar projektirt ist, wodurch Sitzplätze gewonnen werden. Die Zahl aller Sitzplätze beträgt 800. Der Kostenvoranschlag des Baues stellt sich auf 180 000 Mk. Der Fiskus als Patron steuert die Hälfte an Bau-Materialien, d. h. Steine, Kalk und Holz, bei. Die Mutterkirche selbst ist ziemlich begütert. Die Lage des Platzes bedingt die Richtung des Grundstückes von Norden nach Süden.

Teltower Kreisblatt 5. April 1884

Julius Möller

Die Grundsteinlegung der Kirche zum guten Hirten

Nach Vollziehung der Grundsteinlegung durch die üblichen Hammerschläge, die vom Gesang der Schülerinnen der Roennebergschen Höheren Töchterschule begleitet wurden, sprach Generalsuperintendent D. Braun das Weihegebet nebst Vaterunser und Segen.

Mit dem Gemeindegesang „Nun danket alle Gott" fand die eindrucksvolle Feier ihren Abschluß.

Die in den Grundstein versenkte Stiftungsurkunde hatte folgenden Wortlaut:

„Im Namen Gottes des Vaters, des Sohnes und des Heiligen Geistes.

Mit Dank und Freude begrüße ich es, daß der heutige Tag einen weiteren Fortschritt in den auf die Hebung der kirchlichen Notstände in und um Berlin gerichteten Bestrebungen verzeichnen darf.

Grundsteinlegung zur Kirche Zum guten Hirten im Beisein der Kaiserin am 22. November 1891

Der auf der Feldmark Deutsch-Wilmersdorf im Jahre 1871 begründete und in andauernder Entwicklung auf fast 5 000 Seelen angewachsene Vorort Friedenau entbehrt noch eines eigenen Gotteshauses, und dieser Mangel hat sich nun doppelt fühlbar gemacht, seit vor zwei Jahren Friedenau zu einer selbständigen Tochtergemeinde der Parochie Deutsch-Wilmersdorf erhoben ist.

Um jenem Notstande abzuhelfen, habe ich der Bitte der kirchlichen Gemeindeorgane in Friedenau um Übernahme des Protektorats über den dortigen Kirchenbau gern entsprochen und gemeinsam mit Seiner Majestät dem Kaiser und Könige, meinem vielgeliebten Gemahl, einem von dem Architekten Dorflein in Berlin gefertigten Entwurf für den Bau einer Kirche, welche gegen 1 000 Sitzplätze enthalten soll, bestimmt.

Zur Bestreitung der Baukosten, welche auf 264 000 M. festgesetzt sind, hat Seine Majestät ein Allerhöchstes Gnadengeschenk von 68 000 M. zu bewilligen geruht. Hierzu tritt das von der Muttergemeinde Deutsch-Wilmersdorf gespendete Dotationskapital von 150 000 M. Der Kirchenbauverein hat 10 000 M. gesammelt und diese Summe besonders für die innere Ausstattung bestimmt. Endlich hat die Ortsgemeinde nicht nur den Baugrund für die Kirche und das daneben zu errichtende Pfarrhaus auf dem schön gelegenen Friedrich-Wilhelm-Platze unentgeltlich bewilligt, sondern sich auch in dankenswerter Opferfreudigkeit bereit erklärt, den entstehenden Restbetrag der Bausumme in Höhe von 36 000 M. ihrerseits aufzubringen.

So wird denn heute der Grundstein zu der Kirche gelegt, welche den Namen ‚Kirche zum guten Hirten' tragen soll. Möge sie unter Gottes Beistand bald entstehen zur Zierde des Ortes, zur Freude der Bewohner, zur Nacheiferung der Nachbargemeinde, vor allem aber zur Entwicklung echt evangelischen Gemeindelebens in Jesu Christo unserem Heilande.

Gegeben Neues Palais, den 22. Oktober 1891.

gez. Auguste Victoria
Deutsche Kaiserin, Königin
von Preußen."

Chronik der Kirchengemeinde zum guten Hirten Berlin-Friedenau 1871–1930

Se. Durchlaucht der Reichskanzler Fürst Bismarck beehrte heute unsere Villenkolonie mit einem Besuch. Nachdem der Fürst am Kaiser Wilhelm-Garten mit seiner Dogge den Wagen verlassen hatte, ging er zu Fuß die Schmargendorfer und die Neue Straße entlang, unterhielt sich hier in leutseligster Weise mit mehreren Gartenarbeitern und bestieg dann, an der Chaussee angelangt, wieder seinen Wagen, um nach Berlin zurückzukehren.

Teltower Kreisblatt 2. April 1884

Kirche für Friedenau   Zeitgenössische Darstellung nach dem Entwurf des Architekten Carl Doflein

Das Denkmal auf dem Friedrich-Wilhelm-Platz

Schon seit der Fertigstellung des Gotteshauses im Jahr 1893 befaßte man sich in der Gemeindevertretung mit dem Plan, ein Denkmal für den 1888 verstorbenen Kaiser Wilhelm I. auf dem Friedrich-Wilhelm-Platz zu errichten. Doch erst Jahre später, im Juli 1899, beschloß der Denkmalausschuß, den Herren der Gemeindevertretung den Entwurf des Regierungsbaumeisters Ludwig Dihm zur Annahme zu empfehlen.

Der Entwurf stellt eine im ganzen etwa 15 Meter hohe gothische Spitzsäule dar. Diese steht auf einer kreisrunden zweistufigen Terasse von ungefähr 7¾ Meter Durchmesser. Der untere geviertförmige Körper hat mit den diagonal gestellten Eckpfeilern etwa 3 Meter Seitenlänge und etwa 5½ Meter Höhe bis zur Spitze der die vier Seiten bekrönenden Giebel. Darüber erhebt sich bis zur Höhe von etwa 13½ Meter eine mächtige vierseitige Pyramide als Träger der in vergoldetem Metall gedachten Kaiserkrone. Auf den vier Seiten des Unterbaus speien Köpfe Wasser in das vierpaßförmige Becken aus, welches den Fuß des Denkmals umgiebt. Der obere Theil des Giebelfeldes nimmt auf der der Kirche zugewendeten Hauptseite des Denkmals das Relieff des Kaiser Wilhelm I. auf, während die Rückseite das Wappen von Friedenau mit Widmung, die beiden anderen Seiten den deutschen und preußischen Adler zeigen können. Die Terasse soll in gestocktem Granit ausgeführt werden, das Denkmal selbst in bestem wetterfesten Sandstein in gestockter und scharrirter Behandlung, das Relieff des Kaisers in Bronze.

Nach kurzer Debatte wurde einstimmig beschlossen, dem Vorschlage des Denkmalausschusses zuzustimmen. Von der Ausschreibung einer Konkurrenz, die in erster Lesung beschlossen war, wird abgesehen werden.

Friedenauer Lokal-Anzeiger 21. Juli 1899

Vom Entwurf bis zur Enthüllung des Denkmals in stark abgeänderter Form vergingen weitere zwei Jahre. So wurde beispielsweise aus der vergoldeten Kaiserkrone auf der Spitze des Denkmals ein Adler, der die Gemüter der Friedenauer erregte und auch für so manchen Spott Anlaß gab:

Der altgothische Adler auf dem hiesigen Denkmal scheint auch in besseren Kreisen, so schreibt man uns, keinen großen Beifall zu finden. Bei dem Vergnügen einer Gesellschaft im „Rheinschloß“ fand unter Anderem auch eine Tyroleraufführung statt. In einem Schnadahüpf'rl mußte der arme Adler, an welchem Kunstkenner ihre wirkliche Freude haben, sehr herhalten. Eingeleitet wurde der Hüpf'rl mit dem Vers: „Wenn kommt die Krähe vom Kirchplatz weg?“

Ein zweiter antwortete: Es sei nur eine Gräthe usw.

Ein anderer Mitbürger sandte gar ein Gedicht an die Redaktion des Friedenauer Lokal-Anzeigers:

Am Friedrich Wilhelmplatze
Stand ein fremder Mann,
Sah sich voll Verwund'rung
Dort das Denkmal an;
Sprach zu seiner Gattin:
‚Sag' mal, lieber Schatz,
Ist das 'ne Nebelkrähe
Oder'n nackter Spatz?' –
Doch ein Friedenauer,
Der zugegen war,
Meint': Was Sie sich denken –
's ist der deutsche Aar!

Friedenauer Lokal-Anzeiger 23. März 1901

Das Denkmal wurde 1966 bei der verkehrsgerechten „Umgestaltung" des Friedrich-Wilhelm-Platzes im Zuge der Straßenverbreiterung der Bundesallee und des U-Bahnbaus abgerissen.

Friedrich-Wilhelm-Platz um 1905

Hermann Martinius

Von der Freien Vereinigung bis zum Haus- und Grundbesitzer-Verein zu Friedenau

Im Oktober 1881 wurde ein Werbeschreiben des „Vereins für Beschaffung billiger Wohnhäuser" zu Berlin versandt. Ähnlich wie der Landerwerb- und Bauverein bezweckte auch dieser Verein „Unbemittelten ein eigenes Heim" zu verschaffen und sein verlockendes Angebot fand reichen Anklang, namentlich in Beamtenkreisen. Auch durch Vorträge suchte der Verein für seine Ziele zu wirken. So hielt im Sommer 1882 der Landtagsabgeordnete Schulze einen Vortrag über die Bestrebung und Ziele des Vereins, und seine überzeugenden Worte veranlaßten viele, dem Verein beizutreten. Es wurden den Mitgliedern Grundstücke in Friedenau, in Steglitz am Fichtenberg, in Gr.-Lichterfelde, in Wilmersdorf und in Zehlendorf angeboten. Eines der Vorstandsmitglieder, Rechnungsrat Kostrzewski war besonders auf Friedenau aufmerksam geworden, und so wurde denn unser Ort in der Hauptsache zum Niederlassungsort für die Mitglieder des Vereins empfohlen und auch gewählt.

Da nun damals bereits die Frage über die Residenzpflicht der Beamten rege war, so wandte sich der Verein in einem Gesuch am 25. Januar 1882 an den Reichskanzler Fürsten Bismarck. Das Gesuch schilderte zunächst die Gründung des Vereins und seine Bestrebungen, weist auf die teueren Wohnungen im Mittelpunkt Berlins hin und daß die Beamten wegen der Lage der Dienstlokale besonders auf den Westen Berlins mit seinen hohen Mietpreisen angewiesen seien, um dann die Bitte zu unterbreiten, daß „den Beamten, die keine Dienstwohnung inne haben, generell gestattet werde, an gewissen Orten außerhalb Berlins beziehungsweise in einem bestimmten Umkreise der Stadt ihre Wohnung zu nehmen". Ausnahmsweise und widerruflich wäre ja solche Genehmigung bereits erteilt worden, aber die Mitglieder des Vereins trügen Bedenken, auf solche Genehmigung hin sich anzubauen und sich der Möglichkeit auszusetzen, das Besitztum vielleicht unter erheblichen Verlusten, wieder aufgeben zu müssen. Es wird noch dran erinnert, daß auch

Panorama von der Wannseebahn aus gesehen

bei Projektierung der Berliner Stadtbahn vorausgesetzt wurde, daß ein größerer Teil der Beamten künftig genötigt sein werde, außerhalb Berlins zu wohnen. Ferner wurde hervorgehoben, daß bereits für eine Beamten-Kategorie eine generelle Abweichung offiziell gut geheißen wurde. In dem von dem Herrn Minister der geistlichen pp. Angelegenheiten genehmigten und im Zentralblatt für die gesamte Unterrichtsverwaltung für 1881 publizierten Reglement betr. das Domizil der ordentlichen Mitglieder der Akademie der Wissenschaften am 12. Mai 1882 ist festgesetzt: „daß als Wohnsitz der ordentlichen Mitglieder ein jeder Ort angesehen werden kann, der mit Berlin in Pferdebahn- oder Dampf-Eisenbahn-Verbindung steht und im letzteren Falle nicht weiter als 30 Kilometer von Berlin entfernt ist." Die Bitte des Vereins lautete demnach: „hochgeneigtest Anordnung treffen zu wollen, daß die bezeichneten Vorschriften hinsichtlich Berlins im Sinne der für die Mitglieder der Akademie für Wissenschaften erfolgten Festsetzung deklariert werden." Das gleiche Gesuch wurde an das Königl. Preuß. Staatsministerium gesandt. Die Antwort erfolgte nicht ganz im Sinne der vorgetragenen Bitte; sie stellte fest, daß gegen das Auswärtswohnen der Beamten grundsätzliche Bedenken nicht vorlägen, daß man sich aber für jeden einzelnen Fall die Entscheidung vorbehalte.

Auf Grund dieser Antwort wurde also nun der „Anbau" in Friedenau gewagt. Die Grundstücke, nach den Blocks mit Buchstaben bezeichnet, wurden im wahren Sinne des Wortes ausgeknobelt. Die neuen Grundbesitzer pilgerten nun mehrmals in der Woche von Berlin nach Friedenau, um die Fortschritte des Baues ihrer Villen zu beobachten. Die Bauten wurden meist mit rohen Backsteinen erbaut und so erhielten die Erbauer dieser Häuser den Namen „Rohbauer". Die ersten Ansiedler, die Besitzer der durchweg geputzten Häuschen der Ring-, Mosel-, Saar- und Illstraße nannte man im Gegensatz die „Putzbauer", auch die „Kuhbauer". Der Bau der Villen wurde 1882 und 1883 begonnen. Im Frühjahr 1883 bezogen die meisten „Rohbauer" ihre freundlichen und netten Heime.

Bei einem Abendschoppen in Berlin, den die Friedenauer Mitglieder des Vereins für Beschaffung billiger Wohnhäuser abhielten, war festgesetzt worden, daß alle bei dem ersten in Friedenau geborenen Jungen Pate stehen wollten. Als nun im Herbst 1883 dem Kupferstecher Paul Bang ein Söhnchen geboren wurde, stellten sich alle Rohbauern als Paten ein; man feierte am 10. November eine fröhliche Taufe im Kurhaus, Ringstraße 21, und gründete an diesem Tage die „Freie Vereinigung". Die Mitgliederzahl während ihres Bestehens bewegte sich zwischen 25 und 35. Die Monatsversammlungen fanden im Kurhause, später im Gasthaus Schneider, Rheinstraße 8, und im Kasino von Vierhuff statt.

Wie allgemein anerkannt wurde, kam durch den Verein und die Ansiedlung seiner Mitglieder neues Leben in unseren Ort. Die neuen Ansiedler füllten die Lücke zwischen Wilmersdorfer Platz und Kaiserallee aus und bewohnten die Nied-, Schmargendorfer- und Kirchstraße. Dort hat sich eine Reihe dieser „Rohbauten" noch bis auf den heutigen Tag erhalten.

Die freie Vereinigung entfaltete von Beginn an eine lebhafte Tätigkeit und suchte überall zur Besserung der Verhältnisse beizutragen. Namentlich dem Unterhalt der Wege und Plätze und ihrer Reinigung schenkte sie rege Aufmerksamkeit. Granitplatten auf den Bürgersteigen kannte man noch nicht, nur wenige Grundstücke hatten einen schmalen Streifen von Mosaikpflaster; vielen Bürgersteigen fehlte jede Befestigung, und Asphalt auf den Straßen wie heute gab es auch nicht. Wie es da bei anhaltendem Regenwetter oder im Winter bei Tauwetter auf den Bürgersteigen und Straßen aussah, kann sich ein heutiger Friedenauer kaum vorstellen. Manchen Benutzer des „Verbinders", der Ringbahn, konnte man zu solcher Zeit beladen mit Mauersteinen oder ähnlichem, vorsichtig von einem zum andern in die seenartigen Pfützen gelegten Steine hüpfend und am Ende die Kette mit den mitgebrachten verlängernd, freie Bahn ziehen sehen. Ein Schmerzensschrei aus Friedenau in der Neuen Zeitung vom 2. Februar 1885 schildert beweglich die Not namentlich der kleinen Schuljugend auf dem Weg zu den Bahnhöfen. Die freie Vereinigung wurde deshalb im Oktober 1885 durch eine Abordnung bei dem Amtsvorsteher Feurig wegen Abhilfe vorstellig und unterstützte einige Zeit später die mündlich vorgetragenen Wünsche durch eine ausführliche Eingabe, in der alle nicht in ordnungsgemäßem Zustand befindlichen Bürgersteige aufgezählt wurden. Im Mai 1887 erging ein neues Gesuch an den Amtsvorsteher. Auch die Verbesserung der Kanalisation und der Beleuchtung des Ortes ließ sich die Vereinigung angelegen sein, wie sie auch die nächtliche Sicherheit zu erhöhen suchte, in dem Mitglieder oftmals zur Nachtzeit Patrouillien vornahmen.

Hatte die Vereinigung durch ihr Eintreten für Wegeverbesserung und Straßenreinigung ein gut Teil zur Verschönerung des Ortes beigetragen, so begrüßte sie das Entstehen eines besonderen Verschönerungsvereins im Frühjahr 1886 mit großer Freude und unterstützte seine Bestrebungen durch einen jährlichen Zuschuß von 50 Mark.

An der Kaisereiche

Rheinstraße

Gegen die drohende Errichtung einer Gasanstalt auf dem an der Ringbahnstation gelegenen, der Stadt Berlin gehörigen Areal, dem heutigen Wagnerviertel, erhob die Freie Vereinigung beim Landrat im August 1883 Einspruch, dem sich der Gemeindekirchenrat, der Gemeindevorstand und der Landerwerb- und Bauverein anschlossen. In der Kreisausschußsitzung vom 20. November wurde der Friedenauer Einspruch abgewiesen und die Anlage genehmigt. Nach der Zustellung des begründeten Bescheides reichten die Beteiligten Ende Januar 1884 eine Beschwerde an den Minister für Handel und Gewerbe ein, der am 17. Juni zum Bescheid erteilte, daß der Unternehmerin die nachgesuchte Genehmigung zu versagen sei. Auf das neue, im Oktober 1885 ausgelegte Projekt der Stadt Berlin erhob Gemeindevertretung und Kirchenrat sowohl wie die Freie Vereinigung neuen Einspruch beim Landrat, dem der Kreisausschuß am 10. Dezember mit der Begründung stattgab, „daß der besondere Charakter des Vorortes Friedenau, die Bestimmung desselben als Villenanlage und als ein für Sommerwohnungen von Kranken etc. gesuchter Ort, eine gewerbliche Anlage, wie die hier projektierte Gasanstalt, ohne sanitäre Belästigungen und Nachteile für die einen gesunden Aufenthalt Suchenden nicht zulasse und deshalb die Genehmigung zu versagen sei“ …

Reichskanzler Fürst Bismarck ist in dieser Angelegenheit zweimal zur Besichtigung in Friedenau gewesen. Erleichtert atmeten die Friedenauer Einwohner auf. „Durch die Anlage einer umfangreichen Gasfabrik würden, wie es in den Gründen zu dem Entscheid des Ministers treffend hieß, sämtliche wirtschaftlichen und sozialen Bedingungen für die weitere Entwicklung des Ortes Friedenau und seiner nun einmal gegebenen Grundlage verschoben werden.“ Man stelle sich auch nur auf dem Platze unseres Gymnasiums und dem daneben gelegenen Spielplatze zwei große Gasbehälter von 47 und 56,5 Metern Durchmesser vor und statt unseres Wagnerviertels eine Unzahl rußiger Gebäude und zwei weitere große Gasbehälter an der Ecke der Kaiserallee und Varziner Straße! Nicht genug dankbar sein können wir Nachfahren den damals für die Existenz Friedenaus so energisch eintretenden Männern und dem Fürsten Bismarck für den unserer Gemeinde gewährten Schutz. Sie hat sich dessen auch mit tiefstem Danke erinnert, als sie am 1. April 1895 dem Fürsten den Ehrenbürgerbrief überreichte.

Den Charakter Friedenaus als Villenort suchte die Vereinigung auch weiterhin zu wahren. Sie erhob beim Landrat Oktober 1886 Einspruch gegen die Handhabung der Bauordnung im Orte, besonders über die Festsetzung der Fluchtlinie für den Karigschen Neubau, Ecke Rhein- und Hedwigstraße. Am 11. Februar 1887 trug eine Abordnung der Freien Vereinigung dem Landrat Stubenrauch und am 31. März der Regierung in Potsdam die Wünsche zu der von der Gemeindevertretung beschlossenen, auf die Erhaltung des Villencharakters bedachten Bauordnung für Friedenau vor. Die Genehmigung wurde dieser Bauordnung leider versagt, eine andere gestattete dann den Bau von 4 Geschossen und das Schicksal des Villenvororts war damit besiegelt.

Infolge des Anwachsens unseres Ortes, an dem die Freie Vereinigung in den 5 Jahren ihrer Tätigkeit, die mehrmals heiße Kämpfe der widerstreitenden Parteien zeitigte, nicht geringen Anteil hatte, stellte sich bei den größeren Aufgaben und Bedürfnissen der Gemeinde die Notwendigkeit heraus, den Verein, der sich im wesentlichen aus den „Rohbauern", also den Bewohnern nur eines Teiles von Friedenau, zusammensetzte, auf breitere Grundlage zu stellen. Die Erwägungen hierüber führten im Herbst 1888 zur Auflösung der Vereinigung, die während ihres Bestehens von Oberlehrer Dr. Frölich als Vorsitzendem und Rechnungsrat Otto Bauer als Schriftführer geleitet wurde, und zur Gründung des Haus- und Grundbesitzer-Vereins.

Der Haus- und Grundbesitzer-Verein zu Berlin-Friedenau 1888–1913

Altkanzler Fürst Bismarck, um 1896

Zur Besichtigung des von dem Kalligraphen, Herrn Fischer aus Berlin angefertigten Bürgerbriefes für den Fürsten Bismarck fand am Donnerstag Abend eine Gemeinderathssitzung statt. Das Titelblatt des Diploms, welches oben das Brustbild des Fürsten ziert, trägt an den Ecken das Wappen derer von Bismarck, ein Kleeblatt. Die untersten Ecken ziert der preußische schwarze Adler, zwischen denen sich eine Ansicht von Friedenau befindet, von der Ringbahn aus gesehen. Titelblatt und Text des Bürgerbriefes sind in einem Prachteinband von blauem Plüsch eingebunden, und die Ecken sind mit silbernen Eichenlaubsträußen beschlagen, während die Mitte des Deckels von dem Wappen des Hauses Bismarck, umrahmt von einem Kranz aus Eichenlaub und Lorbeer eingenommen wird; darüber trägt ein verschlungenes Widmungsband die unvergessenen Worte des Altreichskanzlers: „Wir Deutsche fürchten Gott, aber sonst nichts auf der Welt!"

Der Text des Ehrenbürgerbriefes lautet:

Wir der Gemeinde-Vorstand und die Gemeinde-Vertretung von

Friedenau

im Kreise Teltow der Mark Brandenburg des Königreichs Preußens, urkunden und bekennen hiermit, daß wir auf Grund einhelligen Beschlusses

Seiner Durchlaucht
dem Fürsten Otto von Bismarck,
Herzog von Lauenburg
zum 80. Geburtstage

die Würde als

Ehrenbürger der Gemeinde Friedenau

verleihen und verliehen haben.

Es ist eine hohe Ehre für uns, daß unter den zahllosen Beweisen aufrichtiger Liebe und Verehrung, die Ew. Durchlaucht von nah und fern, aus allen Weltteilen, wo Deutsche Herzen schlagen, zugegangen sind, auch wir an unserem bescheidenen Theile dazu beitragen dürfen, den großen Baumeister des Deutschen Reiches zu ehren.

Wir fühlen uns innig mit dem gesammten Deutschland, wenn wir Ew. Durchlaucht danken für die unvergleichlichen Verdienste, die Sie Sich erworben haben um die Gründung und den Ausbau des Deutschen Reichs; Verdienste, die unauslöschlich eingegraben sind in das Herz aller wahren Deutschen.

Im treuen Gedenken aller dieser Verdienste um Thron und Vaterland, um Kaiser und Reich und in tief dankbarster Erinnerung an den unserer Gemeinde im Jahre 1886, als derselben die Errichtung einer Gasanstalt bevorstand, welche den kostbarsten Schatz der Gemeinde Friedenau die reine Luft zu nehmen drohte, gewährten gnädigen Schutz bringen wir Ew. Durchlaucht diesen, mit Siegel und Unterschriften versehenen **Ehrenbürgerbrief** dar. Mögen unsere heißen Wünsche für das fernere Wohlergehen Ew. Durchlaucht in Erfüllung gehen, und möge Deutschlands größter Sohn noch lange die Freude und Genugthuung haben, sein hohes Werk wachsen und gedeihen zu sehen.

Friedenau, den 1. April 1895 Der Gemeinde-Vorstand

Friedenauer Lokal-Anzeiger 31. August 1895

Der Kaiser in Friedenau. Nicht vielen Friedenauern dürfte es bekannt geworden sein, daß am vergangenen Sonnabend Nachmittag um 4 Uhr der Kaiser mittelst Sonderzuges auf unserem Ringbahnhof in der Varzinerstraße eintraf, eine Hofequipage bestieg und nach Wilmersdorf fuhr. Um die Ateliers der Professoren Uphues, Casal und Herter zu besuchen, war der Kaiser, welcher vom Schießübungsplatz in Jüterbog kam, in seinem Extrazuge vom Militärbahnhof aus nach der Ringbahnstation Wilmersdorf-Friedenau gefahren, wo mehrere Hofwagen, gegenüber dem Klahr'schen Restaurant, den Kaiser und sein Gefolge erwarteten. Unserem Amts- und Gemeindevorsteher, Herrn Major Roenneberg, war um 3¾ Uhr vom Stationsvorsteher des hiesigen Ringbahnhofs die Ankunft des Kaisers mitgetheilt worden. Es wurden sofort Herr Wachtmeister Meier und ein Amtsdiener nach dem Bahnhof beordert. Herr Major Roenneberg, welcher gleichfalls nach dem Bahnhof eilte, kam leider einige Minuten zu spät, um den Kaiser begrüßen zu können, denn das Gefährt des Kaisers bog bereits in die Prinz-Regentenstraße ein, als der Herr Amtsvorsteher die Varzinerstraße, Ecke Handjerystraße erreicht hatte.

Friedenauer Lokal-Anzeiger 30. August 1898

Hermann Brücker

Einiges über unsere Feuerwehr

Als die ersten Ansiedler anfangs der siebziger Jahre an der Potsdamer Chaussee zwischen Schöneberg und Steglitz ihre Herdstellen errichteten, hatte ihnen der Landerwerb- und Bauverein die durch die Landgemeindeverordnung auferlegte Verpflichtung zur Beschaffung der Feuerlöschgeräte beim Kauf der Parzellen zwar abgenommen, aber nicht durchgeführt. Der Gemeinnützige Verein, der für die Kolonie gewissermaßen die Verwaltungsgeschäfte führte, mußte erst in einem mehrjährigen Prozeß die Erstattung von 1 750 Mark für die Feuerlöschgeräte und 750 Mark zum Bau eines Spritzenhauses an die inzwischen 1874 entstandene Gemeindeverwaltung Friedenau erzwingen. Das Spritzenhaus stand auf dem Hof der alten Gemeindeschule in der Albestraße.

Von 1874 bis 1882 wirkte hier auf Grund der Landgemeindeverordnung treu und brav eine Pflichtfeuerwehr unter ihren Spritzenmeistern Steinmetz und Hoppe. Oefters hatte die Wehr nachbarliche Hilfe in der Umgegend geleistet, in Friedenau aber brannte es nicht. So sorgfältig bewachten die fürsorglichen Hausväter der noch kleinen Gemeinde auch ohne den mahnenden Stundenruf des Nachtwächters, den es damals in Friedenau schon gab, Feuer und Licht. Da mußte an einem schönen Augustsonntag 1882 das Unglück es wollen, daß durch Unvorsichtigkeit eines Klempners auf dem Neubau der Rösnerschen Villa in der Fregestraße Feuer ausbrach und durch Häufung allerlei Zufälligkeiten die Pflichtfeuerwehr versagte.

Nun gab es große Aufregung in dem sonst so stillen Oertchen, die sich aber bald legte, als man kurz entschlossen die pflichtvergessene Pflichtfeuerwehr auflöste und eine militärisch organisierte Freiwillige Wehr, wie sie Steglitz und Schöneberg besaß, begründete. Der Oberführer, Magistratssekretär Eggers brachte Schneid und Zug in die junge Kolonne. Ein forscher Ton herrschte bei den Uebungen auf dem Schulhof und die Beine flogen nur so, wenn Parademarsch geübt wurde. Der Musikmeister Müller, der in einer Villa der Bismarckstraße eine Musikschule unterhielt, stellte dazu die Marschmusik. Schneidig sahen „Müllers Blasejungen" in den schmucken Feuerwehruniformen aus, ganz anders wie sonst, wenn sie in schwarzen Anzügen mit ihren Zylindern ein mehr oder minder komisches Bild abgaben.

Die Uebungen der Feuerwehr sind stets von der Einwohnerschaft, besonders der Jugend, mit regem Eifer verfolgt worden. Wie weit das Interesse der Anwohner und die Wertschätzung des gemeinnützigen Wirkens der Freiwilligen Feuerwehr bei unseren Mitbürgern ging, möge daraus erhellen, daß eine Dame, Frau Baumeister Clara Götze, in ihrem Testament zur Unterstützung der Mannschaften der Wehr ein Legat von 10 000 Mark aussetzte. Sie hatte mit reger Anteilnahme von ihrem Fenster aus jahrelang die Uebungen der Mannschaften auf dem Wilmersdorfer Platz beobachtet und, erfreut über ihren Eifer ihnen in dieser Weise ihre Anerkennung gezollt. Dicht umlagert von Zuschauern war jedesmal in den neunziger Jahren an den Uebungsabenden der große Platz am Wilmersdorfer Platz, auf dem heute die Post steht, und die Jugend wußte stets eine Gelegenheit zu erspähen, um auf dem Platz möglichst dicht an die Mannschaften und Geräte zu gelangen, damit ihr nur ja nichts entgehe.

Friedenauer Feuerwehr auf dem Schulhof der Gemeindeschule in der Albestraße, um 1900

Und wie die Alten sungen, so zwitscherten die Jungen: Feuerwehr war neben Indianer und Trapper das beliebteste Spiel der Acht- bis Zehnjährigen. Es war ja auch zu aufregend und spannend, wenn Feueralarm ertönte. Der Meldestellen waren nicht viele. Für die Zeit der Dunkelheit waren sie durch Petroleumlaternen mit roten Scheiben kenntlich gemacht, unsere heutigen, so oft mißbrauchten Feuermelder sind neueren Datums. So war eine Meldestelle in der Ringstraße in der Nähe der Moselstraße, eine in der Feurigstraße, wo Hornisten der Wehr wohnten. Außerdem war eine am Friedrich-Wilhelm-Platz bei dem damaligen Schöffen Architekten Hoffmann. Noch heute sehe ich in der Erinnerung ihn barhäuptig, die Haare im Winde fliegend, mit der Hupe in der Hand, gefolgt von seinen damals noch recht jugendlichen Söhnen durch die Nachbarstraßen eilen, von Zeit zu Zeit ins Horn stoßend. Ein langer Ton bedeutete „Feuer außerhalb", ein kurzer und ein langer „Feuer im Ort", drei gleiche Töne „Übungsalarm" und fünf Töne zeigten einen Unfall an. Eine weitere Feuermeldestelle war beim Schornsteinfegermeister Stoltzenburg in der Handjerystraße. Oft genug hat der heutige Oberführer als Schüler und Lehrling, mit der Hupe am Munde, die Mannschaften zusammengerufen, einmal frisch vom Maskenball weg im Klownkostüm, es ist schon lange her. Ein anderer Feuerwehrmann nahm sich nicht die Zeit zum Ankleiden. In Unterhosen, barfüßig, den Kittel flüchtig übergezogen, raste er durch die Straßen.

Die Nachtwächter des Ortes, die ebenfalls mit Alarmhupen ausgerüstet waren, nahmen jeweils das Signal auf oder gaben selbständig Alarm, wenn sie etwas Verdächtiges merkten. Vor 30 und 40 Jahren war der Ort noch nicht so dicht bebaut, auch die hohen Mietshäuser fehlten noch. Da war es übersichtlicher, Rauchentwicklung und Feuerschein wurden eher entdeckt als heute.

Namentlich im Spätsommer, wenn die Zeit der Scheunen- und Mietenbrände kam, war alles in erhöhter Bereitschaft und die Mannschaften hatten einen leisen Schlaf. Aber auch mancher Einwohner wurde von den Hufschlägen der schweren, eisenbeschlagenen Pferde die bei Alarm in schnellstem Tempo zur Sammelstelle jagten, aus dem Schlaf gescheucht.

Oft mußte unsere Wehr mit Mannschafts-, Leiter- und Wasserwagen ausrücken, den Nachbarorten zu Hilfe. Dahlem hat mehrfach, so beim Brand der Strohmieten in einer Neujahrsnacht, des Armenhauses oder beim Brand des Gutshofes, wo infolge Wassermangels mit Jauche gelöscht werden mußte, Friedenaus Unterstützung gefunden, auch in Steglitz hat unsere Wehr mehr als einmal geholfen. Zu großen Bränden in der Nähe ist sie oft ausgerückt. Beim Brande des Pferdebahndepots in der Hauptstraße in Schöneberg errang sie als erste Wehr auf der Brandstelle die Prämie, bei den Bränden der Vereinsbrauerei und der Linoleumfabrik in Rixdorf, verschiedener Holzplätze, der Eisenbahnwerkstatten in Tempelhof usw. war sie tätig.

Im Orte selbst gab es glücklicherweise wenig Gelegenheit zur Betätigung. Jahre gingen dahin ohne ein größeres Schadenfeuer in Friedenau und dann war es der Wehr immer eine willkommene Gelegenheit, die Reste des Holzstoßes, den der Männerturnverein am Sedanfest unter Anteilnahme des Kriegervereins, der Feuerwehr, der Schulen und der ganzen Einwohnerschaft zum Schluß der schönen volkstümlichen Feier abbrannte, abzulöschen.

Zweimal brannte das Kurhaus, beide Male anscheinend infolge von Brandstiftung. Wer weiß noch etwas vom Kurhaus? Einst war es ein vielbesuchter Ausflugsort, zu dem die Berliner mit Kremsern Landpartien unternahmen. Ein großer Garten mit schattigen Bäumen umgab das geräumige Fachwerkgebäude, das aus einem Restaurationsbetriebe mit großem Saal und einer Badeanstalt mit Wasserturm bestand, wo die Friedenauer, die damals bescheidener eingerichtet waren und noch nicht über den „modernen Komfort“ verfügten, badeten. Denn die Wasserleitung und die erst allmählich sich einbürgernde „Badeeinrichtung“ ist auch erst in späteren Jahren, Ende der 80er, Anfang der 90er Jahre eingeführt.

Das Kurhaus befand sich an der Ecke der Ring- und der Rheinstraße neben der Goertz'schen Fabrik. Allmählich hatte das Unternehmen seine Bedeutung verloren, es ging zurück. Da brannte es einen schönen Tages, wie man sagte, infolge Brandstiftung. Die Feuerwehr war schnell zur Stelle und löschte ohne daß großer Schaden entstand. Nicht allzulange darauf – es war Anfang der neunziger Jahre – erscholl der nächtliche Ruf „Das Kurhaus brennt!“ Trotz energischen Angriffs der Wehr und wirksamer Mithilfe der Turner, die sich der Wehr zur Verfügung gestellt hatten und bei der Bedienung der Spritzenpumpen und bei der Absperrung sich betätigten, brannte das Gebäude völlig nieder. Der damalige Feuerherr, Major Roenneberg, der aus seiner nahegelegenen Wohnung herbeigeeilt war, bekam an diesem Abend eine unfreiwillige Feuertaufe.

Am Pfingstsonntag Morgen 1895 wäre die Feuerwehr – o Ironie des Schicksals – beinahe selbst abgebrannt. In dem Mansardendachgeschoß der in der Handjerystraße belegenen Feuerwache war eine mittellose Familie untergebracht. Vermutlich durch Unvorsichtigkeit der Kinder war Feuer ausgebrochen und die Mannschaften mußten zum Schutz ihres eigenen Heims herbeieilen und löschen, bevor noch bedeutenderer Schaden entstehen konnte.

Ein ander Mal wurde die Wehr von ihrer Weihnachtsbescherung im Kaiser-Wilhelm-Garten weg nach der Schlosserei von Klemme in der Schmargendorfer Straße gerufen, wo Putzlappen sich selbst entzündet hatten. Nach dieser Unterbrechung haben die Feuerwehrleute ihr Fest im Bewußtsein rechter Pflichterfüllung fröhlich zu Ende geführt.

Im Laufe der Jahre sind leider mehrere größere Dachstuhlbrände zu verzeichnen gewesen, so an dem Ende der Kaiserallee und der Stubenrauchstraße, gegenüber der damaligen „Grünen Linde", in der Lefèvrestraße, wo durch Stichflammen fünf unserer braven Feuerwehrleute nicht unerhebliche Verletzungen erlitten. In der Sponholzstraße, Rotdornstraße usw. gingen dann noch mehrere Dachstühle in Flammen auf. In der Kaiserallee brannte einmal das Kieback'sche Anwesen, wobei ein Pferd in den Flammen umkam. Bei einem Brande in dem Schu'schen Hause in der Ringstraße verloren zwei Kinder, die durch Spielen mit Streichhölzern das Feuer verursacht hatten, ihr Leben. Glücklicherweise sind in dem halben Jahrhundert das die einzigen Opfer an Menschenleben geblieben, die das entfesselte Element gefordert hat.

Größere Unfälle, bei denen die Feuerwehr Hilfe zu leisten hatte, sind in Friedenau außer dem Einsturz des Gerüstes des Fischereigebäudes von der Berliner Gewerbeausstellung, das 1898 auf dem Sportparkgelände, dem heutigen sogen. Wagnerviertel, an der Bismarckstraße neu errichtet werden sollte, nicht zu verzeichnen gewesen. Das Balkenwerk des Holzgebäudes war nahezu fertig, da riß ein heftiger Windstoß das wohl nicht genügend verankerte Gebälk um und krachend stürzte alles zusammen.

Überschwemmung der Handjerystraße nach einem Sommergewitter, 1914

Glücklicherweise waren die Werkleute fast alle bis auf einige nicht auf dem Bau. Ein Klempner, der weiter gearbeitet hatte, stürzte aus der Höhe und verstarb nach kurzer Zeit an den Folgen des Sturzes. Oftmals wurde die Feuerwehr in allen möglichen Nöten in Anspruch genommen, nicht nur, um Herrn Wank's Papagei, der seinem Bauer entschlüpft war, einzufangen oder eine Katze, die sich verstiegen hatte, aus schwindelnder Höhe herabzuholen. Oder einen Bienenschwarm einzufangen, was Spezialität des Oberfeuerwehrmannes Stuhr, im Nebenberuf ein eifriger Bienenzüchter, war. Am dringendsten wurde sie in früheren Jahren bei plötzlichen starken Regenfällen, Gewitter und Wolkenbrüchen gerufen, wenn die Kanalisationsröhren die Wassermengen nicht so schnell aufnehmen konnten, wie des Himmels Schleusen sie zur Erde stürzen ließen. Wieviele Keller sind da in der Feurigstraße, am Maybachplatz, Friedrich-Wilhelm-Platz und der Wilhelmstraße vollgelaufen. Wie lange und angestrengt mußte da die Feuerwehr mit der Saugpumpe arbeiten oder mit Eimern schöpfen, bis die unerbetenen Fluten beseitigt waren. Auch hierbei haben Turner oft genug die Mannschaften der Feuerwehr unterstützt. Nur die Jugend hatte Freude an der Ueberschwemmung und nutzte die Gelegenheit zu ausgiebigem Pantschen. Musikmeister Müllers Zöglinge machten sich dann auf dem ihrem Hause gegenüberliegenden unbebauten Grundstück an der Ecke der Kaiserallee das Vergnügen, auf den hier besonders großen Pfützen und Lachen in Wäschezubern und auf Brettern und Balken Kahn zu fahren.

Mögen diese kurzen und bunten Erinnerungen aus der Frühzeit der Freiwilligen Feuerwehr – ihre Tätigkeit in den letzten Jahrzehnten liegt den meisten Friedenauern vor Augen – dartun, daß wenn man heute der Entwicklung Friedenaus in der ersten Zeit, etwa bis zum Ende des neunzehnten Jahrhunderts gedenkt, auch an einer Einrichtung wie der Freiwilligen Feuerwehr nicht vorübergehen darf. Sie hat kleine Bausteine zur Entwicklung des Ortes beigetragen und es würden einige Pinselstriche in dem Bilde Friedenaus fehlen, wollte man ihrer nicht erwähnen.

Schöneberg-Friedenauer Lokal-Anzeiger 9. November 1924

In Friedenau geboren, eingesegnet und glücklich verheiratet. In Nr. 256 war in einem Artikel zum 25 jährigen Jubiläum des Männer-Gesang-Vereins gesagt worden, daß es fast keine Ortseingesessene gebe, die in Friedenau geboren und eingesegnet seien und einen eigenen Hausstand gegründet hätten. In Bezug darauf theilt uns Frau M. Wenzel geb. Bong, Lauterstraße 24, in liebenswürdiger Weise folgendes mit: „Zum Zeichen, daß es doch ‚Eine' giebt! Denn ich bin am 10. Dezember 1876 in Friedenau, Rheinstraße 56, geboren, bei Frl. Rönneberg zur Schule gegangen, in der Turnhalle eingesegnet und seit zwei Jahren verheiratet. Bin jetzt hier im Ort, nachdem ich das erste Jahr meiner Ehe in Schöneberg wohnte. Mein kleines Töchterchen ist auch hier getauft worden." Man sieht also, daß das „Junge Friedenau" kräftig heranwächst. Es lebe, blühe und gedeihe zum Wohle unseres Ortes.

Friedenauer Lokal-Anzeiger 3. November 1900

Zwei Landhäuser in der Sponholzstraße

Das ist das betreffende Häuschen in der Sponholzstr. 9 worin wir bei Hennickes die 1. Etage bewohnten. Vor dem Zaune rechts Herr Hennicke, jetzt leider schon verstorben, neben ihm Puck, das Hündlein, in der Mitte Ilse und Helmut Hand in Hand, Ilse mit Puppe, Helmut mit Reifen, – links von ihnen Hennickes dickes Dienstmädel.

– In der Parterre-Wohnung steht Frau Hennicke (dunkle Bluse, seidne Schürze) und eine Tante.

– In der 1. Etage auf dem Balkon rechts Großmama Braun, die das Weihnachtsfest bei mir verlebt hatte, dann ich, dann mein Mädchen mit der kleinen Edith auf dem Arm neben dem abgeputzten Christbaum. Hinter dem Hause ein großer Garten.

Sponholzstraße 9, Februar 1896

Liebe Frida! Wir haben uns doch lange nicht gesehen, wie wäre es, wenn du mich nächsten Donnerstag besuchen würdest? Dann könntest Du Dir unser Haus und den Garten in der Nähe besehen. Das umstehende Haus ist es nämlich, der Garten ist nicht mit darauf. Die Stütze fehlt auch, sie war gerade beim Kochen. Daß ich am ersten ziehe, wirst du gewiß schon erfahren haben, bis jetzt habe ich noch keine Stelle trotz dem ich schon 2 mal nach dem Volkswohl und einmal im Stellenwegweiser war. Gestern bin ich zu einer Vermittlerin nach der Zietenstraße gegangen. Bei-Kindern gibt es jetzt keine Stellen. Zu älteren Leuten ist auch nichts zu bekommen. Schreibe bitte bald ob und wann Du kommst. Gruß Anna

Sponholzstraße 47, 1910

Geh. Rechnungsrath Roenneberg † Unser früherer und überhaupt erster Gemeinde-Vorsteher, der Geh. Rechnungsrath Georg Benno Lothar R o e n n e b e r g ist am letzten Sonntag gegen 6 Uhr Abends, während er mit Herrn Amtsgerichtsrath Brüggemann, einem alten Schulfreunde in seiner Wohnung in der Moselstraße plauderte, plötzlich an einem Herzschlage v e r s c h i e d e n .

Der Verstorbene ist am 1. October 1834 zu Reppen in der Neumark geboren, hat das Gymnasium in Guben besucht und an der Universität zu Berlin Jura studirt. Nachdem er im Jahre 1854 beim Kaiser Alexander Garde-Grenadier-Regiment Nr. 1 als einjährig Freiwilliger seine militärische Dienstzeit absolvirt hatte, gab er sein Studium auf, um seinem Vater eine Stütze sein zu können, und um nicht seinen zahlreichen Geschwistern durch die Kostspieligkeit seines Studiums in ihrem Fortkommen hinderlich zu sein. Er widmete sich dann der BeamtenCarrière und trat in das Steuerfach ein, von welchem er im Jahre 1868 als Hilfsarbeiter in das Ministerium für öffentliche Arbeiten übertrat.

Am 27. Juni 1873 siedelte er als einer der ersten Kolonisten nach Friedenau über, welches damals noch keine selbstständige politische Gemeinde bildete, sondern zu Wilmersdorf gehörte. Die damaligen, nur wenigen Angesessenen Friedenaus bildeten zur Wahrnehmung ihrer Interessen einen Verein, zu dessen erstem Vorsitzenden Herr Roenneberg gewählt wurde. Seinen energischen Bemühungen gelang es, die Lostrennung der Villenkolonie Friedenau von Wilmersdorf durchzusetzen. Die Einwohnerschaft war daher überzeugt, auch für die Leitung der neuen Gemeinde keinen Besseren finden zu können, als Herrn Roenneberg. Und so wurde denn derselbe einstimmig zum ersten Gemeinde-Vorsteher erwählt, welches Amt er 19 Jahre lang bis zum 29. Juni

1892 bekleidete. Er hat in dieser langen Spanne Zeit alle Stadien der ersten und schwierigsten Entwicklung unseres jungen Gemeinwesens mit durchgemacht und nach wie vor stets in erster Reihe für ein frisches und gesundes Aufblühen desselben gewirkt und gestrebt. Er schuf die ersten Ortsstatute für Friedenau, welche nicht nur anstandslos von der Aufsichtsbehörde bestätigt wurden, sondern auch noch dadurch eine besondere Anerkennung erhielten, daß verschiedene andre Gemeinden sich dieselben als Muster für gleichfallsige Einführung erbaten. Ferner ließ er sich mit besonderem Eifer die Ausgestaltung des Schulwesens in unserem Orte angelegen sein. Und endlich ist es vor Allem seiner Thatkraft zu danken, daß die jetzige Kirchengemeinde Friedenau von der Mutterkirche Deutsch-Wilmersdorf losgetrennt wurde, und daß dann unser Friedenau sobald eine eigene prächtige Kirche erhalten konnte. Kurz, der Entschlafene hat sich um das Gedeihen und Blühen unseres jungen und aufstrebenden Gemeinwesens in jeder Beziehung ein unvergängliches Verdienst erworben, so daß sein Name mit der Geschichte des Ortes für alle Zeit untrennbar verknüpft ist, während er Jedermann mit offener, ungeheuchelter Liebenswürdigkeit, ja, wo es darauf ankam, stets auch hilfsbereit entgegenkam. Und so ist es denn zu begreifen, daß er nicht nur bei seinem Ausscheiden aus dem Gemeindevorsteheramte zum Ehren-Ortsältesten ernannt wurde, sondern auch Ehrenmitglied des Krieger- und Landwehrvereins, des Geselligen Vereins, des Haus- und Grundbesitzervereins, der Freiwilligen Feuerwehr und des Männer-Turnvereins war. Es trauern daher um den Entschlafenen nicht nur die nahen Anverwandten, sein Bruder, unser jetziger Amts- und Gemeinde-Vorsteher, Major Roenneberg, nebst seiner vier Schwestern, sondern auch alle die zahlreichen Gemeindeangehörigen, welche jemals mit ihm in nähere Berührung gekommen waren und darunter vor Allen diejenigen, mit denen er in rastlosem Bemühen für das Wohl unseres Ortes so viele Jahre segensreich zusammen gearbeitet, Friedenau in der Entwickelungsgeschichte der Vororte von Berlin einen hervorleuchtenden Namen gemacht hat.

Ein schönes, unvergängliches Denkmal aber haben ihm die Gemeinde und seine zahlreichen Freunde und Verehrer in derselben schon zu Lebzeiten gesetzt durch die nach ihm benannte, bei seinem Scheiden aus dem Gemeindedienst ins Leben gerufene Stiftung zur Beschaffung von Kleidungsstücken für bedürftige Schulkinder, welche so recht dem Denken und Empfinden des Heimgegangenen entspricht und ihm daher zu hoher Freude gereicht, seinem edlen Herzen ungemein wohlgethan hat.

Jetzt ruht der im 61. Lebensjahre so jäh aus dem Leben Abberufene mit fast unveränderten Zügen aufgebahrt in seinem Hause, wo heute Nachmittag nach 4 Uhr eine Familien-Trauerfeier stattfindet, worauf unter großartiger Betheiligung der Gemeinde- und Kirchenbehörden, Vereine u.s.w. die Leiche nach der Kirche überführt wird, von welcher aus nach einer dort abgehaltenen allgemeinen Trauerfeierlichkeit der letzte Gang – zum Kirchhofe – angetreten wird, wo der Dahingeschiedene in die kühle Erde gebettet werden soll – Ehre seinem Andenken und Preis seinem Namen in der Chronik von Friedenau …

Friedenauer Lokal-Anzeiger 24. April 1895

Dorothea Menadier

Die Rönnebergsche Höhere Mädchenschule

Am 13. Oktober 1873 öffnete sich zum erstenmal das Tor des Hauses Moselstraße 5 für die Friedenauer Schuljugend. An Stelle des heutigen Gebäudes stand in der damaligen Ahornstraße ein zweistöckiges, im selben Jahr erst erbautes Landhaus, dessen Garten bis zur Ringstraße reichte und mit den Gärten der Villen der Bahnstraße – heute Saarstraße – zusammenstieß. Bis 1898 war dies Grundstück das Paradies der Friedenauer Mädel und Jungen. Die Schwestern Rönneberg, deren Brüder die beiden ersten Gemeindevorsteher von Friedenau wurden, gründeten hier die erste Friedenauer Schule, zwei Jahre bevor Friedenau überhaupt selbständige Gemeinde wurde. In den Generalstabskarten um das Jahr 1870 ist von Friedenau noch keine Spur zu finden. Die Gegend, auf der der heutige Ort aufgebaut ist, ist flaches Acker- und Weideland, nur durchschnitten von der Provinzialchaussee, die Potsdam mit Berlin verbindet und der Privatchaussee, die Rittergutsbesitzer Carstenn von Wilmersdorf nach Steglitz legen ließ. Zwei Wasseraugen, kleine Erdsenkungen, in denen sich das Regenwasser sammelt, sind die einzige Abwechslung, die die weite, sandige, baum- und strauchlose Fläche aufzuweisen hat. Diese beiden kleinen Tümpel, der Piehlerts Puhl, im Volksmund „Püdderings Puhl“ genannt, und Schuhs Puhl sind schon längst durch „Bebauung erschlossen“. Auf den Karten ist die etwas höher als das Dorf Deutsch-Wilmersdorf liegende Flur „Wilmersdorfer Oberfeld“ genannt, und wurde als Schafweide benutzt. Nach dem deutsch-französischen Krieg brach in der neuen Reichshauptstadt Berlin eine große Wohnungsnot aus und vor den Toren der Stadt legten allenthalben neugegründete Baugesellschaften „Kolonien“ an. Da wurde auf Veranlassung des Schriftstellers Born am 9. Juli 1871 der Landerwerb- und Bauverein auf Aktien zu Berlin gegründet, der bis 1875 von Herrn von Carstenn von diesem Wilmersdorfer Oberfeld 550 Morgen Land erwarb und parzellierte. So entstand die „Friedensaue“. Ihre ersten Häuser Ringstraße 3 und Ringstraße 5 wurden im Frühjahr 1872 bezogen, wie einer der ältesten Friedenauer, Herr Brücker, der Gatte der ehemaligen Schülerin Frida Bauer, erzählt, dem ich die Mitteilungen über das alte Friedenau verdanke. Im Gründungsjahr unserer Schule gab es in der Friedensaue 43 Häuser mit 121 Haushaltungen mit 540 Personen, darunter 82 schulpflichtige Kinder, 37 Knaben und 45 Mädchen. Über Sechzigjährige gab es nur 16, während die Sechsundzwanzig- bis Dreißigjährigen mit 69 Personen den Hauptteil der Bevölkerung stellten: wahrlich eine jungfrische, mutige und tatendurstige Siedlerbevölkerung. Zu dieser Gruppe gehört auch das vierblättrige Kleeblatt der Schwestern Rönneberg, deren „Vorsteherin“ Melida, die in ihrem Schülerkreis bis auf den heutigen Tag gleich ihren Schwestern Hedwig, Jettchen und Fränzchen nur „Fräulein Melida“ heißt, damals im 25. Lebensjahr stand.

Gleich ihren Kolleginnen in den Nachbargemeinden hat Melida Rönneberg mit Mut und Tatkraft aus den kleinsten Anfängen heraus ohne jedwede Inanspruchnahme öffentlicher Mittel eine Schule aufgebaut. Während die mit dem Omnibus und der „lahmen Ente“ später bequemer von Friedenau aus zu erreichenden 1879 und 1880 gegründeten Städtischen Schulen Berlins, das Falk-Realgymnasium in der Lützowstraße und die Charlottenschule in der Steglitzer Straße, gleich mit

389 oder gar 500 Schülern und Schülerinnen beginnen konnten, begannen die Schwestern Rönneberg ihre Pionierarbeit mit 5 Kindern; nicht in einem zweckvoll aufgebauten Schulhaus, sondern in einem kleinen Landhaus, das überdies noch die Amtsstube für die Gemeindeverwaltung enthielt. Fräulein Fränzchen hieß deshalb auch das „Ortsfräulein", weil sie den in seinem Berliner Amt tätigen Bruder Georg in seinem Ehrenamt als Ortsvorsteher vertrat.

Mit diesem Rahmen war aber auch der Charakter der Schule gegeben, den sie bis auf den heutigen Tag bewahrt hat. Mit einem Goethewort möchte ich das Wesen unserer Schule kennzeichnen:

„Wie fruchtbar ist ein kleiner Kreis,
wenn man ihn wohl zu pflegen weiß."

Es standen eigentlich nur drei Klassenräume im zweiten Stockwerk zur Verfügung für die Schülerschar, die bis 1898 auf 130 angewachsen war. Zum Turnen wurde der Keller zu Hilfe genommen, oder es wurde die Turnhalle der 1875 in der Albestraße errichteten Volksschule benutzt. Solche Wanderungen waren natürlich eine sehr liebsame Abwechslung, wie es dergleichen heut noch für unser Jungvolk ist. Und dann gab es ja den herrlichen Garten. Trotz dieser Anspruchslosigkeit des äußeren Rahmens erzählen alle, die in der Villa zur Schule gegangen sind, bis auf den heutigen Tag mit leuchtenden Augen von ihrer herrlichen Schulzeit.

Moselstraße 5, um 1892

Als Melida Rönneberg 1912, also nach nahezu 40jähriger Tätigkeit, die Schule ihrer Nachfolgerin, Frau Rudel, übergab, waren in 10 Stufen etwa 300 Kinder vereinigt.

In der Zwischenzeit hatten sich aber die Schulverhältnisse in Friedenau wesentlich verändert: 1875 war die erste Gemeindeschule in der Albestraße eröffnet, 1882 gründete Dr. Lorenz in der Schmargendorfer Straße eine private Knabenschule, die 1892 in eine Mädchenschule umgewandelt wird, 1897 folgte das Gymnasium am Maybachplatz, 1906 und 1907 entstehen die Rheingauschule und die Königin-Luise-Schule, in der Nachbargemeinde Steglitz und Schöneberg werden die Bismarckschule und die Fontaneschule in den Bereich hineingelegt, aus dem unserer Schule sonst die Schülerinnen zustreben. Vom ersten Tage an haben Knaben unsere Schule besucht, bevor sie auf die Berliner Gymnasien gingen. Da das Schulwesen wie gezeigt ausgebaut wurde, blieb die Zahl der Knaben nur gering.

Kollegium 1908. Obere Reihe 7. von links Henriette, unten 4. Melida Roenneberg

In dem von Melida Rönneberg angefangenen Aufnahmebuch, auf dessen Titelblatt der Befehl „Mit Gott" verzeichnet ist, sind die Namen der Töchter nahezu aller führenden Männer des jungen Friedenau verzeichnet. Die Geschichte unserer Schule ist ein bedeutsames Stück der Geschichte Friedenaus. Die Namen der Väter sind verewigt in den Namen so vieler Friedenauer Straßen, die Töchter setzen sich ein lebendiges Denkmal, indem sie ihren Kindern und Kindeskindern mit Ehrfurcht und leuchtender Liebe von ihrer Schule erzählen. Neidisch könnte man werden, bei diesem Aufnahmebuch. Da werden gleich drei, vier, ja fünf Töchter angemeldet, da taucht derselbe Name nach vielen Jahren wieder auf. Das ist das gesunde, kinderreiche Friedenau der Gorgas und Hendrich und Blankenberg und Metz und Striesche und Löbner und Fehler und Lorchbaum und Kunows usw. Das ist die herrliche Zeit der kleinen Häuser und großen Gärten, wo an der Fregestraße Ecke Rheinstraße die Meilensteinsäule mit der Kugel stand, die anzeigte, daß man bis zum Dönhoffplatz eine Meile wandern oder mit dem Kremser, lahmer Ente oder dem Omnibus des Fuhrunternehmers Rockel fahren mußte, der täglich in sechs Gesellschaftstouren die Friedenauer nach und von Berlin beförderte. Das ist die Zeit, in der nichts geschah, ohne daß die Mädels der Rönnebergschule dabei waren. Sie sprachen das Gedicht bei der feierlichen Pflanzung der Kaisereiche, sie stickten und bedichteten die Fahne des Kriegervereins, sie standen Spalier, als durch das Erscheinen der Kaiserin Auguste Viktoria bei Einweihung der Kirche zum Guten Hirten ganz Friedenau einen besonderen Festtag erlebte.

Melida und Henriette Roenneberg

Der Männer-Turnverein zu Friedenau

Wie Friedenau seine Entstehung und Entwicklung dem gewaltigen Aufschwung der Hauptstadt des neuerstandenen Deutschen Reiches verdankt, so hat auch das rege turnerische Leben unseres Ortes seinen Ursprung in Berlin. Waren es doch Mitglieder der „Berliner Turnerschaft", die, nachdem sie in die 1871 gegründete Villenkolonie Friedenau übergesiedelt waren, den Plan zur Ausführung brachten, hier einen Turnverein zu gründen. Zwei durch ihren Eifer und ihre Leistungen hoch angesehene Turnwarte und Vorturner der Berliner Turnerschaft, Kaufmann Gustav Retzdorff und Bureaubeamter Max Fehler waren auf dem Turnsaal in der Prinzenstraße zu einander in Beziehung getreten, und auf einem Vereinsfest in der Philharmonie im März 1886 besprachen sie zuerst im Anschluß an die Mitteilung Retzdorffs, daß er nach Friedenau ziehen werde, den Gedanken einer Vereinsgründung. Durch Fehler, der seit 1882 in Friedenau wohnte, war der Boden für einen Turnverein schon vortrefflich vorbereitet. In dem Garten seines Schwagers, des Rechnungsrates Otto Bauer, Schmargendorferstraße 13, hatte er mit einer Schar junger Leute schon lange und eifrig am Barren und Reck geturnt, so daß bereits ein kleiner Stamm von Turnern vorhanden war. Als nun am 1. April 1886 Retzdorff nach Friedenau zog, brachten die beiden Turner ihren Plan zur Ausführung.

Übung auf dem alten Turnplatz, Wilmersdorfer Platz Ecke Schmargendorfer Straße, 1898

Es gelang ihnen zunächst, in Otto Bauer den Dritten im Bunde zu gewinnen, der durch sein organisatorisches Talent, seine Energie und sein Ansehen in der Gemeinde wie kein anderer geeignet war, ihre Ideen in die Praxis umzusetzen. Im wunderschönen Monat Mai, in dem mit der Natur auch der Mensch zu neuem Leben erwacht, wurde das junge Reis des Friedenauer Männer-Turnvereins gepflanzt; eine glückverheißende Zeit für einen Verein, dessen Mitglieder zu der freien Gottesnatur in so inniger Beziehung stehen.

Die drei genannten Turner erließen in Gemeinschaft mit Freunden, die zunächst für die Sache gewonnen wurden, Ostern 1886 einen Aufruf, in dem die Bewohner Friedenaus, die für das Turnen Interesse hatten, zu einer auf Donnerstag den 6. Mai angesetzten Versammlung nach dem Friedenauer Casino (Gorgas), Rheinstraße 5, eingeladen wurden. In dieser Versammlung wurde der Verein begründet, dem sofort 25 Mitglieder beitraten. Nach Beratung und Annahme der von Bauer, Retzdorff und Fehler vorher aufgestellten Satzungen wurden in den Vorstand gewählt: O. Bauer, Vorsitzender; G. Retzdorff, 1. Turnwart; M. Fehler, 2. Turnwart; Rentier Müller, Kassenwart; Lehrer Sperendioano, Schriftwart; Kaufmann Zeidler und Bildhauer R. Bieber, Beisitzer. Als Turnstätte wurde der Saal des Behrend'schen Restaurants, Rheinstraße 14 bestimmt, wo Montags und Donnerstags von 8½ bis 10½ Uhr geturnt werden sollte. Der Mitgliedsbeitrag wurde auf 50 Pfennig monatlich festgesetzt; junge Leute unter 18 Jahren konnten gegen einen Monatsbeitrag von 25 Pfennig mitturnen, nahmen aber an den Versammlungen nicht teil und hatten kein Stimmrecht.

Um die für einen neuen Turnverein so schwierige Frage der Anschaffung von Geräten zu lösen, wurde am Gründungsabend eine Sammlung veranstaltet, die mit den Mitgliedsbeiträgen eine Summe von etwa 200 Mark ergab, die als Anzahlung für die notwendigsten Geräte genügte. Ein Barren brauchte vorläufig nicht gekauft zu werden, da Fehler den seinigen zur Verfügung stellte.

Max Fehler, um 1900

In Magdeburg geboren, turnte Fehler seit seinem 14. Jahre auf dem väterlichen Grundstück an eigenen Geräten, trat mit 16 Jahren dem Magdeburger Männer-Turnverein bei, legte 1878 die Vorturnerprüfung ab und schloß sich nach seiner Übersiedelung nach Berlin im Februar 1880 der „Berliner Turnerschaft Korporation“ an. In diesem größten deutschen Turnverein wurde er alsbald Vorturner der 1. Riege in der 4. Männerabteilung und mehrere Jahre, bis 1887, stellvertretender und erster Turnwart dieser Abteilung. Auch als Musterriegen- und Wetturner beteiligte er sich mehrfach mit Erfolg, u. a. wurde er 1882 beim Wetturnen des Kreises IIIb 13. Sieger. Max Fehler, ganz mit dem Verein verwachsen, war von 1886–1894 zweiter, von 1894–1897 erster Turnwart der Männerabteilung und von 1897–1903 Oberturnwart des Vereins. Daneben leitete er 10 Jahre lang die 1. Schülerabteilung von ihrer Gründung bis 1897. Außerdem war er, wie in Berlin von 1881–1886, so auch in Friedenau ununterbrochen die ganzen 25 Jahre hindurch Vorturner und erwarb sich als solcher um die Ausbildung unserer tüchtigen Jugend die größten Verdienste. Seit 1908 ist er Vorsitzender des Vereins, und es sei an dieser Stelle der Wunsch ausgesprochen, daß er noch lange Jahre in gleicher Rüstigkeit und Frische an der Spitze des Vereins stehen möge.

Männer-Turnverein zu Friedenau, 1886–1911

MÄNNER-
TURN-VEREIN
FRIEDENAU

Frida Brücker

Erinnerungen – Meinen Söhnen und meinen Enkelkindern

Kindheit.

Meine Erinnerungen an meine Kinderzeit gehen wohl mit klaren Blicken bis ins vierte Lebensjahr zurück. Ich erinnere mich noch sehr gut der sonnigen Wohnung in der Möckernstraße 101. Die Straße habe ich so genau behalten, weil ich damals täglich meinem Vater sagen mußte: „Ich heiße Frida Bauer und wohne Möckernstraße 101 zwei Treppen." Die Wohnung bestand nur aus drei Zimmern, denn es gab damals in der sogenannten Gründerzeit nach dem Kriege 1870/71 wenig gute Wohnungen. Vornheraus lag das sogenannte Wohnzimmer und nebenan das Schlafzimmer. Zwischen den beiden Wohnzimmerfenstern stand die Kommode, Euere sogenannte spätere Spielkommode, an der Haraldchen immer stundenlang, zu unserem Entsetzen, aufräumte, was er jedesmal auch mit Eifer tat, wenn die Zimmer gesäubert wurden. Über der Kommode hing ein großer Spiegel, auf der Kommode stand unter anderem auch meine Sparbüchse, in die ich fleißig alles mir geschenkte Geld tat, von dem ich aber nie wieder etwas sah. Einmal bekam ich zu Weihnachten eine schöne Puppe im Brautkleid, die ich aber trotz ihrer Feinheit nie recht würdigte. Ich hatte eine ganz alte Puppe, die ich offenbar schon in einer Zeit bekommen hatte, in die meine Erinnerungen nicht mehr hineinreichen. Diese Puppe liebte ich über alles. Als ich eines Tages vom Spielen von der Straße heraufkam, suchte ich meine geliebte Puppe; sie war nirgends. Ich war todunglücklich, bis mir meine Mutter sagte, das Dienstmädchen hätte diese alte häßliche Puppe in den Ofen gesteckt. Ich weinte heftig und lange trug ich schwere Trauer um mein in Wirklichkeit häßliches, aber mir so teueres Puppenkind.

Als Onkel Max als ganz junger Mensch, höchstens neunzehn Jahre alt, nach Berlin kam, erinnere ich mich des ersten Tages. Er saß still am Fenster im Wohnzimmer, rief mich leise heran und gab mir eine Tüte Pralinés und ein kleines Schächtelchen, das ich meiner Mutter geben sollte. Ich trug es zu meiner Mutter, die gerade in der Küche war. Ich sehe noch die Freude, als sie darin ein feines, goldenes Halskettchen fand.

Eines Tages war meine Mutter sehr krank. Ich mußte mich recht still verhalten. Als ich so auf meinem kleinen Stühlchen saß und am kleinen Tische malte, ging die Tür zum guten Zimmer auf, und ich sah einen fremden, schwarz gekleideten Mann, der einen kleinen weißen Sarg hinaustrug. Ich war wohl etwas erschrocken, doch näher ist mir dieser Eindruck nicht gegangen.

Eines Winters bekam ich mein hellblaues, mit weißem Schwan verziertes Käppchen auf, mein weißes Eskimofell-Mäntelchen und weiße Handschuhe an (denn meine Mutter putzte mich sehr) und mein Vater stieg mit mir in einen Schlitten und ich machte selig und beglückt meine erste Schlittenfahrt durch das verschneite Berlin. Jetzt kaum vorstellbar!

Dann hatte ich eine kleine Freundin, Elsa Harf, Töchterchen eines Rektors aus dem Nebenhaus. Ab und zu bekamen wir beide vom Posamentier, wenn etwas geholt wurde, ein Ringchen zu. Als wir anscheinend sehr stolz, fingerspreizend damit spazierengingen, weiß ich noch, wie die anderen Kinder riefen: „Seht mal die Zierlappen".

Eines späten Nachmittags waren die Eltern ausgegangen. Ich blieb zu Hause unter der Obhut unserer Marie und eines zweiten Mädchens, das sich meine Eltern wohl in Anbetracht der Erwartung eines Kindchens genommen hatten. Als ich abends ins Bett sollte, sprang ich im Nachtröckchen noch auf dem Sofa herum. Das neue Mädchen hatte dort Nüsse aufgemacht und auch wohl genäht, jedenfalls lag eine Schere da, die ich mir beim Hopsen in den Fuß rannte. Ich weiß noch mein Gejammer, das Böswerden der Eltern nachts über die Lässigkeit in der Aufmerksamkeit über mich, und das bei zwei Mädchen!

Dann eines Tages wurde ich zu Harfs gebracht, die inzwischen näher an den Kreuzberg gezogen waren. Man wollte mich am Abend holen. Der Abend kam, mein Vater holte mich und fuhr mit mir nach Friedenau, in unsere neue richtige Heimat. Das war am 30. September 1882.

Dora Frida Emma Brücker, geb. Bauer

In Friedenau – Erste Jugend.

In Friedenau wohnten wir nun in unserer Villa in der Schmargendorfer Straße mit dem schönen Obstgarten hinterm Haus. Die Villa war sehr geräumig. Sie hatte neun Zimmer. Im Souterrain befanden sich Mädchenzimmer, Logier-Zimmer und anschließend die Kellerräume, Wein- und Kohlenkeller. Auf dem sogenannten Boden war ebenfalls noch ein Besuchszimmer und mein kleines Spiel- und Puppenzimmer sowie ein schöner, großer Wäscheboden. Die Villa hatte eine schöne, sogenannte Freitreppe mit Podest, von dem man auch gleich in den Garten gehen konnte, und, was mir damals besonders imponierte, als einzige Villa eine Laterne beim Aufgang zum Haus. Meine Eltern bewohnten die Villa zuerst mit Onkel Max zusammen. Später zogen dann die Großeltern aus Magdeburg zu.

Hinter der Villa befand sich der Garten, zum Teil Schmuckgarten mit Laube und Fontaine, Tannen, Obstbäumen und Blumenbeeten, Frühlings-, Sommer- und Herbstbeeten, anschließend daran etwas Gemüseanbau. Als die Obstbäume (Kirschen-, Aprikosen-, Apfel-, Birnen- und Pflaumenbäume und Obststräucher Johannis- und Stachelbeeren) dann höher und dichter wurden,

wurden darunter Rasenbeete angelegt. Solange wie Onkel Max bei uns lebte, hatte er im letzten Teil des Gartens einen Turnplatz mit Reck, Barren, Schaukel. Später, als Onkel Max sich verheiratete, wurde mir dort ein großer Krocketplatz eingerichtet, auf dem ich viele Zeit mit Freundinnen und Freunden verbrachte. Ich hatte eine große Fähigkeit im Treffen der Bälle.

Friedenau war damals noch ein kleiner Ort. Die Rheinstraße hatte rechts und links kleine Villen mit Gärten. Auf der linken Seite stand ab und zu einmal ein einstöckiges Häuschen. Die Straße war sehr breit und hatte rechts und links Chausseegräben mit Grün bewachsen. Es war eine Allee mit prächtigen Eichenbäumen, alten schönen, breiten Bäumen, unter denen wir Kinder dann im Herbst die Eicheln suchten. Eine Pferdebahn oder etwas ähnliches gab es damals noch nicht.

Unsere Schmargendorfer Straße beginnend *links* an der Rheinstraßen-Ecke sah so aus: Zunächst ein einstöckiges Haus mit Laden, jetzt Schlachter Schettler, anschließend dann das Schlachthaus, dann bis zum Wilmersdorfer Platz leere Grundstücke. Hochhäuser entstanden erst Ende der achtziger Jahre. Von der Rheinstraße aus auf der *rechten* Seite stand ebenfalls das Eckhaus wie auf der anderen Seite. Darin war der Zigarrenladen von Zschuppan, dann kam erst das Häuschen von

Landhaus Schmargendorfer Straße 11

Bitschel, Selterwasserfabrikant, früher wohnte darin Malermeister Stolze, dem es auch gehörte. Dann kam Nr. 4, so wie es jetzt ist, und dann bis zum Platz freie Grundstücke. Der Wilmersdorfer Platz war nur zum Umgehen, die Mitte hatte dickes Gebüsch. Dann die Straße weiter war links alles leer bis zur Flambeckschen Villa. Diese war ungefähr 1884 von dem Tier- und Genremaler Hallatz erbaut und zwar etwas später als die anderen Villen. Mit Hallatz hielten meine Eltern gute Nachbarschaft. Ein näherer Verkehr fand nicht statt. Hallatzs hatten einen Sohn Erich und eine Tochter Grete. Grete heiratete einen Zahnarzt Walczok. Sie hatten drei Kinder. Die wirtschaftlichen Verhältnisse verschlechterten sich bald sehr, sie mußten das Grundstück verkaufen und zogen nach Zehlendorf, wo sich Grete nach dem Tode ihres Mannes mit ihren beiden Töchtern selbst das Leben nahm. Es war eine sehr tragische Sache. Der Bruder Erich verzog daraufhin gänzlich von Friedenau. Das große Haus hinter der Villa bauten Walczoks etwa 1903. Die Villa erhielt den Namen „Claire" erst von den Nachfolgern Walczoks, dem Direktor eines Syndikats Plambeck, nach dessen Frau. Im großen Haus hinter der Villa wohnte Professor Wünschmann, von dessen drei Töchtern eine Lehrerin an der Königin-Luise-Schule in Friedenau war. Eine andere Tochter heiratete einen Juden Block, die dritte Tochter, etwas gelähmt, einen anderen Juden. Außerdem wohnte dort noch ein General von Kutzner und der Admiralitäts-Rat von Thadden, mit dem unser Vater später im deutschen Flottenverein zusammenarbeitete.

Die anderen Villen auf der gegenüberliegenden Seite wurden alle etwa 1881/82 erbaut. Nur die Villa hinter Försters, in der Wittkops wohnten, wurde erst Ende der achtziger, vielleicht Anfang der neunziger Jahre errichtet. Wittkops kannten wir kaum. Nach dem Tode des alten Wittkop verkauften die Erben, viele Kinder, das Haus an den jetzigen Besitzer.

Auf der rechten Seite stand hinter dem Wilmersdorfer Platz zunächst auf dem heutigen Grundstück Nr. 11 eine Villa, dann folgten die Villa von Lefèvre, die aus einer Hugenottenfamilie stammten. Die Tochter Elsa Lefèvre, eine Jugendfreundin von mir, heiratete den Tierarzt Robert Schulz, der 1915 in Rumänien fiel. Schulz's wohnten dann noch bis nach dem Kriege in dem auf dem Grundstück Nr. 12 errichteten Mietshaus. Anschließend kam unsere Villa. Danach die Villa, die Onkel Albert und Tante Ida Bauer sich gebaut hatten. In dem Haus hat, als es Onkel Albert noch besaß, aber schon in Grunewald wohnte, lange Zeit der Admiral von Holtzendorff gewohnt, der sehr häufig mit seiner Frau bei meinen Eltern zu Gast war. Er war immer begeistert über mein Klavierspielen. Dann kam die Villa vom Geheimen Kanzleirat Szlatohlawek. Der alte Szlatohlawek, genannt „Tönchen", stammte aus Genthin und war ein Jugendgespiele meines Vaters. Seine Frau, Franziska, war als geizig bekannt. Sie hatten eine Tochter Melanie, die meine Kindheitsfreundin war. Diese starb mit neun Jahren. Später bekamen Tönchen und Franziska noch zwei Söhne, von denen der jüngere im Weltkrieg blieb, der ältere besitzt jetzt die Villa. Anschließend kam die Villa vom Dachdeckermeister Venz (Nr. 16). Diese Villa gehörte ursprünglich (seit 1881) dem Rechnungsrat Gustav Küttner, einem nachbarlichen Freund meines Vaters. Mit der Frau hatte sich meine Mutter ebenfalls befreundet. Sie war auch noch bei unseren Taufen und Geburtstagen mit eingeladen. Der Sohn hieß Fritz und wurde Beamter der Stadt Charlottenburg. Er heiratete die einzige Tochter vom Lehrer Sperendioano aus Friedenau, der ebenfalls mit uns damals sehr befreundet war. Herr Küttner starb 1894. Nach seinem Tode wurde die Villa, Ende der neunziger Jahre, an Venz verkauft. Hinter der Venzschen Villa stand dann das heutige Haus Nr. 17 und hieran anschließend folgte auf dem letzten Grundstück Nr. 18 die Villengruppe von Baurat Hoffmann, so wie sie heute noch steht.

Unser Grundstück hatte ursprünglich die Nummer 11 gehabt. Erst auf Betreiben von Szlatohlawek wurde etwa im Jahre 1889 eine Umnummerierung der Grundstücke durchgeführt, bei der wir die Nummer 13 erhielten. Diese Umbezeichnung ist völlig zu Unrecht erfolgt, denn die Schmargendorfer Straße hat auf diese Weise überhaupt keine Häuser-Nummern 7 bis 10. Diese entfallen auf den Wilmersdorfer Platz, dessen sämtliche Häuser aber zur Handjerystraße zählen. Wir sind damals mit der Änderung der Nummerierung sehr unzufrieden gewesen. Es gelang uns aber nicht, hieran etwas zu ändern. Ich bin überzeugt, daß die Zuteilung der Nr. 13 uns keinen Segen gebracht hat. Während es meinen Eltern bis dahin stets gut gegangen war, begann bald darauf in sich steigerndem Maße eine schlechte Zeit für uns, die schließlich mit dem völligen Verlust des Grundstückes endete.

Von der Kirche aus, die damals noch nicht stand, dehnten sich nach Schmargendorf hinüber Kornfelder aus. Es ist dies alles nicht so leicht zu schildern. Die jetzige Ecke vom Kaufmann Wittmütz an der Handjerystraße war damals auch eine Baustelle mit einer angefangenen, bis zum Rohbau fertiggestellten Mauerung. Fenster, Türen waren nicht vorhanden. Wir nannten diesen Bau „die Ruine". Sie gehörte einem Herrn Kasimir von Kosterschewski. Weshalb sie liegengeblieben war, weiß ich nicht. Jahrzehntelang, bis zum Hochbau wohl, Anfang der neunziger Jahre, war sie solange der nächtliche Unterschlupf für allerlei Diebesgesindel. Jedenfalls eilte ich immer ängstlich daran vorbei. Zu der Zeit hatten wir in Friedenau auch noch einen wirklichen Nachtwächter mit Laterne und einer Art Hellebarde oder Spieß. Er hieß Herr Ganzer und war sehr beliebt. Man grüßte ihn als Kind immer mit großer Ehrfurcht. Laternenbeleuchtung erhellte den Ort sehr matt und spärlich schien ihr Licht. Wir hatten einen Laternenanzünder, der die Lampen

Schmargendorfer- Ecke Rheinstraße, um 1898

Wilmersdorfer Platz um 1900

abends an- und morgens ausdrehte. An schönen warmen Tagen flogen noch Fledermäuse in großer Zahl immer tief um die kleinen Villen. Die Villen hatten alle Gärten, so wie sie jetzt noch zum Teil vorhanden sind.

Die Hochbauten entstanden erst Anfang der neunziger Jahre, nachdem die Gemeinde starke Kämpfe gegen die neue staatliche Bauordnung geführt hatte.

Mein Vater hatte außer seiner Villa mit seinem Bruder Albert zusammen noch die Ecke Niedstraße 33, Handjerystraße 27/28 erworben. Sie verkauften dieses Grundstück aber wieder gemeinschaftlich. Etwas später erwarb mein Vater die Grundstücke Feurigstraße 10/11 und Handjerystraße 90 und errichtete dort Anfang der neunziger Jahre Hochhäuser. Das Grundstück Feurigstraße wurde 1897/98 bebaut.

In dem Haus Handjerystraße 90 wohnte in damaligen Zeiten Professor Dr. Areboe von der Sternwarte, dessen Namen auch heute noch bekannt ist, sowie Professor Jaeger, dessen Sohn heute ein bekannter Komponist und Musiker ist, und Lehrer Pritsching, den ihr alle in der Vorschule als Lehrer hattet. Im Hause Feurigstraße 10 wohnte die Familie Reinhardt, mit der wir befreundet waren. Vater Reinhardt war Lehrer. Reinhardt mußte oft, wenn wir ausgingen, zu uns kommen, um auf euch Kinder aufzupassen.

In der Feurigstraße 11 wohnte damals Exz. von Holleufer sowie Ingenieur Lukas, der Erfinder des Lukaslichtes, sowie der Geheime Baurat Schwarz und ein Dr. Vorberg, der Sohn des bekannten Schöneberger Superintendenten. Ein weiterer sehr netter Mieter war Oberst Retzlaff. Schließlich wohnte hier im Anfang auch noch der Direktor Eures Friedenauer Gymnasiums, Dr. Wilhelm Busch, der von meinem Vater protegiert worden war und daher stets eine große Zuneigung zu uns hatte.

Unser Grundstück Schmargendorfer Straße 13 war durch Zukauf des hinteren Gartenlandes vom angrenzenden Nachbarn, der es gern los sein wollte, bedeutend tiefer als die übrigen Grundstücke der Schmargendorfer Straße.

Schulzeit – Lehrerinnen.

Mit dem siebenten Jahr kam ich in die Schule, die Rönnebergsche höhere Töchterschule. Mein Vater hatte mich voller Stolz angemeldet und ich konnte kaum den Tag des Schulbeginns erwarten. Am ersten Schultage brachte mich meine Mutter hin und ich bekam von der Schulvorsteherin, Fräulein Jettchen Rönneberg, wie sie von den Schülerinnen genannt wurde, eine große Schultüte. Zu Anfang schmeckte die Schule noch so schön wie der Inhalt der Schultüte geschmeckt hatte. Aber allmählich wurde alles bitterer Ernst, denn ich mußte stillsitzen und aufpassen, was die Lehrerin sagte. Ich hielt mich aber nicht an die Vorschriften, sondern plauderte immer emsig mit meiner kleinen Nachbarin. Das ergab dann am Schluß des Schuljahres eine Zensur mit dem Prädikat „gut, plaudert aber sehr gern“. Meine Leistungen waren auch nicht sehr beachtlich. Die Schuljahre waren und blieben bis zum Ende immer etwas Quälendes für mich. Ich tummelte mich lieber umher, spielte mit meinen Puppenkindern und liebte das Ringballspiel, den sogenannten Treibball, der mir eine große Gewandtheit brachte, so daß ich immer im Vorteil war.

Schulklasse der Roennebergschen höheren Mädchenschule um 1900

Unter meinen Lehrerinnen der Rönnebergschen Schule hatte mein besonderes Interesse Fräulein Helene Hacker, jetzt für uns alle unser liebes Tantchen Hacker. In meiner Jugend war sie für uns alle eine sehr gewissenhafte, strenge Lehrerin, von der man allzu schnell getadelt werden konnte. Sie war eine schöne, schlanke, stolze Erscheinung, immer voller Ernst und Würde. Dann war ich erkorener Liebling eines Fräulein von Holzhausen, dann von Fräulein Luise Müller, die mit uns bei den unregelmäßigen Verben, den französischen, ihre Not hatte. Eines Tages ging ihr anscheinend unsere Dummheit zu weit. Sie sagte: „Ihr seid ja heute wie vernagelt" und wir platzten vor Lachen los. Beim Gang zur Schule mußte ich nämlich an einem Neubau vorbei, bei dem die Bäume mit Brettern verschlagen waren, um sie beim Bau zu schützen. Da stellte ich mir vor, wir alle waren so umzäunt und das brachte mich derart zu lachen. Ich bekam einen furchtbaren Krach. Die Lehrerin schrieb an meinen Vater einen Brief, den ich mitnehmen sollte. Zu Hause hatte ich nicht den Mut, ihn meinem Vater zu geben, und ich legte mich dann am nächsten Tag aufs schwindeln, indem ich einfach behauptete, ich hätte ihn nicht abgeben können, da mein Vater verreist sei. Einige Tage ging das gut, aber dann fiel es auf und der Brief wurde per Post gesandt und ich bekam noch fürchterlicheren Ärger und Schläge. –

Mein Vater war in der Erziehung sehr streng und meine Mutter meinte oft zu ihm, ich wäre kein Soldat, mein Vater solle das bedenken. Aber auch meine Mutter war eine strenge, gleich schlagkräftige Frau, die wenig Geduld bei der kleinen Schülerintochter hatte. Es war oft eine entsetzliche Pein für mich. Die Schulvorsteherin, Fräulein Jettchen Rönneberg, war meist gütig zu uns, nur in besonderen Fällen streng. Dann kam noch in den Vordergrund Dr. Fritz Ignatius, ein liebenswürdiger Lehrer, der mich auf meinen ersten Bällen später sehr auszeichnete. Ich machte mir aber nichts daraus, denn meine Gymnasiasten waren mir lieber.

Geschwister, Krankheiten.

Im Jahr 1884 bekam ich noch ein Schwesterchen Dora. Sie war die Freude meiner Eltern und ich selbst liebte sie abgöttisch. Als sie neun Monate alt war, fiel sie der Diphterie-Epidemie zum Opfer. Ich erinnere mich, daß sie eines Tages nicht mehr zu Hause war, als ich aus der Schule kam. Drei Tage später war sie im Elisabeth-Krankenhaus gestorben. Die Trauerkutschen, deren erste vorn den kleinen weißen Sarg barg, fuhren am Beerdigungstage durch die Schmargendorfer Straße an unserem Haus vorbei. Ich stand allein im Zimmer und sah traurig und verlassen dem Zug nach. Meinen Eltern war der Verlust des kleinen Töchterchens ein schwerer Schmerz.

Vierzehn Tage später, nach dem Tode der kleinen Dora, bekam ich die Diphtheritis. Ich lag so schwer darnieder, daß mein Leben an einem Fädchen hing. Keiner konnte helfen. Zwei Krankenschwestern lösten sich Tag und Nacht ab. Meine Eltern waren völlig verzweifelt. Meine Mutter verlor bald den Verstand darüber, daß nun ihr letztes, einziges Kind auch noch sterben sollte, denn man hatte mich aufgegeben. Als mein Vater nach meiner Genesung bei Professor Senator, dem Arzt Kaiser Friedrich des Dritten, die Rechnung bezahlte, war dieser selbst erstaunt, daß ich durchgekommen sei. Er hatte selbst nicht die geringste Hoffnung mehr gehabt. In den entscheidenden Stunden hatte man meine Großeltern aus Magdeburg kommen lassen. Ich lag bewußtlos im Bett, sagte aber zur Krankenschwester, daß meine Großeltern in Berlin auf dem Bahnhof ankämen. Ich kann die Vision heute noch beschreiben. Dann war ich wieder still. Als meine Großeltern dann die Villa betraten, habe ich mich wohl auch geäußert. Ich sehe auch das noch wie damals vor mir. Meine Mutter ging den Großeltern entgegen. Da lief die Schwester schnell hinaus und sagte: „Still, still. Sie ist im Stadium der Hellseherei!" Das wußte ich aber nicht von der Schwester, denn mein Geist war ja abwesend. Das hat mir nachdem meine Mutter erzählt. Bis weit nach Steglitz hatte sich meine Erkrankung herumgesprochen. Das große Ölbild von mir wurde dann nach meiner Erkrankung von Frau Beuthin, der Frau unseres Arztes, gemalt.

Zwei Jahre später, am 27. August 1887, morgens 1.50 Uhr kam wieder ein Kindchen an und zwar ein Brüderchen *Johannes*, Ewald, Otto, das aber auch nach sechs Monaten, am 12. Februar 1888 plötzlich verstarb. Der Jammer der Eltern über den Tod des Kindes kannte keine Grenzen. Mein Vater ließ noch eine Bleistiftzeichnung des Kindes auf dem Sterbebette machen. Mich selbst hat man so wenig beachtet, daß die Leute meine Eltern daran erinnern mußten, daß sie doch *noch* ein Kind hätten.

Letzte Schulzeit, Konfirmation.

Mit etwa elf Jahren nahm mich mein Vater aus der Töchterschule heraus und ich bekam mit anderen Töchtern Friedenauer Familien Privatstunden. Der Grund hierfür lag in der öfteren Erkrankung von mir. Ich mußte geschont werden und das konnte am besten durch Privatunterricht geschehen. Die Stunden waren dort nur kurz, aber dafür die Lehrerin sehr streng und oft nicht angenehm. Sie war sehr bestechlich und wer von den Eltern ihr etwas schenkte, dessen Kinder waren je nach dem die besten Schülerinnen. Viel Freude hat mir dieser Unterricht nicht gemacht. Ich war froh, als die Zeit der Konfirmation heran war.

In der Konfirmationsstunde liebte ich unseren Geistlichen ganz besonders. Es war Pastor Weichbrod. Er schielte und war wirklich kein Schönheitsideal. Für mich war er aber mehr. Er wußte das wohl und erkor mich zu seiner Lieblingskonfirmandenanwärterin. Infolgedessen lernte ich auch über den gewöhnlichen Durchschnitt und schnitt bei der Prüfung glänzend ab. Die Prüfung bestand überhaupt nur aus an mich gerichteten Fragen und meinen prompten, sicheren Antworten. Mein Vater war sehr stolz auf mich.

Tanzstunde, Verehrer.

Nach meiner Konfirmation bekam ich im Winter Tanzstunde. Ich hatte damals viele, viele Verehrer und ernste Bewerber, denn ich war wohl ein immer freundliches, bescheidenes Mädchen und nicht ohne Geld. Unsere Friedenauer Jungens waren wohl alle meine eifrigen Verehrer. Es gab wohl wenige, die mir nicht zugetan waren. Fensterpromenaden waren immer sehr üblich bei uns und meinem Onkel Max, der das oft beobachtete, machte diese Sache viel Spaß und mich machte es sehr stolz und selbstbewußt. Einer meiner großen Verehrer war Euer Onkel Karl Brücker gewesen. Dann stand mir sehr nahe aus meiner Schulzeit bis zu meiner Heirat und auch noch lange darüber hinaus Paul Demker, der in seinem Wilhelm-Gymnasium als Primus durch alle Klassen ging, später Jura studierte und nach meiner Erkundigung im Dezember 1933, einen Tag nach Eures Vaters Tod, in Stuttgart verstarb.

Ich muß hier noch einflechten, daß dieser junge Demker ein unendlich feiner, vornehmer Mensch war, dem ich wohl mehr und inniger zugetan war, als es mir damals selbst zum Bewußtsein kam.

Auch ein Philologe, Dr. Ernst Altenkrüger, hatte ein großes Interesse für mich und ich für ihn. Er starb aber sehr früh an Lungenschwindsucht. Ich könnte noch viele junge Männer aufführen, die an meinem Leben vorüberzogen. Ich war aber sehr früh schon, mit sechzehn Jahren, an Euren Vater gebunden. Die Tore hatten sich geschlossen!

Dann meine Freunde aus der Tanzstunde: Dr. Paul Dannehl, der damals Stabsarzt war und auch um mich warb, aber leider keine Erhörung finden durfte, dann Paul Heycke, dann Erich Borkowski, der später im Rheinland Oberpostdirektor wurde. Alles Verehrer des kleinen Fräulein Bauer, die damals schon für alle unerreichbar war.

Das Leben meiner Eltern in Friedenau.

Im kaiserlichen Reichsschatzamt wurde meinem Vater am 19. Dezember 1883 der Charakter als Rechnungsrat verliehen (bekanntgegeben im deutschen Tageblatt vom 21. Dezember 1883). Er erhielt später den Rothen Adlerorden verliehen.

In Friedenau genoß mein Vater ein ziemliches Ansehen und wurde unter anderem auch in die kirchliche Gemeindevertretung gewählt.

Im Jahre 1886 hatte mein Vater zusammen mit seinem Schwager Max Fehler, der bis Anfang der neunziger Jahre bei meinen Eltern lebte, und mit Gustav Retzdorff in Friedenau den Männerturnverein gegründet. Die Gründung fand in der Laube in unserem Garten statt. Es wurde auch zuerst im Garten unseres Grundstückes Schmargendorfer Straße 13 geturnt. Mein Vater wurde der Vorsitzende des Vereins und leitete ihn bis zu seinem Tode. Der Verein entwickelte sich unter seiner Führung zum ersten Verein des Havelgaues III. Mein Großvater Adolf Fehler gehörte dem Verein als passives Mitglied an. Auch meine Mutter und ich waren Mitglieder der Frauenriege, wie überhaupt damals alle besseren Friedenauer irgendwie zum Turnverein gehörten. Auch die sämtlichen Brüder Brücker waren in der Jugend- und Knabenabteilung des Vereins.

Mit seinen Nachbarn stand mein Vater in bestem Einvernehmen. Eine Ausnahme hiervon machte lediglich der Hundezüchter Pietzker, der auf dem Grundstück Niedstraße 23, das hinter unserem Garten anstieß, eine Hundezüchterei betrieb. Mit diesem lebte mein Vater, ebenso aber auch fast sämtliche anderen Nachbarn, lange Zeit hindurch in Streit, der soweit ging, daß der Hundezüchter Pietzker einmal auf seinem Grundstück einen Galgen errichtete, an dem er eine Puppe, die meinen Vater darstellen sollte, aufhängte. Über diese Auseinandersetzungen, die sich von 1888 bis 1892 hinzogen, sind noch Akten meines Vaters vorhanden. Obwohl mein Vater stets selbst Hunde hatte, scheint er wegen anderer Hunde öfter in Differenzen mit Dritten geraten zu sein. Wir haben nämlich auch noch Papiere über eine Verhandlung vor dem Schiedsmann wegen Beleidigung, die ihm der expedierte Sekretär im Reichspatentamt, Dr. van Muyden, am 24. Januar

1889 zugefügt hatte. Dieser hatte es meinem Vater übel genommen, daß er im Friedenauer Haus- und Grundbesitzerverein den Antrag auf Einführung des Maulkorbzwanges für alle mehr als 30 cm hohen Hunde stellte, welchen Antrag sich auch die Gemeindevertretung zu Eigen machte. Der Dr. van Muyden trat eines Tages auf dem Potsdamer Bahnhof auf meinen Vater zu, als dieser etwa um 9 ½ Uhr mit der Wannseebahn zum Amt gefahren kam, und fragte ihn, ob er den Antrag auf Einführung des Hundemaulkorbzwanges gestellt habe, Als mein Vater dies bejahte, entgegnete Dr. van Muyden: „Nun, dann werde ich bei der Polizei den Antrag stellen, daß zunächst Ihnen der Hundemaulkorb angelegt wird.“

Otto Bauer und Emma Bauer, geb. Fehler, 1896

Mein Vater wollte daraufhin bei der Staatsanwaltschaft einen Strafantrag gegen Dr. van Muyden stellen. Die Sache endete dann aber damit, daß van Muyden 50 Mark an meinen Vater zahlen mußte, die dieser dem Friedenauer Männerturnverein zur Unterstützung für beim Turnen verunglückte Mitglieder überwies.

Von diesen gelegentlichen Auseinandersetzungen abgesehen, hatte mein Vater, der ein großer stattlicher Mann mit blauen Augen war, ein ausgesprochen ruhiges und freundliches Wesen. Er war außerordentlich höflich und besonders einfachen Leuten gegenüber stets sehr hilfsbereit.

Mein Vater las sehr viel und besaß viele gute Bücher. Von ihm stammt zum Beispiel unsere große Sammlung der Gesamtausgaben aller deutscher Klassiker. Ferner rühren die vielen eingebundenen Jahrgänge der sehr wertvollen naturwissenschaftlichen Zeitschrift „Globus“ von ihm her, die später in unserem Herrenzimmer ein hierfür besonders angefertigtes halbhohes Regal von etwa drei Metern Länge füllten.

Schon in seiner Jugend hatte mein Vater kleine Gedichte gemacht. Nach einer längeren Pause begann er erneut zu dichten und konnte zu Weihnachten 1894 eine 275 Seiten umfassende Sammlung von Gedichten mit einem Geleitwort des Dichters Felix Dahn veröffentlichen. Diese Sammlung, die neben Vaterlands- und Turnliedern, Naturgedichte, sowie einige Sinngedichte und

Sprüche enthält, erschien bereits 1895 im Verlag von Bernhard Paul, Berlin, in zweiter unveränderter Auflage. Viele Gedichte meines Vaters wurden vertont und in die damals herausgegebenen Turnliederbücher übernommen.

Das Gehalt meines Vaters betrug im Jahre 1894 jährlich 5400 Mark.

Meine Eltern waren im königlichen Opern- und im Schauspielhaus abonniert. (Der Abonnementspreis betrug damals 4 Mark.) Sie hörten und sahen hier Pauline Lucka, von der mein Vater begeistert war, wie alle damaligen Berliner, Theresina Gessner, Agnes Sorma, Kainz und andere. Mein Vater war schon von Jugend an eifrig ins Theater gegangen. Ein großer Teil unserer Opern-Textbücher stammt von meinem Vater, genau wie er eine sehr große Anzahl von Reiseführern aller Gegenden hinterließ, die er im Laufe seines Lebens besucht hatte.

Bei Tisch mußte ich lange Jahre hindurch französisch sprechen. Mein Vater wurde sehr ungehalten, wenn ich Fehler machte, so daß mir oft genug das Mittagessen eine Qual war. Mein Vater war ein begeisterter Krebsesser und bekam zur Krebszeit immer die Krebse schockweise in Körben geschickt. Aus den Johannisbeeren, die in unserem großen Garten wuchsen, kelterten meine Eltern alljährlich einen sehr guten Obstwein, dessen letzte Reste von uns erst nach dem Weltkriege mit den damals einquartierten Offizieren, insbesondere Major Küntzel, dem Kommandeur des Grenadier-Regiments 12, ausgetrunken wurden.

Mein Vater verkehrte damals mit dem sogenannten „Vetter Bauer“, der eine Feilenfabrik besaß, und mit Georg Friedrich, der auch eine Eisenwarenfabrik betrieb. Georg Friedrichs Sohn wurde Schriftsteller und hatte noch nach dem Weltkrieg unter dem Pseudonym Friedrich Frecken einen guten Ruf. Ein anderer Freund meines Vaters war Fritz Hartung, der ebenfalls Beamter in einem Ministerium war. Wohl sein bester Freund war Oskar Dux, Geheimer Hofrat im Auswärtigen Amt, mit dem und dessen Frau Rosa sich meine Eltern duzten. Durch Oskar Dux kam mein Onkel Max Fehler in das Auswärtige Amt. Auch mit Karschunke war mein Vater befreundet. Karschunke war auch Beamter. Er trug einen Zylinder. Wenn er in der Sylvesternacht an der Kranzlerecke (Friedrichstraße Ecke Unter den Linden) vorbeiging, wurde ihm regelmäßig der Zylinder von dem angeheiterten Publikum eingetrieben. Schließlich muß ich noch Fiebelkorns erwähnen. Herr Fiebelkorn war Rechnungsrat in der kaiserlichen Münze. Meine Eltern besuchten manchmal am Sonntag Nachmittag Fiebelkorns, die eine sehr große Amtswohnung im Münzgebäude hatten. Dann gingen wir auch öfter durch die Münzräume. Bei einer solchen Gelegenheit konnte ich mich einmal auch auf einen Stapel Goldbarren setzen und „besaß“ so eine Million in Gold. Mit den Fiebelkornschen Töchtern war ich als Kind sehr befreundet. Wir verloren uns dann später aus den Augen und erst etwa 1932 bekam ich wieder mit Erna Fiebelkorn Kontakt, die inzwischen Oberstudienrätin geworden und pensioniert worden war.

Wochentags gingen meine Eltern im Sommer öfter mit mir zu Besuch nach Wilmersdorf zum Gartenetablissement Schramm (in der Schrammstraße), das am Wilmersdorfer See (heute Hindenburg Park) lag, in dem ich noch schwimmen gelernt habe. Das Schramm'sche Garten-Restaurant war damals in der Woche ein recht gutes Ausflugslokal, vor dem immer eine große Reihe Equipagen standen. Hier wurde auch manchmal getanzt. Einmal, ich war noch sehr jung, wurde ich auch von einem Herrn zum Tanzen aufgefordert, als ich in der Nähe des Tanzraumes stand. Ich traute mich nicht abzulehnen und tanzte mit ihm. Als meine Eltern das beobachteten, bekam ich hinterher viel Schelte. Auf diesen Spaziergängen wurde meist auch unser schwarzer Pinscher Phylax mitgenommen. Diesem gefiel es dann bei Schramms regelmäßig so gut, daß er nicht mit nach Hause wollte. Erst spät in der Nacht erschien er vor der Villa und erhielt von meinem Vater Schläge, zumal er sich auf dem Rückweg noch mit irgendwelchem Aas zu parfümieren pflegte. Unser anderer Hund Ajax, ein Dackel, ist eines Tages, während meine Eltern einmal verreist waren, plötzlich verstorben. Er war anscheinend vergiftet worden, und wir befürchteten, daß ein Einbruch bei uns beabsichtigt sein könnte. Ich ängstigte mich damals sehr, weil ich mit meinen alten Großeltern, die oben in der Villa wohnten, und dem Mädchen, das unten im Keller schlief, allein in der Villa war. Daraufhin wachte lange Zeit hindurch jede Nacht der Kriminalwachtmeister Meier (genannt Blaumeier) in der Laube in unserem Garten und machte dauernd seine Runde um die Villa.

Das Leben meiner Großeltern in Friedenau.

Im Jahre 1886 war meinem Großvater Adolf Fehler in Magdeburg, nachdem er am 31. Mai 1886 sein Aichmeisteramt aufgegeben hatte, ein Kaufangebot für das Grundstück Thränsberg 37 abgegeben worden. Es stellte sich heraus, daß es sich um einen Agenten handelte. Mein Vater in Berlin erfuhr durch Zufall, daß dieser Agent im Auftrag der Stadt Magdeburg tätig war, die das Grundstück wegen eines projektierten Straßendurchbruchs erwerben mußte. Mein Vater schickte daher aus Berlin seinem Schwiegervater ein Telegramm, in dem er ihm riet, noch nicht gleich zu verkaufen, da der Käufer nicht eine beliebige Privatperson sondern der Magistrat der Stadt Magdeburg sei. Auf Grund dieses Telegrammes gelang es meinem Großvater, in den Verhandlungen mit dem Agenten der Stadt einen wesentlich günstigeren Preis für das Grundstück zu erzielen.

Das Haus wurde schließlich an die Stadt Magdeburg verkauft und abgerissen. Die beiden größeren Haustüren kamen in das Magdeburgische Museum und wurden hier praktisch als Portal-Türen verwendet. Sie sind heute noch in dem Museum zu sehen. Meine Großeltern siedelten nun ebenfalls nach Friedenau über und zogen zu meinen Eltern in die obere Etage der Villa Schmargendorfer Straße 13.

In Friedenau kam mein Großvater schon nach einem Vierteljahr in den Vorstand des Verschönerungsvereins, dessen erster Vorsitzender damals Professor Dr. Dill war. Der Verein ging damals einige Zeit darauf, als Friedenau eine selbständige Gemeinde wurde, in die Ortsgemeinde über. Mein Großvater wurde dadurch Gemeindeschöffe für die Park- und Friedhofsverwaltung (bestätigt wurde seine Wahl am 25. Mai 1892). Später wurde er erster Schöffe und stellvertretender Gemeinde-Vorsteher. Amts- und Gemeindevorsteher war damals zunächst bis 1892 der Geheimrat Rönneberg. Dann anschließend sein Bruder Major a. D. Rönneberg, für dessen Wahl mein Vater sehr viel getan hatte. Während der Krankheit von Major Rönneberg und nach dessen Tod hat mein Großvater dann von 1901 ab während zweier Jahre bis zu seinem Tod die Amtsgeschäfte von Friedenau

Doris und Adolf Fehler, aufgenommen am 15. Juli 1884

allein geführt. Er ging jeden Morgen in das Haus der Gemeindeverwaltung Handjerystraße 91/92 Ecke Feurigstraße 10/Handjerystraße 90. In unsere Villa in der Schmargendorfer Straße kamen über Tag dauernd die Amts- und Gemeindediener, um von meinem Großvater Unterschriften einzuholen. Er saß dann immer am Sekretär aus geflammter Birke und unterzeichnete die Schriftstücke auf der heruntergeklappten Schreibplatte.

Mein Großvater war schon am 15. September 1889 zum Mitglied der Gemeinde-Kirchenvertretung gewählt worden und wurde später Mitglied des Kirchenrates.

Das Verhältnis zwischen meinen Eltern und meinen Großeltern war vorzüglich. Mein Vater verstand sich mit seinem Schwiegervater sehr gut. Alle Jahre machten die Eltern und die Großeltern zusammen eine Kremser-Partie, die mein Großvater veranstaltete. Da meine Großmutter herzleidend war (es bildete sich bei ihr auch Wasser in den Füßen), fuhr mein Großvater oft mit ihr in einem gemieteten Landauer spazieren oder zu Einkäufen nach Berlin. Zu diesen Spazierfahrten wurden meistens meine Mutter und ich mitgenommen, auch noch in der Zeit meiner Heirat. Solange mein Vater lebte, fuhr auch er manchmal mit uns mit.

Am 14. April 1899 starb meine Großmutter an Altersschwäche und Wassersucht.

Meinem Großvater war vom Kaiser der Kronenorden 4. Klasse verliehen worden. Alle Inhaber dieses Ordens wurden alljährlich einmal zu einem Ordensfest auf das Berliner Schloß eingeladen. Es gab jedesmal ein großes Festessen.

Zum siebzigsten Geburtstag, den mein Großvater im engsten Familienkreis am 25. Mai 1898 beging (es waren nur meine Mutter, Euer Vater, ich, Fehlers und Tante Hedwig dazugekommen), brachte die Friedenauer Zeitung Aufsätze. Es kamen große Blumenarrangements von den verschiedenen Gemeindekörperschaften. Als Anspielung auf das Amt meines Großvaters als Schöffe der Park- und Friedhofsverwaltung trug das Blumenarrangement der Gemeinde eine kleine gedruckte Karte mit der Aufschrift „Bekanntmachung: Diese Anlagen werden dem Schutz des Publikums empfohlen. Friedenau, den 25. Mai 1898, der Amtsvorsteher."

Diese Karte ist noch bei uns vorhanden. An diesem Tage wurde auch die Fehlerstraße in Friedenau nach meinem Großvater benannt.

Verlobung, Tod meines Vaters, Hochzeit.

Euren Vater lernte ich kennen, als ich 13 Jahre alt war. Der Turnverein in Friedenau veranstaltete eine Sedan-Feier. Diese Feiern fanden damals immer auf dem großen freien Grundstück am Wilmersdorfer Platz statt, auf dem heute das Friedenauer Postamt steht. Bei diesen Feiern, an denen fast die gesamte Bevölkerung Friedenaus teilnahm, hielt meistens mein Vater die große Festrede. Auch von ihm gedichtete Lieder wurden oft dabei gesungen. Wir haben noch Fotografien, die während der Reden meines Vaters aufgenommen wurden.

Auf einem solchen Fest verkaufte Euer Vater als junger Turner Stocklaternen. Ich kaufte ihm für mich und meinen jungen Freund Paul Demker zwei Stocklaternen ab.

Später lernten wir uns in der Tanzstunde näher kennen.

Euer Vater hatte, nachdem er das askanische Gymnasium durchlaufen hatte, in einer Buchhandlung am Haus-Vogtei-Platz gelernt, dann war er längere Zeit in der großen Kunsthandlung von Ameler und Ruthard in der Behrenstraße tätig, die heute noch eine der besten Kunsthandlungen in Berlin ist. Als wir schon heimlich verlobt waren, ging er noch etwa auf ein Jahr nach Leipzig, um seine Ausbildung als Verlagsbuchhändler bei der Firma Lampe und Vogel abzuschließen. Hier verkehrte er viel mit ausländischen Studenten, insbesondere Franzosen und Russen. Wir haben noch verschiedene Aufnahmen, die ihn mit seinen Leipziger Freunden zeigen. Nach seiner Rückkehr aus Leipzig war er noch kurze Zeit in einer Berliner Architektur-Buchhandlung tätig.

Während dieser Zeit verlobten wir uns im Jahre 1895 öffentlich. Meine Verlobung wurde ziemlich groß gefeiert. Es gingen mir unzählige Blumen zu. Ich kam mir natürlich damals sehr wichtig vor. Wir machten dann als Brautpaar bei der Verwandtschaft und Freundschaft Besuch. Ich hatte dazu ein schweres elegantes Seidenkleid bekommen, ein sehr schönes Sealjacket und einen passenden Hut und einen kleinen Pelzmuff dazu. Bei den Besuchen setzte man uns meistens Wein vor, und da die Besuche immer nur kurz waren, wurde der Wein sehr eilig getrunken. Bei so und so vielen Besuchen konnten die Folgen nicht ausbleiben. Ich fing bei den letzten Besuchen immer an zu lachen. Das ging nachher soweit, daß ich mich zum Schluß immer auf der Straße vor lachen kugeln konnte. Diese Sitte, Brautpaaren etwas anzubieten, ist gottseidank jetzt abgekommen; es war katastrophal. – Die Verlobungszeit ging dahin, ausgefüllt mit Gesellschaften, Einladungen und der Beschaffung der Aussteuer.

Der Tod meines Vaters fiel ebenfalls in diese Zeit. Er starb am 19. Februar 1897. Mein Vater wurde plötzlich schwer krank, der Arzt stellte akute Nierenentzündung fest und er starb nach ungefähr zehntägiger schwerer Krankheit. Die Beisetzung meines Vaters erfolgte von der Turnhalle in der Albestraße aus, in der er vorher mit Ehrenwachen aufgebahrt war. Ungezählte Vereine, Körperschaften der Gemeinde, beinahe wohl alle Einwohner von Friedenau folgten dem Sarge. Der Zug ging von der Albestraße nochmals zurück durch die Schmargendorfer Straße an seiner Villa vorbei, und als der Leichenwagen mit den ersten Trauernden am Friedhof angelangt war, befand sich der Schluß des Zuges wohl noch an der Friedenauer Kirche. Ein endloser Zug, den dann die wohl acht Trauerkutschen beschlossen. Das Erbbegräbnis, auf dem mein Vater dann beigesetzt wurde, war überfüllt mit Kränzen und Blumen. Es war uns unmöglich, allen Leuten zu danken. In den Ortszeitungen hieß es nur als Überschrift „Rat Bauer ist tot". Die Friedenauer Zeitungen waren nur von diesem Ereignis beherrscht, das wohl die gesamte Einwohnerschaft mit durchlebte.

Kurz danach, am 9. Mai 1897, heirateten wir auf besonderen Wunsch meiner Mutter. Die Hochzeit war infolge der Trauer eine sehr, sehr stille. Nur die allernächsten Verwandten waren geladen und ein Freund meines Vaters, Georg Friedrich, dessen Frau kurz vorher den tragischen Freitod gegangen war, war noch zugegen. Keine einzige Freundin war mit mir.

Morgens ging es aufs Standesamt, bei dem der Großvater Fehler und Onkel Albert Bauer Trauzeugen waren, und Großvater ließ uns in der Kutsche zum Standesamt fahren, damit ich doch wenigstens am Hochzeitstage auch Kutsche führe. Es regnete tüchtig. Major Rönneberg hatte die Standesamtstrauung vollzogen und Sudau, der spätere Bürodirektor, assistierte dabei. Dann verrann die Stunde bis zur Trauung sehr schnell. Pfarrer Görnandt vollzog die Haustrauung. In unserem sogenannten Salon in der Villa war ein Tisch als Altar hergerichtet. Davor saßen wir und hinter uns die Familie. Ich hatte dasselbe schwarze schlichte Kleid an, das ich schon zum Standesamt trug und den ganzen Tag anhatte. – Die Trauungsrede war wohl sehr schön, ich weiß es aber nicht so genau, meine Gedanken gingen dabei eigene Wege. Zum Essen, also der Nachfeier, war auch der Pfarrer unser Gast. Das Hochzeitsmahl verlief ebenfalls ruhig und still, im Gegensatz zu allen übrigen Hochzeitsfeiern. Um zehn Uhr waren alle Gäste weg, und dies war der Tag meiner Hochzeit. Die Leute standen auf der Straße, versuchten etwas zu sehen, nichts ereignete sich. „Ein reiches Mädchen heiratet einen armen Mann", „das sei sehr schön", meinten die Menschen vor der Tür zu unserem Mädchen.

Meine Ehe, Tod meines Großvaters, meine Kinder.

Die Tage/Monate/Jahre nach meiner Heirat gingen teils ruhig, teils sehr unstet dahin. Vater arbeitete sehr viel in seiner von uns eingerichteten Druckerei. Das Druckereigebäude war auf dem Grundstück Schmargendorfer Straße 13 im Jahre 1897 zunächst als einstöckiges Gebäude errichtet worden. Der Frau und der später hinzugekommenen Familie widmete sich Euer Vater wenig. Er war von vornherein im Ort ehrenamtlich tätig. Da er durch die Heirat gleich in einen großen Besitz gekommen war, hatte er von Anfang an eine sogenannte Position eingenommen, die ihm ja auch später die Zeit für seine beruflichen Verpflichtungen nahm.

Ottomann kam als erstes Kind am 17. Oktober 1899 zur Welt. Das Glück darüber war natürlich groß. Er war ein bildschönes Kindchen, klug und gesund. Genau mit 4 Monaten bekam er seine ersten Zähnchen. Mit seinem ersten Geburtstag lief er von einem Stuhl aus in meine Arme. Dann kam am 23. Oktober 1900 das zweite Söhnchen, das Ekkchen, ein zartes Geschöpfchen, sehr lieb, sehr brav. Ottomann war blond und braunäugig, Ekkchen blond mit großen blauen Augen. Beide Kinder machten mein ganzes Glück aus, da ich vom Mann ja sehr wenig hatte. Meine Mutter, die

Trauerzug für Adolf Fehler am 29. März 1903 am Friedrich-Wilhelm-Platz

seit dem Tode meines Vaters bei uns lebte, sich nicht mehr von mir trennte, betreute mit rührender Sorgfalt die zwei kleinen Kinder. Sie spielten immer miteinander und waren unzertrennlich.

Wir hatten damals einen kleinen Hund Flocki, mit dem Ottomann und Ekkchen im Treppenhaus der Villa auf der Treppe sitzend die Butterbrötchen aßen, bald biß der Hund ab, bald mal Ottomann, bald mal das Ekkchen. Zufällig kam ich dazu; der Hund mußte dann weg und wurde verschenkt. –

Mein Großvater war Urgroßvater geworden und sehr stolz darauf, zumal ich selbst ja doch immer seine Lieblingsenkelin gewesen war. Ottomann wurde getauft, als er ein halbes Jahr alt war, ebenfalls im Hause. Die Feier hinterher war sehr reich und groß. Urgroßvater war erster Pate. – Ekkchen wurde ebenfalls im Hause getauft und zwar am Tage von Urgroßvaters dreiundsiebzigsten Geburtstage, am 25. Mai 1901. Die Feier fand im Restaurant „Hohenzollern" in der Handjerystraße statt, da die Räume zu Hause für alle Gäste nicht ausreichten. Der erste Ortsgeistliche, Görnandt, der auch Ottomanns Taufe vorgenommen hatte, taufte auch Ekkchen. Ebenso war der mit uns sehr befreundete Probst Szczygiel, der ebenfalls eine sehr schöne Rede hielt, bei der Taufe zugegen.

Der emeritierte Probst Szczygiel hatte die ursprünglich von Onkel Albert, dem Bruder meines Vaters, erbaute Villa Schmargendorfer Straße 14 erworben, in der er mit seiner Cousine, Fräulein Heer, wohnte, die ihm den Haushalt führte. Fräulein Heer war eine sehr nette Dame und wir verkehrten damals viel mit „Probstens".

Im Jahre 1903, am 27. März, starb mein Großvater an einer Blinddarmentzündung innerhalb von fünf Tagen. Was sein Tod – er lebte seit Großmutters Tod ständig bei uns in der Villa – bedeutete, vermag ich nicht zu sagen. Mit ihm ging mir, ebenso meiner Mutter, alles weg, was uns Halt, Rat und mir selbst sorgende Sorgfalt, treueste Liebe war. Ich war fassungslos, daß mit ihm, dem geliebten Großvater, die Stütze des Hauses, der Familie hinging. Wenn ich an diese Zeit denke, überkommen mich noch jetzt bitterheiße Tränen. Er war mein ganzer Halt. Er verstand seine große Enkelin und hatte sie innig geliebt.

Sein Sarg wurde in der Villa Parterre in meinen Räumen bis zur Überführung in die Kirche aufgebahrt. Ich selbst durfte ihn im Tode nicht mehr sehen, da ein Kindchen im Oktobermonat kommen sollte. Es ist ein alter Aberglaube, daß mit einem Kind gesegnete Frauen keine Toten sehen dürfen, damit das zu erwartende Kind keinen Schaden erleidet. So konnte ich nur vor der Tür stehen und meinen Jammer ausweinen, bis der Sarg geschlossen war. Die Trauerfeier im Hause hielt Pfarrer Görnandt, der mich getraut, meine Kinder getauft und meinen Vater zur Ruhe gebettet und meine Großmutter auf ihrem letzten Wege begleitet hatte. Die Feier in der Kirche wird wohl am besten klar durch die Beerdigungsordnung, welche die Gemeinde Friedenau dafür aufstellte.

Niemand hat wohl den Kummer ermessen können, der meine Mutter und mich beherrschte.

Am 19. Mai 1903, zwei Monate nach Großvaters Tod, starb am Scharlach unser kleines, geliebtes Ekkchen im Alter von zwei Jahren sieben Monaten. Fassungslos hat uns dieses Sterben unseres geliebten Kindchens gemacht. Wir kauften uns ein Erbbegräbnis auf dem Friedenauer Friedhof, wo wir unser Kind beisetzten. Der Vater Eures Vaters (gestorben an Herz- und Nierenkrankheit am 17. April 1895 in Friedenau) wurde ebenfalls von seiner ehemaligen Ruhestätte auf unseren Friedhof dort hingebracht. Auch Mutter Sophie Brücker geborene Maucher wurde später nach ihrem Tod (sie starb am 11. März 1904 an Magenkrebs) dort beigesetzt.

Nach dem Tod unseres Ekkchens verließen wir die Villa Schmargendorfer Straße und zogen vorübergehend in unser Haus Feurigstraße Nr. 11 und zwar in die linke Parterre-Wohnung. Wir hatten nämlich beschlossen, sattt der Villa in der Schmargendorfer Straße ein Miethaus zu bauen. Gleichzeitig wurde auch die Druckerei durch Aufbau eines zweiten Geschosses vergrößert. Hier in der Feurigstraße 11 erblickte am 18. Oktober 1903 Werner das Licht der Welt. Genau fünf Monate nach Ekkchens Tod. Werner sah dem verstorbenen Ekkchen – den ich im Tod des Aberglaubens wegen zu meinem Schmerz auch nicht mehr sehen konnte – so genau ähnlich, daß auf den Fotografien die Kindergesichter kaum auseinanderzuhalten sind. Auch Werner, der eigentlich den Rufnamen Joachim haben sollte und auf Wunsch von Großmutter Brücker dann den Namen Werner erhielt, war ganz blond und blauäugig. Als ich diese Entdeckung machte, war ich überglücklich, war mir doch nun in ihm der Ersatz für das verlorene Kindchen durch die große Güte eines göttlichen Willens wiedergegeben. Werner bekam seine Zähne im Juli, also mit neun Monaten und lief im Dezember mit vierzehn Monaten.

Nun wuchs mein Ottomann zu meiner unendlichen Freude gesund, klug, verständig und artig heran und zu ihm gesellte sich Werner in seiner stillen bescheidenen Art. Beide Kinder machten

August Hermann Brücker mit den Söhnen Otto (*1899), Harald (* 1907) und Werner (* 1903), um 1908

mir mein ganzes Leben – ein glückliches Leben – aus. Ihnen widmete ich meine ganze Zeit, war nur auf ihr Wohl und Gedeihen bedacht. Nichts konnte mich bewegen, mich von ihnen zu trennen. Sie, meine Kinder, wurden mir meine Welt.

Nachdem das Miethaus Schmargendorfer Straße 13 fertig geworden war, zogen wir gemeinsam mit meiner Mutter zunächst in die Sechszimmerwohnung Parterre rechts und nach einigen Jahren in die Wohnung im zweiten Stock, die wir durch Zusammenfassung der hier ursprünglich vorhandenen beiden Wohnungen unter Abtrennung der zwei Zimmer im Seitenflügel zu einer Achtzimmerwohnung umbauen ließen. Hier kam als letztes Kindchen, der ebenfalls im Oktober (am 6. Oktober 1907) geborene Harald zur Welt. Als er wenige Tage alt war und man mir ihn in meine Arme gab, sah ich seinen lebhaft prüfenden Blick, den nur eine Mutter sieht. Ich deutete ihn mir, als frage er: „Bist Du nun meine Mutter?" – Harald bekam die Zähnchen erst im August und litt sehr darunter. Mit einem und einem Vierteljahr hatte er sämtliche Zähne. Unser Arzt (Dr. Hollmann) war voller Staunen. Der Kleine, der im Oktober schon gelaufen ist, mußte wieder wie ein kleines Kind im Wagen gefahren werden, so matt und krank war er durch das Zahnen geworden.

Nun wuchs mein Kleeblatt zu unserer aller Freude in prächtiger Entwicklung voran.

Die Familien Löbner und Fehler – ein Jahrhundert Friedenauer Familiengeschichte

Als Hildegard Fehler 1988 im Alter von fast 95 Jahren starb, ging mit ihr auch eine mehr als ein Jahrhundert währende Friedenauer Familiengeschichte zu Ende. Die kinderlos gebliebene Hilde, in ihrer Jugend ebenso wie ihre Cousine Frida Brücker geborene Bauer eine ehemalige Schülerin der Roenneberg'schen höheren Mädchenschule, verbrachte fast ihr ganzes Leben in dem von ihrem Großvater, dem Uhrmachermeister Löbner, 1899 erbauten Haus in der Niedstraße 4. Löbners Tochter Clara, Hildes Mutter, hatte ihren Verlobten und Turngenossen, den Geheimen Registrator im Auswärtigen Amt Max Fehler geheiratet. Die Trauung fand 1891 aus Mangel an kirchlichen Räumlichkeiten in der Turnhalle der Gemeindeschule Albestraße statt.

Franz Louis Löbner, 1836 als Sohn eines Drechslermeisters in Torgau geboren, erwarb bereits 1872 ein Grundstück in Friedenau. Bei der Feier seines 40jährigen Bürgerjubiläums am 23. Oktober 1912 waren von den ersten Kolonisten aus der Frühzeit der Ansiedlung neben ihm nur noch die Schwestern Henriette und Melida Roenneberg, der Rentner Gustav Haustein, Frau Bierhahn und die Herren Brinkmann und Schu am Ort ansässig.

1874 eröffnete die in der Potsdamer Straße 23 ansässige Uhrenfabrik F. L. Löbner eine Werkstatt in der Rheinstraße 58–59. Neben dem Verkauf und der Reparatur konzentrierte sich die Firma auf die Konstruktion von Kurzzeit-Meßgeräten, wie den Taschen-Chronographen für Fünftel- und Zehntelsekundenmessung, die Tertien-Uhr zur Hundertstelsekundenmessung sowie das Hipp'sche Chronoskop für Tausendstelsekundenmessung. Daneben wurden im Betrieb auch Uhren für Beobachtungszwecke, astronomische Pendeluhren und mechanische Zeitzünder für die Artillerie hergestellt. Viele Kirchturmuhren, so auch die Uhr der Kirche Zum guten Hirten in Friedenau, stammen aus der Löbner'schen Fabrik. Löbner entwickelte auch einen „Ewigen Kalender" für den Lesesaal des Deutschen Reichstags, eine Uhr, die mit einem Kalender für die nächsten 2 000 Jahre ausgestattet war und die Tag, Datum, Monat, Jahreswechsel und Mondphase anzeigte.

Lauter- Ecke Niedstraße, die Löbner'schen Häuser Niedstraße 3 und 4 um 1900

1897 wurde das Geschäft in der Rheinstraße an den Königlichen Hofuhrmacher Otto Fritz verkauft; doch schon 1900 übernahm der Uhrmacher und Juwelier Hans Lorenz die Firma, welche sich noch heute unter gleichem Namen dort befindet. Löbner investierte sein Kapital dann in Immobilien und ließ auf den einstmals von Villen bestandenen Grundstücken Niedstraße 3 und 4 moderne mehrgeschossige Wohnhäuser errichten. Franz Louis Löbner starb 85jährig am 16. Juni 1921; daß sein „Ewiger Kalender" dem Reichstagsbrand 1933 zum Opfer fiel, mußte er nicht mehr miterleben.

Nach seiner Schulzeit verließ der 1861 geborene Max Fehler, Hildes Vater, seine Heimatstadt Magdeburg und übersiedelte 1880 nach Berlin. Dort fand er bald Aufnahme in Friedenau, Schmargendorfer Straße 11, im Hause seiner Schwester Emma, die mit Otto Bauer, einem Geheimen Sekretär im Reichs-Schatzamt, verheiratet war.

Max Fehler begann seine Laufbahn in einer Schreibstube des Polizeipräsidiums. Nach der Heirat mit Clara Löbner gründeten die Fehlers ihren eigenen Hausstand in der Ringstraße 19, 1894 kam dort ihre Tochter Hildegard zur Welt. Als das Wohnhaus Niedstraße 4 errichtet war, zog die junge Familie dort in eine 7-Zimmerwohnung.

Entscheidend für Max Fehlers beruflichen Werdegang – eine typische Friedenauer Beamtenkarriere – waren nicht nur der ungeheure wirtschaftliche Aufschwung der Reichshauptstadt in den Gründerjahren und die mehr als vier Jahrzehnte währende Friedensperiode in Deutschland, sondern vor allem seine familiären Kontakte. Fehler hat in der Galerie für verdienstvolle Persönlichkeiten in der Geschichte Friedenaus einen Ehrenplatz. Der Geheime Hofrat im Auswärtigen Amt hatte eine große Leidenschaft für das Turnen, die sich wie ein roter Faden durch sein ganzes Leben zog: Er gilt als der Gründer des Männer-Turnvereins zu Friedenau.

Im Alter von 58 Jahren ging der Königliche Eichmeister a. D., Adolf Fehler, der Vater von Max und Emma, in Pension. Nach dem Verkauf des Magdeburger Hauses übersiedelte er 1887 mit seiner Frau Doris nach Friedenau, um den Lebensabend bei den Kindern zu verbringen. Beide bezogen die obere Etage der Villa ihres Schwiegersohnes Otto Bauer. Auch Max Fehler wohnte zu dieser Zeit noch im Haus seines Schwagers Otto in der Schmargendorfer Straße 11.

Adolf Fehlers Ruhestand verlief jedoch anders als erwartet, denn in Friedenau fand er trotz seines fortgeschrittenen Alters neue Betätigungsfelder. So saß er schon drei Monate später im Vorstand des Verschönerungsvereins, 1889 wurde er Mitglied der Kirchenvertretung und ab 1892 Gemeindeschöffe, zuständig für die Park- und Friedhofsverwaltung. Seine Zusammenarbeit mit dem damaligen Gemeindevorsteher Major a. D. Albert Roenneberg war so gut, daß er schon bald als dessen rechte Hand galt. Im Juli 1902 übernahm Adolf Fehler das Amt des Gemeindevorstehers, das Albert Roenneberg wegen eines Augenleidens niederlegen mußte. Fehlers Amtszeit war von vornherein befristet, denn der Nachfolger, Stadtrat Bernhard Schnackenburg aus Halle, stand schon fest. Den neuen Gemeindevorsteher in die Amtsgeschäfte einzuweisen blieb Adolf Fehler jedoch versagt, nach neun Monaten im Amt starb Hilde Fehlers Großvater väterlicherseits wenige Tage vor der Ankunft Schnackenburgs unerwartet am 27. März 1903.

Villa Löbner Lauterstraße 7, um 1900

Max Fehler ging nach dem Ersten Weltkrieg in Pension. Er kam bei einem tragischen Unfall am 4. Dezember 1926 im Alter von 65 Jahren ums Leben; am Lauterplatz wurde er von der Elektrischen überfahren. Seine Frau Clara überlebte ihn um mehr als 20 Jahre, sie starb am 5. Februar 1949.

Auf dem Friedenauer Friedhof an der Stubenrauchstraße sind die Familien Bauer, Fehler, Löbner und Brücker beerdigt. Während die Ruhestätten der Familien Fehler und Brücker noch zu besuchen sind, wurden die Gräber der Familien Bauer und Löbner inzwischen eingeebnet und neu belegt.

Der aufmerksame Spaziergänger, der heute durch Friedenau wandert, kann an der Fassade des Hauses Niedstraße 4 am Giebel eine Engelsfigur entdecken; dies ist ein Kinderporträt von Hilde Fehler, geschaffen von der in Friedenau noch ansässigen Bildgießerei Noack.

Familie Fehler und Löbner im Garten, um 1902

I. Schüler Abtheilung
II Schüler Abthg
Damen Abth

Roennebergsche
Schule
Gemeinde
Schule.

Die Saarstraße und ihre frühen Bewohner

Heute ist die Saarstraße eine der verkehrsreichsten Straßen von Friedenau; zum Leidwesen der Anwohner rast tagtäglich eine nicht enden wollende Blechlawine, teils von der Westtangente einmündend oder aus Richtung Tempelhof kommend über die Friedenauer Brücke den Berg hinab und vorbei an der Kaisereiche in Richtung Westen. In umgekehrter Richtung, hier ebenfalls zweispurig, jagen die Fahrzeuge, gelegentlich durch die einzige Fußgängerampel in ihrem Tempo unterbrochen, die fast baumlose Saarstraße den Berg hinauf. Die den Menschen aufgebürdete Lärm- und Schadstoffbelastung weist hier Spitzenwerte auf, auch ist die Straße zu einem Unfallschwerpunkt geworden. In den vergangenen Jahren kam es auf dieser „Rennstrecke" zu mehreren tödlichen Unfällen.

Die Saarstraße, bis 1875 Bahnstraße, galt als erste und vornehmste Adresse für den, der sich zu Beginn der Ansiedlung Friedenaus entschlossen hatte, hier Land zu kaufen. An der von der Kaisereiche bis zu den Bahngleisen am ehemaligen Signalberg ansteigenden, breiten und großzügig angelegten Straße waren 1874 bereits zwölf Grundstücke verkauft. Ein Rechnungsrat, zwei Baumeister, ein Hauptmann und Kanzleirat, ein Verlagsbuchhändler, ein Redakteur, zwei Kaufleute und ein Direktor waren als Besitzer der Häuser eingetragen, gleich vier der Herren waren auch Mitglieder des aus sieben Männern bestehenden Aufsichtsrates des „Landerwerb- und Bauvereins auf Aktien". Bald kamen noch weitere sich um das Wohl des Ortes sorgende Persönlichkeiten mit ihren Familien hinzu, nach denen ebenfalls später Straßen in Friedenau benannt wurden. Auch Intellektuelle wie Professoren, Schriftsteller und Gelehrte mieteten sich gerne in der Saarstraße ein oder ließen sich dort für ihren Lebensabend ein Landhaus errichteten.

Über ein Vierteljahrhundert war die Straße an den Gleisen zu Ende, dort, wo Schöneberg und Steglitz aufeinander treffen und beide Bezirke Friedenau berühren. Die Erwartung der ersten Siedler, daß am Ende ihrer Straße die erhoffte Haltestelle der Eisenbahn gebaut würde, wurde enttäuscht. Die Eröffnung der Station 1874 fand einige hundert Meter weiter in Richtung Schöneberg statt. Bis zum Abriß der ersten Villen und der Inbetriebnahme der Saarstraßenbrücke im Jahr 1900 fiel die Straße in eine Art „Dornröschenschlaf". 1883 wurde die Saarstraße noch um die ehemalige Chausseestraße zwischen Kaisereiche und Friedrich-Wilhelm-Platz erweitert und so in ihrer Länge mehr als verdoppelt. Als sich die Gemeinde jedoch entschieden hatte, ihr über ein Jahrzehnt geplantes Gotteshaus, die Kirche Zum guten Hirten schließlich auf dem Friedrich-Wilhelm-Platz bauen zu lassen, erhielt dieser neuere Teil der Saarstraße 1891 dann den Namen Kirchstraße. Ein ziemliches Durcheinander – was nicht nur die Numerierung der Häuser in der ursprünglichen Saarstraße betraf.

Ab 1871 erwarben in der damaligen Bahnstraße unter anderen:

Der Berliner Kaufmann **Ludwig Rudolph Metz** gleich zwei Grundstücke, die spätere Saarstraße 9 und 10. Die Samenhandlung Metz & Co. befand sich in der Schloßstraße in Steglitz, heute steht dort der Titania-Palast. Die Flächen von der Schildhornstraße bis zur Gutsmuthsstraße und bis zum Breitenbachplatz gehörten zur Firma, auf deren Feldern und Beeten Saatgut gewonnen wurde. Metz hatte Filialen im ganzen Berliner Stadtgebiet. Er war neben seinem geschäftlichen Engagement noch politisch als Kreistagsabgeordneter für den Kreis Teltow aktiv. Ludwig Rudolph Metz, 1827 in Brandenburg/Havel geboren, verstarb 1898 und wurde auf dem Friedenauer Friedhof zur letzten Ruhe gebettet.

Der Verlagsbuchhändler **Stubenrauch**, Berlin, Hallesches Ufer 21, der auch zwei Grundstücke in der Ringstraße besaß, wurde Eigentümer der Saarstraße 8. Die Saarstraße 12 ging an den Berliner Kaufmann **E. Arndt**. Der Direktor der Aktiengesellschaft für Holzarbeit und Mitglied im Aufsichtsrat des „Landerwerb- und Bauvereins auf Aktien", Herr **F. Simon**, Berlin, Haidestraße 57, erwarb das Grundstück Saarstraße 11. Der Redakteur und Hofbuchhändler **Gustav Schenk** hatte sein Haus auf einem Doppelgrundstück in der Ringstraße, Ecke Saarstraße 6, erbauen lassen, er war also in der Saarstraße nur ein „Zaungast".

Hermann Hähnel, Baumeister und ebenfalls Mitglied im Aufsichtsrat des Landerwerb- und Bauvereins, kaufte das Doppelgrundstück Saarstraße 1–2. Hähnel wurde 1830 geboren und starb 1894, er wurde hier auf dem Friedhof beerdigt. Die Hähnelstraße in Friedenau trägt seit 1892 seinen Namen.

Louis Blankenberg, Hauptmann a. D. und Geheimer Kanzleirat im Kriegsministerium wohnte in der Saarstraße 4. Er war ebenfalls im Aufsichtsrat des Landerwerb- und Bauvereins und später Mitglied der ersten Gemeindevertretung, die 1875 in Friedenau gebildet wurde. Auch wurde er Gemeindeschöffe in Friedenau. Seit 1895 ist nach ihm die Blankenbergstraße benannt. Louis Blankenberg, geboren 1821, starb 1889 und wurde auf dem Friedenauer Friedhof bestattet.

Der 1814 geborene Geheime Rechnungsrat an der Gewerbe-Akademie in Berlin **Wilhelm Fröauf** ließ seine Villa in der Saarstraße 3 erbauen. Er war wie Simon, Hähnel und Blankenberg Aufsichtsratsmitglied im Landerwerb- und Bauverein und wurde 1875 in den ersten Friedenauer Gemeindevorstand gewählt. Nach ihm wurde 1890 die Fröaufstraße benannt. Das Grab des 1899 verstorbenen Ehrenbürgers und Gemeindeältesten befindet ebenfalls hier auf dem Friedhof.

Saarstraße 3, Villa von Wilhelm Fröauf um 1875

Im gleichen Haus wohnte seit 1882 der Philosoph und Universitätsprofessor **Dr. Adolf Lasson**. 1832 in Mecklenburg-Strelitz als Adolf Lazarussohn geboren, änderte er seinen Namen in Lasson, als er 1853 zum Christentum konvertierte. Nach dem Studium der klassischen Philologie und des Rechts an der Berliner Universität war er ab 1858 Lehrer am Friedrichsgymnasium, ab 1859 bis 1897 am Luisenstädtischen Gymnasium. Danach unterrichtete der anerkannte Aristoteles-Übersetzer bis 1905 als Professor an der Berliner Universität. Daneben veröffentlichte er zahlreiche Werke wie „System der Rechtsphilosophie", 1882, „Das Gedächtnis", 1894, oder „Über den Zufall", 1918.

Dr. Adolf Lasson ist „seinem lieben" Friedenau über mehrere Jahrzehnte bis zu seinem Tode treu geblieben.

Aus seinem Dankschreiben an den Gemeindevorstand und die Gemeindevertretung für die ihm aus Anlaß seines 80. Geburtstages von den Friedenauer Gemeindekörperschaften übermittelten Glückwünsche, abgedruckt im Friedenauer Lokal-Anzeiger am 3. Oktober 1912, sei hier auszugsweise zitiert:

Im Februar 1882 bin ich von Berlin nach Friedenau übergesiedelt, also mehr als drei Jahrzehnte hindurch Einwohner unseres lieben Vorortes. Ich suchte hier statt der betäubenden Unruhe der Großstadt idyllischen Frieden; was ich gesucht habe, habe ich gefunden, und noch viel mehr, was mir erfreulich und für Leib und Seele förderlich war. Ich bin schnell mit unserem Friedenau völlig verwachsen. Die eigentümliche geistige Atmosphäre von Friedenau ist seit lange ein Bestandteil meiner geistigen Stimmung geworden; ich kann mir gar nicht vorstellen, was aus mir geworden wäre, wenn ich an einer minder freundlichen Stätte gelebt hätte. Entscheidende Ereignisse in meinem Lebensgange haben sich in Friedenau vollzogen, Freudiges und Trauriges, solches was meine amtliche Stellung und Tätigkeit, und solches was mein Familienleben betrifft. Die teuersten Erinnerungen sind für mich mit dieser Oertlichkeit aufs engste verbunden.

Vor 30 Jahren, als ich nach Friedenau zog, war Friedenau noch ein neugeborenes Kindlein. Ich habe es allmählich heranwachsen sehen zu äußerer Schönheit und innerer Blüte, zu Glanz und Reichtum. Aus der idyllischen Kolonie von Villenbewohnern ist allmählich eine ansehnliche Ortschaft mit dem Charakter einer Mittelstadt von hervorragender Schönheit und Bedeutung geworden, mit glänzenden Anstalten für den Verkehr, mit mustergültigem Schulwesen, mit Ansätzen zu größerer Bedeutung von Handel und Gewerbe. So ist wohl in manchen Teilen die dereinstige idyllische Stille und Ländlichkeit geschwunden: aber noch immer kehrt, wer aus Berlin nach Friedenau kommt, in eine Stätte verhältnismäßigen Friedens ein, und an schmuckem, sauberen Aussehen kann Friedenau kaum übertroffen werden.

Friedenau hat seinen auszeichnenden, individuellen Ortscharakter sich bewahren dürfen und wird ihn wohl auch in Zukunft bewahren. Sein eingeschränktes Gebiet macht ein größeres Wachstum unmöglich, und damit wie mit der Nähe der gewaltigen Haupstadt mit den Zentren für alles staatliche, geistige, industrielle Leben ist auch eine gewisse Eigenart für die Zusammensetzung der Bevölkerung von Friedenau gegeben. Alles in allem – wir alten Friedenauer dürfen ohne Ueberhebung auf unseren lieben Wohnort stolz sein. Mögen nun auch die kommunalen Verhältnisse von Groß-Berlin sich weiter verschieben: wir müssen wünschen und dürfen hoffen, daß unser Friedenau wie eine glückliche Insel mitten in dem brandenden Meere, das es bald ringsum umgeben wird, seine unterscheidende Individualität und seine hohen Vorzüge behaupten und steigern wird. Gott schütze und segne unser liebes Friedenau und alle die ihm wohl gesinnt sind und an seinem fröhlichen Gedeihen mitarbeiten!

Des Gemeindevorstandes und der Gemeindevertretung ehrerbietigst ergebener

Dr. theol., Dr. phil., Dr. iur. Adolf Lasson

Universitätsprofessor, Geheimer Regierungsrat.

Adolf Lasson starb 1917 und wurde auf dem Friedhof der Georgen-Parochial-Gemeinde am Prenzlauer Berg beerdigt.

Ende der 1870er Jahre wurde mit dem Bau von Landhäusern und Villen in der Chausseestraße begonnen. Der Bauunternehmer **Blank** und der Rentier **Pieper** waren wohl die ersten Bewohner zwischen Kaisereiche und Friedrich-Wilhelm-Platz. Da die Grundstücke dort noch keine Hausnummern hatten, sprach man vom Blank'schen oder vom Pieper'schen Haus. 1884 kamen das Panse'sche von Kanzleirat **Panse** und das Köhne'sche Haus von Oberlehrer **Dr. phil. Köhne** hinzu. Neben einigen noch unbebauten Grundstücken gab es da noch das Anwesen von Fuhrherr **Heuer** samt Stallgebäude.

1885, nach der Numerierung der Häuser, die auch eine Umbenennung der bestehenden Grundstücke der alten Saarstraße zwischen Kaisereiche und Bahndamm zu Folge hatte, ließ der Bauunternehmer **Schulz** zwei Villen an der Ecke zur Handjerystraße errichten, welche die Nummern 24 und 25 erhielten. Schulz starb jedoch bald und hinterließ beide Häuser seiner Frau. In die benachbarte Villa Nr. 26 zog bald darauf der Opernsänger **Römpler**. Im gleichen Jahr zog noch der Geschichtsmaler **Günther** in sein neues Haus mit der Nummer 31, ganz in die Nähe des Friedrich-Wilhelm-Platzes.

Seit 1887 wohnte auch **Prof. Friedrich Wilhelm Büsing** in der Saarstraße 28. Büsing, 1834 in Wiedensahl geboren, war Architekt und Regierungsbaumeister, Professor an der Technischen Hochschule Charlottenburg und Redakteur der Deutschen Bauzeitung, Gemeindevertreter und Gemeindeschöffe in Friedenau sowie stellvertretender Vorsitzender des Haus- und Grundbesitzervereins. Sein Verdienst war es, daß Friedenau an das Entwässerungsnetz von Schöneberg angeschlossen wurde. Er wohnte später in der Niedstraße 14 und verstarb am 25. Februar 1904 im Alter von 69 Jahren und ist auf dem Friedenauer Friedhof beigesetzt worden. Seit 1905 trägt die Büsingstraße seinen Namen.

Der Schriftsteller **Dr. Ludwig Ziemssen** erwarb 1887 die Villa Saarstraße 25 von der Witwe Schulz.

Ludwig Ziemssen † Donnerstag früh ist der weitbekannte Schriftsteller Ziemssen in seinem stillen Heim, das er sich in Friedenau gegründet, verschieden. Die Literaturgeschichte der letzten Jahrzehnte rühmt Ziemssen als einen der trefflichsten Volksschriftsteller. Seine kulturhistorischen Novellen, seine geschichtlichen Romane zählen zu dem Besten, was wir auf diesem Gebiete besitzen. Seine Biographie Kaiser Friedrich' s III. ist überall bekannt, wo man das Andenken dieses Hohenzollernfürsten in Ehren hält. Meisterwerke populär-geschichtlicher Darstellung sind die Werke „Die französische Revolution", „Die Zeit Napoleons" und „Deutschland nach den

Befreiungskriegen". Eine glühende Liebe zur Freiheit durchflammt diese Werke. Mit dichterischem Schwunge sind sie geschrieben, aber niemals wird Ziemssen die Wahrheit zur Dichtung; jedes Wort war bei ihm das Ergebnis gewissenhafter wissenschaftlicher Forschung. Ueber Ziemssen's äußeren Lebensgang ist wenig zu berichten. Am 23. September 1823 ist er zu Greifswald geboren als zweiter Sohn des Geheimen Justiz- und Hofgerichtsrath Ziemssen. Er studierte Geschichte und Alterthumswissenschaft und wirkte dann viele Jahre als Gymnasiallehrer in Stargard und Neu-Stettin. Im Jahre 1881 nahm er seinen Abschied und siedelte nach Berlin über, wo er sich ganz der Literatur widmete. Bis vor wenigen Jahren war er als Redakteur der Modezeitung „Bazar" thätig.

Friedenauer Lokal-Anzeiger 5. Januar 1895

Das Grundstück Kirchstraße 21, an der Ecke der Handjerystraße gelegen, welches früher dem Verstorbenen Dr. Ziemssen gehörte und dann in den Besitz des Herrn Meier überging, ist jetzt von einem Bauunternehmer gekauft und nun wird die auf dem Grundstück befindliche Villa abgebrochen, um einem großen Neubau Platz zu machen.

Friedenauer Lokal-Anzeiger 20. November 1895

Um mehrstöckigen Mietshäusern Platz zu machen, wurde in Friedenau 1895 mit dem Abriß der ersten Villa begonnen – Ziemssens Haus muß zu den ersten Landhäusern gehört haben, die der Spitzhacke zum Opfer fielen.

Handjery- Ecke Kirchstraße, links der Neubau Kirchstraße 21, rechts die alte Schulz'sche Villa, um 1906

Ein anonymer Leserbrief in der „Berliner Vorort-Zeitung" vom 9. April 1893 gibt die Stimmung manch eines Villenbesitzers in dieser Zeit anschaulich wieder:

Mein Haus wurde erbaut, als an den Bau hoher Mietshäuser hier noch gar nicht gedacht wurde. Infolge der Übertragung der Berliner Baupolizeiordnung auf die Vororte begann auch hier der Bau hoher Mietshäuser, deren eins von vier Geschoßen an meinem Garten errichtet wurde (in 6m Entfernung, also mit Fensterrecht). Das Haus wird von sogenannten kleinen Leuten bewohnt. Diese Nachbarschaft macht mir und meiner Familie die Benutzung des Gartens oft unerträglich. Nicht nur, daß wir die Redensarten der in den Fenstern Liegenden über uns ergehen lassen müssen, haben uns auch die Schimpfworte der Kinder wiederholt aus dem Garten getrieben. Außerdem werden alle möglichen Gegenstände aus dem Fenster in meinen Garten herabgeworfen, als zerbrochenes Porzellan und Glas, mit Vorliebe Lampenzylinder, Knochen, Fleischreste, Lumpen, altes Schuhzeug etc. etc. Unter solchen Umständen bleibt mir nur zu hoffen, mein Grundstück gelegentlich zur Erbauung eines Mietshauses verkaufen zu können und dadurch meiner Familie dasselbe verwertbar zu machen.

Die Saarstraße wird im nächsten Jahr ihren Charakter als Villenstraße wohl gänzlich verlieren. Herr Bauunternehmer Stöckel hat bekanntlich schon lange das Kriegelsche Grundstück, Ecke Ring- und Saarstraße, gekauft und das daneben liegende Grundstück jetzt hinzugekauft. Die Häuser dieser Grundstücke sollen Michaeli abgerissen werden und Neubauten Platz machen. Ferner hat Herr L i c h t h e i m sein Grundstück Saarstraße 12 an einen Bauunternehmer in Steglitz für 850 M. die Ruthe verkauft. Auch hier werden Neubauten entstehen. Herr Geh. Kanzleirath H o m u t h hat sein Grundstück, Ecke Saar- und Fregestraße, schon im Winter verkauft und jetzt wird dort ausgeschachtet. Wenn hier der Hochbau fertig sein wird, glauben wir, wird Herr Homuth sich nicht mehr heimisch fühlen und sein altes trautes Heim dann auch wohl verkaufen. Es ist nur schade, daß die Saarstraße im vorigen Jahr neu gepflastert wurde. Die Fuhrwerke werden das neue Pflaster sehr mitnehmen. Oder ist die Baulust in der Saarstraße erst durch die Neupflasterung gekommen?

Friedenauer Lokal-Anzeiger 20. Mai 1901

25 jähriges Bürgerjubiläum. Am 28. März diese Jahres ist unser Gemeindeschöffe Herr Königl. Lotterieeinnehmer G u s t a v L i c h t h e i m , Saarstraße 16 wohnhaft, 25 Jahre Bürger Friedenaus. Herr Lichtheim erwarb hier im Jahre 1885 in der Saarstraße eine Villa, die er mehrere Jahre bewohnte. Er verkaufte dann das Grundstück; der Käufer ließ die Villa abbrechen und baute an dieser Stelle ein Mietshaus. In diesem Hause nahm die Familie Lichtheim dann Wohnung zur Miete. So hat also Herr Lichtheim sein Heim auch noch heutigen Tages auf dem gleichen Grund und Boden wie vor 25 Jahren. – Ein reges Interesse bekundete Herr Lichtheim stets für die Angelegenheiten unserer Gemeinde. Am 27. März 1901 wurde er zum Gemeindevertreter gewählt; am 4. Juli 1903 wählte die Gemeindevertretung ihn für eine 6 jährige Amtszeit zum Schöffen und am 19. Mai 1909 wurde er abermals auf 6 Jahre einstimmig zum Schöffen unserer Gemeinde wiedergewählt. Diese letzte einstimmige Wiederwahl bezeugte am besten, wie sehr unsere Gemeindevertretung die Arbeitstätigkeit des Herrn Schöffen Lichtheim schätzt und anerkennt. Er ist Dezernent der Gartenbau-, Friedhofs- und Marktverwaltung. Früher lag auch noch die Verwaltung der Straßenreinigung und -besprengung in seiner Hand; diese letztere trat er vor einiger Zeit an den Schöffen Sadée ab. Sein klarer, weitsichtiger Blick, seine kaufmännische Fähigkeit, die Herrn Homuth manchmal veranlaßte, Herrn Lichtheim als „gewiegter Herr" zu bezeichnen, hat unserer Gemeinde viel genützt. Auf sein Betreiben wurde die Friedhofsgärtnerei vor etwa 2 Jahren in eigene Regie genommen, dadurch hat die Gemeinde nach dem neuen Etat eine Einnahme von 37 700 M. zu verzeichnen; auch das Marktwesen hat er ganz neu geregelt und durch praktischere Anordnung der Stände erhöhte Einnahmen durch Standgelder für unsere Gemeinde herausgeschlagen. Nach dem Etat 1910 soll der Markt 28 000 M. einbringen. Die Gemeindegärtnerei kostet zwar viel Geld, aber niemand wird wünschen, daß unsere Gemeinde hierin knausert, denn der Charakter als Gartenstadt muß unserem Orte erhalten bleiben. So viel man auch manchmal über den t e u r e n Blumenschöffen in der Gemeindevertretung klagen mochte, so freut sich doch jeder an dem prächtigen Schmuck Friedenaus. Wir gratulieren Herrn Lichtheim zu seinem Jubiläum von Herzen, wünschen ihm stets beste Gesundheit und hoffen, daß seine bewährte Kraft unserer Gemeinde noch viele Jahre erhalten bleiben möge.

Friedenauer Lokal-Anzeiger 27. März 1910

Villa Lichtheim, Saarstraße 12 Ecke Ringstraße, 1898

Landhaus Saarstraße 14, 2006

25 jähriges Bürgerjubiläum. Heute am 21. März ist Herr Geh. Kanzleirat H o m u t h , Saarstraße 14, der am letzten Donnerstag von unserer Gemeindevertretung in Anerkennung seiner Verdienste um Friedenau zum G e m e i n d e ä l t e s t e n ernannt wurde, 25 Jahre Bürger Friedenaus. Herr Geheimrat Homuth ist einer der ältesten unseres Ortes, er gehört zu den ältesten Villenbesitzern in unserer Gemeinde und hat sein vor 25 Jahren bezogenes Heim bis auf den heutigen Tag behalten. Vom ersten Tage seines Hierseins hat er lebhaftes Interesse für die Angelegenheiten der Gemeinde bekundet und so kam es auch, daß man ihn vor 18 Jahren zum Gemeindevertreter wählte, welches Amt er bis heute bekleidete. Sein hohes Alter – er wird am 30. März 71 Jahre – veranlaßte ihn, jetzt, wo er zur Wiederwahl stand, die Kandidatur zum Gemeindevertreter nicht wieder anzunehmen. Wenn wir von Friedenau sprechen, dürfen wir den Namen Homuth nicht vergessen, er hat mit vollem Interesse für unsern Ort gewirkt, war stets bestrebt, nur das Beste für Friedenau zu wollen und zu wirken. Wenn man in der Gemeindevertretung auf die gute Finanzlage der Gemeinde verwies und damit die Genehmigung hoher Ausgaben durchzubringen versuchte, so erinnerte Homuth stets an die Zukunft und gemahnte an Sparsamkeit. Aber bei diesem „Bremsen" widersetzte er sich durchaus nicht fortschrittlichen Bestrebungen; er lenkte, nachdem er seine Bedenken geäußert, immer wieder durch ein „Aber, wenn Sie meinen" ein. Die Gemeindevertretung erkannte bereits vor 2 Jahren die Tätigkeit des Herrn Homuth an, indem sie einer Straße den Namen Homuthstraße gab. Jetzt bei seinem Austritt aus der Gemeindevertretung, ehrte man ihn noch besonders durch die Ernennung zum Gemeindeältesten. Wir sind gewiß, daß unser Gemeindeältester auch ferner unserem Orte treu bleiben und alle Vorgänge in Friedenau mit großem Interesse folgen wird. Kurz sei noch angeführt, daß Herr Geheimrat Homuth, dessen Wiege im schönen Arnswalde stand, auch ein alter Kriegsveteran ist. Wir gratulieren unserem Gemeindeältesten Herrn Homuth zum Bürgerjubiläum recht herzlich und wünschen ihm und seiner Lebensgefährtin bei stets geistiger und körperlicher Frische einen recht langen friedlichen und glücklichen Lebensabend im schönen Friedenau.

Friedenauer Lokal-Anzeiger 21. März 1910

Der Geheime Kanzleirat **Johannes Homuth** starb 1922 und ist hier auf dem Friedenauer Friedhof in einem Ehrengrab beigesetzt. Sein Haus mit der Nummer 14, dessen Fassade im „Schweizer Stil" noch gut erhalten ist, steht heute als letztes Denkmal einer Zeit, in der einmal mehr als 30 Landhäuser und Villen entlang der Saarstraße gestanden haben.

Turbulente Jahre erlebte das Haus um 1900, als **Dr. Karl Kautsky** mit seiner Familie hier lebte. Die Kautskys waren im Oktober 1897 aus Stuttgart nach Friedenau in die Wielandstraße gezogen.

Nachdem 1890 Reichskanzler Otto von Bismarck von Kaiser Wilhelm II. entlassen worden und die Sozialdemokratie kein Verbrechen mehr war, kehrte Karl Kautsky aus dem Londoner Exil, wohin es auch viele seiner Weggefährten in den Jahren nach Erlaß der Bismarckschen Sozialistengesetz von 1878 verschlagen hatte, nach Deutschland zurück. Bereits ein Jahr später verfaßte er den Entwurf des „Erfurter Programms" der Sozialdemokratischen Partei Deutschlands, in dem auf der Grundlage des Marxismus eine sozialistische Gesellschaft angestrebt wurde. Seine zahlreichen Schriften, die in viele Weltsprachen übersetzt wurden, hatten den Partei-Theoretiker und langjährigen Leiter der „Neuen Zeit" schon vor der Jahrhundertwende weithin bekannt gemacht. Jetzt, da die SPD zu einer Massenorganisation geworden war und man sie im Reichstag nicht mehr ignorieren konnte, benötigte die Partei ihre besten Leute in der Hauptstadt. Parteipolitik war zum Beruf geworden, die Zeiten der Unterdrückung und Entbehrung waren vorerst vorbei. Als führender Genosse lebte man nicht mehr nur für die Sozialdemokratie – sondern mittlerweile auch recht gut von ihr.

Die Kautskys wohnten mehr als 15 Jahre in Friedenau, von 1900 bis 1902 in der kleinen Villa mit Garten in der Saarstraße 14. Zur Familie gehörten neben der Ehefrau Luise, einer gebildeten und temperamentvollen Wienerin, den drei gemeinsamen Söhnen Karl, Felix und Benedikt und der Haushälterin Zenzi auch Minna Kautsky, die Mutter von Karl, von allen „Granny" genannt. Als eine der ersten Schriftstellerinnen machte sie die sozialistische Weltanschauung sowie die Frauenfrage zum Thema ihrer zahlreichen Erzählungen und Romane, die, zuerst in Zeitungen veröffentlicht, auch von Marx und Engels geschätzt wurden. Häufig aus Wien bei ihrem Lieblingssohn Karl zu Besuch, zog sie dann 1904 ganz zur Familie nach Friedenau.

Bei den regelmäßig stattfindenden Sonntagsgesellschaften im Hause Kautsky kam oftmals die gesamte Parteiprominenz zusammen. Der in Schöneberg wohnende Vorsitzende August Bebel und seine Frau Julie waren dann ebenso zu Gast wie der eher zurückgezogen in Steglitz lebende Publizist Franz Mehring mit seiner Gattin Eva; gemeinsam amüsierte man sich dann gerne über den neuesten Parteiklatsch oder belächelte die aktuellen politischen Karikaturen in humoristischen Blättern. Das Kautsky'sche Haus glich zeitweise einem Bienenstock; für manch einen der zahlreichen Sozialisten, die bisweilen sogar aus dem Ausland anreisten, kam der Besuch bei Karl Kautsky in Friedenau fast einer Pilgerfahrt gleich.

Am häufigsten jedoch besuchte damals Rosa Luxemburg das Haus in der Saarstraße 14.

Luise Kautsky veröffentlichte 1923 die an Karl Kautsky und sie geschriebenen Briefe Rosa Luxemburgs in einem Buch. Im Vorwort beschreibt sie den Beginn ihrer Freundschaft mit Rosa:

Nach etwa dreijähriger Korrespondenz kommt Rosa im März 1898 nach Berlin, und bald tritt an Stelle des schriftlichen Verkehrs ein reger persönlicher. Zuerst im Berliner Studentenviertel wohnend, übersiedelt sie schon im Herbst 1899 nach Friedenau und mietet sich in derselben Straße ein, in der wir wohnen.

Und jetzt vergeht bald kein Tag, der sie nicht in unserem Hause sieht. Anfänglich gelten ihre Besuche wohl nur dem Parteigenossen, Redakteur und Theoretiker Kautsky, mit dem zu diskutieren sie nie müde wird.

Meine Person bedeutete für die an den Habitus der russischen Studentin gewöhnte eine arge Enttäuschung, wie sich mir nachmals lachend eingestand.

„Karl Kautskys Frau trägt eine Schürze!!" – welche Überraschung, welche schreckliche Entdeckung! Also auch nur eine von diesen beschränkten deutschen Hausfrauen! Oder nach ihrer damaligen Terminologie „eine dumme Pute, eine Kuh!"

Aber nicht lange hing diese Schürze trennend zwischen uns. Nach kaum einigen Wochen war sie an sie und an die Trägerin so gewöhnt, daß sie erklärte „im Hause Kautsky sind alle meine Bedürfnisse gedeckt".

Rosa Luxemburg und Luise Kautsky, 1906

Mit dem pater familias trieb sie Politik, mit mir trieb sie alles, was das Leben verschönt, mit den drei Jungens trieb sie die tollste Allotria, und mit unserem braven Hausgeist Zenzi trieb sie ganz ehrpusselig hausfraulich die – Kochkunst, wobei sie sogar hie und da – eine Schürze nicht verschmähte.

Denn ihre Vielseitigkeit war eben so staunenswert, wie ihre geistige Elastizität und Schlagfertigkeit und die Gabe, sich momentan jedem Menschen und jeder Situation anzupassen. Hatte sie soeben noch die schwierigsten theoretischen Probleme mit Kautsky tiefgründig erörtert, so tollte sie gleich darauf wie ein Schulmädchen, oder sie saß und zeichnete mit unseren zweiten Sohn um die Wette, war sie doch für Zeichnen und Malen ganz außerordentlich begabt, wofür sich mancher Beleg in den Briefen findet – oder sie erschien im Küchendepartement und hörte mit der ernsthaftesten Mine der Welt Zenzis in breiter schwäbischer Mundart vorgetragenen Kochweisheit zu, wobei sie selbst verschämt andeutete, daß auch ihr lukullische Geheimnisse nicht fremd seien und uns stets von einem legendären „Husarenbraten" vorschwärmte, den sie unvergleichlich zu bereiten verstünde.

Weihnachten ohne Rosa wäre undenkbar gewesen, und es war ein Vergnügen, zu sehen, mit welchem Eifer und welcher Hingabe sie mit den Kindern, besonders mit dem Kleinsten, damals etwa sechsjährigen Bendel, spielte. Das Spielzeug, das sie ihm brachte, war stets mit Geist und Verstand gewählt, meist waren es jene netten beweglichen Dinger, die, von Arno Holz' Phantasie ersonnen, auf dem Potsdamer Platz feilgehalten wurden.

Das nickende Eselchen, das krauchende Krokodil hielten an ihrer Hand ihren Einzug im Hause Kautsky. Den größten und nachhaltigsten Erfolg aber feierte sie mit einem kleinen Wägelchen, das von einem hohen Gerüst herunterkommend, immer schneller und schneller unzählige Windungen nehmend, seine Insassen zu Tal brachte. Stundenlang konnte sie mit glühenden Wangen mit den

Jungens beisammen hocken und sich an solchen Herrlichkeiten freuen. Schwer nur riß sie sich los, wenn die Kinder zu Bett mußten. Dann plauderte und diskutierte sie noch lange mit Kautsky, bis auch dieser sich zurückzog, und dann kam meine Zeit heran. Denn dann brachte ich sie heim, und ungezählt sind die Wege, die wir miteinander zurücklegten, immer wieder eine die andere von Tür zu Tür begleitend. Rosa war, des Lebens in den Pensionen müde geworden, bald in eine eigene Wohnung in der Cranachstraße in Neu-Friedenau gezogen, die etwa zehn Minuten von der unsrigen entfernt lag. Meist dehnten sich diese Minuten zu Stunden, denn wir fanden des Plauderns kein Ende. Auch gehörte es zu Rosas Gepflogenheit, stets ihren „Dricker" zu vergessen, wie sie kurzerhand alle Schlüssel nannte, und fast allnächtlich standen wir, den Wächter erwartend, vor ihrer Haustür, damit er ihr öffne, was allemal den Anlaß zu unbändiger Heiterkeit gab. Sie liebte es auch, ihrem revolutionären Drang in der mitternächtlichen Stille durch lautes Singen Luft zu machen, und oft holten wir uns strenge Verweise von der Hermandad Friedenaus, die weder für Arien aus dem Figaro, noch für Hugo Wolf, noch für die Marseillaise oder die Internationale das nötige künstlerische Verständnis aufbrachte. Besonders ein dicker Wachtmeister, Namens Meier, von der respektlosen Jugend zu Rosas unbändigem Entzücken das Fettauge des Gesetzes genannt, hatte es uns angetan, und ihm ein Schnippchen zu schlagen, war ihr höchste Erdenwonne. (...)

So festigte sich unser Freundschaftsverhältnis immer mehr und mehr, und uns allen, nicht zuletzt unseren Jungens, war sie bald eine unentbehrliche Freundin geworden, die an allem teilnehmen mußte, was unser Haus betraf, im guten wie im schlimmen. An den Sonntagabenden, die stets einen Kreis vertrauter Freunde bei uns sahen, fehlte sie nie, und spöttisch-feierlich nannte sie sich selbst „Die Sonntagsbeilage zur Neuen Zeit".

Luise Kautsky: Rosa Luxemburg. Briefe an Karl und Luise Kautsky, Berlin 1923

Am Ende des 19. Jahrhunderts befand sich die deutsche Sozialdemokratie in einer Krise und somit auch ihr Chefideologe Karl Kautsky. Dieses Mal kam der Feind nicht von außen, sondern aus den eigenen Reihen. Eduard Bernstein, Londoner Korrespondent des „Vorwärts", der aus dem Exil nicht wie Kautsky nach Deutschland zurückgekehrt war und dort seit Friedrich Engels Tod dessen Nachlaß verwaltete, überzog die Partei mit der sogenannten „Revisionismus-Debatte". Bernstein vertrat die Auffassung, daß sich die Prognosen des

Panorama von Friedenau mit neu erbauter Saarstraßenbrücke, um 1900

Marxismus nicht bewahrheitet hätten und daß deswegen eine Weltrevolution nun nicht mehr von Nöten sei. Da der Kapitalismus inzwischen anpassungsfähig geworden sei, habe die Sozialdemokratie nun die Aufgabe, sich mit dem Ausbau der parlamentarischen Demokratie zu befassen.

Karl Kautsky wußte zu gut, daß solche Thesen die Partei hätte spalten können und die Linke in der SPD von ihm erwartete, daß er sich mit all seiner Kraft gegen diese gefährlichen Tendenzen stelle. Aber ihm war auch klar, daß bei dieser zu erwartenden, von ihm öffentlich zu führenden heftigen Auseinandersetzung die langjährige Freundschaft mit seinem alten Weggefährten Eduard Bernstein zerbrechen würde.

In diesem Zwiespalt kam Karl Kautsky die junge Parteigenossin Frau Dr. Rosa Luxemburg in den Sinn, die sich nach Abschluß ihres Studiums in der Schweiz seit dem Sommer 1898 in Berlin aufhielt. Hochbegabt, mit spitzer Feder schreibend und politisch am äußersten linken Rand der SPD angesiedelt, war sie die Einzige, die es nach seiner Meinung mit einem Eduard Bernstein aufnehmen könnte.

„Ich wollte Sie bitten, uns öfter zu besuchen. Wir Marxisten sind in Deutschland leider nicht so zahlreich, daß wir in der jetzigen Krise nicht alle Ursachen hätten, uns enger aneinanderzuschließen“, schrieb er an Rosa Luxemburg am 3. März 1899. Und schon bald darauf wohnte sie im Nebenhaus der Kautskys in einem möblierten Zimmer bei der Familie Neufeld in der Wielandstraße 23.

Als die Kautskys dann 1900 in die Saarstraße 14 umzogen, gehörte Rosa Luxemburg schon fast zur Familie. Den Sieg im Streit um die Revisionisten-Debatte konnte Kautsky mit Rosas Hilfe vorerst für sich verbuchen. Mit Rosa Luxemburg an seiner Seite – und manchmal auch hinter seinem Rücken – machte Karl Kautsky in jenen Jahren Friedenau zum geistigen Zentrum der sozialdemokratischen Bewegung Deutschlands, vielleicht sogar ganz Europas.

Im Winter 1901 war Rosa Luxemburg auf Wohnungssuche, nach gut 2 Jahren als Untermieterin in der Wielandstraße wollte sie, in Friedenau heimisch geworden, nun endlich eine eigene Wohnung beziehen.

Luise Kautsky schrieb damals ihrem Mann: „Sie hat nun den abenteuerlichen Plan, sich selbständig zu machen, d. h. auf eigene Faust zu wirtschaften mit einem Dienstmädchen. Ich habe schon mit ihr hin und her geredet, aber sie will's nun mal ausprobieren.“ Rosa fand ganz in der Nähe eine Wohnung in der Cranachstraße 58 in „Neu-Friedenau“, einem buchstäblich vor ihren Augen neu entstandenen Wohnviertel jenseits der Wannseebahn, das durch die neue Saarstraßenbrücke nun auch verkehrsmäßig erschlossen war.

Das bis 1890 noch unbebaute Gelände, **„Hinter der Wannseebahn“** genannt, lag jenseits der Friedenauer Gemarkung und gehörte wie auch der Schöneberger Ortsteil Friedenaus mit dem Wannseebahnhof und den Straßen östlich der Fregestraße eigentlich zu Schöneberg, bildete aber mit Friedenau eine Interessengemeinschaft. Eigentümer des Areals jenseits der Bahn war die Schöneberg-Friedenauer Terraingesellschaft, die in der Mitte der 1890er Jahre dort Straßen anlegte und den Boden für etwa 200 projektierte Wohnhäuser parzellierte. Schon im Oktober 1896 hatte sich die damalige Bevölkerung von Neu-Friedenau in einer Petition mit über einhundert Unterschriften an die Gemeindevertretung gewandt, doch endlich die längst beschlossene Überbrückung der Wannseebahn im Friedenauer Ortsteil zu realisieren. Die vom eigentlichen Friedenau abgeschnittenen Bewohner des neuen Ortsteils führten in ihrer Begründung nicht nur die langen Fußmärsche, die sie zum Einkaufen oder beispielsweise zur Post zu bewältigen hätten und die bei schlechtem Wetter unpassierbaren Wege an, sondern wiesen die Gemeindevertretung auch darauf hin, daß es bei etwaigen Feuersbrünsten oder Unfällen kaum eine Möglichkeit der schnellen Hilfe gäbe.

Doch erst 1900 konnte die Saarstraßenbrücke dem Verkehr übergeben werden; der „Dornröschenschlaf“ der einst so ruhigen Saarstraße war nun endgültig vorbei. Die Schöneberg-Friedenauer Terraingesellschaft warb für den „äußerst freundlichen und sehr gesund geltenden Stadtteil“, dieser sollte „großstädtischen Charakter“ haben, die Wohnungen, ausgestattet mit dem „Komfort der Neuzeit“ waren für höhere Beamte, Rentner und andere wohlhabende Leute gedacht. Die Bauherren, unter ihnen auch die Friedenauer Dräger, Stöckel, Klemme, Haustein und Rösler, errichteten dort auf dem vom Bahngelände, der Steglitzer Grenze und der Rubensstraße umschlossenen Dreieck, dessen Spitze an der Friedenauer Brücke liegt, bis zur Jahrhundertwende zirka 50 Wohnhäuser in den nach berühmten Malern und Bildhauern benannten Straßen.

Die 1900 fertiggestellte Friedenauer- oder auch Saarstraßenbrücke

Friedenauer Brücke mit Blick auf die Rembrandtstraße, um 1908

Als ich im Jahre 1894 den Entschluß faßte, hier heraus zu ziehen, da sahen mich meine Freunde erstaunt an und sagten, Du willst nach Kamerun, nach der Schwindelschweiz? Ich hatte keine Ahnung, daß der Ortsteil so mißkreditiert war, fand leider auch manches bestätigt, aber auch manches nicht so schlimm. Wenn man den Ortsteil „Hundetürkei" genannt hatte, so geschah das nicht mit Unrecht, Hunde, die ohne Maulkorb herum liefen, gab es genug. Auch Mieter gab es um diese Zeit, darunter auch welche, die bald durch die Polizei wieder expediert wurden. Ratten gab es unzählige, Katzen miauten und Hunde bellten, daß es ein Höllenkonzert war. Die Verhunzung des Ortsteils ist nicht mehr gut zu machen. Hätten wir schöne Schmuckplätze und Promenaden, so würden die Leute, wenn sie mit der Bahn vorbeifahren, sagen, hier ist gut wohnen, hier laßt uns Hütten bauen. Wollen Sie mir einen Reiz nennen, den wir haben, meinen Sie vielleicht den Holzplatz in der Rembrandtstraße? oder den Dürerplatz? der Casus macht mich lachen. Lange hat es gedauert, bis die Friedenauer Brücke gebaut wurde. Es wollte niemand Geld hergeben. Die Brücke ist auch darnach geworden, ein Monstrum von architektonischer Schönheit, wenn sie nur praktisch wäre, bei Regenwetter ist sie für Damen überhaupt nicht und für Herren nur mit Schwimmgürtel zu passieren. Als die Brücke gebaut war, ging man an den Dürerplatz heran, der ein hervorragender Schmuckplatz werden sollte. Mit einemmal hieß es, es käme etwas ganz besonderes hin, ein Denkmal irgend einer Persönlichkeit, die sich besonders verdient gemacht hat und mit einemmale stand eine Bedürfnisanstalt da. Ist das nicht eine Verhöhnung unseres Ortsteils?

Friedenauer Lokal-Anzeiger 18. Februar 1905

Feldalleen und Blütenduft
Vor der Weltstadt Tor
Schöne Häuser, frische Luft
Alles find'st du vor.

Drum willst du behaglich leben,
Billig, gut und schlau:
Laß den weisen Rat dir geben,
Zieh nach Friedenau!

Werbehymne aus den 1890er Jahren

Beim Verkauf der ersten Parzellen 1871 war zweifellos das Grundstück Saarstraße 1 besonders begehrt, wo in unmittelbarer Nähe zur Rheinstraße die Mosel-, Saar- und Illstraße sternförmig an einem Platz münden, der später den Namen „Kaisereiche" tragen sollte. Der damals renommierte Berliner Baumeister **Hermann Hähnel**, von Beginn an Mitglied im Aufsichtsrat des Friedenauer Landerwerb- und Bauvereins, erwarb das Grundstück – und das benachbarte gleich dazu, um sich dort eine standesgemäße Villa errichten zu lassen.

Hähnels größtes Projekt war die Bauleitung der Neuen Synagoge in der Oranienburger Straße, die von den Architekten Knoblauch und Stüler entworfen und 1866 nach siebenjähriger Bauzeit fertiggestellt wurde. Das Gebäude, welches über 1 800 Sitzplätze für Männer und 1 200 für Frauen verfügte, nahm damals unter den modernen Kultusgebäuden Berlins, was Opulenz der Ausführung und Originalität der Struktur betraf, die erste Stelle ein. In dieser Zeit muß Hähnel auch dem damals sehr bekannten Publizisten, Schriftsteller und Universalgelehrten **Aron Bernstein** begegnet sein, der auch ein führendes Mitglied der jüdischen Reformgemeinde in Berlin war; ihm vermietete Hähnel 1876 seine Villa in der Saarstraße. Aron Bernstein, damals bereits 64 Jahre alt, wollte der Hektik der Großstadt entfliehen, um sich in der Ruhe des Vorortes besser seiner Schriftstellerei widmen zu können. In den etwa vier Jahren seiner Zeit in Friedenau schrieb Bernstein an mehreren Werken.

1879 setzte er mit dem Buch „Leben und Wirken von Schulze-Delitzsch" seinem Freund und jahrzehntelangem Weggefährten ein Denkmal. Hermann Schulze-Delitzsch war Begründer des deutschen Genossenschaftswesens und von 1871 bis zu seinem Tod 1883 Reichstagsabgeordneter.

Mit dem Band „Natur und Kultur. Betrachtungen" setzte Aron Bernstein seine 1852 begonnene Reihe der Schriften „Aus dem Reiche der Naturwissenschaft. Für Jedermann aus dem Volke" fort, für die er 1877 durch die naturwissenschaftliche Fakultät der Universität Tübingen geehrt wurde. Bernsteins naturwissenschaftliche Volksbücher umfaßten 1880 in ihrer vierten Gesamtauflage bereits 21 Bände.

„Die Jahre der Reaktion. Historische Skizze" veröffentlichte Bernstein 1881. Sein Hauptwerk über die gescheiterte 1848er Revolution, an der er selbst als junger Mann in Berlin teilgenommen hatte, die dreibändige Ausgabe „Revolutions- und Reaktions-Geschichte Preußens und Deutschlands von den Märztagen bis zur neuesten Zeit" schrieb er in Friedenau; veröffentlicht wurde sie 1882, als Aron Bernstein schon in Lichterfelde wohnte.

An der Kaisereiche um 1900

Der 22. März 1879 war ein Festtag für Friedenau. „Zu Ehren ihres heute 82 Jahre alten Kaisers und Königs, dessen Leben in dem verflossenen Jahre durch Gottes gnädigen Schutz zu zweien Malen vor den heimtückischen Angriffen zweier Mörder behütet worden ist," wie es in der unter den Wurzeln niedergelegten Urkunde heißt, pflanzte die Gemeinde unter allgemeiner Teilnahme eine K a i s e r - E i c h e auf dem mit gärtnerischen Anlagen versehenen Rondel am Treffpunkt der Mosel-, Saar- und Illstraße. Der Gemeindevorstand und die Gemeindevertretung, der Kirchenrat und die Kirchenvertretung, der Amtsvorsteher Feurig, der Kriegerverein unter Führung des Schlächtermeisters Bierhan und die gesammte Bevölkerung hatten sich eingefunden. Die kirchliche Weihe nahm der Hilfsprediger Asmis vor. Die Schulkinder sangen zu Beginn und zum Schluß der eindrucksvollen Feier in mehrstimmigem Chor unter Leitung ihres Hauptlehrers Ukrow. Leider fiel die Eiche bübischer Hand zum Opfer und der zum Ersatz verpflanzte Baum kränkelte bald und ging schließlich ein. Erst einige Zeit darauf wurde ein dritter Baum gesetzt, der sich kräftig entwickelt und heute unser aller Freude ist.

Der Haus- und Grundbesitzer-Verein zu Berlin-Friedenau 1888–1913

Andere Quellen besagen, daß die erste Eiche von 1879 aus Protest gegen die Bismarck'schen Sozialistengesetze 1881 von Sympathisanten der Sozialdemokratie zerstört worden sei. Bernstein dürfte diese Friedenauer Lokalposse nicht entgangen sein; vielleicht hat er sogar darüber geschmunzelt.

Aron Bernstein wurde 1812 als Sohn armer Eltern im Danziger Judenviertel geboren. Sein Vater soll ein Ladengeschäft betrieben haben, dem eine Leihbibliothek angeschlossen war. 1825 verließ Aron sein Elternhaus, um sich in dem kleinen Städtchen Fordon als Rabbiner ausbilden zu lassen. 1832 kam Bernstein nach Berlin. Bei seiner Ankunft bestand sein ganzes Vermögen aus 17 Silbergroschen und er soll sich über Monate hin von schwarzem Kaffee und trockenem Brot ernährt haben. „Es drängte ihn", so später sein Neffe Eduard Bernstein, „Schriftsteller zu werden und als solcher für die neuen Ideen zu wirken." Bald schrieb Bernstein Aufsätze und Gedichte für die „Spenersche Zeitung", den „Gesellschafter" und die von Willibald Alexis herausgegebene Zeitschrift „Der Freimütige". 1834 trat er in dieser Zeitschrift mit einer Hommage in Form eines Gedichtes für den damals in Berliner Schriftstellerkreisen nicht sehr beliebten Heinrich Heine ein.

„An Heinrich Heine. Dein Lied hat einen wundersamen tiefen, geheimnisvollen Klang. Nennt jedes Herzen leis'ste Namen, singt jeder Brust geheimsten Sang."

Von der Schriftstellerei allein konnte Bernstein, inzwischen verheiratet, seine Familie nicht ernähren, und so gründete er 1838 eine Leihbibliothek, deren Grundstock die Bücher seines Vaters aus Danzig waren. Der Bibliothek angeschlossen war ein Lesekabinett, an dem sein Förderer Willibald Alexis als Geschäftspartner beteiligt war. Hier soll auch Friedrich Engels in seinen Berliner Jahren verkehrt haben.

Für Bernstein bildeten die Märztage des Jahres 1848 die Geburtsstunden der Demokratie in Preußen. Bei den Straßenkämpfen in Berlin, deren Augenzeuge er war, verloren auf beiden Seiten mehr als 500 Menschen ihr Leben; auch ein Mitglied seiner Familie war unter den Toten.

1849 gründete Aron Bernstein die „Urwähler-Zeitung", ein „Organ für Jedermann aus dem Volke", die jedoch vier Jahre später verboten wurde. 1853 wurde dann das Nachfolgeblatt „Volks-Zeitung" gegründet, dessen Chefredakteur und Leitartikler wieder Aron Bernstein war. Mit ihrer unverwechselbaren Schlagzeile entwickelte sich die Zeitung im Laufe der Jahrzehnte zum Sprachrohr des liberal-demokratischen Bürgertums und machte Bernstein weithin bekannt.

Schon 1839 hatte Bernstein in Berlin die jüdische Reformgemeinde mitbegründet. In dieser Reformbewegung, die einen Beitrag zur Eingliederung in die europäische Kulturwelt leisten sollte, erwarb er als Religionsreformer allgemein großes Ansehen.

Nicht zuletzt mit seinen beiden Erzählungen „Vögele, der Maggid“ und „Mendel Gibbor“, die er voll Melancholie nach dem frühen Tod seiner Frau Caroline im Jahre 1854 geschrieben hatte und mit welchen er fast nebenbei das Genre der Ghettogeschichten schuf, wurde er zu einem der Wegbereiter der jüdischen Emanzipation im 19. Jahrhundert.

Nach etwa zwei Jahren in der Saarstraße zog Bernstein 1878 in die Rheinstraße. Ab 1881 ist im Friedenauer Adressbuch der Name Bernstein nicht mehr zu finden. Aron Bernstein starb in der Nacht vom 11. auf den 12. Februar 1884 in Lichterfelde. Mit seinem Namen aber begründete sich der Mythos von der Schriftstellerkolonie Friedenau.

1880 verkaufte Hermann Hähnel sein Haus in der Saarstraße an **Wilhelm Leopold Colmar Freiherr von der Goltz**, einem Mitglied des preußischen Generalstabes, der zuvor bereits in der Niedstraße ein Haus bewohnt hatte. Als Kriegsteilnehmer von 1866 und 1870/71 war von der Goltz damals Dozent für Militärgeschichte an der preußischen Kriegsakademie. Seit 1883 Militärberater des türkischen Sultans, trug er wesentlich zur Reorganisation und Modernisierung des türkischen Heeres bei und sorgte so auch dafür, daß Deutschland die Monopolstellung für Rüstungsexporte ins Osmanische Reich erhielt. Auf Wunsch von Kaiser Wilhelm II. wäre von der Goltz 1909 beinahe Reichskanzler geworden; jedoch war seine erneute Anwesenheit in der Türkei zu wichtig, so daß statt dessen Theobald von Bethmann Hollweg zum Reichskanzler ernannt wurde. 1911 gründete von der Goltz den „Jungdeutschlandbund“, eine Dachorganisation rechtsgerichteter Jugendverbände.

Bei Ausbruch des Ersten Weltkrieges war von der Goltz schon über siebzig und erhielt zu seinem größten Bedauern kein Frontkommando mehr, sondern wurde Generalgouverneur des besetzten Belgien. Doch schon im November 1914 bat er um Abberufung von diesem Posten und wurde Berater des türkischen Sultans Mehmed V. Ab 1915 soll von der Goltz in den Genozid an den Armeniern verstrickt gewesen sein. Eine direkte Beteiligung konnte ihm jedoch nicht nachgewiesen werden, gegenüber der deutschen Führung vertuschte „Goltz Pascha“ die Vernichtung der Armenier und trug so dazu bei, daß die osmanische Regierung in ihrem

An der Kaisereiche um 1904

Tun ungehindert fortschreiten konnte. Als Oberbefehlshaber der türkischen I. Armee in Mesopotamien erzwang er am 29. April 1916 die Niederlage der Briten in Kut-al-Amara. Er selbst starb 10 Tage zuvor angeblich an Flecktyphus, inoffiziellen Berichten zufolge wurde er Opfer eines Giftanschlages.

Hermann und Auguste Hähnel blieben nach dem Verkauf ihres Hauses an den Freiherrn von der Goltz in Friedenau, doch wirklich seßhaft wurden sie anscheinend nicht. Zur Miete wohnten sie ab 1881 fast ein Jahrzehnt; zuerst in der Rheinstraße, dann in der Ringstraße, danach in der Schmargendorfer Straße, dann wieder in der Rheinstraße. 1889 erwarben sie das Haus Rhein- Ecke Kirchstraße. Als Freiherr von der Goltz 1891 Friedenau in Richtung Türkei verließ, kauften die Hähnels ihre alte Villa in der Saarstraße zurück. Viel Glück hatten sie dabei nicht, denn eine Zeitungsnotiz aus dem Friedenauer Lokal-Anzeiger von 1896 verrät, daß das Grundstück Saarstraße 1–2 zur Zwangsversteigerung stand. Wenig später wurde das Haus der Hähnels als eine der letzten Villen an der Kaisereiche abgerissen.

Frau Baumeister Hähnel † Am Sonnabend starb im 74. Lebensjahre in ihrer kleinen Villa, Ringstraße 11, die verw. Frau Baumeister Hähnel, die unserem so prächtig emporblühenden Ort den Namen gegeben hat. Herr Baumeister Hähnel, der Ehemann der jetzt Verstorbenen, war Mitbegründer und Aufsichtsrathmitglied des 1871 gegründeten Landerwerb- und Bauvereins auf Aktien zu Berlin. Im Jahre 1872, nachdem die ersten Häuser der neuen Kolonie errichtet waren, sollte dieselbe auch einen Namen erhalten. Endlich, nach langen Berathungen einigte man sich auf den Vorschlag der Verstorbenen, zum Andenken an den Friedensschluß des Jahres 1871, der Kolonie den Namen „Friedensau" zu geben. Später ist dann das runde „s" fortgelassen und hieß die Kolonie, als sie im Jahre 1875 selbständige Gemeinde wurde, nun Friedenau. Baumeister Hähnel bewohnte eine Villa an der Ecke der Rhein- und Kirchstraße, die er um das Jahr 1894 an den verstorbenen Bauunternehmer Herrn Pählchen verkaufte, der auf der Baustelle das große Eckhaus Rheinstraße 18 erbaute und eine große Bauparzelle an den Bauunternehmer Herrn Stöckel verkaufte, der das Haus Rheinstraße 17 baute. Nach Verkauf der Villa zog Herr Baumeister Hähnel nach Zehlendorf, wo er bald verstarb. Seine Leiche wurde auf dem Friedenauer Kirchhof beigesetzt und nun wird seine Ehefrau neben ihm ruhen. Die Verstorbene zog nach dem Tode ihres Mannes wieder nach Friedenau, und zwar im Hause Rheinstraße 15, wo der damalige Besitzer desselben, Herr Rathgen, einen Theil der prächtigen Rosen der ehemaligen Hähnel'schen Villa in seinem Garten verpflanzt hatte. Frau Hähnel pflegte diese Rosen wie ihre Kinder. Als sie dann 1898 die Villa Ringstraße 11 kaufte, legte sie dem Besitzer des Hauses Rheinstraße 15 ans Herz, ihre Kinder der Flora weiter zu pflegen. Leider sind diese wegen ihres Alters beim späteren Umpflanzen bis auf einen Stock eingegangen, der auch infolge des Alters sehr zurückgegangen ist, aber in diesem Frühjahr drei Knospen getrieben hat, welche der Verstorbenen nach dem Aufblühen auf ihr Grab gelegt werden sollen. Die Beerdigung findet morgen Nachmittag 3 Uhr vor der Leichenhalle des hiesigen Friedhofes statt.

Friedenauer Lokal-Anzeiger 16. Juni 1902

Grosser

Weihnachtswanderung durch die Friedenauer Geschäfte

Dem Wunsche Vieler, eine Weihnachtswanderung durch die Friedenauer Geschäfte anzutreten, will ich gern nachkommen, denn wir haben in unserem Orte eine Anzahl guter, solider Geschäfte, die in der Lage sind, uns eine große Auswahl an passenden Weihnachtsgeschenken für Eltern und Geschwister, Großvater und Großmutter, Enkel, Braut und Bräutigam und wer es auch sei, vorzulegen.

Restauration Kaiser-Wilhelm-Garten

Das Wort Weihnachten muthet mir aber diesmal sehr sonderbar an, denn es ist so warm, daß man noch einen Sommerüberzieher tragen könnte. Und dabei behaupten die Gelehrten immer, unsere Erde kühle sich mit jedem Jahre mehr ab. Ja Kuchen! wärmer wird sie. Ich möchte wissen, ob das schön ist, bei den Weihnachtswanderungen zu schwitzen. Als ich anfing mit dem Wandern, da schützte ich mich noch gegen das Schwitzen durch meinen mit auf die Wanderung genommenen Abreißkalender. Ein Blick auf das oberste Blatt, der 17. Dezember, genügte, mich etwas abzukühlen. Aber, Sie wissen ja, wendet man ein Mittel zu häufig an, so wirkt es schließlich nicht mehr. So blieb mir nur noch die Flucht nach dem „Kaiser Wilhelm-Garten“ übrig, wo ich zwei Weißen auf einmal trank. Hier fiel mit ein Kalender des Wetterpropheten Falb in die Hände, in dem für diesen Winter

Kaiser-Wilhelm-Garten, Rhein- Ecke Ringstraße

Rheinstraße um 1900

noch recht kalte Tage prophezeit werden. Trotzdem es in der Wirtsstube gut eingeheizt war, so bekam ich bei dieser Aussicht doch eine „Gänsehaut". Ich überlegte deshalb nicht mehr lange und begab mich schnell zu dem Kürschnermeister Theodor Lenzius, Feurigstraße 1, wo ich mir einen prachtvollen Pelzmantel erstand. Ich erinnerte mich dann an die Thatsache, daß der fürsorgliche Ehegatte, der seine liebe bessere Ehehälfte mit einem schönen Hute überraschte, noch nie einen Tadel bekommen hat. Da meine Frau jung und schön ist, so kaufte ich ihr noch einen Pelzhut mit herrlichem Besatz und einen Pelzkragen von schönstem Nerz. Das erste Geschenk wäre also gefunden. Dann verließ ich den Schauplatz meiner Thätigkeit.

Bei Fritz Borrmann, Lauterstraße 10, vorüberkommend, konnte ich es nicht unterlassen, hineinzutreten, um meiner Frau zuvorzukommen und alle Ingredienzien zur Festtagsbäckerei zu bestellen, die man nur in guten Qualitäten kaufen soll, denn wenn der Kuchen nicht gut gerathen, dann ist nur halbe Festesfreude vorhanden. Die Mühe und Arbeit der „ausarbeitenden" weiblichen Kräfte war dann vergebens. Außerdem sah ich noch prächtige Konserven und anderes Genießbares für Weihnachtsbaum und Weihnachtstisch. Ferner alle möglichen Delikatessen und Kolonialwaren. Ein feiner Likör, ein süffiger Punsch oder ein Weinchen, das sich nicht „gewaschen" hat, sind dort ebenfalls zu haben, worauf alle Damen, welche einen „Pantoffelheld" genannten Ehemann besitzen oder in Aussicht haben, besonders aufmerksam gemacht seien.

Auf der Straße traf ich dann meinen Freund Fritz, den ich mit zu Hans Berger nahm, der in der Rheinstraße Nr. 10 ein neues Glas-, Porzellan- en gros- Lager eingerichtet hat. Beim Eintritt in den Laden glaubten wir in eine Kunstausstellung zu kommen, so fein ist es da. Alles in roth und weiß! Das heißt die Wände sind roth und das Porzellan ist weiß. Wir kamen aus dem Staunen gar nicht heraus. Die Auswahl der Nippesfiguren und geschliffenen Gläser sowie die Batterien der Tassen, Töpfe, Fruchtschalen, Kannen, Vasen und was weiß ich, war so groß, daß uns die Wahl etwas schwer wurde, denn „wer die Wahl hat, hat die Qual" flüsterte mein Freund Fritz. Endlich erklärte er sich für ein Kaffee- und Theeservice, die sich sein Frauchen schon immer gewünscht hatte. Für sich erstand er eine mächtige Punschbowle.

Wir gingen dann über die Straße in das älteste Spielwarengeschäft Friedenaus von Emil Steinmetz, Rheinstraße 62. Mein Freund stellte sich erst auf die Zehenspitzen und wollte die schönen Sachen von draußen ansehen. Ich sagte ihm aber „Man rin ins Verjnijen," welcher Aufforderung er sofort nachkam. Er fing gleich flott an zu kaufen. Zuerst mußte es ein feiner Baukasten für den Neffen sein, dann ein hübsches Zimmerturngeräth, dann eine Festung, Kanonen und eine Unmenge Bleisoldaten des Dreibundes, daß der Herrscher aller Reußen (aber nicht etwa Reuß ältere Linie, 5,6 Quadratmeilen) selbst Angst kriegen könnte. Dann kam das sportliche Interesse zum Vorschein: Kegelspiel, Ball, Lotto und verschiedene andere Dinge wurden für seine Jungens bei Seite gelegt. Ich kaufte eine Eisenbahn, Pferd und Wagen, Theater und ähnliches. Ferner sahen wir ein ganzes Pensionat von Puppen aller Größen (einige konnten Mama und Papa sagen), ferner gab es dort Puppenküchen, Stuben- und Ladeneinrichtungen, Puppenbadewannen und alles, was zum Haushalt einer anständigen Puppe gehört. Auch praktische Wirthschaftsgegenstände hätten wir einkaufen können, wir waren aber schon bepackt genug.

Und nun aber ade für heute! Ich muß nun schleunigst nach Hause. Mein Freund ebenfalls. Donnerwetter richtig! Vorher muß ich noch einige Kisten Cigarren und Cigaretten bestellen. Ich werde zu dem neuen Cigarren-Import und Versandgeschäft von Adolf Frick, Ringstraße 61–62, gehen. Dort giebt es einen excellenten Glimmstengel. O, darin bin ich Fachmann, obgleich ich noch kein – – Cigarrenreisender gewesen bin.

II.

Da Weihnachten dicht vor der Thür steht, so machte ich mich heute am 18. Dezember recht frühzeitig auf die Wanderung. Ich kaufte eine Menge nützliche Sachen ein, denn zu Weihnachten lasse ich mich nicht lumpen. Zur Erholung ging ich dann Abends ins „Hohenzollerntheater", wo ich nach der Schaukelei in „Des Meeres und der Liebe Wellen" den dicken Rentier Müller

Rheinstraße 9

ganz gemüthlich beim Skat sitzen sah. Auf einmal fing er an zu seufzen wie die Hero nach ihrem Leander, nur die Worte klangen anders: „Statt hier ruhig seinen Skat dreschen zu können, muß man sich fortwährend mit dem Gedanken herumplagen – was schenkst du dem Jungen, was dann dem Mädchen und was der Frau zu Weihnachten? Ach wenn das Fest nur bald vorüber wäre!“

Sein Freund und Skatbruder Lehmann nickte zu dem Herzensergusse Müllers wehmüthig mit dem Kopfe.

„Ich habe sechs Kinder,“ sagte er nur und bestellte sich einen neuen Schoppen, zur Stärkung, wie er erklärend hinzufügte.

Als ich die Seufzerei hörte, mußte ich laut auflachen. „Aber Kinder, seid doch nicht so unpraktisch,“ sagte ich, „macht's so wie ich, und Ihr seid in ein paar Stunden Eure Sorgen los.“

„Zum Hohenzollern“, Handjerystraße 64

Müller lächelte skeptisch, doch Lehmann, der eben den frischen Anstich probieren durfte und sich deshalb wieder in etwas gehobener Stimmung befand, ermunterte mich, mein Heilmittel zum Besten zu geben. Ich ließ mich nicht lange nöthigen.

„Na, ganz einfach,“ sagte ich, „Ihr nehmt den Annoncentheil des ‚Friedenauer Lokal-Anzeiger‘ zur Hand und eins, zwei, drei wißt Ihr, was Ihr schenken sollt. Heute machte ich es selbst so und vier Stunden darauf hatte ich, was ich brauchte!“

„Da wirst Du wohl nicht viel zu kaufen gehabt haben,“ sagte Lehmann.

„Abwarten, mein Lieber. –

Rheinstraße 10

Rheinstraße an der Kaisereiche

Die Zeitung als Führer benutzend, ging es zuerst zu dem Juwelier Gustav Ostwald, Rheinstraße 63. Dort erstand ich für meine Elly eine Uhr und für meine Frau eine silberne Fruchtschale. Angesichts der goldenen Ringe stellte ich dem Juwelier noch eine Bestellung auf Verlobungsringe von dem Bräutigam meiner Ältesten in Aussicht. Für meinen Sohn kaufte ich eine Brillantnadel.

Von hier aus hatte ich es nicht weit zu Max Scheidemann. Die Verkäuferin schleppte gleich alles herbei, was sie nur tragen konnte. Kleiderstoffe, Gardinen, Portièren, Teppiche, Wäsche, Normalhemden, Corsets und viele andere Sachen, die in einem Hausstande gebraucht werden. Ich traf meine Auswahl und ließ in die Packete noch zwei Puppen für die Mädchen und Spielzeug für die Jungens mit hineinlegen.

Nachdem ich die Verkäuferin mit dem Wirrwar von Waaren, das ich angerichtet, ihrem Schicksal überlassen hatte, bog ich um die Ecke und schlüpfte in das Möbellager von Max Hoch. Nach sorgfältiger Auswahl bestellte ich eine elegante Aussteuer für meine Tochter, da bereits sechs Wochen nach Weihnachten die Hochzeit sein soll.

In der Filiale der bekannten Firma Scheik & Gladow, die sich in demselben Hause befindet, gingen dann die schönsten Delikatessen und Christbaumkonfekte in meinen Besitz über.

Es sah dort so appetitlich aus, daß ich auch Butter, Colonialwaaren und Conserven zu entnehmen versprach. Die Packete hatten sich nun so angehäuft, daß ich sie nicht mehr tragen konnte.

Ich ließ deshalb vom Fuhrgeschäft Hermann Henschke, Lauterstraße 19–20 einen Einspänner anfahren, der mich und die Packete aufnahm.

Ich fuhr nun zum Schuhwaarengeschäft von Otto Kirchhof, Handjerystraße 30. Dort kaufte ich nicht nur für meine Frau ein paar famose Stiefeletten, sondern auch gleich für meinen Hans ein paar stramme Stiefel und für mich ein paar warme Hausschuhe.

Hedwigstraße 2

Rheinstraße 37

Jetzt ging es zu H. Flemming, Lauterstraße 14–15. Bei dem Anblick der Waschfässer, Waschzuber und Badewannen, Besen und Bürsten mußte ich an das mir zu Hause bereitete „Reinemachefest“ denken. Ich ließ deshalb viele praktische Dinge, darunter schöne Emaillewaaren in meinen Wagen bringen.

Aus den gegenüberliegenden Geschäften des Hauses Lauterstraße 12–13, holte ich von Carl Kaufmann eine Wanduhr, eine Uhrkette und ein Opernglas, von Nanny Heyden Confitüren, Chokolade, Marzipan, Neißer Confekt und Thee-Meßmer, und da an den Feiertagen sehr viel konsumirt wird von Gustav Waga noch Wurst, Schinken und kalten Aufschnitt.

Dem Kutscher befahl ich dann, bei Carl Wittenberg, Rheinstraße 10, vorzufahren, wo ich den Bedarf in Handschuhen, Cravatten, Kragen und Manschetten für wenigstens ein Jahr festlegte.

Bei E. Wander, Rheinstraße 13, bestellte ich mehrere Sorten Roth- und Weißweine, sowie Champagner und Cognac feinster Marken.

Bei Oskar Kümmel, Rheinstraße 17, entnahm ich für mich einen Regenschirm und für meine Lotte einen Schulschirm.

Den Schluß machte dann ein Besuch in der Wild- und Geflügel-Handlung von Max Schlösser, Handjerystraße 62. Denn bei allen Geschenken ist doch ein Festbraten mit die Hauptsache.

„Du hast ja deine Sache famos gemacht!“ rief Lehmann, als ich still schwieg. „Und reden kannst Du, Mensch, am nächsten Stiftungsfest unseres Gesangsvereins mußt Du die Festrede halten. Das ging ja wie geschmiert.“ Müller ließ es gleichfalls nicht an Anerkennung fehlen. Trotzdem stand ich bald auf, um zu gehen.

Bald saßen Müller und Lehmann allein. Das Gehörte schien ihnen stark im Kopfe herumzugehen. Als auch sie endlich den heimischen Penaten zusteuerten, hatten sie sich schon lange das Wort gegeben, am nächsten Mittag dem Beispiele ihres Freundes zu folgen, um auch in Ruhe die Festtage erwarten zu können.

Müller war von dieser Aussicht so gerührt, daß er Lehmann um den Hals fiel. Er hatte allerdings auch sechs Ganze und drei Schnitt getrunken! –

III.
Müller und Lehmann auf der Suche nach Weihnachtsgeschenken.

„'Nen Morgen Müller! Gut geschlafen?"

Vergnügt streckte Lehmann seinem erstaunlich früh zum Stelldichein erscheinenden Freunde die Hand entgegen.

Müller brummte etwas Unverständliches in seinen Bart. Mit dem guten Schlafe hatte es nämlich seine Wege gehabt. Als er spät Nachts nach Hause gekommen war, hatte er infolge seiner schlechten Balanze eine kräftige Carambolage mit dem Tisch gehabt, wobei die Petroleumlampe auf den Teppich gelandet war und dort ein riesengroßes Loch zurückgelassen hatte. Müller wäre vor Schreck beinahe völlig nüchtern geworden. Natürlich hatte es auch eine kleine Auseinandersetzung zwischen Müller und seiner Frau gegeben, wobei Müller nicht besonders glänzend abgeschnitten hatte. Seine Versicherung, daß nur das ewige Suchen nach passenden Weihnachtsgeschenken an dem ganzen Zwischenfall die Schuld trage, war einfach als Mumpitz bezeichnet worden. Von diesem Pech hatte Lehmann natürlich keine Ahnung und er hütete sich wohl, ihm etwas zu verrathen. Zu einer Durchsicht des „Friedenauer Lokal-Anzeiger" nach passenden Weihnachtsgeschenken war er aber selbstverständlich nicht gekommen, desto gründlicher hatte es Lehmann besorgt.

Er brachte triumphirend den Anzeiger hervor und nach einigen kurzen Erklärungen zog man los. Die erste Unterbrechung fand die Reise bei L. F. Achard, Fregestraße 77, dort kauften sie allerhand Süßigkeiten, Biscuits, Tannenbaumcaces, Coburger Schmätzchen, Aachener Printen, Nürnberger Lebkuchen. Müller konnte gar nicht genug bekommen, denn er glaubte, damit seine Frau wieder milder zu stimmen. So nahm er denn noch mehrere Düten Pulsnitzer Leckerle und Pflastersteine. Lehmann begnügte sich mit einer Collektion Weihnachtskonfekt.

„So", meinte Lehmann befriedigt, als er wieder auf der Straße stand, „jetzt mache ich mal schnell einen Abstecher nach der Wielandstraße 9. Ich will nämlich zu Karl Braun, um mir einen Anzug zu bestellen." Müller ließ ihn ruhig gewähren, studirte inzwischen den Anzeiger und wurde mit sich einig, im Vorübergehen bei Franz Morawetz, Hedwigstraße 1, einen Überzieher in Auftrag zu geben.

Ein Stündchen später finden wir die beiden Freunde bei Paul Pruß, Rheinstraße 56. Die Zwischenzeit hatten sie zu einer kleinen Erholungspause im „Rheinschloß" benutzt. Das genossene vorzügliche Bier und die bisher gemachten Kaufabschlüsse hatten selbst Müllers verdüstertes Gemüth aufgehellt.

Alleinige Fabrikanten:

The Englisch Platinum

Anti-Corset Comp Ltd.

London W. C.

Vor Nachahmungen wird gewarnt.

Vollendung in der Figur.
Absolute Behaglichkeit.
Beständige Reinheit.
Stetige Bequemlichkeit.

J. Wiehler

Friedenau, Wielandstr 31.

Erklärende Broschüren gratis u. franco durch obige Adresse.

Neujahrskarten
Neujahrspostkarten
Friedenauer Ansichtspostkarten

mit neuen Aufnahmen

Wilhelm Wohlthat

Buch-, Kunst-, Musikalien- und Papierhandlung
Friedenau, Rheinstraße 11.

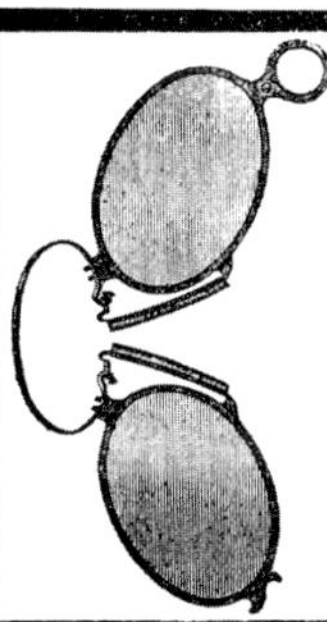

Hans Lorenz

Uhrmacher.

55 Rheinstraße 55. 55 Rheinstraße 55.

Stand- und Hänge-Uhren

in modernen Stylarten.

Reich sortirtes Lager in Taschen-Uhren

in Gold- und Silber-Metall.

Gr. Auswahl in Uhrketten u. Goldwaaren.

Optische Artikel.

Kaiser Wilhelm-Garten.

Montag, den 8. Juli:

Einmalig. humor. Familien-Abend

der jetzt in Berlin so populären

Hamburger Sänger

Seidl. Böhmer. Harnisch. Ehrke. Ottwald. Ehrhardt. Werner. Müller.

Anfang 8 Uhr. **Eintritt 50 Pf.**

Im Vorverkauf 40 Pf. im Kaiser Wilhelm-Garten bei Herrn Fahrenhorst.

Zum Schluß: **Die imitirten Barrisons**

Hohenzoilern.

Friedenau. *Friedenau.*

Jeden Sonntag

Großer

BALL

im Riesen-Parquet-Saale

Anfang 4 Uhr.

Es ladet ergebenst ein.

Der Wirth.

Diese Woche

ein Posten großer, frischer

Wald-Hasen

Stück 2.50 Mk.

Mittwoch und Sonnabend auf hiesigem Markte.

Max Schlösser, Handjerystr. 62.

E. Pohse, Tischlermstr., **Rheinstr. 12.**

Kinder-Sportwagen von 5—25 Mk.

Darauf landeten die beiden Freunde im Uhrengeschäft von Hans Lorenz, Rheinstraße 55, der mit seinen Goldwaaren einen hübschen Ruf genießt. Jeder erstand eine goldene Damenuhr nebst Kette, Lehmann noch einen Thermometer, sowie eine Hängeuhr.

Draußen wieder angelangt betrachteten sie die Schaufenster des Kaufhauses von Gustav Raphael, Rheinstraße 55. Angesichts der sich hier darbietenden großen Auswahl von Aussteuerartikeln in Wäsche, Wollwaaren, Kleiderstoffen, Teppichen ec. beschlossen sie, hier ihre Frauen herzuschicken, denn an die Damenhemden, Nachtjacken und Beinkleider getrauten sie sich doch nicht 'ran. Der Spielwaaren-Ausstellung würdigten sie noch ihre besondere Aufmerksamkeit und gingen dann weiter nach der Germania-Drogerie von Ernst Winckler, Hauffstraße 15. Dort erstand Müller für seinen Jungen einen billigen Phonographen und einen photographischen Apparat und für seine Tochter einen prächtigen Toilettekasten und verschiedene Parfüms.

Lehmann hatte sich bei den großen Einkäufen seines Freundes einen Augenblick entschuldigt und war zu Oskar Prause, Hauffstraße 15, gegangen, dessen Delikatessen und Konserven in einem Kaffeekränzchen, dem seine Frau jüngst beiwohnte, so über alle Maßen gelobt waren. Die ihm vom Verkäufer dargereichten Kostproben bewiesen ihm, daß die spitzen Zungen der Damen nicht zu viel gesagt hatten.

Als er zurückkehrte, hatte Müller den Auftrag zurückgelassen, er sei zu der von Paul Saika kürzlich übernommenen Filiale von Knoop Söhne, Bahnhofstraße 3, gegangen, um für das Haus einen prächtigen Tropfen zu bestellen. Aah! Bei Knoop. Lehmann schnalzte mit der Zunge, denn er wußte, daß hier von dem einfachen Mosel bis zum französischen Champagner alles zu haben ist. Bei einem Glase Rheinwein, wozu sie Caviar von Jul. Stietzel, Wielandstraße 25a genossen, offerirte Lehmann seinem Freunde eine echte Havanna von der Firma J. Löschburg, Bahnhofstraße 3, die auch einen vorzüglichen Pastorentabak führt.

Rheinstraße 55

Restaurant zur Kaisereiche, Rheinstraße 54

Den Rauch vergnügt in die Lüfte blasend überdachten sie noch einmal die Ereignisse des Tages. In der fröhlichen Stimmung, die der Wein in ihnen hervorrief, simulirte Müller, was er seiner Frau noch alles schenken könnte. Er dachte sogar an einen neuen Zahn von Johanna Böhmer, Ringstraße 61/62. Von diesem Gedanken kam er aber wieder ab, denn er hatte am Vorabend erfahren, daß seine Frau Haare genug auf den Zähnen hatte. Zu einer Vermehrung wollte er auf keinen Fall beitragen. „Halt," rief er plötzlich, „wie wäre es, wenn wir uns noch zum Andenken an den heutigen Tag photographiren ließen?"

„Potz tausend, welcher Gedanke," sagte Lehmann, „dagegen ist ja Schillers „Wilhelm Tell" aus der Buchhandlung von Wilhelm Wohlthat, Rheinstraße 10, ein wahrer Waisenknabe. Wer von unsern Photographen ist aber würdig, uns zu verewigen?" fragte er. „Ich denke," begann Müller nach einer Pause, während welcher er an seinem Glase genippt hatte, „wir gehen erst nach Schmuckler, Moselstraße 3, und dann nach Grosse, Schmargendorfer Straße 5, und lassen uns bei jedem in verschiedenen Stellungen abnehmen. Die Bilder legen wir dann mit auf den Weihnachtstisch." Müller strahlte vor Vergnügen, als Lehmann nichts dagegen hatte. „Das wird eine schöne Überraschung werden," schmunzelte er und bezahlte die ganze Zeche und den bestellten Wein.

Nach den schwierigen Sitzungen bei den Photographen, die immer „recht freundlich" gesagt hatten, zogen sie heimwärts. Das Mittagessen hatten sie freilich verpaßt. Müller hatte aber doch das Bewußtsein, daß seine Frau beim Anblick der vielen Packete ausnahmsweise ein süßes Lächeln zeigen würde. Was wird sie aber sagen, wenn er ihr all' die Herrlichkeiten erst zeigen kann. Müller freut sich schon jetzt darauf.

IV.

Nur noch wenige Tage trennen uns von dem schönen Feste und da machen die Geschäftsleute ohne Ausnahme noch ganz besondere Anstrengungen, um schließlich auch ihrerseits „fröhliche Weihnachten" feiern zu können. Vielfach wurden schon die Weihnachtseinkäufe besorgt, das Hauptgeschäft soll aber der „goldene Sonntag", der letzte Sonntag vor dem Fest, bringen. Die Friedenauer Geschäfte sind durchaus leistungsfähig und unterhalten eine reiche Auswahl, so daß Jeder hier etwas seinem Geschmack Entsprechendes findet. Die Qualität der Berliner Waaren läßt sehr oft zu wünschen übrig. Darum rufen wir allen Lesern wieder eindringlich zu: Kauft am Platze, dann kauft ihr vortheilhaft.

Rheinstraße 4

Wir bitten deshalb, uns nochmals auf einer Wanderung zu folgen, um noch eine Reihe ganz besonders empfehlenswerther Geschäfte kennen zu lernen.

In der Wielandstraße 31 treffen wir ein Geschäft, das sich namentlich durch die Anpreisung von Daisy-Arbeiten bemerkbar gemacht hat. Es ist die Firma J. Wiehler. Wir finden dort auch Wäsche von der einfachsten bis zur besten Ausführung, und überhaupt alle Aussteuerartikel. Besonders werthvoll für die Damen ist die Abtheilung für Putz, die eine prächtige Auswahl bietet.

Da die Festbäckerei in bestem Gange ist, so machen wir einen Abstecher nach jenseits der Wannseebahn und kaufen bei Joh. van Bergen, Dürerplatz 2, die noch fehlenden Backartikel ein und lassen uns von allen Konserven und Kompots eine Probebüchse ins Haus senden.

Im benachbarten Drogengeschäft von Dankmar Hermann haben wir dann gleich Gelegenheit, Weihnachtslichte und Christbaumschmuck mitzunehmen.

Wer gut passende Oberhemden braucht, der gehe zu H. Leppin, Rheinstraße 22. Es werden dort ganze Ausstattungen angefertigt, auch schweizerische Stickereien und Spitzen.

Rheinstraße 47

Rheinstraße 20

Prächtige Weihnachtsgeschenke finden wir auch im Tapisserie-Geschäft von Jenny Kletsch, Handjerystraße 79, besonders sind die Handarbeiten für Kinder in Celluloid und Pappe sehr beliebt.

Zur Anschaffung von Corsetts für Frauen und Mädchen ist die Firma F. Heszky, Rheinstraße 58, zu empfehlen, die diese Artikel als Spezialität führt.

Große Auswahl in Schuhwaaren für Herren, Damen und Kinder ist bei M. Rosenthal, Lauterstraße 29, in allen Größen und Qualitäten zu haben.

Ein schönes Geschenk ist immer ein gutes Buch. In der Buchhandlung der Goßner'schen Mission, Handjerystr. 19–20, oder von M. Kindler, Handjerystraße 85, werden Sie das gewünschte finden.

Ein kürzlich von der Firma Koch u. Co., Schmargendorferstraße 17, in den Handel gebrachter Kraftliqueur Samatorrhon ist als Weihnachtgeschenk ebenfalls nicht zu verachten.

Dem Freunde von guter Wurst empfehlen wir noch eine Probe bei R. Schweichler, Handjerystraße 30–31. Wenn man dort all die appetitlichen Sachen herumhängen sieht, dann muß man ein wackerer Vegetarier sein, wenn man nicht gleich einen größeren Einkauf macht. Und so schön die Waaren aussehen so schmecken sie auch. Probieren Sie nur einmal.

Wenn Sie sich ein Fahrrad wünschen, so gehen Sie zu Hans Elsner, Rheinstraße 22. Die Räder sind alle tadellos.

Zum Schluß der heutigen Wanderung wollen wir uns noch bei H. Schumann, Moselstraße 6, einen schlank gewachsenen Tannenbaum aussuchen, den wir mit dem eingekauften Christbaumflitter schmücken wollen.

Friedenauer Lokal-Anzeiger Dezember 1900

Der schreckliche Bazillus des Großreinemachens macht sich heute in verstärktem Maße bemerkbar. Trotzdem schon mindestens 100 Prozent aller Hausfrauen davon infizirt sind, hat sich noch kein Arzt zu Gegenmaßregeln veranlaßt gesehen, eine Unterlassungssünde, die um so sonderbarer ist, als man doch sonst hinter jedem Bazillus her ist, wie – na wie der Teufel hinter einer armen Seele.

Gute Stube bei Dienemanns, Roennebergstraße 1, um 1910

Und wie gefährlich ist gerade der Bazillus des Großreinemachens. Er bringt nicht nur den von ihm direkt heimgesuchten Personen eine ganz unheimliche Unruhe, nein, er stellt sogar das ganze Haus auf den Kopf und kann namentlich den Hausherrn direkt zur Verzweiflung bringen. Alle Banden der Ordnung lockern sich. Das Essen wird nur noch in der Küche servirt und im Fremdenzimmer wird geschlafen, überall stehen Wassereimer und Besen umher, die Gardinen sind im Waschkorb verschwunden und die Möbel aufeinander gethürmt. Wehe dem unvorsichtigen Mann, der sich in dieses Chaos wagt. Wenn ihm nicht irgendein Möbelstapel auf den Hals fällt, oder er selbst auf dem seifigen Boden der Länge nach hinschlägt, dann muß er entschieden ein Sonntagskind sein.

Der Weihnachtswanderer empfiehlt sich hiermit und zwar bis zum nächsten Jahre. Hoffentlich verleben Sie so schöne Weihnachtstage wie nie zuvor!

Friedenauer Lokal-Anzeiger 24. Dezember 1900

Else Kraft
Vom Friedenauer Weihnachtsmann

Ich kenne einen guten Mann in Friedenau, bei dem sich Herz und Hand zur Weihnachtszeit zu gar geheimnisvollem Treiben rüstet. In den Straßen, wenn das abendliche Dunkel Häuser und Gärten einhüllt, wenn die Kleinen mit verträumten Augen vom Christkind schwatzen, und die Großen in verschlossener Stube die Hände für liebe Weihnachtsgaben regen, schreitet er in seinem weiten, taschenreichen Mantel durch unseren Ort und lächelt gar freundlich in seinen silberweißen Bart. Nein, er darf nicht untergehen, der holde Glaube an den Weihnachtsmann, dem heut' die Kinderlippen gar zu oft ein kopfschüttelndes, besserwissendes Lächeln entgegenbringen. Wozu ist denn so ein guter alter Onkel mit jungen Augen und jungem Herzen für den Märchenzauber einer Kinderwelt da? Und so schreitet er denn lautlos durch die Reihen der Weihnachtsbäume in unseren Straßen, mustert schmunzelnd die zierlichen dunkelgrünen Reiser, und erkundigt sich nebenbei nach den leider so theuren Preisen der schlankgewachsenen Tannen. In der Rheinstraße, wo heller Glanz in jedem Laden die Weihnachtsstimmung der Käufer erhöht, wo der Geschäftsinhaber, sei's auch nur durch ein buntes Licht, durch einen Tannenzweig oder eine Schleife seine Waaren in ein Festgewand kleidet, ist er ein gern gesehener Gast, der alte, gute Mann. Auch in den stillen Nebenstraßen, wo die Puppen, die Aepfel, Nüsse, Honigkuchen und sonstige Herrlichkeiten die Käufer heranlocken, kehrt er gar häufig ein, der geheimnisvolle Wanderer.

Bei Familie Klein, Stubenrauchstraße 7, um 1900

Zuerst geht's zu den kleinen Freunden und Freundinnen in den Vorderhäusern, wo die wilden Buben und Mädchen lachend erklärt haben: „Es giebt ja gar keinen Weihnachtsmann!" Im Kinderzimmer, wo sie unter der Aufsicht des Mädchens ihren Wunschzettel niederschreiben, oder mit täglich abnehmender Tageszahl singen: „Neunmal werden wir noch wach, heissa, dann ist's Weihnachtstag", tritt er mit polternden Schritten ein, der alte Graubart. Wie hatte sie immer gelacht, die übermüthige Kinderschar, wenn ihrer Wildheit der mahnende Ruf entgegentönte: „Wenn das der Weihnachtsmann sieht!" – – Nun aber sind sie mäuschenstill im ersten Schrecken, die klugen, rotwangigen Kinder im Vorderhause. Mit halb ängstlichen, halb zweifelnden Blicken schmiegen sie sich dicht aneinander.

Könnt ihr beten? ertönt es da auch von des Alten Lippen an der Thür. Die kleine Lotte nickt und will gerade die Händchen falten, als der ältere Bruder sie lachend in die Seite stößt. „Ist ja der Onkel Fritz, – – sei doch nicht so dämlich, Lotte!" Ein rascher Griff und der kecke Wicht wird festgehalten. Seltsamer Schlingel, kennst Du den Weihnachtsmann nicht mehr? Der Blondkopf schweigt in seiner Sextanerwürde. Vielleicht fällt ja doch noch ein Bonbon aus dem Mantel des falschen Weihnachtsmanns für ihn ab.

Lotte und Anna, die jetzt auch den Onkel Fritz zu erkennen glauben, machen als vernünftige Mädchen gute Miene zum bösen Spiel. Sie beten auf das Geheiß des Alten. Lottchen ihren allabendlichen Spruch: „Ich bin klein" – und Anna im stolzen Gefühl als höhere Tochter leiert ihren Weihnachtswunsch herunter, den sie in der Schule schablonenhaft auf einen bunten Bogen für 25 Pf. abschreiben mußte. Und dann müssen sie ihre Wünsche herzählen, die drei Kinder. Der Junge will eine Eisenbahn mit richtigen Schienen, richtigem Dampf und einen photographischen Apparat haben. Anna wünscht sich Glacéehandschuhe, ein neues Tanzstundenkleid, und eine echte Ledernotenmappe. Das Kleine möchte eine Puppe, die laufen und sprechen kann, und so groß ist, wie das vierjährige Persönchen selber. Der Alte nickt gedankenvoll, und streut hastig seine Aepfel und Nüsse auf den Boden. Und als er mit tiefgesenktem Haupt das Zimmer verläßt, rufen die Kinder ihm neckend: „Adieu, Onkel Fritz", nach.

Er geht die Illstraße hinunter, biegt in die Ringstraße ein, kommt durch die Moselstraße und geht nach einem großen Hause in der Rheinstraße. So klopft er auch an die Thür einer kleinen Küche. Kindergetrippel, und leise, zage Stimmen werden hörbar. Die Eltern sind noch auf Arbeit, große, treuherzige Augen haften sich zuerst im stummen Schreck auf den plötzlich leibhaftig vor ihnen stehenden Weihnachtsmann. Das Jüngste verzieht weinend den Mund, wird aber zärtlich von der größeren Schwester in die Arme genommen und ans Herz gedrückt.

„Nee, nee, Jretchen, nich weinen! Is ja der liebe Weihnachtsmann!" „Könnt Ihr beten?" Ja, – – sie können es alle, die Kinder der Armut, die dummen, blassen Kleinen. Vom Christkindchen, und vom Herrn Jesus, und von der Jungfrau Maria, die ihr Kind in Windeln gewickelt, in eines Stalle Krippe legen mußte. Die Augen glänzen, die blassen Wangen färben sich, die Hände sind andächtig gefaltet. „Was wünschest Du Dir vom Christkind?" fragt der Weihnachtsmann den zehnjährigen Knaben dicht vor sich. Der schweigt verlegen. „Sprich nur", ermuntert der Alte freundlich. „Eene Mütze, een Schulbuch un een Pfefferkuchenherz", sagt der Junge rasch. „Keinen Säbel oder Helm, oder eine Festung mit Soldaten?" „Nee, – det jiebts nich, hat Vater jesagt." „Und Du?" wandte sich der Weihnachtsmann an das kleine, furchtsame Mädchen. „Se kann noch nich ville reden," meint die Schwester entschuldigend, „se hat de englische Krankheit jehabt. Aber ne Puppe möcht' se, so eene wie drüben an de Ecke in's Fenster steht mit en jrünes Atlaskleid." Der Weihnachtsmann lächelte. „Hübsch artig sein, dann bringt sie Dir das Christkind. Und Du," wandte er sich freundlich an das blasse, achtjährige Hausmütterchen, welches immer noch die kleine Schwester festhielt, „was wünscht Du Dir zum Christfest?"

„Mutter, – – Mutter hat keene Stiefel, un – – un muß mit ihre schlimmen Füße in Pantinen waschen jehn," stotterte das Kind. „Und for Vatern möcht' ich jerne en warmen Mantel, lieber Weihnachtsmann, er hat Rheumatismus, un, un ––"

Der Alte muß sich plötzlich wie ein gewöhnlicher Mensch die Nase putzen. Dann fuhr seine große Hand liebkosend über den gesenkten Mädchenkopf. „Bist ein braves Kind, werde alles richtig an das Christkind bestellen. Und Du, Du selber, möchtest Du nicht ein Kleid, und eine bunte Schürze?" Sie nickte verschämt, während der Weihnachtsmann seine Taschen auf dem Küchentisch leerte.

Und langsam, ganz langsam schritt er die knarrenden Treppen hinab, mit einem Gesicht, als wäre er allmächtig, der liebe, gute Weihnachtsmann.

Friedenauer Lokal-Anzeiger 24. Dezember 1900

Unser Friedenau hat nun auch seine illustrierte Postkarte: Seit einigen Tagen ist hier im Handel eine Postkarte erschienen, die in hübscher Zusammenstellung und das schöne redende Wappen unseres Ortes zeigt nebst der Kirche „Zum guten Hirten" und das „Gossner Haus". Dazwischen steht die Heldengestalt des alten Kaisers Wilhelm, dem Friedenau ja soviel verdankt, alles umgeben von Bäumen und Sträuchern um damit den Charakter unserer freundlichen Gartenstadt anzudeuten. Hinzugefügt sind noch umrankt mit Rebenlaub das feuchtfröhliche Rheinschloß und der Dürer. Das Ganze durchzogen von einem Bande mit dem obligaten „Gruß aus Friedenau". Es ist mit dieser Karte einem wirklichen Bedürfnis abgeholfen.

Friedenauer Lokal-Anzeiger 2. Dezember 1896

Ab 1895 zog die Produktion der Bildpostkarte sprunghaft an. Deutschland nahm international eine Spitzenposition ein und exportierte seine Ware weltweit, in Berlin stellten mehr als 50 Betriebe Ansichtskarten her. Führend war der Kunstverlag von Julius Goldiner, der sich ab 1896 ganz auf die Massenproduktion von Postkarten einstellte. Fortschritte in der Drucktechnik machten es bald möglich, daß die anfänglich verwendete Lithografie, bei der die Motive noch gezeichnet waren, durch Lichtdrucke auf fotografischer Basis ersetzt wurden. Berlin und seine Vororte wurden von der Firma Goldiner systematisch erfaßt und fotografiert. Der Kartenbestand wurde ständig aktualisiert, denn bauliche Veränderungen vor Ort und die sich rasant weiter entwickelnde Technik bei der Herstellung ließen die Karten sehr schnell altern. Julius Goldiner wurde mit seinem Verlag zum Chronisten besonderer Art. Sein Nachlaß sind zahllose Bilddokumente zur baulichen Entwicklung Berlins und seiner Umgebung.

Die immer beliebter werdende Ansichtskarte – alleine in Berlin stellte die Post im Jahr 1900 an einem einzigen Tag über 170 000 Karten zu – wurde in Buch- und Papierwarenhandlungen verkauft.

In den Vororten konnte man neben den Karten der großen Verlage auch lokale Ansichten mit dem Aufdruck des jeweiligen Geschäftsinhabers erwerben. In Friedenau kaufte man Ansichtskarten in der Wohlthat'schen Buch- und Papierhandlung, Rheinstraße 11, bei Emil Hartmann am Bahnhof Friedenau, bei Papier Wolff, Rheinstraße 10, oder im Laden von Hans Kossakowski in der Schmargendorfer Straße 35.

Um die Jahrhundertwende kam der Postbote an einem Tag bis zu siebenmal ins Haus. Für den Besuch am Nachmittag war es durchaus üblich, sich per Postkarte am Morgen desselben Tages zu verabreden.

Else Kraft

Unsere Briefträger

Ob es wohl in Berlin auch so nette Briefträger giebt, wie in Friedenau?

Sie sind nicht zu beneiden, diese Ueberbringer aller Grüße, Nachrichten und Neuigkeiten, die nur durch ihre Hand in unser Haus hineinflattern können? Sehnsüchtige Blicke schauen nach ihnen aus, heimliche Wünsche umspinnen den Inhalt ihrer verheißungsvollen Ledertasche, und bei einer hastigen Berührung unserer Finger mit den ihren schlägt uns oft das Herz bis in den Hals hinauf.

„Wie albern", wird so mancher Mund spötteln, – – das schadet aber nichts.

Ich beneide diejenigen Menschen nicht, welche durch äußere, vornehme Gleichgültigkeit ihr inneres Seelenleben zu verbergen suchen, und sich „der Leute wegen" den Anschein geben, von derartigen Nichtigkeiten der Verhältnisse wenig interessirt zu sein.

Wenn ich unseren Briefträger auf der Straße treffe und sein freundliches Gesicht, mir vertraut zunickend, vor mir auftaucht, dann muß ich immer sehr liebenswürdig wiedernicken, und nur schwer, sehr schwer kann ich die Frage nach einer etwaigen Sendung für mich unterdrücken.

Ich glaube, er freut sich auch, wenn er mir so heimlich schmunzelnd die Briefe übergiebt, die meine Augen heller leuchten lassen, und wiederum habe ich schon mit Genugthuung bemerkt, wie wehmütig die Worte seinem Munde entfahren „Leider heute nichts." – –

Schon am frühen Morgen kann ich meine Beobachtungen über diesen Briefträgerkultus in unserem Vorort machen.

Der Hausherr, die junge Buchhalterin, ein paar noch schulpflichtige Backfische, alle ruft meist die unerbittliche Pflicht noch vor dem Besuch des Briefträgers an die Arbeit.

Die Herren gehen zögernd, immer noch einmal zurücksehend, zur Bahn. Wie dumm, daß die blanken Knöpfe noch nicht in Sicht sind. Man hätte so gerne ewas neue Lektüre im Koupee gehabt.

Die jungen Mädchen, die für das tägliche Brot in Berlin ihres Amtes walten müssen, beginnen noch einmal so gern ihr Tagewerk, wenn ihnen der Postbote so in letzter Minute ein Brieflein zusteckt, das ihnen Kunde von dem Liebsten bringt, und das nicht erst von Vater und Mutter, oder den losen, spottsüchtigen Geschwistern angestaunt und hin und her gedreht wird.

Die Backfische endlich versäumen lieber den pünktlichen Schulanfang, als den Genuß, unter grünen Bäumen die in jetziger Zeit weithin leuchtenden Beinkleider des Briefträgers auftauchen zu sehen und verschämt lächelnd die erwarteten Ansichtskarten von „ihm" in Empfang zu nehmen, der gestern Abend (nachdem er seine Schularbeiten beendet hatte) dreizehn Mal vor ihrem Hause vorübergewandelt ist.

Ja, diese Ansichtskarten!

Sie kosten nicht allein nur Geld, sondern auch manchen Schweißtropfen der armen Postboten.

Mir fiel mal kürzlich so eine welterschütternde Ansichtskarte für solch' ein Backfischlein in die Hände, von dem ich selbst erfahren, daß es in einem Zeitraum von drei Wochen hundert derartige Grüße von Freundinnen und Freunden erhalten hätte.

Ein Bild mit sehr viel roth und blau nahm den größten Theil des Papiers in Anspruch. Darunter standen in schwungvoller Sekundanerschönschreibeschrift die Worte:

„Weil es fehlt am Raume mir,

Nimm nur diese Grüße hier!"

Dazu noch ein wunderbarer Schnörkel als Abschluß und – „Post thu' Deine Schuldigkeit, ich habe meine gethan." –

Damit aber aus meiner Plauderei kein Loblied für die vielbegehrten Jünger Podbielskys wird, will ich auch noch der Schattenseiten gedenken, welche oft verdunkelnd dem Freudenlicht glücklicher Briefempfänger drohn.

Ich kenne jemand, der geräth alle paar Tage in eine nicht gelinde Aufregung, wenn die festgesetzte Briefträgerstunde geschlagen hat, und noch immer die bestimmt einzutreffenden Postsachen nicht erschienen sind.

Sehen wir uns also einmal nach dem Ziel unserer Sehnsucht um.

Soeben verläßt ein ganzer, bunter Schwarm von Boten das Postgebäude.

Hier noch ein Witz, dort noch eine vertrauliche Mitteilung unter den Kollegen, dann zieht Jeder einsam seine ihm vorgeschriebene Straße. Doch dauert die Einsamkeit nicht lange. Zufällig hat „Anna" denselben Weg wie der freundliche Ueberbringer der Ansichtskarten, und neben den frischen, kichernden Lippen werden seine Schritte langsamer und immer langsamer. Nachdem er ihr für den morgenden Tag einen Brief versprochen, steigt er nachdenklich seine Treppen empor, um weiteren Hindernissen an den bereitwilligst geöffneten Thüren ein gnädiges Ohr zu leihen.

An der Straßenecke ist ein Neubau. Schon lacht ein guter Bekannter von luftiger Höhe herab. Ein kräftiger Schluck wird dem Müdegelaufenen hinuntergereicht, noch ein derb freundschaftlicher Zuruf, und schon winkt von der anderen Seite der Straße eine Dame aufgeregt den geplagten Briefträger zu sich heran. Ein geöffnetes Schreiben hält sie ihm entgegen.

„Mein Mann heißt Willibald Lehmann, und Sie bringen uns schon zum dritten Male unbezahlte Rechnungen an einen Herrn William Lehmann. Das ist geradezu empörend, diese ewige Verwechselung!"

Er nimmt gelassen den herrenlosen Brief an sich.

„Ach, Du lieber Himmel, bei sechs Lehmanns war er nun schon!" – – –

An der nächsten Ecke steht ein junges Mädchen, und hält den „eiligen" Mann fest.

„Können Sie mir nicht persönlich meine Briefe um diese Zeit geben?"

Ganz roth wird das hübsche Gesicht dabei.

Er lächelt verständnißinnig.

„Ich kann ja auch oben zweimal klingeln, Fräulein, – – – oder die Briefe an Sie unter die Strohdecke legen."

Sie nickt verschämt.

„Ach ja, – – wenn Sie so freundlich sein wollen!“

Meist ist er so freundlich. – – –

Dann noch eine eingehende Auseinandersetzung mit dem gerade vorüberwandelnden Herrn Rechnungsrath über die neuen Postbestimmungen, ein fliegender Handel mit Briefmarken, oder eine Adressenauskunft an Fremde, (da ja viele die Briefträger für etwas allwissendes halten) und dann entleert sich langsam, fein langsam die große, schwarze Ledertasche, aus deren Inhalt ich künftig jedem meiner Leser nur gute, erfreuende Nachrichten wünsche.

Friedenauer Lokal-Anzeiger 8. Juni 1900

Der Meilenstein in der Friedenauerstraße an der Ecke der Fregestraße, der die Entfernung einer deutschen Meile von dem Dönhoffplatze in Berlin, wo früher der große Obelisk mit dem wasserspeienden Löwen stand, anzeigt und sein genaues Pendant in Charlottenburg vor dem dortigen königlichen Schlosse besitzt, zeigt bereits recht deutliche Spuren des Verfalls. Der Putz hat große Risse und Sprünge bekommen und ist zum Theil, namentlich am Sockel, bereits ganz abgefallen, so daß die bloßen Mauersteine darunter zum Vorschein kommen. Da der Putz sozusagen eine Sandsteinimitation ist und dem Meilenstein das Aussehen eines aus Sandstein hergestellten Obelisken verleiht, so schwindet natürlich durch den gegenwärtigen Zustand jede Illusion, und man sollte doch ein derartiges immerhin recht interessantes Monument nicht gar so sehr in Verfall gerathen lassen. Vielleicht wartet man auf die Regulierung der Provinzial-Chaussee überhaupt? Nun, bis dahin wird der Meilenstein wohl völlig in sich zusammengebrochen sein.

Friedenauer Lokal-Anzeiger 5. Mai 1898

Ein 2,06 Meter hoher Roggenhalm wurde uns gestern von dem Kornfelde des Herrn Hewald in der Friedenauerstraße überbracht. Es ist das ein Zeichen, daß der Regen eine erfreuliche Wirkung auf die Saaten ausgeübt und für die Landwirtschaft großen Segen gebracht hat.

Friedenauer Lokal-Anzeiger 7. Juni 1900

Auf der um 1899 entstandenen Panorama-Aufnahme ist das noch unbebaute Areal von Stier- und Hähnelstraße zu sehen, im Hintergrund verläuft die Friedenauer Straße vom Innsbrucker Platz bis etwa zur Einmündung der Fregestraße. Aufgenommen ist das Bild aus dem Haus des Fuhrunternehmers Hewald in der Lauterstraße 34.

In der Friedenauerstraße ist der Zaun des Grundstücks neben dem ‚Ländlichen Aufenthalt' zurückgesetzt worden und es kann auch hier nunmehr der Bürgersteig gepflastert werden. Der etwa 2 Meter große Vorsprung, den die Restauration vor dem zurückgesetzten Zaun hat, macht allerdings für das Auge keinen guten Eindruck; so lange aber der sogenannte ‚Ländliche Aufenthalt' nicht einem Neubau platz macht, kann an eine Einheitlichkeit der Straße nicht gedacht werden.

Friedenauer Lokal-Anzeiger 12. August 1899

Das älteste größere industrielle Etablissement in unserem Orte, die mechanische und optische Fabrik der Firma „Karl Bamberg" feiert am nächsten Mittwoch, den 14. Oktober d. J. das Fest seines 25jährigen Bestehens. Der Begründer und frühere Inhaber der Firma, Karl Bamberg, ist vor 5 Jahren in seiner hiesigen Villa verstorben und ruht auf dem Gemeindefriedhofe hierselbst. Seine Witwe führt das sehr ausgedehnte Geschäft ganz im Sinne des Verewigten weiter und findet hierbei in dem langjährigen Geschäftsführer der Fabrik, Herrn Ludewig, sowie dem langjährigen Prokuristen des Hauses, Herrn Beversdorf, thatkräftigste Unterstützung. Das Personal gedenkt der allverehrten Prinzipalin aus Anlaß des Jubiläums eine herzliche Ovation zu bereiten, während andererseits die fürsorgliche Arbeitgeberin bei dieser Gelegenheit ihrer Anerkennung der Leistungen des Personals in angemessener Form Ausdruck geben wird. Die Fabrik zählt nicht nur in unserm Vaterlande sondern in der ganzen Welt zu den angesehensten ihrer Art; ihre Leistungen haben oft Aufsehen erregt. Der große Refraktor der "Urania" im Ausstellungspark, ein großer Transit der Berliner Sternwarte sind Produkte der Bamberger' schen Fabrik. Auch führt dieselbe große Aufträge für unsere kaiserliche Marine aus und fertigt hauptsächlich die Kompasse an. Ebenso sind eine große Anzahl der Leuchtfeuer an der deutschen Meeresküste Erzeugnisse der Fabrik. – Wir wünschen der Firma auch fernerhin ein kräftiges Blühen, Wachsen und Gedeihen!

Teltower Kreisblatt 10. Oktober 1896

In der Nachbargemeinde Friedenau fehlte es trotz der ursprünglichen Struktur der Gemeinde als Landhaussiedlung und der späteren Entwicklung zum vornehmen Wohnort nicht an **gewerblichen Unternehmungen**. Diese waren freilich kleingewerblicher Art. Ein typisches Beispiel ist etwa die Schraubstollenfabrik der Gebrüder Dähne in der Dickhardtstraße 51. Die Firma war 1868 in der Kreuzbergstraße in Berlin begründet worden und beschäftigte schon 25 Arbeiter, als sie 1873 in den neuen Vorort Friedenau zog. Hier entwickelte sich die Firma ausgezeichnet weiter, der Betrieb wurde mechanisiert, die Erzeugung ständig gesteigert, dabei aber die Zahl der Beschäftigten gesenkt, so daß 1900 nur noch sechs Beschäftigte blieben. Noch immer besteht in der Albestraße 11 die feinmechanische Werkstatt, die Paul Stückrath 1887 von der Johanniterstraße nach Friedenau verlegte. Hier wurde die Werkstatt, die in der Hauptsache Präzisionsinstrumente, insbesondere feine Waagen, Gewichte und Pendelapparate herstellte, im Erdgeschoß des neu erbauten Landhauses

Die Werkstätten für Präzisionsmechanik und Optik Carl Bamberg in der Kaiserallee, um 1898

Fabrikgebäude von C. P. Goerz in der Rheinstraße, um 1897

untergebracht. Solche kleinen, auf ihrem Gebiet aber führenden Handwerksunternehmen waren wohl die Ursache, daß sich dann bedeutendere Firmen des gleichen Gewerbes in Friedenau niederließen. Am Anfang stehen hier die Werkstätten für Präzisionsmechanik und Optik von Carl Bamberg. Auch diese waren im Jahre 1871 in Berlin, Lindenstraße 158 begründet worden und entwickelten sich unter dem genialen Leiter so, daß man größeren Platz benötigte. 1888 wurde die Firma nach Friedenau in die Bundesallee 87–88 verlegt. An das geräumige Wohnhaus schlossen sich größere Fabrikgebäude an mit zahlreichen Werkzeugmaschinen, die von einer im Kellergeschoß untergebrachten Dampfmaschine betrieben wurden. Auf einem der Fabrikgebäude gab es ein Observatorium, das der Prüfung der hier hergestellten Instrumente diente. Diese optisch-feinmechanische Tradition in Friedenau war auch die Ursache, daß hier dann in späterer Zeit zwei Großbetriebe entstanden, die Firma Goerz in der Rheinstraße und die aus der Firma Bamberg hervorgegangenen Askania-Werke.

Helmut Winz, Es war in Schöneberg, 1964

Die mechanische und optische Fabrik von C. P. Goerz in Schöneberg, welche eines der ersten Etablissements ihrer Art ist und weit über die Grenzen Deutschlands hinaus eines bedeutenden Rufes genießt, soll von dem bisherigen Domicil nach Friedenau verlegt werden. Es hat sich dies dadurch als nothwendig erwiesen, daß für die fast 300 Arbeiter und Gehilfen, die von der Firma beschäftigt werden, die bisher benutzten Räume zu klein geworden sind, und auch nicht den Anforderungen an Licht und Luft entsprechen. Für den Neubau soll das Grundstück dicht an der Steglitzer Grenze in der Rheinstraße, neben der Raabe'schen Bäckerei in Aussicht genommen sein. Bemerken wollen wir noch, daß der Firma Goerz beim Schlusse der Gewerbe-Ausstellung in Anerkennung ihrer Leistungen die von Friedrich-Wilhelm IV. gestiftete Medaille „Für gewerbliche Leistungen“ in Gold verliehen wurde.

Friedenauer Lokal-Anzeiger 21. Oktober 1896

Ein größeres industrielles Etablissement soll demnächst in unserem Ort errichtet werden. Wie wir erfahren, hat eine Berliner Bronze-Kunstgießerei in der Gegend des hiesigen Friedhofes eine Parzelle gekauft in der Absicht, die Anlagen für ihre Gießerei dort zu erbauen.

Friedenauer Lokal-Anzeiger 2. Februar 1899

1867 als Sohn eines Töpfers in der Lausitz geboren, arbeitete **Hermann Noack** schon als vierzehnjähriger Lehrling in einer Bronzegießerei in Lauchhammer, später dann als Geselle bei renommierten Gießereien in Dresden. Vor der Gründung seines Familienunternehmens 1897 – der erste Firmensitz befand sich in einer Remise im Hinterhof des Wohnhauses Gasteiner Straße 30 in Wilmersdorf – hatte sich der junge Hermann Noack mit der Montageleitung eines kolossalen Washington-Monumentes in Philadelphia, einer gigantischen Viktoria in Indianapolis und 1897 mit der Montage des 9 Meter hohen Figurenensembles vor dem Berliner Schloß zum Jubiläumsjahr „100 Jahre Kaiser Wilhelm I.“ einen Namen gemacht.

Hermann Noack I. fand 1899, inzwischen zum Meister berufen, in der Fehlerstraße 8 in Friedenau das geeignete Areal, um dort Formerei, Gießerei, Ziselierwerkstatt sowie ein Wohnhaus für seine Bildgießerei zu errichten. Die Belegschaft war auf 13 Mitarbeiter angewachsen und hatte sich bis Ende 1900 mehr als verdoppelt; zuweilen, bei Großprojekten, standen aber auch bis zu 40 Mann auf der Lohnliste.

Schon 1903 konnte ein parallel zur Fehlerstraße gelegenes Grundstück in der Varziner Straße dazu gepachtet werden, und die inzwischen etablierte Bildgießerei errichtete dort eine Halle zur Aufbewahrung der bereits beträchtlichen Anzahl an Modellen.

1910 trat der 1895 geborene Sohn Hermann Noack II. in die Firma ein. Im unmittelbaren Umkreis der Firma aufgewachsen, war es selbstverständlich, daß auch er das Formen, Gießen und Ziselieren lernte. Bis 1913 besuchte er eine Kunstgewerbeschule, um dann anschließend, nach Tradition der alten Handwerker, auf Wanderschaft durch Deutschland zu gehen.

Bildgießerei von Hermann Noack um 1908, links Hermann Noack I.

Belegschaft mit der Kolossalplastik „Wiesente“ von August Gaul, 1913

In den Jahren des Ersten Weltkrieges verringerte Noack I. die Firma auf 5 Mitarbeiter und hielt sich mit Buntmetallauswertung, Schrottsammeln, Zündergießen über Wasser. Kunst war vorerst kein Thema mehr...

Von Beginn an pflegten die Noacks einen engen Kontakt zu den Künstlern. Reinhold Begas, Louis Tuaillon, Fritz Klimsch, August Gaul, Ernst Barlach, Renée Sintenis, Georg Kolbe, Wilhelm Lehmbruck, Käthe Kollwitz und viele andere nutzten die technischen und handwerklichen Fertigkeiten der Gießerei; in der Werkstatt erprobten sie ihre Ideen, um sie gemeinsam mit den Bronzegießern zu realisieren.

Aus dieser ersten Zeit der Gießerei sind heute in Friedenau noch einige Werke zu sehen:
Auf dem Friedhof befindet sich am Grabstein der Familie Fehler das Reliefbildnis Adolf Fehlers, an der Fassade des Hauses Niedstraße 4 ist zwischen den Erkerfenstern die Halbfigur eines Mönchs in Kutte und Kapuze und oben am Giebel eine Engelsfigur dargestellt *(siehe auch S. 103)*. Renée Sintenis „Grasendes Fohlen“ von 1929, ebenfalls bei Noack gegossen, steht seit 1970 auf dem nach der Künstlerin benannten Platz.

Nach dem Zweiten Weltkrieg wurde die Rekonstruktion und Restaurierung historischer Denkmäler wie beispielsweise der „Große Kurfürst“ vor dem Charlottenburger Schloß oder die „Quadriga“ auf dem Brandenburger Tor von dem Unternehmen begleitet. Ob die „Viktoria“ auf der Siegessäule, eine Skulptur von Henry Moore vor dem „Haus der Kulturen der Welt“ oder die John F. Kennedy-Gedenktafel am Schöneberger Rathaus – Noacks Handwerkskunst ist überall in Berlin präsent.

Und als Silvester 1989 im Freudentaumel der Wiedervereinigung die Quadriga von enthemmten Andenkenjägern und blindwütigen Wandalen werksattreif geschlagen wurde, kam sie danach selbstverständlich wieder zu Noack nach Friedenau.

Grabmedaillon Adolf Fehlers,
Arbeit der Gießerei Noack 1904

Das Gasthaus ‚Rheinschloß', über dessen Richtefest wir seiner Zeit berichteten, ist nun auch schon und zwar am 1. Weihnachtsfeiertage eröffnet worden, und man kann wohl sagen, daß sein Besitzer, Herr Oskar Förster, damit den Einwohnern von Friedenau eine schöne Weihnachtsfreude gemacht hat. – Es ist aber auch eine Anlage, wie ihresgleichen kaum in Berlin zu finden sein dürfte, eine Anlage, die dem Orte Friedenau unzweifelhaft zur Zierde gereicht und nicht unwesentlich zur Hebung des Ortes beitragen wird. –

Als ein wahres Schloß sieht sich das Bauwerk von außen an, feenhaft des Abends, wenn es erleuchtet ist: und dem Aeußeren entspricht auch das Innere, in welcher Hinsicht besonders die Größe und Höhe der Räume, ihre bequeme Verbindung untereinander und ihre vornehme Ausstattung zu loben sind. Der zahlreiche Verkehr, der jetzt schon in dem Gasthause stattfindet und von Tag zu Tag zunimmt, beweist, daß für eine solche Anlage in Friedenau thatsächlich ein Bedürfniß vorhanden war. Vom Morgen bis spät Abends sieht man Gäste ein- und ausgehen, und alle sind von der Einrichtung der Räume sowohl, wie auch von der Bewirthung höchlichst befriedigt. –

Durch ein monumentales Vorgarten-Portal gelangt man in die geräumige Hausnische und von hier aus durch besondere Thüren zu den einzelnen Abtheilungen des Gasthauses, nach links in die behaglichen, in altdeutschem Stile eingerichteten Bierstuben, nach rechts in eine überaus trauliche Weinstube, und von den Thüren in der Mitte führt eine in das Vestibül zu den Garderoben und Sälen, und die andere eine Treppe hinauf zu den oberen Gesellschaftsräumen, Vereins-, Spiel- und Billardzimmern. Auch die letzteren Räume, die eine ganz eigenartige und anheimelnd schöne Ausstattung erhalten haben, sind sehr besucht, besonders an Sonn- und Feiertagen von Familien. –

In den Vereinszimmern sind unter anderen auch der ‚Friedenauer Radfahrer-Verein' bereits heimisch. Die höher gelegenen Räume, welche zu Chambres-garnis eingerichtet werden, sind noch nicht eröffnet, sollen aber auch bald ihrer Bestimmung zugeführt werden. Im Souterrain befinden sich zwei Kegelbahnen, welche den Normal-Kegelbahnen in der Hasenheide nachgebildet sind. Daselbst liegt auch die Küche mit den patentirten

Kühlvorrichtungen, durch welch letztere auch die Getränke stets in der richtigen Temperatur erhalten werden. –

Der große ca. 700 Personen fassende Parquettsaal mit Bühne wird Mitte Januar fertig gestellt und eröffnet werden. Nach dem zu urtheilen, was man bis jetzt davon sehen kann, wird der Hauptsaal hinsichtlich seiner Ausstattung alle anderen Räume noch weit übertreffen. Auch die Akustik des Saales soll eine ganz vorzügliche sein. Als einen großen Vorzug muß man es ansehen, daß die Räume allesammt durch Centralheizung erwärmt werden, die schönen gediegenen Möbel der Lokalitäten hat die rühmlichst bekannte Firma J. G. Pfaff in Berlin geliefert. Der Erbauer des Hauses ist, wie bekannt, Baumeister Emil Schütze hier, Hauffstraße und die geschmack- und reizvollen Malereien, welche besonders hervorgehoben zu werden verdienen, hat der Dekorationsmaler Max Kuschel in Berlin ausgeführt. An Bieren führt das ‚Rheinschloß' Siechen, Pilsener und Schöneberger Schloßbräu. Auch das Weingeschäft wird von Herrn Förster in größerem Maßstabe betrieben. Vermöge seiner direkten Beziehungen zu den angesehensten Weinhäusern des In- und Auslandes ist Herr Förster in der Lage, mit den größten Weinhandlungen Berlins zu konkurrieren. Und so denn: ‚Glück auf' dem Rheinschloß!

Friedenauer Lokal-Anzeiger 4. Januar 1896

Ein ungetreuer Hausdiener des Etablissements ‚Rheinschloß' wurde am Montag verhaftet und nach Moabit gebracht. Es war vom Besitzer des ‚Rheinschlosses', Herrn Förster, mehrfach bemerkt worden, daß ihm Flaschen der besten Rothweinmarken verschwunden seien. Der Verdacht des Diebstahls lenkte sich bald auf einen Hausdiener. Bei einer Untersuchung seines Koffers fand man denn nicht allein den vermißten Wein, sondern auch die feinsten Cigarren, Liqueure, Cognac ec. Der Dieb wurde von Herrn Förster sofort entlassen und da er ohne ein Domizil war, nach Moabit gebracht.

Friedenauer Lokal-Anzeiger 16. Dezember 1896

Der Kaiser in Friedenau. Ganz unverhofft besuchte der Kaiser gestern unseren Ort. Er fuhr nach dem Atelier des Bildhauers Casal, dem die Reparatur der geschändeten Denkmäler in der Siegesallee übertragen wurde. Bei der Gruppe Albrechts des Bären sind an der Nebenfigur des Bischofs Viter von Brandenburg die beschädigten Theile durch eine entsprechende Reparatur ersetzt worden. In ähnlicher Weise werden jetzt an der Gruppe Ottos II. den Begleitfiguren, Heinrich von Antwerpen und Johann Gans zu Putlitz, der zertrümmerte Gänsekiel und die Dokumentenrolle neu ersetzt. Hier lassen sich die abgeschlagenen Bruchstücke in künstlerischer Vollendung wiederherstellen. Dagegen läßt sich eine derartige „Flickarbeit" an vier Nebenfiguren nicht durchführen, da es sich bei denselben um eine Nachmodellierung von Gesichtszügen handeln würde, die von sachverständiger Seite von vornherein für wenig aussichts- und erfolgreich gehalten wurde. Der Kaiser hat zu diesem Zweck einen Wettbewerb unter den Künstlern veranstaltet, aus dem Bildhauer Casal als Sieger hervorgegangen ist. Ihm ist vom Kaiser die Anfertigung der vier Nebenfiguren übertragen worden. Herr Casal ist augenblicklich mit der Ausführung des Auftrages beschäftigt. Und zur Besichtigung der Vorarbeiten begab sich der Kaiser in das Atelier und zwar ganz ohne vorherige Anmeldung. Herr Amtsvorsteher Major Rönneberg erfuhr die Anwesenheit Seiner Majestät zu spät und war erst zur Stelle, als der Kaiser schon Friedenau verlassen hatte.

Friedenauer Lokal-Anzeiger 9. Januar 1900

Atelier des Bildhauers Valentino Casal, Bachestraße 10, um 1910

Ueber Hundediebstähle ist in letzter Zeit häufig Klage geführt worden. Vor 10 Tagen, am 21. Juni, verschwand ein in Friedenau gut bekannter weißer Spitzhund, der zweifellos gestohlen und nach außerhalb verschleppt sein mußte. Der Besitzer des Hundes erließ ein entsprechendes Inserat in unserem Blatte und es wurde ihm bald mitgetheilt, daß ein solcher Hund im Garten einer Villa nahe des Friedrich-Wilhelmplatzes, die erst bezogen werden sollte, den Nachmittag über angebunden gewesen sei. Er ermittelte ferner, daß zwei Arbeiter der Auergesellschaft, die dort gearbeitet hatten, am Abend den Hund an einem Lederriemen mitgeführt hätten. Auf eine an die Berliner Kriminalpolizei erstattete Anzeige ist ein Bescheid bisher nicht eingetroffen; der Bestohlene sah sich deshalb veranlaßt, Mitte der vergangenen Woche seine privaten Ermittlungen fortzusetzen und wurde hierbei von der Auergesellschaft in zuvorkommenster Weise unterstützt. Nach Feststellung der Namen der betreffenden Arbeiter wurde sofort ein Radfahrer beauftragt, die Arbeiter von ihrer Arbeitsstelle nach dem Büreau zu beordern. Die Leute, deren einer in Weißensee der andere in Friedrichsberg wohnt, wurden einem scharfen Verhör unterzogen und gestanden schließlich ein, den Hund mitgenommen zu haben, der inzwischen weitergegeben war. Die Auergesellschaft sorgte dafür, daß der Hund herbeigeschafft wurde, und entließ dann die beiden Arbeiter auf der Stelle. Ob man es mit gewerbsmäßigen Hundedieben zu thun hat, wird hoffentlich die Kriminalpolizei feststellen.

Friedenauer Lokal-Anzeiger 3. Juli 1899

Der „verlorene" Sohn. Eine hiesige Familie unternahm am Sonntag Nachmittag mit einer befreundeten Berliner Familie auf einem Einspänner einen Ausflug nach dem Grunewald. Unterwegs hatte man jedenfalls des Guten zu viel genossen, denn bei der Nachhausefahrt kippte der Wagen um, und als man zu Hause die Häupter der Lieben zählte, fehlte ein 12jähriger Knabe. Der Junge war bei Schlachtensee vom Wagen gefallen und von den Seinen vergessen worden. Er war jedoch „helle" genug und wanderte die Nacht über fürbaß. Um 7 Uhr früh erreichte er endlich Friedenau. Was nicht soliden Leuten auf solcher Waldfahrt alles passieren kann!

Friedenauer Lokal-Anzeiger 18. Juli 1899

Ueber Straßen-Unfug, der allabendlich an der Ecke Schmargendorfer- und Rheinstraße von jungen Leuten und Mädchen verübt wird, gehen uns lebhafte Klagen zu. Es fallen dabei häufig unfläthige Redensarten, so daß das Treiben unserem Ort nicht zur Zierde gereicht. Vorgestern Abend kam es sogar zu einer regelrechten Boxerei zwischen zwei Frauenzimmern und der Skandal hielt über eine Stunde an. Wir empfehlen die Ecke einer sorgfältigeren Beobachtung unserer Polizeiorgane.

Friedenauer Lokal-Anzeiger 12. August 1899

Theodor Sauer
Lacke u. Farben en gros
Friedenau-Berlin
Wag. 1.
Wag. 2
2. GESCHÄFT
Bahnstr. 9

Dr. Walter Benedict

Wie wir Friedenau um und nach 1900 erlebt haben ...

Damals war Friedenau eine selbständige Gemeinde und gehörte verwaltungsmäßig noch nicht zu Berlin, sondern zum Kreis Teltow. Denn ein Groß-Berlin gab es erst später. Demgemäß lautete die postalische Bezeichnung „Friedenau bei Berlin“. Name und grundrißbewußtes Entstehen gingen auf die Friedenszeit nach dem deutsch-französischen Krieg zurück.

Mit seinen Nachbarorten hatte Friedenau damals nur lose Fühlung: vom Lauterplatz bis weit in das Schöneberger Gebiet, vom Friedrich-Wilhelm-Platz in Richtung Schmargendorf und Wilmersdorf, ebenso jenseits der „Kaisereiche“ nach Steglitz hin dehnten sich Kornfelder und Wiesen, unterbrochen von wenigen Gehöften, Lagerplätzen und vereinzelten Wohnhäusern. Der Bahnhof Friedenau der alten Wannseebahn, die neben dem jetzt abgebrochenen Potsdamer Bahnhof nahe der Linkstraße ihren Ausgang nahm, lag auf Schöneberger Gebiet. Auch der Ringbahnhof Wilmersdorf war exterritorial und diente vorwiegend dem benachbarten Wilmersdorfer Wohnkomplex. Zwischen ihm, dem Birkenwäldchen und der Kaiserallee befand sich auf dem Gelände des späteren Wagnerviertels eine große Radrennbahn, auf der „Flieger“ und „Steher“ vor großen Holztribünen und überhöhten Kurven mit oder ohne sehr lärmhafte Schrittmachermaschinen ihre Runden drehten. Mit seiner aufgelockerten Bauweise, seinen hübschen breiten Vorgärten, seinen baumbestandenen Straßen, seinen gepflegten Anlagen und seinem im ganzen recht gemäßigten Verkehr war Friedenau um die Jahrhundertwende und noch lange danach auch wirklich idyllisch. Es gab weder glatt gepflasterte noch asphaltierte Straßen; die Fuhrwerke waren auf dem Kopfsteinpflaster – abgesehen von den wenigen „Equipagen“ besonders Wohlsituierter hatten sie ja keine Gummibereifung – recht lärmhaft; verfielen sie aber in Trab und das war häufig der Fall, dann gab es einen Höllenlärm, unter dem man sein eigenes Wort nicht verstand. In solchen Fällen mußten beispielsweise die Fenster unseres Klassenzimmers zur Aufrechterhaltung des Unterrichts geschlossen werden.

Zur Straßenbeleuchtung dienten „Gasfunzeln“, in den Wohnungen und Treppenhäusern neben dem „Gasstrumpf“ noch Petroleumlampen. In unserer bis Ostern 1902 bestehenden „Höheren Knabenschule zu Friedenau“, damals noch in der Albestraße, hatten wir ganz einfache Gasbrenner; es war ein wirklich dürftiges Licht an dunklen Wintertagen! Gasglühlicht und elektrisches Licht bekamen wir erst später im neuen Gymnasium am Maybachplatz.

Zu den öffentlichen Einrichtungen gehörte die „Freiwillige Feuerwehr“: In der Handjerystraße, Ecke Schmargendorfer Straße, befand sich am Rande eines sonst noch unbebauten Geländes das Spritzenhaus. War irgendwo ein Feuer ausgebrochen, eilten die freiwilligen Feuerwehrleute auf ein Tutsignal aus ihren Läden, Handwerkerstuben oder Wohnungen, sich im Laufschritt den Helm aufstülpend, die Uniformjacke und den breiten Hakengürtel zurechtziehend, zu diesem Spritzenhaus und zogen Lösch- und Leiterwagen zur Brandstätte. Das war für die Zuschauer jedesmal ein recht ergötzliches Schauspiel. Schaffte es die „Freiwillige“ nicht, und das kam oft genug vor, dann kamen die Berufswehren aus Wilmersdorf, Steglitz oder Schöneberg mit ihren pferdebespannten

Leiterwagen und Dampfspritzen im Trab oder Galopp zu Hilfe und entwickelten einen großen Betrieb – so recht nach unserem Herzen.

Was damals sehr gut, sogar besser als heute arbeitete, war die Post; es gab Briefzustellungen an Wochentagen, zweimal an Vormittagen und zweimal an Nachmittagen, selbstverständlich auch morgens an Sonn- und Feiertagen, zu Neujahr, zu Weihnachten und Ostern ununterbrochen. Das Telefon war nur sehr wenig verbreitet: das Fräulein vom Amt Friedenau wurde mit der Kurbel angerufen und vermittelte die Verbindungen über ihren Klappenschrank.

Aus meiner Kindheit erinnere ich mich noch an die Dampfbahnen, die in den 90er Jahren vom Schloßpark Steglitz durch die Rheinstraße nach Schöneberg und durch die Kaiserallee nach Wilmersdorf fuhren; an ihre Stelle traten später die Elektrischen mit gleichen, später mit verlängerten Linienführungen, z. B. durch die Saarstraße über die Wannseebahn hinweg zum Schöneberger Stadtteil „Neu-Friedenau". Die Hauptverkehrsstraße und für uns Gymnasiasten „Flanierstraße" war die Rheinstraße, beginnend am Lauterplatz, wo am Mittwoch und Sonnabend Markt abgehalten wurde und namentlich die „Werderschen" Gemüse, Obst, Eier usw. feilboten, nachdem sie ihre Pferdefuhrwerke in der Lauterstraße und auf einem dort gelegenen Gehöft aufgereiht hatten. Denn Autos gab es damals überhaupt nicht oder nur ausnahmsweise; in größerer Zahl kamen sie zum Ende des ersten Jahrhunderts auf und galten als ausgesprochener Luxus. Lastautos waren wegen ihrer anfänglichen Anfälligkeit einer noch späteren Zeit vorbehalten. Damals wurde aber das Radfahren Mode. In seinen ersten Jahren war es wegen der möglichen Gefährdung der Fußgänger an polizeilich ausgestellte Führerscheine gebunden. Wir durften die Räder auf dem Wege zur Schule benutzen.

In der Rheinstraße, deren bebauter Teil nur bis zur Kirchstraße, später bis zur Roennebergstraße reichte, war Geschäft an Geschäft, u. a. die Wohlthat'sche Buchhandlung, bei der wir unsere Schulbücher kauften, wenn wir nicht der Buchhandlung der Gossner'schen Mission in der Handjerystraße den Vorzug gaben. Bemerkenswert war noch die Adler-Apotheke, die der Vater unserer beiden Mitschüler Sadée übernommen hatte, daneben die Geschäftsstelle des „Friedenauer Lokal-Anzeigers", gegenüber das Restaurant „Rheinschloß" und vorn an der Ecke Ringstraße ein größerer Biergarten. Hier begannen die Umzüge der alljährlich stattfindenden besonderen Veranstaltungen, etwa zum Erntefest und zum Schützenfest, zu denen sich Krieger-, Turn- und Schützenvereine, die Freiwillige Feuerwehr und andere Gruppen mit ihren Musikkorps zusammenfanden und zu einer Festwiese mit Schießbuden, Karussells und dergleichen führten. Abends war dann ein Fackelzug mit bengalischem Feuerwerk. In diesem Zusammenhange sind noch die „Hohenzollernsäle" in der Handjerystraße zu nennen, wo Theaterveranstaltungen, Musikabende und die Veranstaltungen vaterländischer Vereine mit lebenden Bildern und dergleichen abgehalten wurden.

In der Schloßstraße, also bereits auf Steglitzer Gebiet aber nahe der Kaiserallee, fand zweimal im Jahr ein „Rummel" statt, auf dem es neben Karussells, Berg- und Talbahnen sowie Buden verschiedenster Art zu unserer Zeit erstmals ein „Bioskop" gab, den Vorgänger unseres heutigen Kinotheaters. Die Filmstreifen zeigten damals vorwiegend komische, aber auch schon tragischdramatische Vorgänge, oftmals auch beides miteinander vermengt, mit untermalender Klaviermusik und wurden, was zum Verständnis wichtig war, mit Erläuterungen eines Podiumansagers begleitet. Ein Anreißer lud draußen mit lauter Stimme und vielversprechenden Andeutungen über den Inhalt der Filme zum Eintritt ein; aber die Vorstellung begann nicht früher, bis alle oder die meisten Plätze besetzt waren. Erst später taten sich allmählich die ersten Kinos bescheidenster Form in leerstehenden Läden auf; ihr Besuch war uns Schülern verboten, und so konnten wir solche Genüsse unbeobachtet allenfalls in den Nachbarorten suchen.

Uns Gymnasiasten war auch der Besuch des Rummels seitens der Schule allenfalls in Begleitung Erwachsener gestattet, und so mußten wir Umwege machen, um nicht gesehen und dann etwa mit dem Verdikt „mangelnder sittlicher Reife" belegt zu werden. Überhaupt bot uns Steglitz Möglichkeiten zu allerlei Vergnügungen: da war die übrigens durchaus legitime Tanzstunde im Restaurant Schloßpark, ferner die neu aufgekommene Rodelbahn am Fichtenberg, der Bummel auf der Albrechtstraße und manches andere mehr. Friedenau hatte weniger dergleichen; allenfalls die Eisbahn auf dem Turn- und Spielplatz neben unserem Gymnasium am Maybachplatz, die Grubeschen Tennisplätze in der Wiesbadener Straße für den Sommer, als Eisbahn für den Winter. Hier oder – was schon gewagter war – auf dem „Bummel" in der Rheinstraße begegnete man den höheren Töchtern mit ihren kleidsamen Mozartzöpfen und begleitete seine „Flamme" auf mehr oder weniger großem Umwege nach Haus, dabei allerdings nicht ohne Besorgnis, einem Gymnasiallehrer zu begegnen und dann vielleicht am nächsten Tage besonders „dranzukommen" oder einer ironischen Anrede standhalten zu müssen.

Ein Rathaus hatten wir in Friedenau damals übrigens noch nicht. Zwar bestand wohl eine Notwendigkeit dafür, und ein solcher Bau war deshalb lange im Gespräch und gab Anlaß zu allerhand Scherzen. Als dann auf dem Markt an der Haltestelle Lauterplatz auf vielfachen Wunsch hin endlich eine Bedürfnisanstalt errichtet wurde, galt sie allgemein als das „kleine Rathaus"; das große entstand erst viel später in den Jahren 1913–1917.

Um 1910 verzogen wir nach Berlin; mein Abitur bestand ich Ostern 1912 und sah von da an Friedenau nur in immer größeren Zeitabständen. Aber in meiner Erinnerung bin ich ihm als der Stätte einer ziemlich sorglosen Jugend und seinem Gymnasium als Grundlage meiner späteren Jahre und Jahrzehnte bis auf den heutigen Tag treu geblieben, Mitschülern und Jugendfreunden immer einmal wieder begegnet. Dann hieß es stets: „Weißt Du noch, was für eine schöne Zeit in Friedenau...!"

Friedenau – Aus der Geschichte und dem Leben einer Landgemeinde, 1964

Sehr geehrte Redaktion! Es wäre einmal dringend nötig, daß Sie sich das Treiben unserer Gymnasiasten in der Rheinstraße ansehen. Die jungen Bürschchen scheinen sich dort wirklich als „Herren" zu fühlen und das Recht in Anspruch zu nehmen, sich flegelhaft betragen und das Publikum belästigen zu dürfen. Zur Zeit des Stelldicheins mit 12–13jährigen „höheren Töchtern" ist es beinahe garnicht möglich, die Rheinstraße zu beschreiten. In „Rudeln" zu oftmals 6 und mehr halten sie dort ein fesches „Backfischchen" fest und versperren den Weg. Wenn jemand nun gar noch den „Poussierenden" zuschaut oder zu seinem Nachbar irgend eine witzige Bemerkung macht, so kann er die ganze Bosheit dieser Herren Jungen verspüren. Man erkennt in ihnen dann nicht gesittete junge Leute, sondern „Gassenbuben". Aber auch sonst durchschwärmen sie die Rheinstraße, machen an irgend einem Schaufenster Halt, bekriteln die im Schaufenster befindlichen Waren ec. in unanständiger Weise und verdrängen geradezu das Publikum von den Fenstern und Bürgersteigen. Ich war manchmal Zeuge, wie die „Jungen" über ältere Damen und Herren ihre „Glossen" machten, und wenn so ein Angegriffener die Bengels ob ihrer Ungezogenheiten zurückweist, so heben sie ein „Indianergeheul" an. Wenn nun schon die „Poussade" der Kinder nicht gerade danach angetan ist, gute Sitte zu erheben (ich erinnere nur daran, daß hier vor einiger Zeit eine etwa 12jährige höhere Tochter einem Knäblein das Leben schenkte), so verdienen doch noch mehr die Ungehörigkeiten gegenüber dem Publikum der Rüge. Wie ich höre, sollen auch Steglitzer Gymnasiasten wegen des auf der Rheinstraße herrschenden „freien" Lebens gern nach Friedenau kommen. Ich möchte Sie bitten, doch eine entsprechende Notiz in Ihrem Blatte zu bringen, damit die Schulleiter und Lehrer ihren Schülern in Erinnerung bringen, was sich geziemt. Nicht nur in, sondern auch außerhalb der Schule, sollen doch die Schüler der erzieherischen Tätigkeit der Schule nicht entbehren. Auch unsere Polizisten dürften wohl ein Recht haben, die Ansammlung der Gymnasiasten zu verhindern. Hochachtungsvoll, W. R … s

Friedenauer Lokal-Anzeiger 23. Mai 1907

Rheinstraße um 1900

Der Sportpark Friedenau

Nachdem es den Friedenauern mit Hilfe des Reichskanzlers Fürst Bismarck 1885 gelungen war, die Errichtung einer großen Gasanstalt auf dem noch unbebauten Gelände zwischen Kaiserallee, Handjerystraße und den Gleisen der Ringbahn im Nordwesten Friedenaus zu verhindern, lag das Gelände für ein Jahrzehnt brach.

Das großartige Sportplatz Unternehmen, das von einer Anzahl hervorragender Sportfreunde für den Westen von Berlin dicht bei Friedenau in einer Weise geplant wird, daß bisher keine andere Weltstadt ein auch nur ähnliches Sport-Etablissement aufzuweisen hat, geht jetzt seiner Ausführung entgegen, nachdem inzwischen alle Schritte zur Sicherung des Projektes in aller Stille gethan worden sind.

Eröffnet werden soll das Unternehmen bereits im Juni nächsten Jahres, und soll dann der eigentliche Sportplatz, welcher Radrennbahn, Schießstände, großer Turnplatz, Lawntennisplätze, Fechthalle u. ferner ein großartiges Clubhaus, Eisbahnen, Restaurants umfassen wird ununterbrochen im Sommer und Winter in Betrieb bleiben. In dem Parketablissement, welches einen künstlerisch angelegten Garten mit Grotten, Laubengängen und Pavillons, See- und Wasser-Anlagen enthalten wird, soll im Sommer ein ausgezeichnetes Orchester, möglichst eine Symphonie-Kapelle, täglich spielen und überhaupt das vornehmste Gesellschaftsleben kultiviert werden.

Zur Durchführung dieses großartigen Projektes ist eine Aktien-Gesellschaft unter dem Namen „Sportpark-Aktiengesellschaft" in der Bildung begriffen, deren Kapital 1 200 000 Mark beträgt.

Sonntag in Friedenau, 1901

Die Finanzierung des Unternehmens, die von einigen hervorragenden Banken unterstützt wird, soll, nachdem die sämmtlichen Vorbereitungen nunmehr soweit gediehen sind, in den allernächsten Tagen erfolgen.

Friedenauer Lokal-Anzeiger 16. November 1895

Der Sportpark war ein Begriff weit über die Ortsgrenzen Friedenaus hinweg. Die Anlage wurde zu Beginn des Jahres 1896 angelegt und konnte schon im Sommer des gleichen Jahres in Betrieb genommen werden. Eine Rennbahn war die Hauptattraktion, die erste dieser Art in Berlin und Umgebung. International beachtete Radrennen wie „Der große Preis von Deutschland" oder das „Goldene Rad von Friedenau" wurden dort im Sommer veranstaltet. In den Wintermonaten gab es im Oval der Rennbahn eine Eisbahn.

Da waren hinter dem Platz die roten Bogen der Ringbahn, und von fern dröhnte es schon von der Friedenauer Radrennbahn herüber. Gerade hatte Robl das „Goldene Rad von Friedenau" vor ein paar Tagen gewonnen, und die ganze Gegend war deshalb noch voll Aufregung, stand unter dem Zeichen der Rennfahrer. Die Beamten an der Sperre der Ringbahn hatten noch verbundene Finger, weil sie Blutblasen von dem Knipsen bekommen hatten. Heute trainierte man nur. Aber trotzdem waren die Menschen hingeströmt und brüllten ermunternd im Takt den Fahrern ihr „Feste, Willem! Treten, Müller!" zu, so daß man es straßenweit hörte …

Georg Hermann, Der kleine Gast, 1925

Die Geschichte des Sportparks Friedenau ist untrennbar mit dem Namen **Thaddäus Robl** verbunden, dem berühmtesten und erfolgreichsten Radrennfahrer seiner Zeit.

Im Alter von 19 Jahren verließ Robl seine Heimatstadt München und begann seine Profikarriere im Straßenrennen. Bei den Distanzfahrten Wien-Triest, Petersburg-Moskau, Wien-Salzburg war er stets unter den Ersten. Im Jahr 1898 ging Robl nach Frankreich, dem Land der großen Straßenrennen. Dort und in Belgien errang er erste internationale Titel. Wieder zurück in Deutschland wendete sich Robl dem weitaus lukrativeren Bahnradrennen zu und gewann 1900 dann sein erstes Rennen auf der Bahn in Friedenau.

Ein Jahr später begann Thaddäus Robls Glanzzeit. Unbestritten war er der beste Dauerfahrer Deutschlands und nahezu der beste der Welt. Das Jahr 1901 brachte Robl den größten Erfolg, die Weltmeisterschaft. Im Friedenauer 24-Stundenrennen gewann er über Kerff, Miller, Lesna, Fischer und Ryser. Robls Popularität nahm mit jedem Sieg zu: im „Goldenen Rade" 1902, der ihm ein Jahr vorher von Bouhours entrissen worden war, in der Europameisterschaft und anderen Erfolgen. Sie brachten ihm viele neue Anhänger, und als er auch seinen Sieg in der Weltmeisterschaft erneuerte, kannte die Begeisterung keine Grenzen.

Im Winter 1902 zog es den Weltmeister für mehr als ein halbes Jahr sogar nach Australien, wo er an mehreren Radrennen teilnahm. In Deutschland setzte er danach insbesondere in Friedenau seine Siegesserie fort, erneuerte im Sportpark seinen Europameistertitel und gewann bis 1905, als die Anlage abgerissen wurde, in jeder Saison das „Goldene Rad von Friedenau".

„Wenn Robl mit Aufwendung aller Kräfte dem Gegner zu Leibe geht, wenn er tritt, daß man glaubt, das Rad breche unter ihm zusammen, dann muß selbst das Herz des größten Skeptikers Feuer fangen; man fragt sich unwillkürlich, ist das ein Mensch oder eine automatische Puppe, die, einmal aufgezogen, ihren Weg vollendet. Wenn es einem der Neulinge gelingen würde, die Leistungsfähigkeit Robls zu erreichen, wer weiß, ob er auch seine Popularität erreicht. Robl ist unstreitig der populärste Rennfahrer der Welt.

Um alle Zweifel zu beseitigen, stellen wir hiermit fest, daß Robl zwar schon oft im Begriffe war, den Ehering anzulegen, daß er aber bis auf den heutigen Tag Junggeselle geblieben ist. Wir wollen daher den zahlreichen Neugierigen nochmals die tröstliche Versicherung geben: Robl ist nicht verheiratet."

Biographien berühmter Rennfahrer, Berlin 1906

Der Sportpark am 25. Mai 1902: „Das Goldene Rad von Friedenau"

Der Radrennfahrer Thaddäus Robl mit seinem Gespann, 1903

Zum goldenen Rad von Friedenau

Goldnes Rad! Ein Derby-Rennen!
Weltbedeutend, klassisch, echt! –
Werd ich's wohl besingen können,
Wie – als Patriot – ich's möcht'?
Seht, was Menschen-*Hände* schaffen
Konnten, wußt' man längst genau,
Doch die Macht der Menschen-*Beine*
Zeigt sich erst in *Friedenau*!

Ob nun Hartwig, Robl, Köcher
Oder Kannamüller wird
Uns'res deutschen Sportes Rächer – –
Oder ob man sich geirrt
Und es holen sich die Preise
Walters, Lesna und Bouhours –
Einer bleibt bestimmt der Sieger,
Darauf leist' ich einen Schwur!

Jedenfalls wird's ein Vergnügen
Großen Stils, dort zuzuschau'n,
Wie die Menschen förmlich fliegen
Und sich gegenseitig – hau'n!
Wie dort mit Motoren rasseln
Schrittmacher rings um die Bahn,
Wie die Spannung stets sich steigert,
Bis sie sich dem Endspurt nah'n.

Und wenn drauf Depeschen künden
Überall in Land und Stadt
– Von Stockholm bis nach Graubünden –
's Resultat vom *goldnen Rad*,
Seht, dann weiß man's aller Orten
– Von New-York bis Kiautschau –
Daß Du, *Sportpark*, bist geworden
Schrittmacher für Friedenau!!

Friedenauer Lokal-Anzeiger 5. Mai 1899

Thaddäus Robl

Mein schönstes Rennen

Am Start. Meine Schrittmacher hatten alles fertig gemacht. Ich verbarg ihnen meine Unruhe und tat, als sei ich voller Siegeshoffnung. Nebenan hörte ich die Maschinen der Ausländer schnurren und die Schrittmacher waren so vergnügt, als hätten sie den Sieg im 100-Meilen-Rennen von Friedenau schon in der Tasche. Das Publikum strömte schon früh in den Sportpark. Nicht um Köcher, Käser oder mich, den meisten Berlinern ziemlich unbekannte Fahrer, sondern um Elkes, Walters und Taylor zu sehen. Es waren viele Zuschauer gekommen. Ringsum eine schwarze Wand. Und diese schwarze Wand wird in Bewegung geraten, wenn Elkes das Rennen gewinnt. Nach menschlichem Ermessen war Elkes nicht zu schlagen. Weder Walters noch Taylor hatten das Training so leicht gefahren wie der Amerikaner. Als ich am Start stand, kam über mich eine Wut. Ich hörte die Abfahrt der Motortandems und den Startschuß ganz in der Ferne, aber nach den ersten Tritten wußte ich, was ich wollte: Mit Ehren unterliegen.

Die ersten Runden. Walters Leute waren die schnellsten, hinter ihnen Taylor, dann Käser und dann kamen meine Leute. Ich spurtete wie ein Wahnsinniger, um Elkes nicht vorzulassen, aber statt des Amerikaners erschien Köcher neben mir. Ich entrann ihm und jagte hinter Käser her. Schon nach fünf Runden jagte Taylor dem Engländer die Spitze ab und ich ging an Käser vorbei. Mein Schrittmacher sagte mir, daß Elkes dicht hinter mir sei, nachdem er Käser und Köcher überholt habe, und ich mußte schneller fahren, um dem Amerikaner zu entgehen. Käser und Köcher wurden bald überrundet und bei 10 km eroberte Walters die Spitze zurück. In der 21. Runde ging ein Schrei durch das Publikum. Ich sah nichts, aber mein Schrittmacher sagte mir, Elkes sei gestürzt. Ich schämte mich fast des in mir aufsteigenden Gefühls; das Ausscheiden des Amerikaners gab mir Aussicht auf den 3. Platz. Ich fühlte mich stark und feuerte meine Schrittmacher an. Beide traten zur Unterstützung des Motors, was sie treten konnten und ich spurtete wie ein Flieger hinterher. In der 27. Runde waren wir neben Taylor, dessen Schrittmacher alles aufboten, Erlaubtes und Unerlaubtes, um mich nicht vorbeizulassen, aber ich hatte so eine Sauwut, daß ich nicht locker ließ. Ich kämpfte wie ein Löwe und das Publikum feuerte mich an.

Der Sieg in Reichweite. Ich fühlte mich sehr sicher, weil ich leichter fuhr als je zuvor, da kam der kalte Schlag. Nach 35 km setzte mein Motor aus und ich war ohne Führung. Alle Hoffnung sah ich begraben, und hatte schon den Gedanken, das Rennen aufzugeben, als eine Ersatzmaschine für mich erschien. Nach 50 km klappte Walters zusammen. Ich sah, wie er trank, und nutzte diesen Aufenthalt des Engländers tüchtig aus. Nach 56 km gab Taylor völlig erschöpft auf, während Walters frischer wurde. Aber die Herrlichkeit bei dem Engländer dauerte nicht lange, und nach 65 km war auch er fertig und ich zog davon. Ich trieb meine Schrittmacher an und schlug den deutschen 80-km-Rekord um eine Minute. Dann fielen alle deutschen Rekorde und bei zwei Stunden schlug ich den Weltrekord um 35 m. Ich legte 106,902 km zurück. Je länger das Rennen währte, desto leichter fuhr ich. Nie in meinem Leben hatte ich mich so frisch gefühlt und bedauerte jetzt den Sturz von Elkes, am 15. August 1900 hätte ich auch ihn regelrecht geschlagen.

Nach dem Rennen – Ein Traum. Was sich nach dem Rennen abgespielt hat, empfinde ich auch heute noch wie im Traum. Man hob mich vom Rade, hängte mir einen Kranz um und trug mich auf den Schultern um die Bahn. Statt zu lachen, habe ich geweint; die Tränen sind mir wie ein Sturzbach über die Backen gelaufen. Ich hatte ein seeliges Gefühl. Alles drehte sich um mich und ich konnte den Gedanken, daß ich das Rennen gewonnen hatte, nicht fassen.

Noch am Abend des Renntages telegrafierte ich an meine Mutter. Ich war sehr stolz, als ich das Telegramm am Schalter aufgab, und mich der Beamte fragte, ob ich Robl sei.

Der Aufstieg von einem dem großen Publikum unbekannten Dauerfahrer zum Besieger der bedeutendsten Dauerfahrer Englands, Frankreichs und Deutschlands und zum Weltrekordmann war der schönste Erfolg, den ich in meiner langen Rennfahrerlaufbahn errungen habe und mit Stolz gedenke ich des 100-Meilen-Rennens im Sportpark Friedenau.

Noch heute trage ich einen Ausschnitt aus der „Radwelt" in der Brieftasche, auf welchem steht: „Das Resultat des Tages war ein hocherfreuliches, in dem ein deutscher Steher nach langer Zeit zum ersten Male gegen erstklassige ausländische Konkurrenz das Heft in Händen behielt. Der Sieg muß dem Münchner hoch angerechnet werden und gibt ihm vollen Anspruch darauf, sich für die Zukunft zur internationalen Extraklasse zu rechnen."

Sport-Album der Rad-Welt, 1919

Rennfahrer Thaddäus Robl † Robl, der Löwe der Friedenauer Radrennbahn, hatte sich in den letzten Jahren der Aviatik zugewendet. Am Sonnabend nahm er mit seinem Farmanapparat auf dem Kreckower Felde bei Stettin an einem Flugwettbewerb teil. Trotz windigen Wetters stieg er Abends um 7 Uhr 45 Min. auf. Als er schon zur Landung schritt, stürzte er plötzlich aus einer Höhe von etwa 20 Metern herab. Er kam unter seinem Apparat zu liegen und hatte das Genick gebrochen. Thaddy Robl war am 22. Oktober 1877 in München als Sohn eines Steinsetzmeisters geboren. Seine Leiche wird dort beigesetzt werden. Auf der Friedenauer Radrennbahn und anderwärts hat er als Dauerfahrer manchen Sieg errungen. Seit er vor Jahren hier einen gefährlichen Sturz erlitt, wovon er einen Knax zurückbehielt, war er nicht mehr auf der Höhe. Er wandte sich nun der weniger anstrengenden Aviatik zu, bei der er nun im besten Mannesalter seinen schnellen Tod fand.

Friedenauer Lokal-Anzeiger 20. Juni 1910

SPORTPARK WILMERSDORF-FRIEDENA
"der Berliner Sportpark Gesellschaft A.G.

Sportplatz-Wilmersdorf-Friedenau.
Al

Continental Pneumatic.
Brennabor Räder
Muster-Ausstellung Kronen Str. 11

Saal
Festlichkeiten
Restaurant zum Sportpark
von
Emanuel Klahr.
Grosse & Kleine
Vereinszimmer
Fernsprecher

Entlang der Handjerystraße

Handjery- und Stubenrauchstraße bilden mit ihrem charakteristischen Rundbogen um den Friedrich-Wilhelm-Platz das südliche Ende der in die Berliner Stadtbaugeschichte eingegangenen „Carstenn-Figur". Die Kaiserallee, als direkte Verbindung zwischen dem Kurfürstendamm und Lichterfelde gedacht, eine mit 45 Metern Breite und 4-facher Rüsternreihe angelegte Prachtstraße, war in Carstenns Planung auch Spiegelachse der zu beiden Seiten mit Rundplätzen und Querstraßen symmetrisch anzulegenden projektierten Wohngebiete. Im Wilmersdorfer Teil der Figur wurden westlich der Allee der Nikolsburger- und der Fasanenplatz, östlich der Prager- und der Nürnberger Platz angelegt. In Friedenau baute man südlich des Kaiserplatzes in leicht veränderter Form auf der westlichen Seite den Hamburger- und Schillerplatz und gegenüber der Kaiserallee den Maybach- und den Wilmersdorfer Platz. Der Hamburger Platz ist schon sehr früh der Friedhofsplanung zum Opfer gefallen.

Ein Blick auf den Berliner Stadtplan von heute beweist: Carstenns Ideen hatten Bestand.

Die Bebauung der Handjerystraße, die ursprünglich in der Planungsphase um 1870 noch als Elberfelder Straße bezeichnet wurde, setzte in den 1880er Jahren ein. Dann hieß sie Promenade I, II und III; ihren jetzigen Namen erhielt die Straße 1883 zu Ehren des Landrates des Kreises Teltow, Nikolaus Prinz von Handjery.

Ihr Pendant, die Stubenrauchstraße, deren Bebauung erst nach der Jahrhundertwende abgeschlossen wurde, sollte ursprünglich Nassauer Straße heißen, wurde dann aber Promenade IV, V und VI genannt und erhielt schließlich 1889 ihren heutigen Namen nach Ernst von Stubenrauch, Prinz von Handjerys Nachfolger im Amt.

Friedenau aus dem Luftschiff aus 400 Metern Höhe, um 1912

Der frühere langjährige Landrath des Kreises Teltow, Regierungspräsident a. D. Nikolaus Prinz Handjery ist am Freitag im Alter von 64 Jahren gestorben. Der Verstorbene, der sich um den Kreis Teltow, namentlich die Berliner Vororte, große Verdienste erworben hat, stand 16 Jahre an der Spitze der Verwaltung des Kreises. Fast alle Vororte haben nach ihm, zum Andenken an sein segensreiches Wirken, eine Straße mit seinem Namen verewigt. So auch unser Friedenau mit seiner fast längsten vornehmsten Straße, der Handjerystraße. Prinz Handjery ist am 18. Dezember 1836 geboren. Nach dem Besuch des Friedrich Wilhelm-Gymnasiums und Ablegung der Abschlußprüfung trat er in das Garde-Kürassier-Regiment ein, um sich der militärischen Laufbahn zu widmen. Diese Absicht gab er später auf; er bezog die Universität Bonn, um das Studium der Staats- und Rechtswissenschaften zu betreiben. Nach Ablegung des großen Staatsexamens war er als Regierungs-Assessor bei der Königlichen Regierung in Potsdam, dem Königlichen Polizei-Präsidium in Berlin und in dem Ministerium für Landwirtschaft, Domänen und Forsten thätig. Später verwaltete er das Landrathsamt in Jüterbog kommissarisch. Das Teltower Landratsamt hat Prinz Handjery von Ende 1869 bis zu seiner Berufung als Regierungs-Präsident in Liegnitz – 1. April 1885 – verwaltet. Aus diesem Amt ist er nach 10jährigem Wirken krankheitshalber geschieden. Als Mitglied der konservativen Partei gehörte er von 1869 bis 1873 und dann wieder von 1881 bis 1890 dem deutschen Reichstage, von 1870 bis 1876 und dann wieder von 1879 bis 1884 dem preußischen Abgeordnetenhause an. In beiden Häusern vertrat er den Kreis Teltow-Beeskow-Storkow-Charlottenburg. Er besaß in den Gemeinden großen Einfluß, sein Wort galt viel; er hat es bei wichtigen Entschließungen zum Segen der Gemeinden häufig in die Wagschale geworfen.

Nikolaus Prinz von Handjery

Friedenauer Lokal-Anzeiger 11. Dezember 1900

Dr. jur. Nikolaus Prinz von Handjery, der am 7. Dezember 1900 in Dresden an einem Gehirnschlag starb, war Friedenau in den 16 Jahren als Landrat besonders verbunden. Wohlwollend unterstützte er schon die Belange der ersten Ansiedler bei den Verhandlungen, welche 1874 schließlich zur Gründung der Landgemeinde führten.

Seine Beerdigung fand am 14. Dezember 1900 auf dem alten Matthäi-Kirchhof in Schöneberg statt.

In der Handjerystraße sind mehrere Wohnhäuser aus den verschiedenen Bauphasen Friedenaus – um 1885, 1892 und 1910 – auf engstem Raum versammelt, die die Entwicklungstendenzen des Bauens in Friedenau anschaulich darstellen.

Denkmale in Berlin – Ortsteil Friedenau, 2000

Aus dem Friedenauer Vereinsleben

Den gesellschaftlichen Mittelpunkt fand der Friedenauer in seinem Verein. Im Adreßbuch von 1914 sind mehr als 80 davon verzeichnet.

Da gab es die **gemeinnützigen Vereine** wie die Freiwillige Feuerwehr, die Sanitätskolonne vom Roten Kreuz, den Tierschutzverein für die westlichen Vororte von Berlin, den Verein der Gartenfreunde in Friedenau, den Verein für Ferienkolonien oder die Fürsorge-Vereinigung patriotischer Frauen und Männer Friedenaus.

Unter den **kommunalpolitischen, wirtschaftlichen und Berufsvereinen** wie der Gemeinde-Beamten-Vereinigung Friedenau, dem Verein der Unteren Postbeamten, dem Haus- und Grundbesitzerverein, dem Friedenauer Bürgerverein, dem Verein für Gast- und Schankwirte, dem Verein für Papier- und Schreibwarenhändler, dem Verein der Schneidermeister und dem Verein der Bäckermeister hatten auch die Ärzte, Lehrer, Oberlehrer, Handwerker und Hauswarte ihren Verein.

Zu den **kirchlichen Vereinen** gehörten unter anderem der Friedenauer Parochialverein, der Evangelische Verein Junger Männer, die Vereinigung der „Positiven von Nathanael" und der Jüdische Religions-Verein.

Der Krieger- und Landwehr-Verein, der Deutsche Flottenverein, der Veteranen- und Kriegerverein und die Ortsgruppe Friedenau des deutschen Wehrvereins gehörten zu den **patriotischen Vereinen.**

Die größte Vereinsgruppe bildeten die **Gesang-**, **Musik-**, **Theater-** und die **Turn- und Sportvereine.**

Umzug des Männer-Turnvereins zu Friedenau, Handjery- Ecke Roennebergstraße, um 1906

Gesungen wurde im 1875 gegründeten Friedenauer Männergesang-Verein, dem ältesten Friedenauer Verein überhaupt, im Kirchenchor, der Friedenauer Liedertafel, in der Gesang-Abteilung für gemischten Chor oder auch im Männergesangverein Rütli, musiziert wurde in der Orchester-Gesellschaft des Westens (Dilettanten-Verein) oder im „Mandolinen und Guitarren-Chor Redlinger" in Friedenau. Für das Theater gab es nur einen Verein: den Theaterverein „Xerxes". Neben dem größten aller Vereine, dem Männer-Turnverein zu Friedenau, konnte man sich noch im Tennis- und Hockey-Club 1899 und in der Schützengilde Friedenau sportlich betätigen oder in einen der fünf Kegelclubs mit Namen wie „Fidele Schieber", „Lustige Brüder" oder „Musterkugel" eintreten.

Unter den **Gesellschafts- und Vergnügungsvereinen** waren die „Geschlossene Gesellschaft Friedenau", die Freimaurerische Vereinigung oder auch der Plattdütsch Vereen „Waterkant för de westlichen Vörurte von Berlin" und die Vereinigung der Angehörigen der „Tanzschule Wilke". Vergnügen konnte man sich ebenfalls im Lotterieverein „Glückauf", im Sparverein „Solide" oder im Rauchverein „Vesuv".

Politische Vereine hatten die Konservativen, die Nationalliberalen, die Fortschrittlichen und die Sozialdemokraten; auch gab es den Reichsverband gegen die Sozialdemokratie, Ortsgruppe Friedenau.

Selbstverständlich hatte auch jeder Verein sein Lokal, in welchem die regelmäßig stattfindenden Zusammenkünfte abgehalten wurden. Eines der beliebtesten war das vornehme Restaurant „Zum Hohenzollern" in der Handjerystraße 64. Das Haus verfügte über mehrere Festsäle und eine Kegelbahn. Später entstand dort Friedenaus größtes Kino, die „Hohenzollern-Lichtspiele". Das Gebäude wurde im Zweiten Weltkrieg zerstört.

Handjerystraße 65, Ecke Kirchstraße, um 1906

Handjerystraße 71, um 1907

Namhafte Architekten wie Max Nagel oder Otto Hoffmann entwarfen die ersten Häuser der Handjerystraße und ihrer Querstraßen. Anfänglich waren dies nur Landhäuser, doch am 15. Januar 1887 war von der königlichen Regierung eine neue Bauordnung erlassen worden, die sich bald auf fast sämtliche Vororte ausdehnte. Selbst für die Villenvororte im Südwesten wurden fünfstöckige Mietshäuser zur angemessenen Bauart erklärt.

Neben dem Landhaus Handjerystraße 70 hat H. Franzke 1888 und 1891–92 auf dem Grundstück Handjerystraße 71 ein dreigeschossiges Mietswohnhaus ohne Souterrain, aber mit einem ausgebauten Mansardengeschoß errichtet. Das Haus spiegelt die veränderte baurechtliche Situation nach Inkrafttreten der neuen Bauordnungen von 1887 beziehungsweise 1892 wider, die ein Überschreiten der zweigeschossigen Bauweise erlaubten.

Denkmale in Berlin – Ortsteil Friedenau, 2000

In der ganzen Berliner Umgegend entwickelte sich, begünstigt durch den allgemeinen wirtschaftlichen Aufschwung, eine umfangreiche Terrainspekulation, die am intensivsten in den westlichen und südwestlichen Vororten war, wo der 1887 begonnene Bau der Wannseebahn auch eine durchgreifende Verbesserung der Verkehrsverhältnisse in Aussicht stellte. Mit der Terrainspekulation ging eine rege Bautätigkeit Hand in Hand, die das Aussehen vieler Vororte vollständig veränderte. Auf den bisher unbebauten Grundstücken wurden fast durchweg fünfstöckige Mietskasernen mit Seitenflügeln und Hinterhäusern aufgeführt, die hier ihre hohen kahlen Brandmauern in geschlossener Baumasse auf freiem Felde erhoben, dort sich zwischen die niedrigen Häuser der alten

Dorfstraßen eindrängten. Vielfach riß man ältere Villen und Bauernhäuser nieder, um sie durch hochragende Neubauten zu ersetzen. Die zierlichen Gärten verschwanden und machten den engen großstädtischen Höfen Platz. Die natürliche Entwicklung der Vororte wurde in gesundheitlicher und ästhetischer Beziehung eine durchaus ungünstige. Auch die grundbuchlichen Baubeschränkungen civilrechtlicher Natur boten nur einen schwachen Schutz gegen diese Entwicklung, da sie teilweise durch freies Übereinkommen zwischen den Interessenten wieder aufgehoben wurden.

Am schlimmsten war die Veränderung natürlich in den nächsten Vororten. Jetzt erst erhielten, Charlottenburg, Schöneberg, Rixdorf ec. ihr heutiges Aussehen, das in den neuen Quartieren keinerlei Unterschiede gegenüber dem Berliner Straßenbild aufweist. Auf die Entwicklung der nördlichen Vororte war der Einfluß der Bauordnung bedeutend geringer, sodaß ihre spätere Beseitigung keinerlei Schwierigkeiten machte; einmal waren die Verkehrsverhältnisse sehr mangelhaft, und außerdem hatte die Spekulation in den riesigen noch unbebauten Flächen des nördlichen Berliner Weichbildes mehr als ausreichenden Tummelplatz zur Betätigung ihres Tatendranges. Im Südwesten dagegen wurden auch in den entfernteren Vororten, in reichen Villenkolonien, wie in Friedenau, Lichterfelde und Südende zahlreiche Mietskasernen errichtet; überall gingen die Bodenpreise, der erhöhten Ausnutzungsfähigkeit der Grundstücke entsprechend, rapide in die Höhe, auch wenn vorläufig noch keine Bebauung stattfand. Binnen wenigen Jahren änderten sich die Verhältnisse so vollkommen, daß eine durchgreifende Revision der baupolizeilichen Bestimmungen ohne Schädigung zahlreicher privater Vermögensinteressen kaum möglich schien.

Paul Voigt, Grundrente und Wohnungsfrage in Berlin und seinen Vororten, Jena 1901

Freunde einer ‚gut gebratenen Gans‘ haben am Montag Abend eine solche, wenn noch nicht gebraten, ohne Bezahlung von einem Delikatessenladen am Wilmersdorfer Platz verschwinden lassen. Während der Geschäftsinhaber vor Dunkelwerden noch 5 der ‚Kapitolinischen Vögel‘ zählte, waren beim Hineinnehmen am Schluß des Geschäfts nur 4 noch vorhanden. Doch hatte der Dieb nicht etwa eine Gans von dem auf einem entfernteren Zaun hängenden genommen, sondern sich eine an dem Eingang der Ladenthür herausgesucht.

Friedenauer Lokal-Anzeiger 25. November 1896

Handjerystraße Ecke Wilmersdorfer Platz, um 1900

Am Wilmersdorfer Platz, wo sich Handjery- und Schmargendorfer Straße kreuzen, endet der Bogen, den die Handjerystraße von der Kaiserallee bis hierher beschreibt. Über das Leben der frühen Bewohner der Schmargendorfer Straße und des Wilmersdorfer Platzes, im Volksmund auch „Amorplatz“ genannt, berichtet Frida Brücker ausführlich in ihren Erinnerungen. *(S. 82 ff)*

In der Handjerystraße 80 wohnte um die Jahrhundertwende Friedenaus Poet **Eduard Jürgensen**, im Ort besser als „Onkel Ete“ bekannt. *(S. 258 ff)* Mit seinen zahlreichen Veröffentlichungen im Friedenauer Lokal-Anzeiger, in denen er in unverwechselbarer Weise hiesige Ereignisse und Begebenheiten humoristisch kommentierte, wurde er rasch zu einer beliebten Friedenauer Berühmtheit. „In Friedenau gibt's doch das meiste Federvieh“, schrieb er einmal und meinte damit nicht die Nutztierhaltung, die damals in der Kolonie noch selbstverständlich war, sondern seine Berufskollegen, die zahlreichen Schriftsteller und Journalisten, die Friedenau schon seit seiner Gründung als bevorzugten Wohnort wählten. Wie weise und zeitlos diese Feststellung Onkel Etes war, zeigt sich bis in die Gegenwart und insbesondere in der Gegend um die Handjerystraße, wo unter anderen Max Frisch, Günter Grass und Uwe Johnson gelebt und gearbeitet haben.

In der Niedstraße 14 wohnte ab 1909, nachdem er von der Saarstraße fortgezogen war, für einige Jahre der Politiker, Schriftsteller und Herausgeber der „Neuen Zeit“ **Karl Kautsky** *(S. 114 ff)* mit seiner Familie. Im gleichen Haus bezog 1911 der Maler **Karl Schmidt-Rottluff** *(S. 303 ff)* eine Atelierwohnung unter dem Dach.

Hans Bohrdt hat Jahrzehnte hindurch in der von ihm erbauten, vom Hitlerkrieg verschont gebliebenen Villa Niedstraße 13 gewohnt und gearbeitet. Das Haus fiel dadurch aus dem Rahmen, daß es mit einem Kran versehen war, um große ‚Schinken‘, wie Hans Bohrdt große Gemälde selbst bezeichnete, aus dem im Obergeschoß gelegenen Atelier auf die Straße schaffen zu können. Nach einer abenteuerlichen Jugend in Nord-, Mittel- und Südamerika wurde er als Autodidakt Marinemaler, wie man dieses Genre nennt, das das Meer zur Grundlage hat. Der Kaiser und sein Bruder, Prinz Heinrich, gehörten auch zu den Liebhabern seiner Bilder und waren des öfteren Gäste in seinem Atelier. Kennzeichnend für die damaligen Zeiten, insbesondere im ruhigen, friedlichen Friedenau, war, daß ein Besuch Prinz Heinrichs stets ohne jegliche Sicherheitsmaßnahme

Nied- Ecke Handjerystraße, um 1910

Nied- Ecke Handjerystraße, um 1910

seitens der Behörde vor sich zu gehen pflegte; kam der Kaiser, wurde ‚ein ganzer' Schutzmann ‚mobilisiert', der für die Dauer des Besuches vor dem Grundstück ‚spazierenging'. Fand ein solcher ‚Spaziergang' statt – anders kann man diese Sicherheitsmaßnahme nicht bezeichnen – , dann wußte die Straße: Aha!

Werner Heilmann, Friedenau 1871–1920, 1964

In die Albestraße 11 verlegte 1887 der Feinmechaniker **Paul Stückrath** seine „Werkstatt für physikalische Präzisions-Instrumente“. Der Betrieb befaßte sich mit der Herstellung von Waagen, Gewichten und Pendelapparaten. Noch bis in das Jahr 1964 befanden sich in denselben Räumen Nachfolgebetriebe der Firma unter dem gleichen Namen.

Die bekannte, 1872 gegründete Optische Werkstätte **Paul Waechter**, die ihre Mikroskope weltweit exportierte, bezog 1891 ihre neuen Räume in der Albestraße 21, wo dann auch Objektive für Fotoapparate hergestellt wurden.

Im Jahre 1897 wohnte im Haus Albestraße 16 **Lyonel Feininger**. Der 1871 in New York geborene deutschstämmige Künstler kam 1888 nach Berlin. Noch unbedeutend, verdiente er sich seinen Lebensunterhalt als Karikaturist für die Wochenzeitung „Humoristische Blätter”. Zwischen Studienaufenthalten in Hamburg, Lüttich und Paris kehrte er immer wieder nach Berlin zurück. 1909 wurde er Mitglied der „Berliner Secession”. Von 1919 bis 1933 lehrte er am Bauhaus in Weimar. Im nationalsozialistischen Deutschland als „entarteter Künstler” gebrandmarkt, kehrte er 1936 nach New York zurück. Der Maler und Graphiker Lyonel Feininger gilt als einer der bedeutendsten Wegbereiter der Moderne.

Albestraße, um 1900

Albestraße 26, um 1908

Herr Professor Dr. phil. Hans Droysen, Albestraße 12, kann morgen mit seiner Gattin das Fest der silbernen Hochzeit feiern. Dem Jubelpaare, das bereits eine Reihe von Jahren hierselbst wohnhaft ist, gehen bereits zahlreiche Glückwünsche aus Freundes- und Bekanntenkreisen zu. Möge es dem Jubelpaare vergönnt sein, auch die goldene Hochzeit in gleicher Frische und Gesundheit zu feiern.

Friedenauer Lokal-Anzeiger 29. März 1905

Töchter des Historikers Hans Droysen, Albestraße 12, 1902

Der Historiker und Gymnasialprofessor Hans Droysen war der Sohn des bedeutenden Historikers und Politikers Johann Gustav Droysen, der 1848 Mitglied der Deutschen Nationalversammlung war.

In der ersten Zeit nach der Gründung der Kolonie mußten die Kinder noch nach Schöneberg oder Wilmersdorf zur Schule gehen. Doch schon am 1. Dezember 1875 wurde eine Klasse in den Mieträumen des Hauses Ringstraße 49 eingerichtet. Im Jahr 1876 kaufte die Gemeinde ein in der Albestraße 32 stehendes Landhaus, in dem die Gemeindeschule dann untergebracht wurde. Bereits ein Jahr später wurde das Nachbargrundstück Albestraße 31 erworben. Bis 1886 gab es nur eine Klasse, die von dem im Schulhause wohnenden Hauptlehrer Wilhelm Ukrow unterrichtet wurde. Die Schülerzahl war inzwischen auf 115 Kinder angewachsen, von denen die älteren Jahrgänge vormittags und die Jüngeren nachmittags den Unterricht besuchten. Die Verhältnisse verbesserten sich ein wenig, als durch einen weiteren „Ankauf auf Abriß" die Nachbarvilla Albestraße 33 dazugekauft werden konnte.

Doch erst 1896 war es soweit: Das von der Gemeinde gebaute neue Schulhaus verfügte jetzt über 16 Klassenräume sowie über einen Schulhof und eine Turnhalle.

Die Uebergabe des neuen Schulgebäudes in der Albestraße an Gemeinde-Vorstand und Gemeinde-Vertretung erfolgte am Dienstag, den 14. d. M., Vormittags 10 Uhr. Der 4-stöckige Bau mit Zubehör ist von dem königl. Reg.-Baumeister Herrn von Salzwedel projectirt und innerhalb ¾ Jahr von dem Architekten Herrn Leist ausgeführt. Unter Führung des Letzteren und den Erklärungen desselben mit Interesse folgend begaben sich die Versammelten zuerst über die solid massiv gebauten Treppen, und die mit Gasglühlicht versehenen, hellen und breiten Korridore passirend, auf den geräumigen und durch seine Helle auffallenden Boden, über dessen Verwendung und Verwerthung seitens der Gemeinde-Vertretung bisher jedoch noch keine Bestimmungen getroffen wurden. Hiernach wurden die Schulzimmer besichtigt, deren das Haus 16 enthält, je 1 für 50 Schüler berechnet, 3,75 m hoch und wohl den peinlichsten Ansprüchen an Licht, Luft und Wärme genügend: Mächtige mit Zuggardinen versehene Fenster bieten dem Tageslichte bequemen Eingang, während für erforderliche Fälle jedes Zimmer auch mit Gasarmen versehen ist. Eine praktische, leicht regulirbare Ventilationseinrichtung bietet frische Luft, und mächtige mit Anthracit zu heizende, Tag und Nacht in Function befindliche Kachelöfen zum Kaufpreise von 190 M. sorgen,

Gemeindeschule in der Albestraße, um 1898

bei den durchschnittlichen Tageskosten von 40 Pfg. an Brennmaterial, für die nöthige Wärme. Das im Erdgeschoß belegene Conferenz- sowie das daran stoßende Rectorzimmer fallen durch etwas comfortablere Ausführung (Tapeten, Auerlicht ec.) auf, während schließlich die Kellerräumlichkeiten trotz verhältnismäßiger Tiefe, wiederum eine anerkennenswerthe Helle aufweisen. In ihnen wurde nächst der Gasuhr und den Wasseranlagen speciell die Sicherheitsvorrichtung gegen Wassergefahr bei großen Regengüssen in Augenschein genommen, dieselbe soll in jedem Falle (!) sicher functioniren. Im Keller, welcher zur Aufbewahrung des Brennmaterials vorgesehen ist, befinden sich dann noch die Toiletten für die Herren Lehrer, wohingegen die Bedürfnißanstalten für die Schüler und Schülerinnen ihren Platz in einem besonderen Gebäude gefunden haben. Die Gesammtkosten und die Kosten im einzelnen für den Bau sind überaus billig und belaufen sich auf pro cbm Umbauteraum 13½ M.; der Berliner Magistrat, der durch billiges Bauen bekannt ist, zählt, wie hier bemerkt wurde, pro cbm 15 M. Nach erfolgter Besichtigung sprach der Gemeinde-Vorsteher, Herr Major Roenneberg, allen Betheiligten seine volle Zufriedenheit und rückhaltlose Anerkennung aus.

Friedenauer Lokal-Anzeiger 18. Juli 1896

Um 1970 wurde das Gebäude abgerissen. Die entstandene Baulücke, bis 1985 als Spielplatz genutzt, ist trotz starken Bürgerprotestes mit dem Bau eines Seniorenwohnheims auf ganzer Front geschlossen worden.

Handjery- Ecke Albestraße, um 1898

Max Halbe, 1865 in Danzig geboren, promovierter Philologe und freier Schriftsteller, soll schon in den späten Achtzigern des 19. Jahrhunderts nach Friedenau gekommen sein. Seinen ersten Erfolg hatte er mit dem Theaterstück „Freie Liebe", das 1890 veröffentlicht wurde.

In einer kleinen Mansardenwohnung des Hauses Handjerystraße 86 Ecke Albestraße schrieb er dann 1893 sein Liebesdrama „Jugend". Das gegen die bürgerliche Moral aufwiegelnde Drama wurde kurze Zeit später zu einem der größten Theatererfolge seiner Zeit. Die Verfilmung des Stoffes erfolgte 1922 und 1938.

Rainer Maria Rilke beschrieb die Wirkung des Stücks „wie ein Gewitter, dessen Wucht man bebend empfindet". Alfred Kerr verglich es mit Shakespeares „Romeo und Julia".

1894 wechselte Max Halbe seine Wohnung und zog ein paar Häuser weiter in die Niedstraße 10, wo er im 3. Stock ein Eckzimmer bewohnte. Ein Jahr später ließ er sich in München nieder.

Ein Friedenauer Original um 1900 war **Wachtmeister Meier**, der Handjerystraße Ecke Maybachplatz wohnte und über lange Zeit der einzige Vertreter der öffentlichen Ordnung war. Er soll ein hünenhafter Kerl von äußerst respektablen Proportionen gewesen sein, dessen Uniform und Stiefel deshalb „nach Maß" angefertigt waren. Der Goldschmiedemeister Gustav Ostwald in der Rheinstraße mußte für ihn sogar einen besonderen Trauring herstellen, weil die gängigen Größen ihm nicht paßten.

Meier um 1900

Wachtmeister Meier wurde stets als erster Repräsentant der Gemeinde beordert, wenn ein hochrangiger Besuch wie beispielsweise ein Mitglied der kaiserlichen Familie oder gar der Kaiser selbst in Friedenau angekündigt war.

Für Ruhe und Ordnung in der Villenkolonie zu sorgen gehörte jedoch zu seiner ersten Pflicht. Erst 1908 bekam der inzwischen zum Amtswachtmeister beförderte Meier Verstärkung durch einen von der Gemeinde angestellten Polizeikommissar.

Die Friedenauer nannten ihren Wachtmeister auch „Blaumeier", möglicherweise wegen seines von ihm selbst entworfenen hellblauen Dienstrockes, wahrscheinlicher aber, weil er gerne ein Gläschen über den Durst trank. „Das Fettauge des Gesetzes" hieß er bei der Jugend, die ihm auch so manchen respektlosen Spottvers widmete:

„Alle Menschen müssen sterben, und der Schutzmann Meier auch.
Wer wird nun die Hose erben? Wer paßt dann in ihren Bauch?"

In der Albestraße 5 wohnte die Familie des Rechnungsrats Schreck. Unsterblich in der Filmgeschichte wurde der Sohn Max 1922 als Darsteller des Vampirgrafen Orlock in dem Stummfilm „Nosferatu, eine Symphonie des Grauens", dem Meisterwerk von Friedrich Wilhelm Murnau, einer Verfilmung des Romans „Dracula" von Bram Stoker. **Max Schreck** starb 1936 in München.

Albestraße 6 war 1896 die Adresse des Schriftstellers **Heinz Tovote**, dessen Romane und Novellen im Stil Maupassants meist erotische Themen aus dem dekadenten Großstadtmillieu behandelten. Sein erster Roman „Im Liebesrausch", den er 1890 schrieb, war sein größter Erfolg. Heinz Tovote, 1864 geboren, starb 1946.

„Meine Klaviermusik ist dumm und unbedeutend. Ich habe kein eigentliches Interesse an diesem Instrument. Meine Domaine scheinen das Orchester und die große Gesangsmusik zu sein", behauptete der am 6.Januar1838 in Köln geborene **Max Bruch** im Alter von 32 Jahren, als er bereits bedeutende Werke komponiert hatte.

Nach Studien in Köln und Leipzig arbeitete er zunächst in verschiedenen deutschen und ausländischen Städten als Dirigent und Chorleiter, bis er 1891 zum Professor für Komposition an der Berliner Akademie ernannt wurde. Er war seinerzeit einer der am meisten geschätzten Komponisten und wurde mit Titeln und Ehrungen überhäuft. Seine zahlreichen, zu Lebzeiten viel aufgeführten Werke sind bis auf wenige Ausnahmen nahezu in Vergessenheit geraten. Ungebrochener Beliebtheit erfreut sich nach wie vor sein populäres Violinenkonzert g-moll von 1868, auch sein „Kol Nidrei" für Violoncello und Orchester ist noch des öfteren zu hören.

Alfred Bürkner, Friedenau – Straßen, Häuser, Menschen, 1996

Aufgrund seines schwierigen Charakters und seiner inneren Rastlosigkeit konnte Bruch sich beruflich oftmals nur zeitlich begrenzt etablieren. Nach vielen Stationen im In- und Ausland kehrte er, gegen seine bisherige Auffassung, Berlin sei für einen Komponisten wohl nicht der geeignete Wohnsitz, 1890 dennoch wieder nach Berlin zurück, wo er bereits von 1870–1873 als freischaffender Künstler und 1878–1880 als Leiter des Sternschen Gesangvereins tätig war. Er zog am 9. September 1890 in die Friedenauer Albestraße 3, wo er dann dreißig Jahre bis zu seinem Tode wohnte.

Zu seinem achtzigsten Geburtstag, gefeiert im Haus in der Albestraße, das heute eine Gedenktafel in Erinnerung an Max Bruch ziert, verlieh ihm der Bürgermeister von Friedenau die Ehrenbürgerwürde, der Kultusminister im Auftrag des Kaisers den Kronenorden zweiter Klasse und die Berliner Universität den Ehrendoktor der Philosophie und der Theologie.

Max Bruch verfiel im Frühjahr 1920 in eine Art Dämmerzustand und entschlief sanft in den Morgenstunden des 2. Oktober.

Musikgeschichte im Spiegel der Berliner Friedhöfe, 2004

Albe- Ecke Handjerystraße, um 1900

Ein dreister Diebstahl mittelst Einsteigens ist am Mittwoch in der Souterrain-Wohnung des Hauses Lauterstraße 34 verübt worden. Als die Eheleute B., welche tagsüber außerhalb auf Arbeit waren, Abends in ihre Wohnung zurückkehrten, fanden sie sämtliche Behältnisse erbrochen und durchwühlt vor. Alle werthvollen Gegenstände, wie einige Schmucksachen und die besseren Kleidungsstücke, waren geraubt. Der Dieb war offenbar durch das Fenster eingestiegen, hatte, um nicht überrascht zu werden, die Thür abgeschlossen und dann in aller Ruhe sein verbrecherisches Werk ausgeführt. Auf die bei der Polizei erfolgte Anzeige begab sich Herr Wachtmeister Meier sofort an den Thatort und stellte fest, daß nur ein mit den Verhältnissen Vertrauter der Dieb sein könne. Der Beamte entnahm dann aus den Erzählungen der Frau B., daß ein Mädchen, welches bei den Leuten verkehrt hatte, einer Begegnung mit Frau B. absichtlich ausgewichen sei, und folgerte, als er den Namen derselben (Minna Fahrenholz) erfuhr, daß dies die Diebin sei. Denn ihr Name ist der Polizei bekannt. Es ist diejenige Person, welche, wie wir seinerzeit gemeldet haben, in der Zufluchtsstätte, Albestraße 8, wo sie zur Besserung untergebracht war, die aufsichtführende Schwester bestahl und mit dem schwarzen Kleide derselben angethan sich in den Ballsälen der Umgegend amüsirte. Die Vermuthung des schnell handelnden Herrn Wachtmeisters erwies sich als zutreffend; sofort in der Wohnung der F., die sich zuletzt in Wilmersdorf aufhielt, vorgenommene Recherchen förderten das gestohlene Gut zu Tage, und die Diebin konnte verhaftet und dem Untersuchungsrichter vorgeführt werden, welcher sich noch mit anderen von der Unverbesserlichen verübten Strafthaten zu beschäftigen haben wird.

Friedenauer Lokal-Anzeiger 11. Juni 1898

In dem von Max Nagel 1885–1886 entworfenen Landhaus Albestraße 8 Ecke Handjerystraße 87, das auf dem Bild rechts noch zu sehen ist, wurde 1898 die „Christliche Zufluchtstätte für gefährdete und verirrte Mädchen" eingerichtet.

Im Nachbarhaus Handjerystraße 88, vom gleichen Architekten errichtet, lebte von 1892 bis zu seinem Tode 1917 der Geheime Kanzleirat und Friedenauer Kommunalpolitiker **Friedrich Bache**.

Beide Landhäuser, ein wichtiges Ensemble der ersten Bauphase Friedenaus, heißen seit 1970 „Thiele-Winkler-Haus", einer Einrichtung zur Betreuung geistig behinderter Erwachsener.

Auf der gegenüberliegenden Seite, Handjerystraße 22 Ecke Albestraße 9, steht das nach Plänen von A. Müller 1887–1888 entstandene dreigeschossige freistehende Wohnhaus, bauhistorisch ein schönes Beispiel für den Übergang vom Landhaus zum kleinen Mietwohnhaus. Dahinter ist das 1892 fertiggestellte ehemalige Gebäude der Gossner- Mission zu erkennen.

Handjerystr. 68

— keine Miethskaserne! —

Wohnung parterre, 3 Stuben, Kammer, Küche Nebengelaß, Balkon, Garten zu vermiethen.

Der Priester und Pfarrer **Johannes Evangelista Gossner** gründete 1836 in Berlin die nach ihm benannte Mission, eine „Gesellschaft zur Beförderung der evangelischen Mission unter den Heiden", die ab 1858 in einem kleinen Gebäude in der Potsdamer Straße 31 untergebracht war. Dort wohnten auch die „Zöglinge", die nach ihrer Ausbildung, welche nicht nur eine theologische, sondern insbesondere eine handwerkliche war, als Missionare in die „Heidenländer" geschickt wurden. Nach Gossners Tod wurde der Theologe Carl Plath 1871 zum Leiter der Gossner Mission berufen. Plath, 1829 geboren, studierte nach seiner Gymnasialzeit in Posen bis 1853 in Halle und Bonn Theologie und orientalische Sprachen. Im Jahr 1863 übersiedelte er nach Berlin und wurde dort Inspektor im Dienst der Berliner Mission. In den folgenden Jahren verfaßte Plath eine Reihe missionswissenschaftlicher Schriften, die ihn weithin bekannt machten. Carl Plaths Lebenswerk allerdings wurde die Gossnersche Missionsgesellschaft. Ende der 1880er Jahre entschloß er sich, das zu klein gewordene Haus in der Potsdamer Straße zu verkaufen und nach Friedenau zu gehen. Am 16. September 1890 wurde der Grundstein zum neuen Haus in der Handjerystraße 19/20 gelegt. In der hauseigenen Zeitschrift „Die Biene auf dem Missionsfeld" berichteten die ersten Bewohner des Hauses im September 1891: „Ja, wir müssen uns schämen, daß wir geringen Leute so wohnen sollen... Aber wir freuen uns sehr, daß wir hierher geführt worden sind, aus der Enge in die Weite, aus dem Getobe der Luft Berlins in die gute Luft und die Stille des Vororts mit dem schönen Namen, wo wir uns von nun an recht heimisch fühlen werden."

Das neue Haus in Friedenau war ein roter Backsteinbau im Stil der Gründerjahre. Auf dem Giebel prangte das goldene Kreuz, über dem Haupteingang standen die Worte „Friede sei mit euch!" Im Erdgeschoß befanden sich Speisesaal, Buchhandlung, Botenwohnung, Wirtschafts- und Lagerräume, im ersten Stock die Dienstwohnung des Inspektors Carl Plath. In den beiden Stockwerken darüber befanden sich der Lehrsaal, die Schlaf- und Arbeitsstuben der Missionszöglinge sowie die Bibliothek und das Museum. Eine Posaunenstube war auf dem Dachboden untergebracht.

Das Haus der Gossner Missionsgesellschaft, Handjerystraße 19–20, um 1893

Panorama von Friedenau um 1900

Die Friedenauer Missionszöglinge waren alljährlich mit der „Packerei der indischen Kisten" beschäftigt, die unter der Anleitung von Frau Plath begonnen hatte, wochenlang dauerte und bei der wachsenden Zahl der Missionare in Indien immer umständlicher wurde. In diese Kisten wurden Weihnachtsgaben für die Missionare und für die „Eingeborenen" gepackt. Diese Sitte ist bis zum Zweiten Weltkrieg fortgesetzt worden.

Carl Plath, der alle zehn Jahre auf „Visitationsreise" nach Indien ging, erlebte während seiner über dreißigjährigen Tätigkeit die Blütezeit des deutschen Kaiserreichs und den Beginn der deutschen Kolonialpolitik. Als glühender Nationalist, der sich nun auch für die „deutschen Heiden" in Übersee verantwortlich fühlte, hielt er unbeirrt an seiner Idee der Kolonialmission fest. Sein Ziel war es, die über Jahrzehnte geleistete Missionstätigkeit in Indien und Nordamerika auf die neu eroberten deutschen Kolonien in Afrika auszudehnen. Dieser Plan wurde aber durch seinen Tod am 10. Juli 1901 verhindert. „Im geistlichen Amtskleid, mit dem Käppchen auf dem Haupte, lag der teure Tote da im Betsaale unseres Missionshauses. Sehr schwer wurde es uns allen, uns von den geliebten Zügen zu trennen", war in der „Biene" vom Juli 1901 zu lesen. Auch sein Nachfolger Hans Otto Kausch, der in Plaths Sinne weiter gearbeitet hatte, scheiterte mit Beginn des Ersten Weltkriegs und dem Verlust der deutschen Kolonien. In den 30er Jahren entwickelte sich die Gossner Mission zu einem Zentrum der Bekennenden Kirche, Theodor Heuss und der junge Dietrich Bonhoeffer kamen häufig zu den Gottesdiensten im Gossnersaal.

Während der letzten Kriegstage wurde das Missionsgebäude in der Handjerystraße stark beschädigt. In den 1950er Jahren wieder aufgebaut, konnte es jedoch nie wieder dem ursprünglichen, von Plath ersonnenen Verwendungszweck als Ausbildungszentrum für Missionare dienen. 1979 ging das Gebäude dann in den Besitz des Berliner Missionswerks über.

Um das Jahr 2000 wurde das Haus abgerissen, das Grundstück privaten Investoren übereignet und es entstand dort ein Neubau mit luxuriösen Eigentumswohnungen.

Bernhard Schnackenburg

Der erste Gemeindevorsteher von Friedenau war Rechnungsrat **Georg Roenneberg**, der am 1. Oktober 1892 nach 18jähriger ehrenamtlicher Tätigkeit in Pension ging. Sein Nachfolger wurde sein Bruder, **Major a. D. Albert Roenneberg**, der bis zum Jahr 1902 das Amt verwaltete.

Im Juli 1902 wurde **Adolf Fehler** Gemeindevorstehers, nachdem Albert Roenneberg wegen eines Augenleidens aus dem Dienst scheiden mußte. Fehlers Amtszeit war von vornherein befristet, denn sein Nachfolger stand schon fest. Schnackenburg in die Amtsgeschäfte einzuweisen blieb Fehler jedoch versagt, er starb wenige Tage vor dessen Ankunft am 27. März 1903 an den Folgen einer Blinddarmentzündung.

Bernhard Schnackenburg wurde am 1. April 1903 erster besoldeter Amts- und Gemeindevorsteher Friedenaus; am 4. Juli 1905 verlieh man ihm der Titel „Bürgermeister". Schnackenburg verließ Friedenau im September 1909 und wurde Oberbürgermeister von Altona.

Ab 1. Januar 1910 war dann **Erich Walger** Bürgermeister.

1931 wurde die Feurigstraße nach Bernhard Schnackenburg benannt. Daß gerade diese Straße den Namen eines Friedenauer Gemeindevorstehers trägt, hängt mit dem Umstand zusammen, daß die Gemeindeverwaltung bis zur Fertigstellung des Rathauses am Lauterplatz 1915 in dem Mietshaus Feurigstraße 8, Ecke Handjerystraße, untergebracht war.

Ein Herr schüttelte am Donnerstag Vormittag an der Ecke der Feurigstraße für seinen Knaben Kastanien. Aber statt der Kastanien fiel ein Stück Ziegel und zwar so unglücklich auf den Kopf eines vorübergehenden Mannes, daß er eine fingerlange Kopfwunde davontrug und sich von einem Arzt die Wunde zunähen lassen mußte. Jedenfalls ist von Knaben mit Ziegelsteinen nach den Kastanien geworfen worden und ist der Stein zwischen den Aesten stecken geblieben, welcher jetzt beim Schütteln heruntergefallen ist.

Friedenauer Lokal-Anzeiger 3. Oktober 1896

Feurigstraße 8, Sitz der Gemeindeverwaltung, um 1900

Handjerystraße am Birkenwäldchen, um 1908

Die Handjerystraße endet auf der rechten Seite mit der Hausnummer 95/96, dem Friedenauer Gymnasium am Maybachplatz, der 1961 in Perelsplatz umbenannt wurde. Er erhielt seinen Namen nach dem 1910 in Berlin geborenen Friedrich Justus Perels, einem ehemaligen Schüler des Gymnasiums. Nach dem Studium der Rechtswissenschaft vertrat er den Pfarrernotbund und die Bekennende Kirche. Zusammen mit Dietrich Bonhoeffer, mit dem ihn eine seit 1937 immer enger gewordene Freundschaft verband, gab er vielen bedrängten Menschen Rechtshilfe, die auf Grund der NS-Sondergesetze angeklagt wurden. In einem Prozeß im Februar 1938 vertrat Perels den Pfarrer Martin Niemöller. Statt des zu erwartenden Freispruchs wurde Niemöller in „Schutzhaft" genommen und ins Konzentrationslager Sachsenhausen verschleppt.

Auf der linken Seite beginnt die Handjerystraße mit den Neubauten des Wagnerviertels. Auf der Abbildung von 1908 ist das Grundstück mit der Nummer 1 noch nicht bebaut. Die schon fertigen Häuser stehen auf dem Areal des ehemaligen Friedenauer Sportparks. Das neue Viertel wurde von der „Berlinischen Bodengesellschaft" unter der Leitung von **Georg Haberland** für 2 875 000 Mark erworben, die das Gelände erschloß und parzellierte, von eigenen Planern und Architekten Grundrisse entwerfen ließ, um das Ganze dann interessierten Bauherren zu verkaufen. Haberland war im Berlin der Jahrhundertwende, noch bevor er 1905 seine Hand nach Friedenau ausstreckte, einer der größten Grundstücksspekulanten, der schon in Schöneberg und Wilmersdorf neue Wohnviertel für den gehobenen Anspruch errichtet hatte. Seine Macht und sein Einfluß waren so groß, daß sogar nach seinen Vorstellungen der Carstennsche Bebauungsplan für Friedenau durch die Anlage des Südwestkorsos geändert wurde.

Nach dem gleichem Muster wie das Wagnerviertel wurde von der Gesellschaft das Rheingauviertel realisiert. Danach stand der Rüdesheimer Platz mit seiner Umgebung auf dem Plan.

An Sportparks Bahre. Als die ersten dunklen Gerüchte von dem Ende unserer Rennbahn auftauchten, lächelte ich. Eine solche Albernheit! Aber diese elenden Gerüchte wollten nicht aufhören, sie kehrten wieder, immer lauter, immer stärker – ein kalter Schauer kroch mir von den äußersten Zehenspitzen bis in die Mitte meines Gehirns. Und zuletzt nun die niederschmetternde Gewißheit: es ist vorbei! Als ich das hörte, fiel ich vom Stuhl und habe seit diesem Moment die Sprache verloren. Ich glaubte bestimmt, es würde alsbald eine Revolution blutigster Sorte in Friedenau losbrechen. Ich schlich mich ans Fenster. Ha! Wetzte nicht der Schlächter von gegenüber das Beil? Schwang nicht der Kaufmann an der Ecke das blitzende Messer? – Sie tatens, aber ach, ersterer versenkte ersteres in eine fette Hammelkeule, während letzterer mit letzterem die Eingeweide eines Brotes spaltete. Und auf der Straße gar gingen die Leute wie sonst friedlich ihren Geschäften nach. Wie sonst schritt Herr Wachtmeister Meier gemessen und ruhig seines Weges. Kein Aufruhr! Kein Sturm der Empörung! Kein Rasen der Glocken! Friedenau blieb ruhig. – Nein! Wenn alle schweigen, dann muß ich reden. Wenn mir die Sprache entschwand, so kann ich doch schreiben. Mit flammender Feder möchte ich, o Friedenauer, Euer undankbares Herz versengen! Bedenkt, unsere alte liebe, vertraute Rennbahn geht dahin! Bedenkt es vor allem Ihr, Bewohner der Bismarckstraße und des Maybachplatzes! Ihr habt das Knattern der Motore umsonst gehabt, Ihr konntet zuschauen ohne Entree. Arme Rennbahn! Wie viele Tausende sind an schönen Sommertagen zu ihr hinausgepilgert als zu einer Wallfahrtstätte des Sports; wie viele Meister des Rads sind auf ihr dahingeglitten, beschwingt von den Flügeln des Ehrgeizes. Welche Schlachten, welche Kämpfe hat sie erlebt im Laufe der Jahre! Wie oft erdröhnte ihre zementene Seele unter dem Beifallsjauchzen des Volkes! Und nun – ? Ruhmlos, ohne Sang und Klang wird sie zu Grabe getragen. Das grausame Schicksal, das manchen Helden des Pedals in Vergessenheit enden ließ, ist auch ihr beschieden. Ihr Todesächzen verhallt in dem Lärm des Tages. Friedenau hat keine Zeit, sich darum zu kümmern, hat sein Theater, seine Opernbühne, seine Festlichkeiten, seine Bälle, kurz Friedenau s'ammuse. Arme Rennbahn! – Das ist mein Nekrolog. Auch ein Nekrolog immerhin! Und während ich dies schreibe mit düsterer Grabesmiene klopft man da unten unaufhörlich Teppiche. Es ist toll! Ich halte es nicht mehr aus, ich reiße das Fenster auf, ich schreie hinunter – – – Verzeihung, ich habe ja die Sprache verloren – .

Friedenauer Lokal-Anzeiger 11. März 1905

Der Sportpark um 1898

'Das Wagnerviertel mit dem Ringbahnhof Wilmersdorf-Friedenau, 1910

Ein neues Ortsviertel. Immer mehr bewahrheitet sich das Wort, daß wir uns in einer schnelllebigen Zeit befinden. Die reizende Geschichte des ewigen Jünglings, der nach immer „wieder 100 Jahren desselben Wegs gefahren" kam und dort jedesmal eine vollständig veränderte Landschaft vorfand, wird immer wahrscheinlicher, ja nicht nur in 100 Jahren, sondern schon in einem Jahr kommen gerade in der Peripherie Berlins Veränderungen vor, die das Vorhergewesene dort kaum noch erkennen lassen. Betrachten wir z. B. unser ehemaliges Sportparkgelände. Ein Fremder wird kaum glauben, daß dort im vorigen Jahr noch bedeutende Rennen ausgefahren wurden. Wie Pilze aus der Erde geschossen sind dort seit Oktober vorigen Jahres die prächtigen Neubauten. In ca. ¾ Jahren ist dort ein vollständig neuer Ortsteil entstanden. Straßen, die im vorigen Jahr sich nur auf dem Papier befanden, sind ausgebaut und ausgeschmückt heute im ehemaligen Sportparkgelände anzutreffen. Nicht lange mehr und in diesem Häuserviertel beginnt ein neues Leben. Die Geschäftswelt hat sich vielfach schon jetzt eingefunden. Läden der Nahrungsmittelbranche sind verschiedentlich schon eröffnet. Großartige Cafés und prächtige Restaurants, selbst ein „Hotel" werden dort bald ihre Tore öffnen. Nach Vorschlage unseres Herrn Bürgermeisters Schnackenburg bedeuten die Straßennamen dieses Ortsteils eine Ehrung unseres größten deutschen Opernkomponisten Richard Wagner. Der Platz hat den Namen „Wagner-Platz" erhalten und die Straßen führen die Namen der Frauen Wagner'scher Werke. So hat Friedenau auf dem ehemaligen Sportparkgelände einen neuen Häuser- und Straßenzuwachs erhalten, der unsern Ort nun auch an der Ringbahn weiter vervollkommnet hat. Mit dem Häuserzuwachs wird auch der Zuwachs an Bewohnern nicht ausbleiben.

Friedenauer Lokal-Anzeiger 8. August 1906

Obst-Gemüse-Sü
Kolonialwar
on parle francais
Adam Baumga
Fernsprecher
Bier
Engelhardt
Caramel-Bier

rüchte
english spoken
MAGGI's

Theodor Heuss
Beruflicher Anfang

Den Stadtteil Schönebergs, der durch die den Potsdamer und Anhalter Bahnhof verlassenden Schienensträngen eingeengt wird, nennen die Einwohner die „Insel". Zwei Straßenbrücken führten zu ihr, deren Benennung mir seltsam vorkam: "Kolonnenstraße" – das galt wohl dem Anmarsch zum Tempelhofer Feld; „Monumentenstraße" – da lagen einmal die Bildhauerwerkstätten für Grabdenkmäler. Denn die Insel war für eine Anzahl von Friedhöfen reserviert gewesen – die dort Ruhenden würden den ewigen Verkehrslärm von Ringbahn und Wannseebahn nicht übelnehmen. Aber es waren dann doch auch ein paar Straßenzüge untergebracht worden – hier hauste Naumann, ein Stockwerk unter der Wohnung waren Verlag und Redaktion der ‚Hilfe' beheimatet, jene Wochenschrift, die 1895 von dem „Vereinsgeistlichen für Innere Mission" in Frankfurt am Main gegründet war. Man hatte von mir einige Kleinigkeiten abgedruckt; ich sollte jetzt einen „kulturellen" Teil aufbauen. Die „Politik" lag in der Hand eines anderen Brentano-Schülers, Eugen Katz. Brentano war so nett, den verehrenden Freund zum Versuch mit mir zu ermuntern.

Es war eine greuliche Umgebung. Als in der Nachbarschaft der „Königsweg" nun auch dem Wohnbau erschlossen wurde, sicherte sich Naumann zwei größere Wohnungen auf dem gleichen Stockwerk – da war die graue Düsterkeit weg, gegenüber erstreckte sich der Zwölf-Apostel-Friedhof, und der Blick erreichte, an ein paar wüsten Backsteinhäusern vorbei, die Weite des noch unbebauten Tempelhofer Feldes. An dieser Stelle lebte und arbeitete Naumann noch zwei Jahrzehnte; auf dem Friedhof fand er die Grabstätte; die Straße trägt jetzt seinen Namen.

Ich selber bevölkerte in den nächsten Jahren der Reihe nach Zimmer in Friedenau und Wilmersdorf, um meine ehedem im Norden Berlins begonnenen Studien über den Berliner Mittelstand zu erweitern, mit zum Teil dramatischen Akzenten; Eugen Katz, der jetzt mein Kollege für den „politischen" Teil der „Hilfe" war, legte Wert darauf, daß wir nahe beisammen wohnten, und das erleichterte gewiß das Einleben. Als Eindruck blieb der Erinnerung die ungeheure Bautätigkeit, die damals noch die vorhandenen Grünflächen der westlichen Vororte auffraß – als ich nach Friedenau zog, lehnte sich an das Bahnhofsgelände die alte populäre Radrennbahn; als ich es nach zwei Jahren verließ, stand dort, sehr schön war es eben nicht, das „Wagner"-Viertel mit Senta-, Elsa-, Kundry-Straße und so fort. Man spürte aus den Straßenführungen, daß die Grundstückspekulation eine erste, unkeusche Annäherung an städtebauliche Reflexionen suchte, die um die Jahrhundertwende einsetzten mit verlegenen Verständigungen zwischen dem Rationalen und Romantischen.

Theodor Heuss, Erinnerungen 1905–1933

Nach dem Ersten Weltkrieg wird Theodor Heuss wieder nach Friedenau ziehen. Er wohnte dann 12 Jahre in der Fregestraße 80.

Von einem Tertianer des hiesigen Gymnasiums erhalten wir folgende Zuschrift: Geehrter Herr Schulz. In einer dringenden Angelegenheit erlaube ich mir, mich an Sie zu wenden. Wie ich vor zwei Tagen erfahren habe, sollen demnächst an unserem Gymnasium Lehrstunden in der Schneiderei eingeführt werden. Ist dies wirklich wahr? Ich habe schon zwei Nächte nicht geschlafen und ich möchte doch gerne jetzt Klarheit haben. Wenn sich das Gerücht bewahrheitete, wäre es ja schrecklich. Ich habe bei den vielfachen Anforderungen, die man jetzt an die Schüler stellt, schon große Mühe mitzukommen, im Latein erhalte ich sogar Nachhilfestunden, auch in der Mathematik hapert es. Und nun soll noch Schneiderei hinzukommen. Man kann doch unmöglich verlangen, daß ich Cäsar *de bello Gallico* büffele und daneben mein Hemde flicke oder Knöpfe an meinen Rock annähe. Schließlich muß ich auch noch in der Schneiderei Nachhilfestunden nehmen, wer wäre da zu empfehlen. Meine Schwester ist ganz glücklich schon, daß sie mich nicht mehr beschneidern braucht. Vielleicht müssen wir auch noch Strümpfe stricken lernen. Die Welt ist heute ganz verkehrt: Die höheren Töchter beziehen die Universität und wir müssen schneidern lernen. Schließlich kommt es noch soweit, daß wir in der Schneiderei eine Prüfung ablegen müssen. Wer das „Einjährige Zeugnis" erlangen will, muß Knöpfe annähen und Knopflöcher ausbessern können, beim Abiturientenexamen muß man sogar eine Hose zuschneiden können. Nein, es ist schrecklich! Geben Sie mir umgehend Nachricht, ob sich das in Friedenau umgehende Gerücht bestätigt. Hochachtungsvoll Max Müller, Untertertianer des Friedenauer Gymnasiums.

Das Friedenauer Gymnasium am Maybachplatz, um 1906

(Anmerk. d. Red.: Lieber M. M. legen Sie sich nur ruhig in die „Federn" und schlummern Sie süß, wir gönnen Ihnen die wohlverdiente Ruhe und teilen deshalb auch mit, daß ein Schneiderei-Unterricht hier an k e i n e r Schule eingerichtet wird, sondern ein Mitglied der Gemeindevertretung nur die Bemerkung machte, für V o l k s schüler wäre derartiger Unterricht wohl angebracht, damit diese, wenn sie in die Fremde ziehen oder Soldat werden, sich Knöpfe annähen oder Hosen flicken können ec. Die Gymnasiasten haben dies doch nicht so nötig, denn sie werden als Einjährige sich später wohl einen Burschen halten. An dem Handfertigkeitsunterricht in Tischlerarbeiten, Papparbeiten ec. sollen aber auch unsere Gymnasiasten teilnehmen, damit sie das Handwerk ehren und auch ein bißchen praktisch sein lernen.)

Friedenauer Lokal-Anzeiger 23. Juni 1906

Die gestrige Sitzung der Gemeindevertretung wurde um 8¼ Uhr durch Herrn Gemeindevorsteher Schnackenburg eröffnet.

Zu Punkt 4: Verpachtung des Turn- und Spielplatzes zwecks Anlage einer Eisbahn. Referent Schöffe Bache verweist, wie bereits in unserem Vorbericht gesagt ist, noch einmal auf das Gesuch eines Herrn Imme aus Berlin, ihm den am Maybachplatz belegenen Turn- und Spielplatz für den Winter zwecks Herrichtung und Betrieb einer Eisbahn zu verpachten. Da sich der Männer-Turnverein mit der Ansicht des Antragstellers einverstanden erklärt hat, und da dem Gymnasium besondere Nachteile daraus nicht erwachsen würden, so habe sich der Gemeindevorstand für eine Verpachtung ausgesprochen. Imme erbietet sich bekanntlich zur Zahlung einer Jahrespacht von 400 M. Da Ersterer jedoch verschiedene Baulichkeiten auf dem Platze vornehmen müsse, eine Wärmeanlage, Restaurationslokal ec. wozu Ausgaben von 3–4000 M. erforderlich seien, möchte er einen 5 jährigen Vertrag mit der Gemeinde abschließen. Die mindeste Frist wären indessen drei Jahre. Die Angelegenheit gibt ebenfalls zu einer eingehenden Besprechung Anlaß. Schöffe Bache weist auf die Kommission hin, die die Sache in die Hand nehme; es empfehle sich durchaus, mit dem Gesuche sich näher zu beschäftigen, da lediglich das pekuniäre Interesse der Gemeinde in Frage komme. Gemeindevorsteher Schnackenburg fragt, ob die Gemeindevertretung für Verpachtung des Platzes an Imme sei, oder ob sie eine Ausschreibung des Platzes für richtiger halte, darum handle es sich zunächst. G.-V. Schu spricht sich für Ausschreibung des Platzes aus; es gäbe auch in Friedenau so manchen Gewerbetreibenden, der gern der Sache näher treten würde. Wenn einem darauf reflektierenden Mitbürger die Pacht zu hoch, bleibe es uns noch immer überlassen, Imme den Platz zu überweisen. G.-V. Schremmer: Es sei in der Kommission beraten worden über die Länge der Pachtzeit. Die Kommission habe sich für drei Jahre ausgesprochen. Nun komme es darauf an, ob der Platz überhaupt zu dem Zwecke hergegeben werden soll. Friedenau habe für die nächsten Jahre ohnehin viel zu erledigen, als da sind der Bau eines Schulhauses, Elektrizitätswerk ec. Friedenau dürfe auch wohl wenig erfreut sein, wenn es erfahre, daß einem fremden Menschen der Platz überlassen worden sei. Im Übrigen sei er für Ausschreibung. Auf drei Jahre würde der Platz wohl zu entbehren sein.

Sitzung der Friedenauer Gemeindevertretung 1900

G.-V. Homuth scheint die Verpachtung bedenklich. Überhaupt auf drei Jahre. Der Platz bedürfe doch einer Regulierung, sofern eine Eisbahn darauf hergerichtet werden soll. Dies würde für das Gymnasium sehr störend sein; auch leide der Turnplatz darunter. Schöffe Bache erklärt hierauf, wenn der Rasen darunter zu leiden habe, sei der Pächter verpflichtet, ihn auf eigene Kosten neu anlegen zu lassen. Diese und andere der Gemeinde zum Vorteile gereichenden Bedingungen seien in dem Vertrage vorgesehen. G.-V. Haustein empfiehlt einen sogenannten Eisbahnvertrag, wonach sich die Gemeinde das Recht einer vierteljährlichen Kündigung vorbehalte, für den Fall, daß in der Pachtzeit die Gemeinde den Platz zu wichtigeren Zwecken verwenden müsse. Auf diese Weise könne auch eine 5 jährige Pachtzeit gesetzt werden. G.-V. Hendrich schließt sich dem Vorschlage des G.-V. Haustein an, ebenso ist derselbe für Ausschreibung. G.-V. Berger versteht die Einwendungen des G.-V. Homuth nicht, zumal, da durch die Verpachtung des Platzes doch das pekuniäre Interesse des Ortes in Frage komme. Der Pächter müsse auch eine Kaution hinterlegen. Auch er ist für Ausschreibung. Nach den Ausführungen des Gemeindevorstehers hält dieser die ganze Sache für durchaus günstig. Die Eisbahn komme sowohl unserer Gemeindeschule wie auch den Schülern des Gymnasiums zugute, und sei gerade der fragliche Platz für Anlegung einer Eisbahn geeignet. In den nächsten 2½ Jahren werde der Platz ohnehin nicht gebraucht, das ließe sich schon jetzt vorausschauen. Im übrigen würde der Platz unter allen Umständen auch als Spielplatz der Gemeinde erhalten bleiben, denn die Errichtung irgendeines Baues auf demselben würde nicht erfolgen. Das Turnen und Spielen werde auch mit der Weiterentwicklung unseres Ortes gleichen

Schritt halten, denn beide seien wirksame Mittel gegen die geistige Überlastung unserer Schuljugend. Außerordentlich wichtig sei es, daß die Gemeinde für Erhaltung derartiger Pläne sorge, für den Bau eines Elektrizitätswerkes sei ja doch ebenso ein Platz vorhanden, wie für den Bau einer Gemeindeschule, welch letztere sogar für eine Einwohnerzahl von 35000 genügen würde. Betreffs des Haustein'schen Vorschlages äußert sich der Gemeindevorsteher in gleicher Weise; dadurch binde man den Pächter. Die Unannehmlichkeiten, die durch Anlegung einer Eisbahn im Winter dem Gymnasium erwachsen könnten, seien durchaus bedeutungslose. G.-V. Haustein beantragt, auf 5 Jahre zu verpachten und im übrigen seinem Vorschlage bezüglich vierteljährlicher Kündigung zuzustimmen. Der größere Teil der Gemeindevertreter neigte sich dem Vorschlage zu. Es wurde beschlossen, die Angelegenheit der Wegekommission zu übertragen. Über die Festsetzung der Ausschreibung und Bedingungen wird in der nächsten Sitzung beraten werden.

Friedenauer Lokal-Anzeiger 3. Juni 1904

Auf unseren Eisbahnen. Zu den wenigen Menschen, die wirkliche, rechte Freude über die zur Zeit anhaltende Kälte haben, zählen die Pächter der Eisbahnen, denn für sie hat nun die Saison begonnen. Auch Friedenau ist in dem glücklichen Besitze zweier guter Eisbahnen, die beinahe zur Mahnung Veranlassung geben: „Fahre im Ort". Sowohl auf der Grube'schen Eisbahn an der Wiesbadenerstraße, als auch auf dem neuen Eisplatze des städtischen Turnplatzes am Birkenwäldchen

Die Eisbahn an der Lauterstraße, 1905

tummelten sich bis in den späten Abend hinein die Freunde des schönen und gesunden Eissportes. Mit einer gewissen Furcht machen die Kleinsten der Kleinen ihre ersten Gehversuche, und nur zu oft lernen sie anfangs auch die Anziehungskraft der Erde kennen. Aber was schadet's, Übung macht den Meister, von Tag zu Tag wird's besser gehen. Es ist aber auch zu schön, nach den Klängen der Musik auf der glatten Fläche dahinzugleiten und Figuren zu laufen. Der Backfisch macht seine „Eisbekanntschaften". der Sextaner findet seine „erste Flamme", in den ersten Liebesbriefen versprechen sie, sich auf dem Eise wieder zu treffen und Seite an Seite eilen sie dann im ersten Liebesglück bei der matten, verführerischen Gasbeleuchtung dahin. Ja, auch der Winter hat seine Freuden, besonders für unsere Jugend.

Friedenauer Lokal-Anzeiger 18. Januar 1905

Frühlings Einzug in Friedenau. In den Laubenkolonien beginnt es sich zu regen. Zäune werden gezimmert, Hühnerställe ausgebessert, Kohl gebaut. Hier und da taucht bereits ein verwegener Strohhut auf. Einige, die es gar nicht abwarten können, ergehen sich sogar per Taille mit Heulen und Zähneklappern. Aber das ist alles noch nichts. Wir Friedenauer sind seit einigen Jahren an handgreiflichen Anzeichen, schlagenderen Beweisen für das Auftreten der lieblichen Jahreszeit gewöhnt. Und auf die lauern wir mit Wut, mit Ingrimm zwar, aber krampfhaft und fieberisch zugleich. Sie werden kommen, die Vorboten des Frühlings. Und wenn sie eines schönen Tages in Gestalt schaufelbewaffneter Männer über die Rheinstraße herfallen, und wenn sie in heller Begeisterung das Trottoir aufreißen, und wenn der faustdicke Staub aufwirbelt, und wenn die Passanten gezwungen sind, auf dem Damm zu laufen, – dann wissen wir alle: der Frühling ist da! Natürlich dieses Buddeln und Graben und Wühlen ist etwas Notwendiges, sonst hätten wir z. B. keine Wasserleitung und müßten einen Ziehbrunnen an der Kaisereiche errichten. Oder aber es geschieht verschönerungshalber. Diesem edlen Grundsatze zufolge erfährt gegenwärtig der Maybachplatz eine epochemachende Umgestaltung. Dunkle Gerüchte erzählen von einem Teich, der dorten etabliert werden soll. Vielleicht stiftet ein poetisches Gemüt die entsprechenden Schwäne dazu. Wie wäre es, wenn ein kühner Unternehmergeist eine Badeanstalt auftäte? „Seebad Friedenau" würde entschieden hübsch klingen und würde uns den internationalen Ruf erhalten, dessen wir mit dem Verschwinden des Sportparks verlustig gehen werden. Seine Räume erwecken ein ganz trübsinniges Gefühl gerade jetzt, wo die Natur erwacht und die radelnde Welt wieder in Aktion tritt. Leider beginnen nun auch die Automobile in schrecklicher Menge aufzutauchen und den hiesigen Frühlingsdüften eine heftige Konkurrenz zu bereiten.

Friedenauer Lokal-Anzeiger 30. März 1905

Ein Plauderer der „Kölner Zeitung" zieht Vergleiche zwischen den Weltstädten Europas und kommt schließlich auf Berlin und seine westlichen Vororte, speziell an der Wannseebahn belegen, zu sprechen. Über Friedenau berichtet der Artikelschreiber: In Friedenau, dem ersten Vorort, haben wir beinahe noch ganz den städtischen Charakter, der auch dem benachbarten Schöneberg eigen ist. Die Stadt, die hier durch den Damm des Südrings sichtbar abgeschlossen ist, streckt sich mit allerhand vorläufigen Einrichtungen und Werkstätten über die geschlossene Zeile der Mietkasernen hinaus, scheint mit ihren gierigen Polypenarmen nach dem bischen freien Land zu angeln, das da drüben noch sichtbar ist. Wo die Schöneberger Hauptstraße endet und die Friedenauer Straße beginnt, recken sich Baugerüste empor, Steinmetzwerkstätten, verlassene Sportplätze, Zimmerhöfe, Kohlenlager – schwärzliche Massen, über die die glatten, sauberen roten Ziegelwände der neuen Mietkasernen aufsteigen; hinter der Bahn werden die nüchtern geraden Linien von Begräbnisplätzen sichtbar. Aber auf der breiten asphaltierten Straße sausen schon die dichtbesetzten Straßenbahnwagen; vom Damm herunter blitzen elektrische Bogenlampen, und in den benachbarten ganz neuen Straßen haben sich schon Krämer, Wäscher und – Photographen niedergelassen. Die ländlichen Wirtshäuser werden vom „Café" verdrängt; die morschen Bauzäune verwandeln sich in schmucke eiserne Gitter. Das ist Berlin – die Stadt die immer Neues erwartet, immer etwas niederzureißen hat. Gehen wir die Straße weiter hinein, so treffen wir einen breiten, großstädtischen Boulevard, die Rheinstraße, mit Kaufläden, neumodischen Restaurants, großen, dreistöckigen Häusern, die Balkons an der Schauseite tragen. Im Sommer ist hier gut wohnen, die Verbindungen nach der Stadt sind tadellos und die zwanzigtausend Einwohner, die Friedenau heute vielleicht zählt, entbehren in Schulen, Einrichtungen und Lebensbedürfnissen nichts, was das kultivierteste Berlin bietet.

Friedenauer Lokal-Anzeiger 12. Juni 1906

Sittenkontrolle galt bisher für Friedenau als ein unbekannter Begriff. Doch werden wir wohl bald auch hier diese Einrichtung treffen müssen. Seit einigen Wochen treibt, so wird uns geschrieben, in den Nebenstraßen der Kaiserallee sich ein solch unlauteres Wesen herum, das ruhig ihres Weges gehende Herren belästigt und sehr aufdringlich wird. Sie benutzt zur Ausübung ihres unsauberen Handwerks, wie es scheint, die ganze Nacht. Dem Aussehen nach ist es eine nicht mehr so junge Person mit breitem, aufgedunsenem Gesicht und erweckt durch ihr Äußeres schon Abscheu. Es wäre wohl dringend notwendig, wenn unsere Nachtpolizei dem Treiben dieses „Mädchen der Straße" bald ein Ziel setzt, damit unser Ort seinen bisherigen guten Ruf beibehält.

Friedenauer Lokal-Anzeiger 28. April 1906

Eine Staubreinigung durch Vacuum-Reiniger findet morgen Nachmittag 3 Uhr in der Adler-Apotheke, Rheinstraße 16, statt. Der Vacuum-Reiniger hat in vielen Häusern Eingang gefunden und sich durch seine einfache Handhabung Beliebtheit erworben. Er arbeitet geräuschlos und entfernt durch Saugluft jeden Staub. Teppiche, Möbel, Vorhänge ec. brauchen nicht von ihrem Platze entfernt werden. Die ganze Anlage kann als transportabler Apparat oder stationäre Anlage

Verwendung finden. Sie besteht aus einem Motor, einer Luftpumpe, einem kesselartigen Behälter, dem sog. Vacuumraum und einer beliebig langen Schlauchleitung mit verschieden geformten Mundstücken. – Wer sich für diese einfache Staubentfernung interessiert, dem ist Gelegenheit geboten, morgen Nachmittag 3 Uhr den Apparat in der Adler-Apotheke in Betrieb zu sehen.

Friedenauer Lokal-Anzeiger 29. Mai 1906

Mit tiefer Empörung habe ich heute gelesen, daß alle schönen Bäume in der Hedwigstraße von Friedenau ausgerodet werden. Lynchen hätte ich die Leute mögen, die so grausam diese herrliche Zierde der Straße mit Stumpf und Stiel aus der Erde reißen! Warum zieht man denn hinaus in die Vororte, obwohl man seine berufliche Tätigkeit in Berlin auszuüben und für die jedesmalige Hin- und Rückfahrt große Unkosten zu tragen hat? Es ist doch nur die Freude an dem landschaftlichen Bild, das die Vororte mit ihren hübschen Vorgärten und besonders mit dem schönen Baumbestand in den Straßen gewähren. Und dieser Schmuck, der unserem Friedenau einen besonderen Reiz verleiht und sicher die Zahl der Einwohner so rasch vermehrte, wird jetzt einfach mit roher Gewalt niedergerissen! Ich stehe nicht allein mit meiner gerechten Empörung da, sondern ich sah viele Passanten erregt den Vorgang besprechen und möchte Sie doch bitten, diese unerhörte Tatsache in Ihrer Zeitung, die schon so manches Gute für unser schönes Friedenau gewirkt hat, energisch zur Sprache zu bringen und dadurch unserem Ort den landschaftlichen und gesunden Charakter zu wahren. P. S.

Friedenauer Lokal-Anzeiger 19. April 1905

Hedwigsstraße um 1905

Franz Hannemann

Ein Junitag im Friedenauer Schulgarten

Im Jahre 1897 wurde in Friedenau auf Kreiskosten ein Schulgarten angelegt, nachdem die Gemeinde vom Friedhofsgebiet eine Fläche von 2 100 qm zur Verfügung gestellt hatte. Der leitende Gedanke war, eine Anlage zu schaffen, die geeignet sein sollte, auch anderen Gemeinden Anregung zu geben, unter Kreisbeihilfe ähnliche Einrichtungen zu treffen. Von vornherein wurde aufs bestimmteste hervorgehoben, daß die Schulgärten den örtlichen Verhältnissen angepaßt werden müßten, nirgends dürfe nach einer bestimmten Schablone verfahren werden. In den Dörfern sollte besonders Wert gelegt werden auf Förderung der Obstbaumzucht und dem entsprechend sollten dort bei den Schulen kleine Obstbaumschulen angelegt und die Kinder in der Baumanzucht und Baumpflege und im Veredeln unterrichtet werden. Auch bei der Bepflanzung der Dorfauen sollten sich die Schulkinder beteiligen. In den Städten und in den Vororten sollte der Schulgarten mehr ein Unterrichtsmittel sein. Die Kinder aber sollten sich auch praktisch im Garten betätigen und dadurch zur Freude an der Natur und zur Schonung der Vorgärten und öffentlichen Schmuckplätze erzogen werden.

Ich bitte nun die geehrten Leser, mir im Geist in den Friedenauer Schulgarten zu folgen und zu beobachten, was im Laufe eines Junitages dort geschieht.

Es ist 8 Uhr morgens. Friedliche Stille umgibt uns. Das Hasten und Jagen der Großstadt dringt noch nicht bis hierher. Noch umgeben den Schulgarten Kornfelder, und nur einzelne Häuser und ein großer Holzlagerplatz sind in der Nachbarschaft vorhanden.

Es ist so recht ein Flecken, um auszuruhen von das Alltags Mühen und stille Einkehr in sich zu halten. Vom Friedhofe her tönt das melodische Lied der Nachtigall, bald ists ein Jubeln, bald ein liebevolles Locken, bald klingt es wie ein verhaltenes Schluchzen. Jetzt schweigt sie. –

Plötzlich ertönt in der Ferne ein frisches Wanderlied aus jugendlichen Kehlen. Die Schar kommt näher. Wir summen die uns liebe und bekannte Melodie mit. Da öffnet sich die Tür, die Kinder marschieren in den Garten und herzerfrischend klingt es: „Wie bist du doch so schön, o du weite, weitee Welt!“

Der Lehrer läßt Halt machen, und die Kinder stellen sich zu dreien hintereinander auf, die kleinen vorn. Es ist eine dritte Mädchenklasse. Der Unterricht beginnt. „Nadelbäume“ ist das Thema für heute. Es gilt straff aufzumerken, es gibt viel zu sehen und zu beobachten, Stoff zu sammeln für die beiden nächsten Naturgeschichtsstunden; denn nicht jedesmal ist der Unterricht im Garten. Kurz und bestimmt sind die Fragen und Hinweise des Lehrers, kurz sollen auch die Kinder antworten. Das Verarbeiten und die zusammenhängende Wiedergabe bleibt dem Unterricht in dem engen Klassenraum vorbehalten. Hier noch Maiwuchs an der Nordmannstanne und der Blaufichte, hier noch einige trockene Hüllen, welche die zarten Nadeln in rauhen Tagen geschützt haben, hier der Baum, der im Winter seine Nadeln verliert, die Lärche, hier die Weimutskiefer und einige spannenhohe Libanon- und Himalaja-Cedern, auch ein Mammutsbaum – staunend hören die Kinder, daß er in Kalifornien turmhoch und so dick wird, daß man einen Tunnel hindurchschlagen und mit einem Wagen hindurchfahren kann – hier zwei Eiben, zwei Lebensbäume, Wachholder und hier der Übergang vom Laub- zum Nadelbaum – der Ginkgo. Manches wissen die Kinder, auf manches weiß der Lehrer geschickt hinzuführen, manches muß er ihnen sagen.

Im Fluge ist die Zeit dahingegangen. Der Lehrer war mit der Aufmerksamkeit der Kinder zufrieden, darum dürfen sie noch einen kurzen Blick tun in die sechs Aquarien, die im schattigen Gebüsch stehen. Einheimische Wasserpflanzen werden darin gezogen. Aber seht hier: Der Gelbrand frühstückt schon, seit gestern hat er ein ganzes Stück von einem kleinen toten Stichling verzehrt. Die Schnecken grasen die Glasfläche ab. Ein paar kleine Krebse stört der Lehrer aus ihrer Ruhe auf. Und nun – Anna M., – Du hast heut sehr schön aufgepaßt, Du sollst den Hecht füttern, hier steht ein Topf mit Regenwürmern. Nimm einen kleinen und wirf ihn ins Wasser! Sieh, wie ein Raubtier schießt der kleine kaum 5 cm lange Kerl darauf los und verspeist ihn. Nun schnell noch einen Rundgang durch den Garten! Singend zieht die kleine Schar wieder von dannen.

Der Gemeindeschulgarten zu Friedenau bei Berlin, 1899

Doch schon nahen zwei andere Klassen, eine 5. Knaben- und eine 4. Mädchenklasse. „Ich hatt' einen Kameraden" singen die Knaben. Wie stramm die angehenden Vaterlandsverteidiger marschieren! Da liegt Schneid drin. Man merkt, der Lehrer duldet keine Laschheit. Aha, die führt ja auch der „geprüfte" Turnlehrer! Die Knaben machen an der Pforte Halt und lassen die vor dem Lehrer knixende Mädchenklasse passieren. Das war nett von dem Lehrer und die Mädchen fühlen sich sichtlich geehrt.

Die Knabenklasse bleibt zunächst draußen. „In welcher Straße stehn wir jetzt?“ fragt der Lehrer. „In der Stubenrauchstraße.“ „Nach welchem Manne ist sie genannt?“ „Nach dem Landrat des Kreises Teltow.“ Nennt diese – diese – jene Straße! Der Lehrer zeigt, die Kinder antworten – oder auch nicht. Unsere Kinder kennen nämlich die Namen sämtlicher Rennfahrer des Sportparkes, aber in Friedenau wissen sie vielfach nicht Bescheid. Der Lehrer fragt weiter: “Wie lang ist unser Schulgarten?“ Schätzt! Es kommen die wunderbarsten Zahlen!! Ihr beide marschiert mit gewöhnlichen Schritten bis zur Fehlerstraße und zählt die Schritte! Wieviel sinds ? 140. Merkt: 2 Schritte, wie ihr Knirpse sie macht, sind etwa 1 m. Wieviel Meter ist also der Schulgarten lang? 70 m. Es wird auch die Breite festgestellt. Der Lehrer läßt weiter die Himmelsgegenden bestimmen, ferner die Lage von Steglitz, Wilmersdorf, Berlin und Schmargendorf.

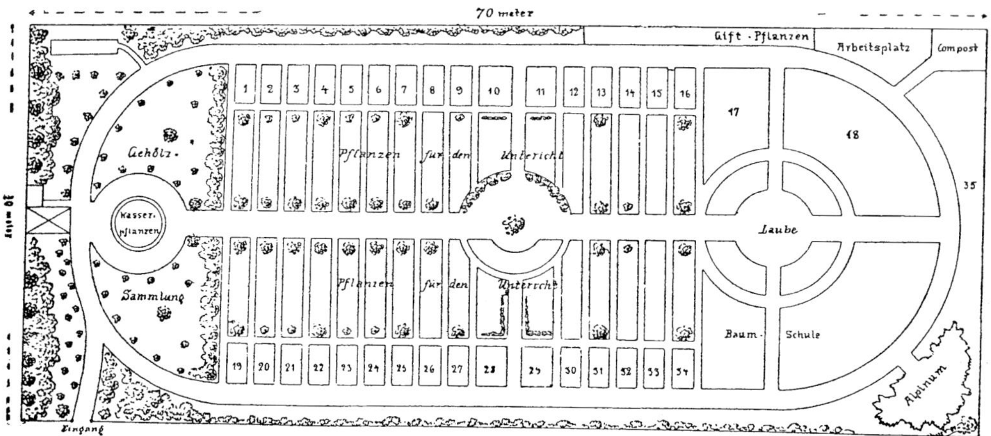

1 bis 35 Beete der Schulkinder.

SCHULGARTEN IN FRIEDENAU. (Rector Hannemann)

Nach dem von Schülern gezeichneten Plan Grösse 2100 qm Angelegt 1897.

Doch verlassen wir seinen heimatkundlichen Unterricht und sehen wir, was die 4. Mädchenklasse angibt. Sie hat einen Rundgang durch den Garten begonnen. „Achtet auf die Laubbäume!“ sagt die Lehrerin. Die Kinder kennen und nennen Birke, Akazie und Eiche. Sie werden aufmerksam gemacht auf Rot-, Weiß- und Blutbuche. – Genug damit für heut! – Abteilung marsch! Die Kinder stellen sich rund um das Bassin mit Wasser- und Sumpfpflanzen auf. Die Lehrerin erlaubt den Kindern, Fragen zu stellen. „Ist das Schilf? und das Kalmus? und das eine Seerose?“ „Ja, das stimmt!“ Aber seht hier: Sumpfdotterblume und Wiesenschaumkraut. „Fräulein, da ist eine Schildkröte!“ Richtig. „Und da schwimmt ein Goldfisch!“ Allgemeine Freude. Weiter! Die Mädchen werden durch den Hauptweg zu den Beeten geführt, die fleißige Kinder zur Pflege bekommen. – Es folgt die genaue Besprechung des Vergißmeinnichts. (Mehrere Hundert befinden sich auf den Kinderbeeten). Als es heißt: Aufbrechen! da bettelt die ganze Klasse: „Fräulein, bloß noch 5 Minuten!“ Aber die Bitte wird abgeschlagen: Proberechnen (hu!!) bringt die nächste Stunde. „Nun ade, du mein lieb' Heimatland“, stimmt die abziehende Schar an. Aber dies mal ist die Knabenklasse nicht manierlich, durch „Ein Jäger aus Kurpfalz, der reitet durch den grünen Wald“ bringt sie die Mädchen aus Tritt, Text und Ton. Voll Entrüstung bleiben die Mädchen stehen und lassen die singenden Knaben an sich vorbeimarschieren. – Im Laufe des Vormittags kommen noch zwei Klassen nach dem Schulgarten. (In voriger Woche hat es nämlich geregnet, und nun benutzen die Lehrer den ersten schönen Tag zum Gang nach dem Garten.)

Alle Klassen kommen singend. Eine 2. Knabenklasse stellt sich an der Laube auf. „Ihr seid schon oft nachmittags im Schulgarten gewesen. Jetzt will ich euch beweisen, wie schlecht ihr zu beobachten versteht! Sind Vogelnester im Schulgarten?" fragt der Lehrer. Kein Knabe weiß es. „Verhaltet euch ganz still und beobachtet, wohin die Vögel fliegen!" Nach kaum 10 Minuten wird festgestellt, daß eine Schwarzdrossel im Wachholder, ein Edelfink im Johannisbeerstrauch, ein Grünfink im Lebensbaum, ein Rotschwänzchen unter dem Dache des Bienenhauses ihre Nester haben. Der Lehrer mahnt kurz zum Vogelschutz. Dann werden die Kinder zur Rosen- und Baumschule geführt. Jeder Knabe bekommt eine Weidenrute in die Hand, sie lernen daran, wie man Bäume und Rosen veredelt. Schließlich stellt der Lehrer noch eine Aufgabe: „Geht nachmittags öfter nach dem Schulgarten und betrachtet das Alpinum mit seinen Pflanzen. Wenn ihr Fragen zu stellen habt, wendet euch an den aufsichtsführenden Lehrer."

Inzwischen ist eine 1. Mädchenklasse nach dem Garten gekommen. Auf dem Rundgang zeigen und nennen die Kinder die Öl- und Gespinst- und an der Laube die Schlingpflanzen: Kletterrose, Pfeifenstrauch, Geißblatt, Baumwürger, wilder Wein. Dann gehts zu den Giftpflanzen, die genauer besprochen werden: Seidelbast, Einbeere, Tollkirsche, Bilsenkraut, Nachtschatten, Schöllkraut. (Ein engmaschiger Drahtzaun schließt diese Pflanzen ein.) – –

Der Garten ist leer. Im Mittagssonnenglanz hört man nur noch das Summen der Bienen, und Schmetterlinge gaukeln von Blume zu Blume. Wir verlassen den Garten.

Nachmittags um 4 Uhr wird das Gartentor von neuem geöffnet, und nun beginnt ein frisches, fröhliches Treiben. Knaben und Mädchen mit Harken und Gießkannen begeben sich zu ihren Beeten, um sie zu pflegen. (70 Kinder der Oberklassen haben je ein Beet – zur Hälfte Gemüse-, zur Hälfte Blumengarten – zugewiesen erhalten, auch die Kinder der Klasse der Schwachbefähigten sind bedacht worden.)

Heut gibt es besonders viel zu tun, denn die meist verblühten Vergißmeinnicht, die noch vor vierzehn Tagen wie ein zarter blauer Schleier die Beete bedeckten, sollen entfernt und durch andere Blumen ersetzt werden. Der Leiter des Gartens hat sie im Frühbeet gezogen. Er ist mit der Austeilung beschäftigt, ein anderer Lehrer überwacht das Pflanzen. „Deine Pflänzchen stehen zu tief in der Erde! Du hast die Erde nicht fest genug angedrückt; Deine Nachbarin hatte es mit den Vergißmeinnicht auch so gemacht, und am anderen Tage lagen sie um und waren welk! Du pflanzt zu dicht! Es sieht nicht schön aus, wenn Du Deine Blumen ebenso anordnest wie Dein Nachbar! Wie können wirs anders machen? Jetzt wollen wir die Pflänzchen angießen! Seht, man muß vorsichtig sein, so muß mans machen!" Anweisung gebend, wandert der Lehrer von Beet zu Beet, die Kinder das Richtige selbst finden lassend, und das „Warum müssen wir es so machen?" hört man wieder und immer wieder.

Jetzt ist die Arbeit getan, und die Ernte beginnt: Radieschen und Rettiche werden in Bündelchen gebunden, Salat wird geschnitten. Das wird schmecken! Kleine Sträußchen werden gebunden.

Plötzlich ertönt eine kräftige, energische Stimme. Die Kinder sammeln sich um einen älteren, wohlbeleibten, aber doch noch recht flinken Lehrer, den Leiter des Gartens. Harken und Hacken werden ausgeteilt. „Ihr hackt das Unkraut aus den Nebenwegen! Ihr harkt die Hauptwege! Ihr geht zum Kohlbeet und entfernt das Unkraut! Die übrigen gehen zu Herrn Sch. II. Er wird euch wieder viel Schönes zeigen und sagen!" Und in der Tat, er verstehts, der Herr Sch. II., den Blick zu schärfen für das Leben in der Natur. Dort am Salbei zeigt er das Insekt, wie es mit dem Blütenstaub bedeckt aus der Blüte kommt, weiterfliegt und die Befruchtung vermittelt; bei den Arzneipflanzen sieht man ihn mit den Kindern verweilen, bei der Kompaßpflanze, bei dem Aquarium mit ausländischen Wasserpflanzen und einigen ausländischen Fischen und dann bei seiner Lieblingsschöpfung, dem Alpinum mit seinen 180 Pflanzenarten (ein Gönner des Gartens hat Mittel gestiftet, um es so reich auszustatten). Vertrauensvoll wenden sich die Kinder an ihn mit allerlei Fragen. – Aber noch andere Lehrer sind im Garten. Dort helfen ein paar Knaben einem Lehrer. Der Sturm hat eines Apfelbaumes Krone auseinandergerissen; ein kunstvoller Verband wird angelegt. Dann gehts mit demselben Lehrer auf die Suche nach Eiern des Ringelspinners an den Obstbäumen und weiter zu den Rosen, seinen Lieblingen, dem köstlichen Schmuck des Gartens.

Auch eine Lehrerin bemerken wir, wie sie mit Sorgfalt und Verständnis Blumenbeete pflegt; unterstützt wird sie durch eine Anzahl 8–9jähriger Mädchen, die mit lebhaftem Interesse und sichtlicher Freude ihre kleinen Arbeiten verrichten. –

Nirgends herrscht Zwang, überall freie Betätigung. Die Kinder kommen und gehen, wie es ihre Zeit erlaubt. Besonders wird darauf gehalten, daß ein liebevoller Ton herrscht.

Um 7 Uhr leert sich der Garten wieder. Nur einige Lehrer sind in der Laube zurückgeblieben und unterhalten sich anscheinend aufs beste. Ein Thema aus der Nahrungsmittellehre wird verhandelt: „Ist es besser, erst Weißbier zu trinken und dann ein belegtes Butterbrot zu essen? oder umgekehrt?" Der Streit scheint aber nicht lange gedauert zu haben – dann hört man rechnen, addieren im Zahlenkreis bis 120, und 60 (manchmal auch 61) scheint der Zahlenmittelpunkt zu sein. Doch das sind „persönliche" Angelegenheiten, und der Friedenauer Schulgarten hat auch seine Geheimnisse, in die sich kein Kalendermann hineinmischen darf.

Teltower Kreis-Kalender für 1904, Verlag des Teltower Kreisblattes
Der Artikel wurde von Rektor Hannemann aus Friedenau geschrieben

Ueber den verschwundenen Friedenauer Schulgarten finden wir in Nr. 282 der „Preußischen Lehrer-Zeitung" folgenden Artikel: Es war einmal: Diese Märchenpoesie paßt nun auch auf den einst so berühmten Friedenauer Schulgarten. Der Friedenauer Schulgarten ist nicht mehr. Er ist verschwunden ins Märchenland! Wo einst das Leben blühte, wo fröhliches Schaffen die Losung war, wo bleiche Kindergestalten täglich Erholung und Stärkung suchten, da schreitet jetzt der Tod, öffnen sich Gräber müden Wanderern zur letzten Ruhe. Es war einmal! – Der Friedenauer Schulgarten war weit und breit bekannt. Was ist nicht alles in Wort und Bild in Zeitungen, Zeitschriften und Broschüren über den Friedenauer Schulgarten veröffentlicht worden! Hohe Verwaltungsbeamte, Vertreter von Behörden, Gelehrte und Schulmänner von nah und fern sind durch seine Pforten gegangen, und mancher konnte es sich zur Ehre schätzen, am Eingang des Gartens durch einen mehrstimmigen Gesang aus jugendfrischen Kehlen begrüßt zu werden. Es war einmal! Und welche hohe Bedeutung für Unterricht und Erziehung wurde dem Friedenauer Schulgarten seinerzeit zugemessen. „Der Schulgarten ist ein Band zwischen Schule und Elternhaus, darum ist es notwendig, daß jeder Lehrer dort Aufsicht übernimmt." „Der Schulgarten steht im Mittelpunkt des naturgeschichtlichen Unterrichts." „Jede zweite Unterrichtsstunde in Naturgeschichte ist im Schulgarten zu erteilen." So und ähnlich lauteten die Bestimmungen, die wohl manchem Lehrer als zu hart erschienen, aber doch erfüllt wurden, um Zwistigkeiten zu vermeiden. Und heute? Heute wird wieder ohne Schulgarten in alter Weise unterrichtet, ganz so, als hätte es in Friedenau nie einen Schulgarten gegeben. Der einst so berühmte Schulgarten ist durch einen Beschluß der Friedenauer Gemeindebehörden gegen den Willen der Lehrerschaft beseitigt und für Friedhofszwecke hergerichtet worden. Und welches waren die Gründe? „Der Grund und Boden ist in Friedenau für solche Zwecke zu teuer," so sagte man; bewilligte aber alsbald der hoheren Töchteschule Terrain zu einem Tennisplatz, der den größten Teil des Jahres unbenutzt liegt. Andere wieder meinten, der Schulgarten sei nur ein Obst- und Gemüsegarten für den Leiter und seinen Stellvertreter. Es mag nach dieser Richtung gesündigt worden sein, das wäre aber nur ein Grund zum Reformieren, nicht aber zur gänzlichen Aufhebung des Gartens gewesen. Es ist tief zu bedauern, daß eine Einrichtung von so großer unterrichtlicher und erziehlicher Bedeutung wie der Schulgarten, wo durch die jahrelange Arbeit der Lehrerschaft so viel Gutes und Schönes geschaffen und zusammengetragen war, ohne die Lehrerschaft zu hören, verschwinden mußte. Es war einmal!!

Friedenauer Lokal-Anzeiger 19. Dezember 1911

Südwestkorso Ecke Stubenrauchstraße, im Hintergrund der Haupteingang zum Friedhof, um 1912

Unser Friedenau

Von nichts hört der Mensch lieber erzählen, als von seiner Heimat, von der Stätte, da ihm zum ersten Male das Licht der Welt entgegenstrahlte, oder wo er sich wohl fühlt. Mag er nun sein, wo er will, weit hinweg in fremde Lande, wo nur spärlich ein Laut seiner Muttersprache ihn beglückt, oder auch nur in einer anderen Gegend seines Vaterlandes, immer werden ihm liebliche Bilder vor die Seele spiegeln, in denen er sich als munteres Mägdelein oder als munterer Knabe wiedersieht. Es leuchten da wieder die heimatlichen Gefilde, es grüßen ihn die Häuser seiner Vaterstadt, oder die blumigen Wiesen an Flüssen und Seen, da rauschen die mächtigen Waldesriesen, oder blinken im Abendglanz die Kuppen der Berge. Und bei all dem Beschauen, da klingt ein Liedlein, das greift ins Herz und erweckt ein Sehnen nach dem Lande, da man in unschuldsvollem Kindesgemüt die Welt als eine, ach, so schöne, so rosige gesehen. –

Doch Zeiten fliehen dahin, und was uns damals als ein erstrebenswertes Ideal galt, es liegt weit hinter uns. Mit dem Reifen der Jahre schwand so manch süßer Traum der Kindheit dahin und übrig blieb von dem holden Blütenbaume nur noch ein zartes Blümlein – die Zufriedenheit. Zwar leuchtet noch so manchesmal ein heller Strahl auf, zwar blüht auch noch oftmals mit neuem Triebe das „Vergißmeinnicht", erinnernd, was jetzt nur noch als ein schöner Traum gilt, der mit dem Ende der Nacht auch s e i n Ende gefunden.

Blick auf das südliche Friedenau, aufgenommen aus einem Heißluftballon, 1905

So streben wir alle danach, uns eine neue Heimat zu gründen und mit ihr auch nachfolgenden Geschlechtern wieder eine neue Heimat zu geben. Wo unsere Altvorderen einst gelebt, davon haben wir nur noch eine schwache Erinnerung und der letzte Wohnsitz der Eltern gilt als die Heimat. Wie es das Schicksal mit uns will, so gründen wir uns unsere Heimat und dort in jenem neuen Heim schmücken wir uns – und anders, schmücken auch wir das Heim.

So leben wir an dem Orte, der uns „seßhaft", uns eine Heimat gemacht, auch für den Ort. Es ist, als wirken wir das, was wir für diesen Ort tun, für uns selber, als verweben wir mit diesem Tun unsere Heimatsgedanken und Kindesträume und fühlen uns dann glücklich, das gefunden zu haben, was wir scheinbar schon verloren glaubten. Die Zahl der Bevölkerung steigt von Jahr zu Jahr. Plätze, die ehedem Wiesen, Äcker oder Wälder bildeten, sind verschwunden und auf ihnen ragen riesige Bauten zum Himmel empor. Von diesem Aufschwung der Erde merkt vor allem die Großstadt zunächst etwas. Ihre Häuserreihen werden immer größer, Straße baut sich an Straße; wo ehemals die Tore der Stadt waren, ist längst nicht mehr zu sehen, immer weiter, wie ein riesiger Polyp breitet sie ihre Arme aus, alles in sich einschließend, allen Boden, der dem Pflanzenreich einstens gewidmet war, vernichtend.

Aus den kleinen Orten Berlin und Kölln ist die Stadt Berlin geworden und aus deren Vororten setzt sich nun Groß-Berlin zusammen. Und größer und größer wird diese Weltstadt, sodaß es schier erscheint, als finde man aus ihr kaum noch einen Ausweg. Der Mittelpunkt der Stadt wurde zu klein, seine Luft glaubt man nicht mehr atmen zu können und so siedelten sich vor seinen Toren die Menschen an, damit neue Orte begründend.

Auf letztere Weise entstand auch unser F r i e d e n a u . Zunächst eine kleine Kolonie, wurde es bald von Vielen zum Wohnsitz erwählt, von Jahr zu Jahr sich vergrößernd und heute bereits kämpfend in scharfer Konkurrenz mit anderen Vorort-Gemeinden, einen blühenden Ort darstellend. Handel und Wandel schuf es sich, in nichts mehr hinter der Großstadt zurückstehend. Aber nicht die Großstadt nahm es sich a l l e i n zum Vorbild. Nein, schöner wie diese wollte es sein, s e l b s t wollte es etwas bedeuten, s e l b s t sich den Weg ebnen, der ihm die Größe bringen soll. –

Ob dieses Bestreben erreicht ist? – Wer zweifelt heute noch! – Kein Ort im deutschen Vaterlande sah wohl je eine Zukunft so sicher vor Augen, wie sie Friedenau jetzt sieht. Klein ist nur der Flächenraum, der ihm zu Gebote steht, aber es hat verstanden, diesen Raum auszunützen, und ihn für seine Zwecke dienstbar zu machen. Wer nach Friedenau zieht, der will nichts entbehren von allem, was die Großstadt bietet. Nun, das findet er hier. Er will aber auch angenehmer wohnen als in der Großstadt, er will neben aller Bequemlichkeit auch frische Luft atmen, will sich freuen an den Kindern der Natur, an Blumen und grünen Bäumen – auch dieser Wunsch ist erfüllt. – Neben dem großstädtischen Gepräge, den unser Ort trägt, hat unsere rührige Gemeindeverwaltung niemals dieses letzte Ziel außer Acht gelassen. Schöne breite Straßen, deren sauberes Aussehen von vornherein die Gunst des Fremden erwirbt, ziehen sich durch unseren Ort. Es gibt aber auch keine Straße, die nicht eine Baumallee aufzuweisen hat und die dem Verkehr weniger dienenden Straßen geben ein freundliches Bild durch schön angelegte Vorgärten. In den Verkehrsstraßen aber, wie Rheinstraße und Kaiserallee, in denen sich das Anlegen von Vorgärten nicht gut machen läßt, hat unsere Gemeinde-Verwaltung selbst für eine vorzügliche Ausschmückung durch Anlegen von Rasenstreifen gesorgt. Wie die Straßen, so weisen auch die Plätze in noch schönerer Weise gärtnerischen Schmuck auf. Wie prächtig sind Friedrich-Wilhelmplatz, Maybachplatz, Wilmersdorfer Platz, Schillerplatz und der neue Platz des ehemaligen Sportparkgeländes angelegt! – Dann ist ein weiterer Grund für die Vornehmheit, die unser Ort im ersten Augenblick ausübt, in seinen prachtvollen Bauten zu suchen. Man mag Friedenau betreten, von welcher Seite man will, immer dasselbe Gepräge: schöne Gebäude, saubere Straßen und liebliche gärtnerische Anlagen. Zu allen diesen Vorzügen tritt nun noch die erst kürzlich neugeschaffene feenhafte elektrische Straßenbeleuchtung. Dies wären die ersten Eindrücke, die uns Friedenau lieb gewinnen lassen.

Nachdem wir uns nun von diesem ersten Eindruck angenehm berührt fühlten, so versteht es sich wohl schon von selbst, daß wir jetzt auch erforschen wollen, wie denn der Ort eigentlich im allgemeinen aussieht. Wir legen uns also zunächst die Frage vor: Wie ist seine Straßen-Einteilung getroffen? –

Als der Mittelpunkt, gleichsam das Herz Friedenaus gilt der Friedrich-Wilhelmplatz. Von ihm zieht sich nach Norden und Süden in schnurgerader Linie die herrliche Kaiserallee. Nach Westen gehen dann ebenfalls geradlinig die Wiesbadener-, die Wilhelmshöher- und die Taunusstraße ab, nach Osten die Albe-, Nied- und Schmargendorferstraße. Nordwestlich zweigt sich die Wilhelmstraße, nordöstlich die Bismarckstraße, südwestlich die Goßlerstraße und südöstlich die Kirchstraße ab. Diese Straßen werden nun wieder von anderen Straßen rechtwinklig gekreuzt. Um aber eine möglichste Ausnutzung des zu Gebiete stehenden Terrains zu ermöglichen, sind ferner sogenannte Ringstraßen angelegt. Hierzu rechnet in erster Linie die Stubenrauchstraße, die an der Ringbahn beginnend, parallel der Kaiserallee zunächst die westlichen Straßen des Friedrich-Wilhelmplatzes geradlinig durchschneidet, um dann in einem Halbkreis vom Schillerplatz aus mit der Kreuzung der Goßlerstraße an der Kaiserallee zu enden. An diese schließt sich dann den Bogen vervollständigend, die Handjerystraße, die wie die Stubenrauchstraße westlich, jetzt östlich bis zum Wilmersdorfer Platz einen Bogen beschreibt um dann geradlinig an der Ringbahn zu enden. Während nun der westliche Teil, meistens sich rechtwinklig schneidende Straßen aufweist, ist im östlichen Teil durch die Rheinstraße, die Hauptverkehrsstraße, ein etwas anderes Bild. Um aber auch hier ausgleichend zu wirken, ist in der ihren Namen nach besagenden Ringstraße wieder ein solcher Ausgleich geschaffen. Diese Ringstraße geht vom südlichen Teile der Rheinstraße ab und endet in deren nördlichem Teile. Eine Verbindung mit Rhein- und Ringstraße ist durch die sich vom Zentralpunkte der Rheinstraße, der Kaisereiche abzweigenden Ill-, Saar- und Moselstraße geschaffen. Ein ebenfalls etwas abweichendes Bild gibt dann der Straßenbau des ehemaligen Sportparkes, der für sich einen geschlossenen Ortsteil bildet. Dieses wäre im wesentlichen der Straßenplan Friedenaus.

Kommen wir nun zum Ausbau selbst, so ist der westliche Teil noch sehr wenig bebaut und bildet somit den ruhigen und stillen Ortsteil. Im östlichen Teile dagegen wickelt sich das Verkehrs- und Geschäftsleben ab. Die Haupt-Verkehrs-Ader ist hier die Rheinstraße. Diese, einstmals die Berlin–Potsdamer Heerstraße, stellt durch ihren Anschluß an die Friedenauer Straße, die wieder

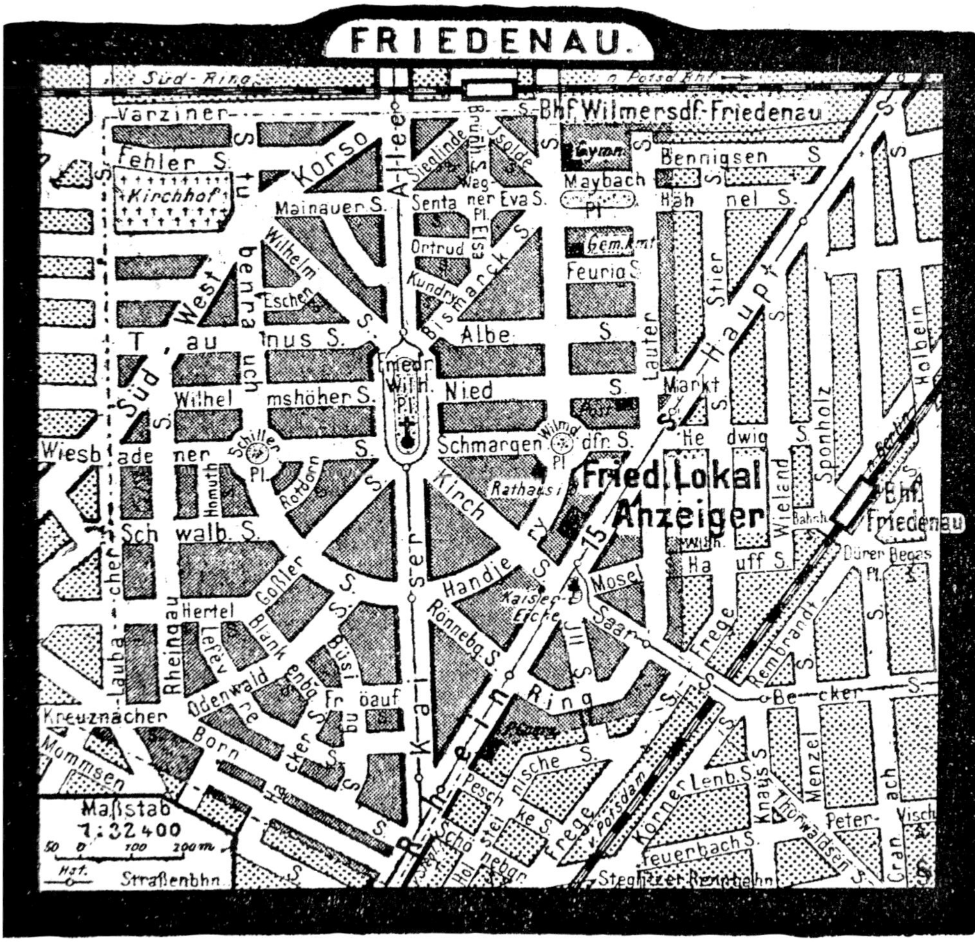

Plan aus dem Friedenauer Lokal-Anzeiger, 1909

mit der Schöneberger Hauptstraße und diese wieder mit der Potsdamerstraße in Verbindung steht, die direkte Verbindung mit Berlin dar. So haben denn auch in der Rheinstraße alle bedeutenden Geschäfte Friedenaus ihren Platz gefunden und nur wenige große Geschäfte finden wir in den anderen Straßen. Wo aber die Geschäftswelt ihren Sitz hat, ist naturgemäß auch der Verkehr der stärkste und ist die prächtige Rheinstraße in genanntem Sinne eine Tochter der Leipziger- und Friedrichstraße Berlins.

Was weiter die S t r a ß e n n a m e n betrifft, so ist wohl vor allem ins Auge springend, daß der Vater Rhein vielen den Namen gegeben. Zu diesen Straßen gehören außer der Rheinstraße die Mosel-, Saar-, Ill-, Rheingau-, Wiesbadener-, Taunus-, Mainauerstraße u. a.

Dann führen verschiedene Straßen die Namen von Leuten, die sich um unseren Ort besondere Verdienste erworben haben, wie Feurig-, Fröauf-, Roenneberg-, Handjery-, Goßler-, Büsing-, Lefèvre-, Hertel-, Stubenrauchstraße ec. Natürlich sind auch patriotischem Geiste entsprungene Straßennamen vorhanden, wie Wilhelm-, Bismarckstraße, Kaiserallee und Friedrich Wilhelmplatz.

Zu Ehren unseres bedeutendsten deutschen Dichters hat man ferner zu dessen 100jährigen Todestag einen Schillerplatz geschaffen. Andere Straßen haben ihren Namen durch angrenzende Ortschaften u. ä. erhalten. Die Straßen des ehemaligen Sportparkgeländes sollen nun ebenfalls noch durch einheitliche Namen, die ein Ganzes bilden, sich auszeichnen. Sie werden eine Ehrung des beliebten und größten deutschen Opernkomponisten Richard Wagner bedeuten. Nach dem Vorschlag des Herrn Bürgermeisters werden der Platz Richard Wagner-Platz und die Straßen nach den Frauengestalten seiner Werke: Sieglinde-, Isolde-, Elsa-, Senta-, Eva-, Ortrud-, Kundry- und Gudrunstraße benannt.

Fragen wir nun: wie erreichen wir Friedenau oder wie kommen wir aus Friedenau nach anderen Orten, besonders nach Berlin? so können wir antworten, daß wohl kein Ort in dieser Beziehung so günstige Verkehrsverhältnisse aufzuweisen hat, wie gerade unser Ort. Im Norden stellt der Ringbahnhof Friedenau-Wilmersdorf den direkten Verkehr mit der Berliner Ringbahn und nach dem Grunewald dar. Östlich ist der Wannseebahnhof Friedenau, dessen Züge uns einerseits nach Berlin-Potsdamer Bahnhof, andererseits nach Steglitz, Lichterfelde, Zehlendorf, Wannsee, Potsdam ec. bringen. Durch die elektrische Straßenbahnlinie E gelangen wir von der Rheinstraße auf kürzestem Wege nach Berlin Potsdamer Platz und nach Steglitz. Die Linie D führt uns nach Steglitz und durch Schöneberg zum Zoologischen Garten. Linie 66 bringt uns bis zum hohen Norden Berlins und Linie 88 nach dem Osten bis ans Schlesische Tor. Die durch die Kaiserallee

Rheinstraße um 1906

führende Linie F aber vermittelt den Verkehr zwischen Steglitz, Wilmersdorf und dem Zoologischen Garten. Ein solch ausgedehntes Verkehrsnetz in einem Orte findet man wohl sehr selten wieder.

Dieses wären wohl die Vorzüge, die uns Friedenau durch seine günstige Lage, seine äußere Beschaffenheit bietet. Wie sieht es nun aber innerlich im „Staate Dänemark" aus? – Auch hier können wir wieder sagen: Vortrefflich!

Wir haben hier ein Gemeinwesen, an dessen Spitze Männer stehen, die bemüht sind, Friedenau immer schöner und angenehmer, aus Friedenau sozusagen eine Kommune ersten Ranges zu machen, die vorbildlich nach jeder Richtung hin wirken muß. An der Spitze unserer Gemeindeverwaltung steht in unserem Herrn Bürgermeister Schnackenburg ein für die moderne Kommunalpolitik als Autorität geltender zielbewußter Mann, der in treuer Pflichterfüllung jedem einzelnen gerecht zu werden bemüht ist. Unterstützt wird er in seinen Bestrebungen von den von der Gemeindevertretung ihm zur Seite gestellten Schöffen Herren Bache, Draeger, Lichtheim, Sadée und Wossidlo. Jeder dieser Herren verwaltet mit Lust und Liebe das ihm anvertraute Amt: Herr Bache: Innere kommunale Verhältnisse und Schulen, Herr Draeger: Bauwesen, Straßenbauten ec., Herr Lichtheim: Gärtnerische Anlagen usw., Herr Sadée: Straßenreinigung und Feuerwehr, Herr Wossidlo: Armenpflege u.a. – In die Gemeindevertretung hat sich die Bürgerschaft selbst ihre berufensten Vertreter gewählt, die allen Schichten der Bevölkerung angehören und demgemäß auch für die gesamte Bürgerschaft ihre Stimme erheben. Es sind die Herren: Gastwirt Fechner, Geh. Hofrat Franzelius, Prof. Frölich, Rentier Gerken, Baumeister Haustein, Geh. Rechnungsrat Hendrich, Geh. Kanzleirat Homuth, Architekt Kunow, Chemiker Dr. Lohmann, Malermeister Matthies, Kanzleirat Ott, Geh. Kanzleirat Panse, Architekt Ruhemann, Malermeister Schölzel, Gastwirt Schu, Buchdruckereibesitzer Leo Schulz, Rechtsanwalt Uhlenbrock. – In den Sitzungen der Gemeindevertretung werden alle Fragen, die das Wohl und Beste der Gemeinde fördern können, sehr reiflich erwogen und geprüft, und was alles dort bisher erledigt wurde und nach vielen, zeitraubenden Verhandlungen der Bürgerschaft präsentiert werden konnte, darüber sprechen die verschiedensten Einrichtungen in unserem Orte, worauf ich später noch zurückkomme, selbst. – Jeder der Herren Vertreter weiß immer wieder Neues und besseres ausfindig zu machen und jede Sitzung ist bisher mit einem das Gemeinwohl fördernden Beschlusse beendet worden und wird, des bin ich guter Hoffnung, auch fernerhin beendet werden.

Zu diesen für das allgemeine Wohl der Gemeinde wirkenden Vertretern kommen nun noch die Mitglieder der einzelnen Ausschüsse, denen neben den Gemeindevertretern auch Leute aus der Bürgerschaft angehören.

Es würde zu weit führen, wenn ich hier auch noch die Tätigkeit der einzelnen Ausschüsse hervorheben wollte. Ich verzichte deshalb darauf und stelle nun die Frage, was haben alle diese Herren hier in Friedenau geschaffen? Ja, so schnell wie die Frage gestellt ist, dürfte wohl schwerlich ihre Beantwortung sein. Man könnte Bände darüber schreiben, wollte man das alles genauestens wiedergeben, was in der kurzen Spanne Zeit, in der Friedenau eine Bedeutung erhielt, hier gewirkt wurde.

An öffentlichen Einrichtungen sind neben der Pflege für die Straßen und Plätze vor allem das Elektrizitätswerk, Armenhaus und die Schulen hervorhebenswert. Mit dem Elektrizitätswerk hat sich Friedenau eine eigene, moderne Licht- und Kraftquelle geschaffen. In unserm Armenhaus haben wir ein schmuckes Gebäude errichtet, in dem unsere Ortsarmen ein menschenwürdiges Unterkommen fanden. Vortreffliches aber ist im Schulwesen geleistet worden. Als Vorkämpferin des Friedenauer Schulwesens gilt das kürzlich verstorbene Fräulein Hedwig Roenneberg. Sie war die erste, die die Schulfrage in Friedenau aufwarf und mit Unterstützung ihrer Schwestern dem Schulunterricht die Wege ebnete. Mädchen und Knaben aller Stände gewährte sie zuerst hier die Segnungen der Schule, und noch heute gilt die Roenneberg'sche höhere Mädchenschule, eine Privatanstalt, als Musterschule. Wir haben nun hier in Friedenau zunächst die Mädchen- und Knaben-Gemeindeschule, in der vom Oktober insofern noch eine Änderung tritt, als bis dahin das neue Schulgebäude in der Goßlerstraße fertiggestellt ist und Mädchen- und Knabenschule dann getrennt werden. Die Volksschulgebäude, besonders das neue, sind den modernen Ansprüchen entsprechend eingerichtet. Neben einer vorzüglich sich bewährten Heizungsanlage sind in sämtlichen Räumen elektrische Beleuchtungskörper gelegt. Die Ventilation ist gleichfalls ausgezeichnet und als Neuerung tritt die Koch- und Handarbeitsschule hinzu. Auch wird das neue Schulgebäude Brausebäder erhalten.

Die neu erbaute Volksschule in der Rheingaustraße, 1906

Knabenabteilung des Friedenauer Turnvereins in der Turnhalle des Gymnasiums, 1906

Obligatorischer Fortbildungsunterricht sorgt für Weiterbildung unserer gewerblichen Lehrlinge und Handelsschulunterricht ermöglicht den kaufmännischen Lehrlingen Fortschritte in diesen Fächern sich anzueignen. – Nicht will ich den weltberühmten Schulgarten unerwähnt lassen. – Im höheren Schulwesen steht vor allem unser Gymnasium an der Spitze, in dem dieses Jahr zum ersten Male die Abiturienten-Prüfung stattfand. Das Gymnasial-Gebäude selbst ist ein schmucker Bau, dessen Innenräume mit seinen Wandelgängen einen imposanten Eindruck machen, und Herr Direktor Dr. Busch betrachtet und hütet die Schule wie sein eigenes Gut. Zu dem höheren Schulwesen trat noch in diesem Jahr die Gründung der Realschule. Vorläufig sind die Schüler noch im Gymnasialgebäude untergebracht, doch wird im Jahre 1910 auch dafür ein eigenes Gebäude errichtet. Im April nächsten Jahres erhalten wir dann noch eine höhere Töchterschule. Unsere höheren Töchter genießen bis jetzt in den Privatschulen Roenneberg und Dr. Lorenz diesen Unterricht. Als sehr anerkennenswerte Einrichtung in unserem Schulwesen wäre dann noch die sanitäre Überwachung der Schülerinnen und Schüler durch einen Schularzt zu bezeichnen. Zur Erholung unserer Jugend sind am Maybachplatz Turn- und Spielplätze hergerichtet.

K i r c h e n weist Friedenau nur eine auf und zwar das freundliche Gotteshaus: „Kirche zum guten Hirten“ auf dem Friedrich Wilhelmplatz. Diese Kirche dient der evangelischen Gemeinde Friedenaus zur Erbauungsstätte in Gottes Wort. An ihr wirkten die beliebten Geistlichen Herr Pastor Görnandt und Herr Pastor Kleine. Die kirchliche Gemeinschaft pflegen der Diakonieverein, der Parochialverein, der Jungfrauenverein und der Jünglingsverein.

Krieger- und Landwehr-Verein Friedenau, 25jähriges Stiftungsfest 31. August 1902

Ein Rathaus hat Friedenau noch nicht. Die Gemeindeverwaltung ist bisher in dem Mietshaus Feurigstraße 8 untergebracht. Zum Oktober 1908 soll aber nach Beschluß der Gemeindeverwaltung auch das Rathaus fertig da stehen.

Eine weitere sehr wichtige öffentliche Einrichtung ist die elektrisch-automatische Feuermelde-Einrichtung, die von der Firma Siemens & Halske angelegt ist. Die Feuermelder zeigen in der Wohnung eines jeden Feuerwehrmannes durch Glockenzeichen die Meldung eines Feuers an.

In postalischer Hinsicht sind ja wohl noch einige Mängel, wie die Paketbeförderung, vorhanden. Durch direkten Anschluß an das Fernsprechnetz Berlin haben wir den Vorteil mit allen für Berlin zugelassenen Orten Gespräche zu führen, doch hat das Nachttelephon in Friedenau noch nicht Eingang gefunden. Aber auch dieses dürften wir bald erhalten, ebenso wie in Kürze direkte Rohrpost-Verbindung mit Berlin gelegt wird.

Im kommunalen Bauwesen ist jetzt durch Einstellung eines Gemeinde-Baurats Rechnung getragen worden.

Das Polizeiwesen Friedenaus liegt in erster Linie in den Händen unseres Herrn Amtsvorstehers, weiter dann in denen des Herrn Wachtmeister Meier. Es wäre vielleicht auch sehr erwünscht, wenn wir für die Exekutive als Leiter einen Kommissar erhielten.

Wir gehen nun über zu anderen Institutionen, die uns das Wohnen in Friedenau angenehm machen. Da sind vor allem die vielen Vereine.

Kommunale und wirtschaftliche Interessen verfolgen von diesen Vereinen in erster Linie der Haus- und Grundbesitzer-Verein und der Handel- und Gewerbe-Verein. Diese beiden Vereine sind insbesondere als Vorkämpfer aller kommunalen Errungenschaften Friedenaus zu bezeichnen. In der Pflege der edlen Turnerei besitzen wir den Männer-Turnverein, der sich weit über die Grenzen Friedenaus einen Namen erworben hat, insbesondere durch seine Gründer: die Herren Otto Bauer, Gustav Retzdorff und Max Fehler. Die Liebe zum Soldatenstande halten wach der Krieger- und Landwehrverein und der Kriegs-Veteranenverein. An Gesangvereinen hat Friedenau den Kirchenchor, den Männer-Gesangverein 1875 usw. Die Sanitätskolonne und der Zweigverein des deutschen Frauen-Vereins vertreten die edlen Bestrebungen des „Roten Kreuzes". – Gegen Feuer und sonstige Gefahr schützt uns unsere wackere Freiwillige Feuerwehr. Erwähnenswert wäre dann wohl noch der Parochial-Verein, der Evangelische Arbeiter-Verein ec. Dann sind noch eine große Zahl Sport-, Fach-, Geselligkeits- und Vergnügungs-Vereine vorhanden.

Auch eine Stätte für Künstler kann Friedenau genannt werden. Viele berühmte Tonkünstler wohnen in Friedenau und geben viele Musik- und Gesangslehr-Institute Gelegenheit, in dieser schönen Kunst Unterricht zu erhalten. Ebenso sind berühmte Malerinnen und Maler und Bildhauer in unserem Ort ansässig.

In industriellem Sinne hat Friedenau die Feinmechanik und Optik aufzuweisen. Das größte industrielle Unternehmen ist die weltbekannte Optische Anstalt C.P. Goerz, ferner Karl Bamberg usw. Das Hauptgewerbe ist das Baufach und sind in Friedenau zahlreiche Baufirmen mit hervorragenden Architekten vertreten.

Habe ich nun versucht, so gut wie ich's konnte, zu zeigen, was uns „Friedenau bietet", so ist naturgemäß eine weitere Frage: Was haben wir noch in Friedenau zu erwarten, bezw. was ist noch alles notwendig? – Ein Jeder wird mir zugeben, daß diese Frage, besonders deren letzten Teil eine unbedingte Antwort kaum möglich machen läßt. Über die Notwendigkeit von diesem oder jenem kann man eben verschiedener Ansicht sein und so ist noch lange nicht die Meinung Einzelner maßgebend. Wenn unsere Gemarkung voll bebaut sein wird, was leicht in 10 Jahren erfolgen kann, so wird Friedenau etwa 50 000 Einwohner haben.

So viel wie bisher beschlossen ist, kann ich ja anführen, was hier in nächster Zeit geschaffen werden soll. Da ist z. B. zunächst das Rathaus, dann die Realschule und die höhere Töchterschule. Als sehr notwendig verlangt ein großer Teil unserer Bevölkerung die „Volksbadeanstalt", welche ja wohl auch in nicht zu ferner Zeit errichtet werden wird, da sich die Gemeindevertretung kaum dem Drängen vieler Stimmen auf die Dauer wird verschließen können. Vom Haus- und Grundbesitzer-Verein ist auch die Notwendigkeit der Schaffung eines öffentlichen Stellen-Vermittlungsbüros für sämtliches Arbeits- und Dienstpersonal anerkannt worden. Dieses Institut wird hier kaum blühen, da infolge der besseren Bebauung unseres Ortes mit Mittelwohnungen von 3–4 Zimmern eine Arbeiterbevölkerung nach Friedenau nicht zuziehen kann. Auch die Errichtung einer elektrischen Schnellbahn-Verbindung mit Berlin wird vielseitig erstrebt. Der Haus- und Grundbesitzerverein hat dann fernerhin die Schaffung nur großer Wohnungen als eine dringende Notwendigkeit für Friedenau bezeichnet, um so steuerkräftige Mitbürger zu erhalten. So hat wohl ein Jeder noch seine besonderen Wünsche und würde es wohl zu weit führen, auch nur noch den einen oder anderen hier zu erwähnen. Die Zeit muß selbst dafür sorgen, Mängel noch aufzudekken. Für ihre Beseitigung werden, so hoffe ich bestimmt, unsere Gemeinde-Körperschaften stets eifrig bemüht bleiben. Sehr zu wünschen sind für unseren Ort aber möglichst dauernde Einnahme-Quellen, denn ein weiteres Ausdehnen als wie auf dem jetzt zur Verfügung stehenden Terrain ist Friedenau nicht mehr gestattet. Nach Bebauung sämtlichen Grund und Bodens wird es daher für Friedenau zunächst die Aufgabe sein, zu ergründen, ob seine Einnahmen imstande sind, für immer alle Aufgaben zu decken, ja, ob es auch möglich ist, Überschüsse zu erzielen. Wie jetzt die Verhältnisse liegen, scheinen wir wirklich einer sehr rosigen Zukunft entgegenzugehen. Die Bevölkerung nimmt von Monat zu Monat zu und zählt nach der neuesten Statistik 18 817 Einwohner. Rechnen wir darauf, daß die Einwohnerzahl ständig wachse und alle Hoffnungen sich immer erfüllen mögen, damit wir stets mit Stolz sprechen können von unserm Friedenau!

Friedenauer Lokal-Anzeiger Juni 1906

Friedenauer Lokal-Anzeiger.

Gleichzeitig Organ für den Friedenauer Ortstheil von Schöneberg und den Bezirksverein Süd-West

Unparteiische Zeitung für kommunale und bürgerliche Angelegenheiten.

Bezugspreis
bei Abholung aus der Expedition, Rheinstraße 15, 1,20 M. vierteljährlich; durch Boten ins Haus gebracht oder durch die Post bezogen 1 M. 50 Pf., monatlich 50 Pf.

Bestellungen
in der Expedition, bei sämmtlichen Zeitungsspediteuren und Postanstalten.

Fernsprecher: Nr. 129.

Erscheint täglich abends

Besondere
Jeden Mittwoch:
Witzblatt „Seifenblasen".

Druck und Verlag von
Leo Schultz in Friedenau.

Erscheint täglich abends

Beilagen
Jeden Sonnabend:
Blätter für deutsche Frauen.

Verantwortl. Redakteur:
Leo Schultz in Friedenau.

Anzeigen
werden bis 1 Uhr Mittags angenommen. Preis der 5gespaltenen Zeile oder deren Raum für Einheimische 15 Pf., für Auswärtige 20 Pf. Die Reklamezeile kostet 30 Pf.

Anzeigenannahme
in der Expedition, Rheinstraße 15, sowie in allen Annoncenexpeditionen.

Postzeitungsliste 2674.

Der Kaiser in Friedenau. Das Kaiserpaar besuchte am Freitag Nachmittag das Atelier des Bildhauers Herrn Prof. Wilhelm Haverkamp in der Schwalbacherstraße, um den Entwurf für das Standbild Wilhelms II. von Oranien für die Berliner Schloßterrasse zu besichtigen. Der Fürst ist dargestellt in der reichen Tracht seiner Zeit, wie van Dyk die Großen seiner Epoche gemalt hat. Das Kaiserpaar interessierte sich lebhaft für den Entwurf, wie auch für andere im Atelier befindliche Arbeiten des Künstlers: einen Kamin für die Königliche Porzellan-Manufaktur und eine lebensgroße Ringergruppe, die für die nächste Berliner Kunstausstellung bestimmt ist.

Friedenauer Lokalanzeiger 6. März 1906

In welch kleinen Verhältnissen lebte vor jetzt ungefähr fünf Jahren Friedenau. Nur zur Hälfte war es gegen das jetzige ausgebaut, wenig moderne Häuser, aber um so mehr der lieblichen ländlichen Villen, umgeben von den mehr oder weniger großen, gehegten und gepflegten Gärten. Mit dem Strom nach dem Westen hat sich auch Friedenau beinahe mit einem Schlage geändert. Immer mehr und mehr schwinden die Villen unter der Picke der Neuzeit und mit ihr die Ruhe gebietenden Vorgärten. Nicht lange mehr, und auch die älteste Zeugin der einstigen Villenstadt wird verschwunden sein, verdrängt von ihrem großen Nebenbuhler, dem Mietspalast. Andere Zeiten, andere Verhältnisse ist der ewige Wechsel der Zeit.

Friedenauer Lokalanzeiger 29. August 1906

Das **Auguste Victoria Krankenhaus** an der Rubensstraße galt bei seiner Fertigstellung als das modernste im Raum Berlin. Der erste Bauabschnitt des im Pavillonstil errichteten Krankenhauskomplexes wurde 1906, der zweite vier Jahre später am 10. Februar 1910 in Beisein der Kaiserin Auguste-Viktoria in Betrieb genommen.

Direktor Prof. Dr. Walther Kausch leitete das Krankenhaus von 1906 bis zu seinem Tod 1928. Er gilt als Wegbereiter der Pankreas-Chirurgie. Ihm gelang dort 1909 die erste erfolgreiche Operation der Medizingeschichte an der Bauchspeicheldrüse.

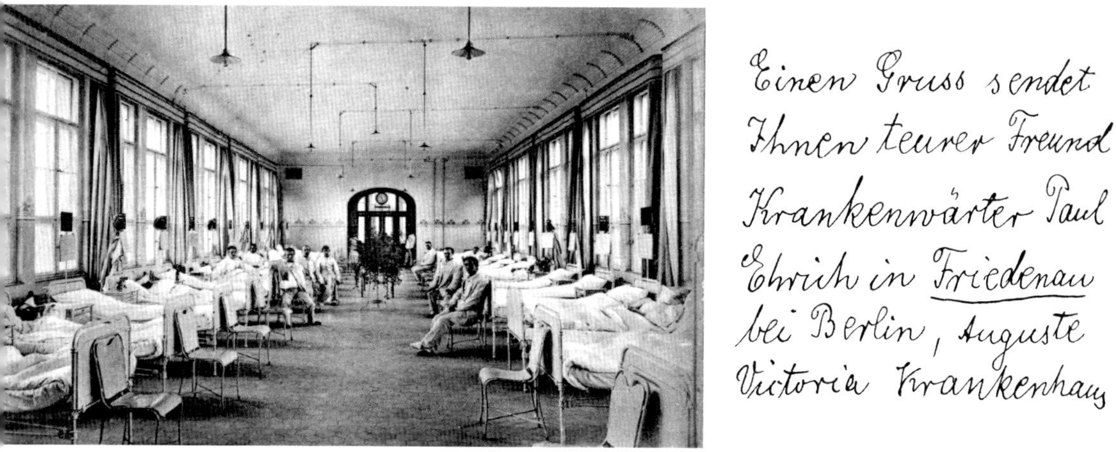

Auguste Victoria Krankenhaus, Pavillon für äußere Kranke, 1908

„Ich mußte heute in Friedenau zum Krankenhaus durch die Straßen, in denen man so oft spazierenging, und es war mir etwas weh ums Herz, aber das macht nichts," schrieb Rosa Luxemburg im ersten Kriegswinter 1914/15 an Kostja Zetkin. Rosa Luxemburg, die viele Jahre ganz in der Nähe in der Cranachstraße gewohnt hatte und im September 1911 nach Berlin-Südende gezogen war, kam Anfang Januar 1915 für etwa zwei Wochen nach Friedenau zurück – wenn auch nur als Patientin.

Schon nach einem Tag konnte sie berichten: „Nach der heutigen Röntgenaufnahme hat der Prof. gesagt, Geschwür ist keins da, eher Magenkatarrh. Morgen wird noch chemische Analyse gemacht, aber jedenfalls brauchst Du es nicht tragisch zu nehmen."

Hinter Rosa Luxemburgs Magenproblemen stand sicher auch die Gewißheit, demnächst wieder einmal ins Gefängnis gehen zu müssen – dieses mal für ein ganzes Jahr. Sie hatte im September 1913 bei mehreren öffentlichen Versammlungen zum Kampf gegen die Kriegsgefahr aufgerufen und die Arbeiter aufgefordert, im Falle eines Krieges nicht auf ihre Klassenbrüder in Frankreich und in anderen Ländern zu schießen.

Eine weitere Sorge galt ihrer geliebten Katze, wie in ihrem Brief an Kostja vom 8. Januar 1915 aus dem Krankenhaus zu lesen ist: „Bitte, sei doch etwas heiter, nimm Dir ein Beispiel an der Mimi, von der mir berichtet wird, daß sie in meiner Abwesenheit für dreie frißt. Nach ihr sieht jeden Tag meine Aufwartefrau, die sich hochgeehrt fühlt, wenn Mimi ihre Liebkosungen duldet, und die für sie jeden Tag heizt, das Kistchen putzt und Fleisch brät. Außerdem muß ihr zur Gesellschaft Leo jeden Tag mehrere Stunden in der Wohnung sitzen. Alles reißt sich darum, Mimi zu kriegen, wenn ich ins Loch soll, in solchem Ansehen steht sie."

Auguste Victoria Krankenhaus um 1910

Das erste Gebäude in der Rubensstraße war das 1900 fertiggestellte Haus der Kinderpflege- und Erziehungsanstalt **„Zionshilfe“**. Die 1859 in Berlin von Fräulein Emilie Binnemann gegründete Stiftung, deren Protektorat 1864 Prinzessin Alexandrine von Preußen übernommen hatte, machte sich zur Aufgabe, armen verwahrlosten Waisenkindern ohne Unterschied der Konfession ein Zuhause und eine Ausbildung zuteil werden zu lassen. Im Jahr ihres 50jährigen Jubiläums 1909 wohnten dort 130 Knaben und Mädchen, die für das werktätige Leben vorbereitet werden sollten.

Das unter der Leitung des Regierungsbaumeisters Carl Teichen nach Entwürfen des Stadtbaurats Paul Egeling errichtete Gebäude gehört inzwischen zum Vivantes Auguste Viktoria-Klinikum.

Straßenbahn Endstation an der Rubensstraße, im Vordergrund die „Zionshilfe“, im Hintergrund das Verwaltungsgebäude des Auguste Victoria Krankenhauses, 1909

Deutsche Armee-, Marine- und Kolonial-Ausstellung an der Rubensstraße

Die Ausstellungsleitung hatte für gestern Vormittag die Vertreter der Presse zur Besichtigung der Ausstellung eingeladen. Nachdem die Pressevertreter begrüßt wurden, erfolgte ein Rundgang durch die Ausstellung. Es bedarf allerdings noch vieler Arbeit, ehe die Ausstellungsgebäude vollständig fertiggestellt sind. Durch diese frühe Besichtigung der Ausstellung aber wollte man recht erkennen lassen, welche gewaltigen Größenverhältnisse diese ganz aus Holz gebauten Ausstellungshallen aufweisen. Wir wollen unseren Lesern nun eine Beschreibung der einzelnen Baulichkeiten ec. geben:

Das Eingangsgebäude besteht aus zwei großen, mit Türmen versehenen Flügelbauten, die durch offene Hallen verbunden sind. In der Mitte dieser Verbindungshallen befindet sich der Haupteingang mit kleinen Kassengebäuden, auf deren flachen Dächern sich die allegorischen Figuren eines brandenburgischen Arkebusiers und eines brandenburgischen Schiffsknechtes befinden. In dem rechten Flügelbau dieses Eingangsgebäudes befinden sich die Räume für die Direktion, Presse, überdies die Kassenräume und die Post. Das linke Flügelgebäude enthält die Räume für Polizei, die Sanitätswache und die Kantine für die Ausstellungsarbeiter und Kutscher. Die Fläche dieses Eingangsgebäudes beträgt 1200 qm bei einer Frontentwicklung von ca. 96 m.

Die Marinehalle, beim Eintritt links vom Eingangsgebäude liegend, hat eine bebaute Fläche von ca. 5200 qm und enthält die Ausstellung des Reichs-Marineamtes, eine Kunstausstellung, Maschinenausstellungen ec. Diese Halle ist in der Anordnung der Norddeutschen Schiffer-Gildenhäuser gehalten. Das Mittelschiff hat eine Höhe von ca. 16 m. Die durch Hallengänge damit

verbundenen Seitenschiffe haben eine Spannweite von 7 m. Die dem See zugekehrten Giebel dieser Halle zeigen die Darstellung eines Wikinger Schiffes, von einem Atlanten getragen.

Die Kolonialhalle trägt den Charakter der Orientalischen Bauten, mit zierlichem Minaret. Sie hat einen Flächeninhalt von 5800 qm einschließlich des großen Rondels, das die Dioramen des Orientmalers Hellgrewe birgt. Die Halle selbst enthält: die Ausstellung der Ostafrikanischen Kolonien, die Ausstellung der Missionen, die Ausstellung der Tropenhygiene, der Firma Antelmann, der Firma Richter & Nolle, deren Mitinhaber W. Richter sich um die Organisation der Kolonial-Ausstellung wesentliche Verdienste erworben hat.

Die koloniale Ausstellung wird in zwei große Abteilungen zerfallen; die wissenschaftlich-belehrende und die rein gewerbliche. In der ersteren soll alles dargestellt werden, was den Charakter, das Wesen und die wirtschaftlichen Grundlagen der einzelnen Kolonien vorzuführen geeignet ist; ferner die Tropenhygiene und die Wirksamkeit der Missionen. In der zweiten, der gewerblichen Ausstellung, erscheinen die Ausfuhrerzeugnisse unserer Kolonien und die große Reihe der Fabrikate, die Deutschland dorthin einführt. Von den Einfuhrgütern nach unseren Kolonien sollen nicht bloß diejenigen ausgestellt werden, die schon heute von Deutschland dorthin kommen, obgleich diese naturgemäß den großen Hauptteil bilden werden, sondern auch solche, die Deutschland zwar auch ausführen könnte, aber aus einem oder dem anderen Grunde noch nicht ausführt, sodaß sie heute auch von außerdeutschen Ländern an unsere Kolonien geliefert werden. Es soll damit eine Anregung gegeben werden, die Beziehungen zwischen Mutterland und Kolonien enger zu knüpfen.

Die Maschinenhalle hat eine bebaute Fläche von 3 700 qm; die Maschinenausstellung enthält die Erzeugnisse bedeutender Maschinenfabrikanten, wie Lanz, Wolf, Lapp, Deutz, Borsig, Ganz & Co. u. A. Die Spannweite des Mittelschiffs dieser Halle beträgt 22 m. Die Länge der Hallen samt den Vorbauten ist rund 96 m.

Die Haupthalle, gegenüber dem Eingangsgebäude, präsentiert sich als ein kolossaler, geschickt ausgeführter Holzbau von gewaltiger Wirkung. Die interessanten inneren Bohlenbinder haben eine Spannweite von 30 m, die freitragenden Kuppelbinder von 32 m. Die Frontlänge des Gebäudes beträgt rund 200 m, bei einer durchschnittlichen Tiefe von 82 m. Die Höhe der über der Ehrenhalle befindlichen Mittelkuppel beträgt 36 m. Es ist ein derartig gewaltiger Holzbau noch niemals zur Errichtung gekommen. Die Holzbauten verschwinden ja immer mehr, da ihre Herstellung im feuersicheren Interesse von der Polizei nicht mehr gestattet ist. Es dürfte vielleicht auch das letzte Mal sein, daß ein derartiger Holzbau für Ausstellungszwecke errichtet ist, denn auch hier greift schon die Baupolizei ein. Die Haupthalle enthält die Ausstellung der verschiedensten deutschen Fabrikanten, die sich mit der Herstelung von Militär-Effekten und Gegenständen für die Bedürfnisse der Armee-, Marine- und Kolonialtruppen befassen. Etwa 1 100 Firmen haben sich für die Ausstellung angemeldet. An die Ehrenhalle anschließend wird sich die große Waffen-Ausstellung der Firma Ehrhardt befinden, daneben die Ausstellung der deutschen Waffen- und Munitionsfabriken, wo auch besonders eine Sammlung des Geheimrat Loewe mit ausgestelt wird, die Waffen aller Jahrhunderte enthält. Man wird dort unter anderen Maschinengewehre sehen und Modelle von Pferden, die mit den Maschinengewehren beladen sind. Rechts vom Ehrensaal findet man die Ausstellung des Seidenhaus Michels, das eine eigene Weberei dort einrichtet und jedem Ausstellungsbesucher Gelegenheit gibt, sich etwas von dem dort gewebten mitzunehmen.

Von besonderem Interesse verspricht auch die Ausstellung der Firma Werner Söhne zu werden, welche vom Rohmaterial an zeigt, wie sich die fertige Denkmünze der Ausstellung entwickelt bezw. wie sie schließlich geprägt wird. Unter den Ausstellern befindet sich ferner der Verein „Deutscher Militäreffektenhändler und Fabrikanten“ mit einer interessanten Sammlung. Vor der Marinehalle ist ein See von 10 000 qm Fläche und 1 m Tiefe ausgegraben. Vor dem Hauptrestaurant steht eine große Leucht-Fontäne. In dem sogen. Vergnügungspark, 85 500 qm groß, ist vor allen Dingen darauf gesehen, daß man auch wissenschaftlich ernste Dinge zu sehen bekommt. Hier wird Graf Zeppelin ein Modell seines Motorluftschiffes ausstellen. Amerikanische Kadetten werden exerzieren und von Völkern aus Wildafrika wird man in einer Arena mit einer Riesen-Freilicht-Dekoration die Gewohnheiten und Gebräuche kennen lernen, sie bei der Arbeit sehen und ihre Haustiere dort vorgeführt bekommen. Die für die Ausstellung geworbenen afrikanischen Völker sind französische Sudanesen, da die Herüberbringung von Eingeborenen aus deutschen Schutzgebieten nicht gestattet ist. Man erklärte dieses Verbot damit, daß die „Schwarzen“, sobald sie hier zu sehr von der Kultur beleckt werden, lüderlich würden. Der Vergnügungspark enthält ferner neben einem Hauptrestaurant verschiedene kleinere Restaurants, eine Singspielhalle, ein Bergwerk, zwei Illusionen nach Jules Verne, nämlich eine Reise nach dem Mond und eine Fahrt auf dem Grunde des Meeres usw.

Erinnerung an die Zimmer-Arbeiten der Armee-, Marine- und Kolonial-Ausstellung Berlin-Friedenau im März 1907

Zum Schluß sei noch die Tropenbahn erwähnt, die von der bekannten Kolonialbahnfirma Lenz & Co. gebaut wird. Das Stationsgebäude wird genau nach dem Muster der Stationshäuser in Südwestafrika errichtet, die Bedienung wird durch Schwarze erfolgen. In Verbindung mit dieser Bahn steht ein kinematographisches Theater, das den Zuschauer in das Innere der Tropen führen wird. Für die kinematographischen Vorführungen hat die Firma Lenz einen Photographen nach Südwestafrika entsandt, der nicht weniger als 12 km Films mitgenommen hat.

Von Interesse dürfte noch sein, daß für die Herstellung der Holzbauten 150 Waggons (5 000 cbm), drei Waggons Nägel und Bolzen, fünf Waggons Glas, vier Waggons Dachpappe erforderlich waren. Finanziell ist das Unternehmen gesichert, neu ist die Verbindung der Eintrittskarten mit Lotterielosen. Jede Eintrittskarte zu 1 M. ist gleichzeitig ein Lotterielos. Ferner werden Dauerkarten und Nebenkarten ausgegeben. Der Reingewinn fließt den Veteranen und Invaliden von Heer, Marine und Schutztruppen zu. Nach der Ausstellung werden Auto-Omnibusse, die elektrischen Bahnlinien 60, 88 und die D-Linie verkehren. Die Eintrittskarte zur Ausstellung dient in diesen Wagen gleichzeitig als Fahrschein.

Nach dem Rundgang wurde in der Kantine am Eingang der Ausstellung zu einem kleinen Imbiß eingekehrt. Der Inhaber der Kantine Herr Gustav Meyer hatte hier die Frühstückstafel gut hergerichtet und war bemüht, durch aufmerksame Bedienung seine Gäste voll zufrieden zu stellen. Auch für Musik war gesorgt; es konzertierten die Steirischen Schrammeln, Terzett Schorchel Durlhofer, und ihre vorzüglichen Darbietungen fanden viel Beifall. So geben wir uns der Hoffnung hin, daß die Eröffnung der Ausstellung pünktlich am 15. Mai erfolgen kann; zwar ist Vieles noch weit im Felde, aber wenn man berücksichtigt, mit welcher Schnelligkeit die jetzt errichteten Hallen aus dem Boden wuchsen, so kann man gut rechnen, daß in den 14 Tagen noch alles geschafft wird. Schwierigkeiten könnten sich allerdings ergeben, falls es bis dahin noch zu einem Ausstand der Bauhandwerker kommt.

Friedenauer Lokal-Anzeiger 29. April 1907

Gruß aus „Friedenau" – in Afrika! Im „dunklen Erdteil" hat sich nun auch der freundliche Name Friedenau eingebürgert. Drei Friedenauer wanderten im September 1907 nach Süd-Afrika aus und ließen sich in der englischen Kolonie Natal nieder, wo sie eine Farm gründeten. Die Anhänglichkeit an ihren lieblichen Heimatsort bezeigten sie dadurch, daß sie ihrer Farm den Namen „Friedenau" gaben. Die Auswanderer sind Herr Hans Ette, Herr Hans Rudatis und Frau Gemahlin. Frau Gertrud Rudatis geb. Schulze ist eine Tochter des früheren Vorstehers der „Deutschen Bank". Daß sich unsere Landsleute im Kaffernlande recht wohl fühlen, ersehen wir aus der Ansichtskarte, die sie an uns gelangen ließen. Die Bildseite zeigt eine Kaffernmama mit ihren Babies, eine eigene Aufnahme der Firma Ette & Rudatis von Friedenau in Afrika. Auf der für Mitteilungen freigegebenen Adreßseite lesen wir zunächst den Stempel „Friedenau – Dumsia P. O. – Natal" und dann handschriftlich:

den 8. 4. 08. Drei Friedenauer, welche im September 07 aus „Friedenau" nach hier ausgewandert sind, senden von der durch sie nach dem Heimatsort benannten Farm „Friedenau" dem

„Friedenauer Lokalanzeiger" als „alte Friedenauer" heiße afrikanische Friedenauer Grüße". Hans Ette. Hans Rudatis. Gertrud Rudatis geb. Schulze.

In der Hoffnung, daß diese Zeitung unseren „afrikanischen" Friedenauern zu Gesicht kommt, danken wir ihnen herzlich für die hübsche Karte und wünschen ihrem Unternehmen reiches Glück. Möge sich „Friedenau" in Natal ebenso wunderbar und prächtig entwickeln wie unser Vorort von Berlin und dem hübschen Namen auch in Afrika zu gutem Klange bringen. – Die Ansichtskarte ist in unserem Schaufenster zu finden; wir werden Vormittags die Bild- und Nachmittags die Adreßseite zeigen.

Friedenauer Lokal-Anzeiger 18. Mai 1908

Der weißgewaschene Neger. Ein Sattler Andritzki aus Friedenau gab schon seit geraumer Zeit in Steglitz und Friedenau Gastrollen als Neger. Er ließ sich in dem Restaurant „Zum Überotto" am Marktplatz sein Gesicht schwarz färben und da er sog. aufgeworfene Lippen hat, gab er dann, elegant angezogen – mit Zylinder usw. – seine Vorstellungen als Neger. Stets trabte eine große Menschenmenge hinter ihm her. Endlich wurde ihm sein Handwerk gelegt, indem er von der Steglitzer Polizei aufgefangen und weißgewaschen wurde. Hoffentlich erhält er jetzt seine Naturfarbe und wird nicht wieder von der Wintersonne gebräunt.

Friedenauer Lokal-Anzeiger 27. Januar 1908

„Afrikanisches Photoatelier" auf der Armee-, Marine- und Kolonial-Ausstellung Berlin-Friedenau, 1907

Wochenmarkt-Ordnung für Friedenau

Marktplatz.

§ 1. Die Wochenmärkte in Friedenau werden Mittwoch und Sonnabend, und zwar auf dem durch die Kreuzung der Rheinstraße, Ringstraße, Schmargendorferstraße und Lauterstraße gebildeten Platze vor dem Kaiser-Wilhelm-Garten und auf den Seiten des sogenannten Schulplatzes abgehalten. Fällt auf einen dieser Markttage ein Festtag, so wird der Markt an dem darauffolgenden Wochentage abgehalten.

Gegenstände des Wochenmarkt-Verkehrs.

§ 2. Auf dem Wochenmarkte dürfen feilgehalten werden:

1. Erzeugnisse des Bodens, der Land- und Forstwirtschaft, der Jagd und Fischerei, welche zum Genusse dienen, namentlich alle essbaren Garten-, Wald- und Feldfrüchte: (frisch gebakken, getrocknet oder eingekocht); als Obst, Citronen, Pomeranzen, Apfelsinen, Gemüse, Kräuter, Knollen, auch roh und ungedörrte Cichorienwurzeln; ferner Pilze, Beeren, Sämereien, Getreide und Hülsenfrüchte, Mehl jeder Art, einschließlich des Kartoffel- und Senfmehls, und alle anderen Mühlenfabrikate als Getreide und Hülsenfrüchte, Hefe, Brot, Semmel und ähnliche Backwaren, kleine vierfüßige Tiere, Schafvieh, Schweine, Ziegen, Milch, Butter, Käse, Fleisch und Fleischwaren: (frisch, gesalzene und geräucherte), wildes Geflügel und Wildbret aller Art, Federvieh, Eier, Honig, Krebse, Muscheln, Fische: (frisch, gesalzen, gedörrt oder geräuchert)

2. Andere Erzeugnisse der Natur und der mit dem Landbau und der Forstwirtschaft verbundenen gewerblichen Tätigkeit, rohe Steine und Erden, Schiefer, Kalksteine, roher Gips und Traß, Kreide, Ton, Walderde, Sand-, Feuer-, Wetz- und Schleifsteine sowie Ziegel, Gras-, Heu- und Viehfutter, auch Oelkuchen, Stroh, Schilf, Rohr, Bast, Laub und Nadelstreu, Seetang, Moos, Schwamm, rohe Wurzel-Gewächse, Stengel und Blätter: (namentlich auch rohe und unbearbeitete Tabakblätter), Blumen und Pflanzen, Hopfen; desgl. Oel- und Kleesaat, und andere Pflanzensamen, Sträucher, Bäume, Ruten, Reiser, auch Besen aus Reisern, sowie grobe Geflechte aus Holzspähnen, aus Weiden, Schilf, Rohr, Draht, Stroh und desgleichen, Flachs, Hanf, Leinengarn, Zwirn, Band und

Strümpfe aus Leinen, Leinwand, Zwillich, Drillich; Brennholz, Torf, Holz, Braun- und Steinkohlen und andere Brennmaterialien, Lohe und Lohkuchen, Harz, Teer, Pech, Kienöl, Kienruß, Asche, Bau-, Nutz- und Schönholz, Pfähle, Bretter, Latten, Dachsplitten und grobe Holzwaren, Vögel, soweit der Handel mit denselben nicht polizeilich untersagt ist, Bienestöcke, rohes Wachs, Schreibe- und neue Bettfedern, rohes Horn, rohe Tierfelle, Knochen, Borsten, Tierhaare und wollenes Strickgarn.

Andere als die hier genannten Gegenstände dürfen auf den Wochenmärkten in Friedenau nur mit besonderer Genehmigung der Königlichen Regierung verkauft werden."

§ 3. Niemand darf auf den Wochenmärkten Getränke namentlich Bier oder Branntwein pp. verkaufen, doch ist der Handel mit gekochtem Kaffee gestattet, sofern dazu dem Verkäufer die Erlaubnis der Orts-Polizei erteilt worden ist.

Besondere Bestimmungen wegen der Verkaufsorte und Gegenstände.

§ 4. Die Aufstellung und der Verkauf des Getreides, Heues, Strohes, Holzes und anderer Gegenstände, welche nicht abgeladen werden können, also auf Wagen verbleiben müssen, erfolgt in der Lauterstraße und Niedstraße, jedoch derartig, daß die Fahrstraße freibleibt.

§ 5. Diejenigen zum Marktverkehr gehörigen Gegenstände (§ 2), welche von außerhalb hierher zum Markte gebracht werden, dürfen nur an den für den Markt bestimmten Plätzen, niemals aber in den Gasthäusern, Ausspannungen oder den Straßen verkauft werden.

Besuch der Märkte.

§ 6. Der Besuch der Wochenmärkte, sowie der Ein- und Verkauf auf denselben steht Jedermann mit gleichen Befugnissen frei.

§ 7. Personen, die als Träger oder dergleichen ihre Dienste auf den Märkten anbieten wollen, bedürfen dazu einer besonderen polizeilichen Erlaubnis. Auch müssen dieselben zu ihrer Legitimation mit einer äußerlich erkennbaren Karte versehen sein.

Marktzeit.

§ 8. Der Marktverkehr beginnt auf den Wochenmärkten in den Sommermonaten vom 1. April bis 1. Oktober um 6 Uhr morgens, in den Wintermonaten vom 1. Oktober bis 1. April um 7 Uhr morgens, und dauert stets bis 12 Uhr mittags.

Marktstellen.

§ 9. Niemand hat das Recht auf eine bestimmte Marktstelle. Die Marktstellen werden den Verkäufern vielmehr von den inspizierenden Orts- oder Amtsbeamten angewiesen, dessen Anordnungen zu befolgen sind.

§ 10. Die Marktstellen werden teils nach den zu Markte gebrachten Gegenständen, teils nach den Verkäufern verteilt. Verkäufer, welche die Märkte regelmäßig besuchen, nehmen die ihnen einmal angewiesenen Stellen so lange wieder ein, bis eintretende Umstände etwa nach dem Ermessen des inspizierenden Beamten eine Verlegung der Marktstellen notwendig machen.

§ 11. Kein Verkäufer ist berechtigt, die ihm überwiesene Stelle einem anderen zu überlassen, auch muß er sich gefallen lassen, daß sie anderweitig vergeben wird, wenn er von dieser Stelle garnicht oder nicht rechtzeitig Gebrauch macht. Das Einrücken in bessere Stellen erfolgt nach den Anordnungen des inspizierenden Beamten.

§ 12. Die Größe der Marktstellen richtet sich nach der Oertlichkeit und den Umständen. Als Regel gilt, daß den Schlächtern ein Raum von 2 m, den Wild- und Federviehhändlern 2,50 m, den Vorkosthändlern 3 m, den Gärtnern 2,50 – 3 m Frontlänge zur Aufstellung ihrer Schragen, Körbe pp. gegeben wird. Die Tiefe der Marktstellen richtet sich nach dem vorhandenen Raum.

§ 13. Die Verkäufer müssen mit den nötigen Vorrichtungen zur Lagerung ihrer Waren versehen sein, haben sich jedoch in dieser Beziehung, besonders auch wegen der Aufstellung der Buden, Anbringung von Plänen und dergleichen nach den Anordnungen des die Aufsicht führenden Beamten genau zu richten.

Aufbau des Marktes.

§ 14. Die Marktgerätschaften, Buden und dergleichen dürfen nicht früher als eine Stunde vor dem Anfange des eigentlichen Marktverkehrs (§ 8) aufgebaut werden, in den Sommermonaten also nicht vor 5 und in den Wintermonaten nicht vor 6 Uhr Morgens.

Die Aufstellung von Schragen, Tischen, Bänken und Sitzen für die Verkäufer muß vor Beginn des Marktverkehrs erfolgen.

Aufstellung der Wagen und Verkauf aus denselben sowie Vorschriften über den Verkehr überhaupt.

§ 15. Die Wagen müssen, soweit es möglich, beim Abladen nicht nebeneinander, sonder hintereinander auffahren, und dürfen nicht länger auf dem Marktplatze bleiben, als zum Abladen unumgänglich nötig ist.

§ 16. Nur den auswärtigen Verkäufern, welche ihre Waren auf Wagen zu Markt bringen, ist es gestattet, diese nach Anweisung des anwesenden Beamten aufzufahren, und von denselben herab ihre Waren zu verkaufen, doch dürfen dieselben keine Kisten, Körbe oder sonstigen Behältnisse neben dem Wagen absetzen, um aus diesen gleichzeitig zu verkaufen. Wollen sie dies, so müssen sie eine ordentliche Verkaufsstelle auf dem Markte einnehmen und den Wagen fortschaffen.

§ 17. Verkäufer, welche vom Wagen ihre Waren feilhalten, sind gehalten, sobald sie den ihnen angewiesenen Platz eingenommen haben, ihre Zugtiere abzuspannen und fortzuführen. Jedoch bleibt es dem Ermessen des Orts- resp. Amtsvorstehers oder dessen Stellvertreters überlassen, ausnahmsweise zu gestatten. daß einzelne Wagen, die nur kürzere Zeit halten wollen, bespannt bleiben dürfen. Sofort nach beendetem Verkauf müssen aber die Wagen abfahren.

§ 18. Das Anbinden von Pferden an die in der Straße befindlichen Bäume, Zäune, Häuser ist unbedingt untersagt.

§ 19. Auch Handwagen, auf denen Waren zu Markt gebracht werden, sind, wenn es notwendig wird, nach erfolgtem Abladen vom Marktplatze zu entfernen, es sei denn, daß die Waren ihrer Beschaffenheit nach auf dem Wagen bleiben müssen. Durch Aufstellung solcher Wagen darf die Handelsstelle keine größere Ausdehnung erhalten.

§ 20. Weder Käufer noch Verkäufer dürfen Hunde auf den Markt mitbringen. Die zum Ziehen an Wagen und Karren benutzten Hunde, die mit Maulkörben zu versehen sind, müssen von den Verkäufern vor Beginn des Marktes vom Marktplatze entfernt werden.

§ 21. Der Gebrauch von Kohlebecken auf den Wochenmärkten ist zwar gestattet, doch müssen dieselben von Eisenblech, Messing oder Kupfer und gut verschlossen sein und dürfen auf dem Marktplatze nicht zum Kochen von Speisen oder Getränken benutzt werden.

Haars Bierlokal am Marktplatz, um 1902

§ 22. Niemand darf solche Lebensmittel zu Markte bringen, welche nach ihrer Beschaffenheit der Gesundheit nachteilig werden können. Wer verdorbene oder verfälschte Getränke oder Eßwaren feil hält, hat nach § 367 Nr. 7 des Reichsstrafgesetzbuches neben der Konfiskation der Waren Geldbuße bis zu 50 Thlr. = 150 Mark oder verhältnismäßige Haft zu gewärtigen.

§ 23. Geschleifte, geschlagene, gestochene oder getötete Hechte dürfen nicht zum Markte gebracht werden.

§ 24. Die Fleischer dürfen Köpfe, Füße, Knochen und andere dergleichen weniger genießbare Teile als Beilagen zu dem verkauften Fleisch nicht mitwiegen. Diese Teile müssen vielmehr für sich allein zu besonderen Preisen verkauft werden.

§ 25. Die Roßfleischverkäufer dürfen nicht gleichzeitig anderes Fleisch feil halten, auch muß an der Verkaufsstelle eine Tafel mit der deutlichen Aufschrift „Roßfleisch“ geführt werden.

§ 26. Wenn Butter in Stücken verkauft wird, so darf sie nur nach dem Gewicht in Stücken von 250 und 500 Gramm verkauft werden. Zu leichte Stücke werden sofort zerschnitten.

§ 27. Jeder Verkäufer muß richtiges, geaichtes Maß und Gewicht haben und darf kein anderes bei sich führen.

§ 28. Niemand darf einen anderen durch Zudringen oder Ueberbieten oder auf andere Weise von dem beabsichtigten Kauf oder Handel abhalten oder darin stören.

§ 29. Die Verkäufer von Kartoffeln sind, wenn es vom Käufer verlangt oder von dem Marktaufsichtsbeamten angeordnet wird, verpflichtet, die Kartoffeln in jeder beliebigen Quantität literweise zu verkaufen.

Lauterstraße, um 1905

Friedenauer Straße am Lauterplatz, um 1904

Polizeiliche Aufsicht und Erhaltung der Ruhe und Ordnung.

§ 30. Alle auf den Marktverkehr bezüglichen Beschwerden sind zunächst bei dem aufsichtsführenden Beamten anzubringen, welcher in zweifelhaften Fällen die Entscheidung des Orts- resp. des Amts-Vorstehers einzuholen hat.

Streitigkeiten über den bedungenen Preis oder die Beschaffenheit der Ware gehören zwar zur Entscheidung des Gerichtes, doch hat der Orts- resp. Amtsvorsteher oder dessen Stellvertreter einzuschreiten, falls dergleichen Streitigkeiten zur Störung der Ruhe und Ordnung ausarten. Die streitenden Parteien sind zu ruhigem Verhalten zu ermahnen und ist eine gütliche Ausgleichung zu versuchen, und wenn diese nicht zu erreichen ist, sind die Beteiligten über ihre Rechte und Pflichten zu belehren.

§ 31. Arten Streitigkeiten in Tätlichkeiten aus, und werden die von dem aufsichtsführenden Beamten zur Aufrechterhaltung der Ruhe und Ordnung getroffenen Anordnungen nicht befolgt, so haben die Übertreter außer der gesetzlichen Strafe ihre Wegweisung vom Markte und unter Umständen Verhaftung zu erwarten.

Aufhören des Marktes.

§ 32. Sobald die gesetzliche Verkaufszeit vorüber ist (§ 8), müssen die Verkäufer sofort den Handel einstellen, ihre Verkaufsartikel zusammenpacken und fortschaffen. Eine Stunde nach beendeter Marktzeit (§ 8) muß der Markt von allen Waren und Utensilien vollständig geräumt sein.

Das Zurücklassen von Kraut, Knochen und anderen größeren Abgängen ist verboten. Dergleichen Gegenstände müssen von den Verkäufern mit den Marktutensilien zugleich fortgeschafft und die Verkaufsstellen gereinigt werden.

Polizei-Verordnung und Orts-Statute für den Amts- und Gemeindebezirk Friedenau bei Berlin, 1909

Lokale Plauderei von Sbg.

Skizzen

Eheu, fugaces labuntur anni – ach, wie schnell entfliehen die Jahre! – Es war anno 1895, als ich in Erwägung zog, meinen Wohnsitz von Berlin N nach Charlottenburg zu verlegen. Als vorsichtiger Mann fragte ich meinen rebus in arduis vielfach bewährten Freund Krause, wie er über eine derartige, das Familienleben in seinen Grundfesten erschütternde Tat dächte. „Ja", sprach Herr Krause und räusperte sich nachdenklich, „offen gesagt, wenn ich die Wahl hätte zwischen Berlin und Charlottenburg, dann würde ich ganz entschieden nach Friedenau ziehen." Das leuchtete mir ein. Auf solche Weise vermied ich überdies jeden Zweifel und etwaigen späteren Gewissensbiß. Also zog ich nach Friedenau, und zwar zunächst nach dem Schöneberger Ortsteil. Wenn ich von hier aus die Grenze in der Moselstraße überschritt, betrat ich das eigentliche Friedenauer Gebiet, und ich muß der Wahrheit die Ehre geben: schon damals imponierte mir die freundliche, fast kokette Reinlichkeit der Straßen, die Maienpracht der Mandelbäume, Kastanien und Akazien. So etwas sieht man in Berlin nicht oder man übersieht es. Zwar steckte immer noch ein gewisser, rudimentärer Großstadtdünkel in mir, und bei manchen Dingen, die ich sah, rief ich aus: Na, das könnte in Berlin doch nicht passieren! Bald aber legte sich der Stolz. Ich begann einzusehen, daß z. B. auch die romantische, sagenumwobene Gespenstervilla in der Moselstraße interessant genug sei, – daß die biedere Dampfstraßenbahn, welche von Steglitz nach Schöneberg durch die Rheinstraße rummelte, ein im allgemeinen recht nützliches Institut genannt werden konnte, obgleich man sich bei allzu extensiver Benutzung derselben der Gefahr der Seekrankheit aussetzte, – ich erkannte an, daß die nächtliche Straßenbeleuchtung durchaus zweckentsprechend sei auch für diejenigen Naturschwärmer, welche schwerbeladen, wie der Erntewagen den heimischen Penaten zustrebten, – ich konstatierte mit Befriedigung, daß in meiner neuen Heimat bereits eine organisierte, freiwillige Feuerwehr existierte, und daß die Zeiten, wo in jedem Hause die obligate Spritzenleiter und der Feuereimer vorhanden sein mußten, bereits hinter uns lagen. Früher war dies anders. Da hatte der Hausbesitzer Pflichten in **puncto** Feuereimer. Da hieß es bekanntlich:

Allhier in dieser großen Stadt
ein jeder seinen eignen hat,
und auch im Fall, wo Gott vor sei,
soll jeder Bürger haben zwei.

Das sind **tempi passati**, und Friedenau marschierte durchaus an die Spitze der Zivilisation.

Und doch hatte es andererseits wiederum eine noch heute existierende, freundliche Reminiszenz an ein gewisses, sagen wir vielleicht: ontologenetisches Kleinstadtleben, – den Wochenmarkt. Zwar Steglitz und Schöneberg haben ebenfalls ihren Wochenmarkt, und wir Friedenauer neuerdings sogar deren zwei, obwohl der eine nicht gerade viel Rühmliches bisher von sich verlauten ließ. Allein es muß wohl das Millieu des „Lauterplatzes", wie die Straßenbahnschaffner verkehrterweise abrufen, es muß wohl der gemütliche Ton sein, welcher hier herrscht, – kurzum, weder Steglitz noch Schöneberg, besonders aber Berlin mit seinen ungemütlichen Markthallen konnten mir in diesem Punkte noch imponieren.

Wieviel schöner ist doch der Friedenauer Wochenmarkt! Da sitzen sie, die geschäfts- und redegewandten Händlerinnen und Männer der Tat unter ihren Leinwandbuden, zwischen denen die Hausfrauen mit ihren Mädchen sich hindurchdrängen, und bieten ihre Kostbarkeiten feil. Man staunt unwillkürlich über die Ruhe, die Umsicht und die Überredungskunst, mit der die Geschäfte abgewickelt werden. Es ist ein festes, fast freundschaftliches Verhältnis zwischen Händlern und Käuferin, welches sich im Lauf der Zeit herausgebildet hat. Da ist z.B. die Bücklingsfrau. Sie redet jede Dame, und habe diese auch Majorsrang, mit „mein Herzchen" an und ist natürlich gekränkt, wenn diesmal ihr Herzchen trotzalledem keine Bücklinge mit nach Hause nehmen will. Da ist der Lebermann – nicht Lebemann. Er hat die zarteste Leber und ist billiger, als alle seine Konkurrenten. Billig und grob. Das Pfund kostet 1,20 M., und wer nicht pariert, der fliegt. Trotzdem dicke, treue Freundschaft zwischen ihm und seinen Kundinnen. Dann: der Mann mit den „Jänsen" – wie unsere Anna sagt. „Sehen Sie, Freilein, die Jänse mit de blaue Ogen, det sind die besten, und diese hier, die hat jrade so schöne, blaue Ogen, wie Sie! Det Pfund 58 Pfennige." – Und dann die „jüdische Eierfrau", welche stets für jede Kundin speziell die „extrascheenen, frischen Trinkeier" heraussucht. Im Anfang unseres Hierseins kauften wir die Eier nicht auf dem Wochenmarkt, sondern im Laden. Der jüdische Inhaber des Geschäfts hatte außer schönen Eiern eine schöne Tochter. Das Schicksal wollte, daß der Sohn des nebenan wohnenden Grünkramhändlers Gnade vor den dunklen Augen der Nachbarin fand, obwohl er durchaus kein Adonis gewesen sein soll. Es war im wundervollen, duftenden Mai. Der Vollmond goß sein silbernes Licht auf die schlummernden Syringen und Kastanien, und in den Büschen schluchzte die Nachtigall.

„In solcher Nacht stahl Jessika sich von dem reichen Juden", – und am anderen Morgen war auch der Grünkramjüngling verschwunden.

Als gewissenhafter Chronist will ich hinzufügen, daß bereits nach wenigen Tagen auf beiden Seiten die „Ehe-Irrung“ als solche erkannt wurde und reumütige Rückkehr in das Elternhaus erfolgte. Hier ist denn auch die völlige Aussöhnung und – soweit dies nach Lage der Dinge möglich war – eine **restitutio in integrum** erfolgt. Bald darauf gab der Eierhändler sein Geschäft in Friedenau auf.

The movement of the world lautete das Thema, welches Theodore Roosevelt kürzlich in der Aula der Berliner Universität behandelte, – die Bewegung der Welt. Ja, diese Bewegung ist mit rauschendem Flügelschlag auch über Friedenau hinweggegangen, und Niemand fragt heute nach der schönen Jüdin und ihrem Galan, Niemand nach der freundlichen Bücklingsfrau – denn sie ist tot. „Sie soff gar sehr und starb dann an der Gicht.“ Auch der Mann mit den blauäugigen „Jänsen“ hat einem jüngeren Konkurrenten Platz gemacht, und wir selbst sind nun alt geworden.

Aber Friedenau, mein Friedenau, blüht und duftet und prangt in der Maienpracht und dehnt seine jungen Glieder, wie einst!

Friedenauer Lokal-Anzeiger 2. Juni 1910

Gegen die Warenhäuser richtete sich die gestrige Versammlung im „Rheinschloß“, die seitens des Agitationsverbandes für nationale Politik „Allzeit voran“ veranstaltet wurde. Der Besuch war ein sehr schwacher, sodaß die Verhandlungen entgegen im großen Saal, wie ursprünglich beabsichtigt, im kleineren Nebenraume stattfanden. Der Vorsitzende, Herr Sommer-Steglitz begrüßte die Anwesenden und brachte auf das deutsche Volk und Vaterland ein dreimaliges Hoch aus. Hierauf sprach der Herr Redakteur Doering über das Thema: „Steglitz-Friedenau und die Berliner Warenhäuser, deutscher Mittelstand auf die Schanzen.“ Der Redner wies in seinen interessanten Ausführungen auf die Gefahren hin, die die großen Warenhäuser wie Wertheim, Jandorf, Tietz usw. für den Mittelstand bezw. kleineren Geschäftsmann bedeuten. Er verurteilte, daß sich das Publikum durch allerhand Verblendungen in die Warenhäuser locken lasse, wo man schlechter und teurer kaufe als in den Spezialgeschäften des Ortes. Auch hier müsse gegen die Etablierung großer jüdischer Warenhäuser energisch gekämpft werden, denn kämen solche hierher, dann sähe das schöne effektvolle Geschäftsbild in der Rheinstraße nach 5–6 Jahren wohl anders aus. Die Meinung, daß man in den Warenhäusern etwas geschenkt bekomme, sei eine falsche. Alle die kolossalen Unkosten für Reklame, Beleuchtung, Gehälter usw. müßten doch gedeckt werden. Die jüdischen Riesenbazare verständen es, das Publikum durch minderwertige Lockartikel heranzuziehen. Der Vortragende verwarf die Bauart der Warenhäuser, das Fungieren der weiblichen Detektivs in denselben, die Schwindelausverkäufe, die Abzahlungsgeschäfte, das Submissionswesen, die Gefängnisarbeit usw. Herr Doering fordert zum Schluß auf im Interesse des deutschen Volkes und der deutschen Arbeit den Kampf gegen den Warenhaus-Schwindel aufzunehmen. Der zweite Vortrag: „Sturmzeichen der Zeit“ fiel aus, da der Referent Herr Redakteur Schäfer wegen Erkrankung nicht erschienen war. Herr Sommer vertrat in verständnisvoller Weise die Interessen des „Allzeit voran“, forderte zum Beitritt auf und trat warm dafür ein, im Ort zu kaufen. Zur freien Aussprache meldete sich niemand und so wies Herr Doering schließlich noch auf die Bedeutung der Presse hin, ersuchte das Lokalblatt zu berücksichtigen, die jüdischen Blätter aus dem Hause zu weisen und neben dem „Friedenauer Lokal-Anzeiger“ die „Staatsbürger Zeitung“ zu abonnieren. Damit war die Versammlung um ½12 Uhr beendet.

Friedenauer Lokal-Anzeiger 24. April 1906

Kaufhaus Leo Bry

Manufaktur- u. Modewaren Leinen- u. Baumwollwaren Gardinen u. Teppiche	**Lauterstrasse 12-13** Ecke Niedstrasse, am Marktplatz.	Damen- u. Kinderkonfektion Kurz-, Weiss- u. Wollwaren Herren-Artikel

Eröffnung Anfang März.

Die Brys waren eine weitverzweigte Familie, die sich in Berlin hauptsächlich im Holzhandel einen Namen gemacht hatte. Um die Jahrhundertwende gründeten sie dann ihre Unternehmungen auch in den Vororten: Hermann Bry etablierte sich mit seinen „Überseeischen Hölzern und Furnieren” in Rixdorf, Jacob Bry mit einer Nutzholzhandlung in Friedenau.

Das schnelle Wachstum Berlins und die damit einhergehende günstige Entwicklung für Handel und Gewerbe veranlaßte dann wohl auch Leo Bry, 1908 ebenfalls hier ein Kaufhaus zu eröffnen.

Der Slogan „Für Friedenau ein wahrer Schatz ist Kaufhaus Bry am Lauterplatz”, den damals jeder Friedenauer kannte, änderte sich jedoch bald in „Es freut den Jud’ das Weihnachtsfest, wenn sich’s der Goy was kosten läßt“.

Am 9. November 1938 wurden in der „Reichskristallnacht” die Scheiben des Kaufhauses vom Mob zerschlagen, das Geschäft geplündert und völlig verwüstet.

Leo Bry und seine Frau überlebten die Gewaltherrschaft der Nationalsozialisten nicht.

Kaufhaus Leo Bry, Lauterstraße 12–13, Ecke Niedstraße, um 1908

Gasthof u. Ausspannung
D
Steglitz,

F.TROITZSCH
Hanf u. Drahtseilfabrik

Georg Hermann

Friedenau „damals“

Die Bahn schoß wie in grünausgeschlagenen Korridoren unter den vier Ulmenreihen der Kaiserallee dahin, hatte freie Fahrt … ließ die graubraunen Stämme vorbeitanzen wie Zaunpfähle … Man merkte ihr an, wie sie dahin wollte, wo die Baumreihen und die Straße, Gehwege und Dämme ganz eng hinten in der Ferne zusammengingen, leicht bergan klimmend; und wie sie gleichsam darüber ärgerlich war und immer ungehaltener wurde, immer hastender, daß ihr das nicht so gelang, wie sie es wünschte; und daß es gar nicht zu merken war, weil die Straße … immer gleich breit blieb.

Die kaum eben fertig gewordenen Nebenstraßen – noch naß! – waren hier schon stiller, lagen, wenn man in sie hineinblickte, gleichmäßig in ihrer asphaltenen Melancholie mit ihrer neuen Buntheit von kirschroten Dächern und grünen Regenrinnen, von rosa Stuckvoluten und goldigen Eckkuppeln, oder von dem raffinierten Schlingeling von weißen Seerosen und resedafarbigem Schilf, die ornamental (in der Sprache Eckmanns und des Jugendstils) die Giebel und Bodenfenster umrankten und verschönten (mit Sonnenblumen faunistisch vergesellschaftet). Jedes Haus war hier anders als das andere. Jedes wollte vornehmer sein als sein Nachbar. Und doch sahen sie alle so ungefähr gleich aus – gerade wie die Nischen im Irrgarten von Kastans Panoptikum …

Hier begann schon jene Mischung von Stadt und Land, die sich von da weit, weit hinauszog, bis nach Steglitz hin … Oh, man ahnte ja auch hier schon plötzlich, daß es etwas anderes gab, als Pflastersteine, Gullys, Granitplatten, Fassadenreihen, Telephonmaste, Asphalt, Zement, Backsteine und Vorgärten. Und gerade diese Ahnung … ist reizvoller als alle Bestimmtheit des Kornfeldes, eines Waldes oder eines Flusses, der durchs Hügelland zieht. Das Land, was man so Land nennt um Berlin, brachte sich in Form eines ersten leeren Bauplatzes zwischen zwei kahlen

Panorama von Friedenau um 1900

Brandmauern schon ganz vorsichtig wieder in Erinnerung, tat es mit einer lichtgrünen, alten Weide, die nur noch eine Platte zerschlissener Borke und ein paar Hände voll hängender grüner Gerten war. Eine alte, zerspaltene Baumruine, die sich von einer ganzen Kette ihrer Schwestern noch als letzte in die Gegenwart gerettet hatte und immer noch lebte – gerade wie der alte Gaul da, der, zerschunden und mit eingesunkenem Kreuz, auch dieses Jahr wieder an dem einzigen Grasbüschel auf dem zertretenen Boden zupfte ...

Der Wagen hatte nun die Höhe erreicht, wo die breite Straße sie kreuzte, und hielt kaum an, raste weiter, hinaus und hinaus, dahin, wo es schon ländlicher, freier wurde, die Häuser nur eigentlich erst gerade geduldet waren. Hier waren noch alte Gartenlokale, aus denen Militärmusik scholl. Hier ein See, der von Jahr zu Jahr mehr abnahm und versumpfte und mehr stank, dessen roter Spiegel aber jetzt fast idyllisch (wie auf einem Bild im Jugendstil) durch die Bäume leuchtete: Tennisplätze gab es ... und Laubenkolonien und Gärtnereien mit dampfenden Mistbeeten; und dann wieder drei, vier Eckhäuser, wieder eine halbe Straße, alles voller roter Mietszettel; und dahinter weite Sandplätze, von schwarzen Lattenzäunen umrahmt, oder schon richtige, bestellte Felder. Noch nie hatte zwar jemand gesehen, wie diese Felder bestellt wurden. Aber eines Tages wurden sie *wirklich* grün, und im August leuchteten sie *wirklich* gelb, und zu Oktober waren sie *wirklich* voll Stoppeln und kahl. Also gehörten sie wohl doch einem *richtigen* Bauern, der so lange mit tränenverschleierter Stimme sagte: „Min Jroßvader hed hier sein Roggen jebaut, min Vader hed ihn jebaut, un ick un min Mudding will nu man det ooch tun, solange wie unsre ollen Knochens noch zusammn halten ... “, das so lange sagte, bis ihm die Bodengesellschaft, die ringsum schon alles aufkaufte, den Preis zahlte, den er sich vorgesetzt hatte. Daß außerdem die Geschichte mit dem Großvater ein aufgelegter Schwindel war, wußte jeder. Denn er selbst hatte erst vor zwanzig Jahren das ganze Stück hier für einen Taler die Quadratrute erworben und wartete nun, bis er tausend dafür bekam. ...

Nun jagte die Bahn durch die hohen Rüstergänge auf die rote Kirche zu, inmitten ihres Laubplatzes, unter dem die Kinder tobten, trieb in die wiedererwachenden Gärten hinein. Denn man konnte gegen Friedenau sagen, was man wollte, es hatte in seinem alten Kern schöne Gärten mit Obst und Sträuchern und reizende Vorgärten dazu, das Dorado für Tonzwerge und weißgetupfte Tonrehe vor der Tropfsteingrotte. Aber die Natur ist darin komisch: im Winter überläßt sie diese Dinge ihrer eigenen Lächerlichkeit; aber sowie es Frühling wird, macht sie mit einer Handvoll Krokus und Szyllen und ein paar Tupfen Aurikeln und mit ein, zwei blühenden Goldlackstauden das alles wieder wett. Die Häuser in diesen Gärten und diesen baumbestandenen alten Straßen mochten klein, altmodisch und ärmlich sein, Vorstadtvillen; jedenfalls waren sie um so netter und harmloser und puppenhafter, je älter sie waren. Die späteren schienen schon aus einer Konkurrenz von Anker-Steinbaukasten hervorgegangen zu sein und in den Entwürfen von den begabtesten Kindern Deutschlands, zwischen sieben und neun Jahren, herzurühren. Denn, je kleiner sie waren, desto mehr Türmchen und Erker hatten sie und bunte Fenster, mit Diaphanien aus dem „Trompeter von Säckingen“ beklebt, nebst anderen köstlichen Schmuckteilen. (Zusatzkasten IIIb.)

Aber in so etwas wohnten nur die Ureingesessenen; und auch nur sie durften in die Gärten gehen und, eine Pfeife im Mund, ein Mützchen mit einer grünen Eichelquaste auf dem Kopf – so etwas gab es! – die Stachelbeeren und Rosen beschneiden und später die Äpfel am Spalierobst zählen ... oder sich an Gemeinderatssitzungen beteiligen – was auf das gleiche herauskam. Die meisten waren früher ... die anderen waren noch Rechnungsräte in irgendeiner Form, die dieser Beamtenklasse entsprach; oder sie hatten mal ein Geschäft gehabt; oder eine Schlächterei; oder eine Mützenfabrik in der Neanderstraße. Auch gab es als Honoratioren sieben Herren Hauptleute, vier bürgerliche und drei adlige, die trotzdem miteinander verkehrten. Das heißt, solange sie ... im Dienst gewesen waren, wurden sie nur mit „Herr Premierleutnant" angeredet; den Titel „Herr Hauptmann" nahmen sie als Trostpreis erst mit in die Pension. Sie waren die wichtigsten Stützen des Kriegervereins, der Feuerwehr, des Schützenvereins und all dessen, was damit zusammenhing und mit dicken Reden bei sehr viel Patzenhofer mindestens monatlich einmal die vaterländische und kaisertreue Gesinnung pflegte, seinen Treueid in Nöten und Gefahren für außen und innen betonte und feierlich erneuerte und vaterlandslose Gesellen aus tausend Gründen tief verachtete.

Die anderen aber wohnten nur in den Mietshäusern, die in halbfertigen, langen Straßenzügen um diesen Kern sich zogen, ja, sich schon hie und da mit breiterem Erfolg erfrecht hatten, sich zwischen die Häuschen und ihre Gärten zu drängen, um nun, wie Goliaths, von ihren vier, fünf Stockwerken auf sie und ihre Tonzwerge herunterzusehen. Diese Mietshäuser aber, meist noch naß und kaum fertig, imitierten anreißerisch die Talmi-Eleganz ihrer Brüder im „neuen Westen". Man möchte es so definieren, daß sie im neuen Westen sich wenigstens bemühten, bei der Betonung des Wortes Talmi-Eleganz den Hauptton auf die zweite Hälfte zu legen; während die Maurermeister von Friedenau den Ton auf die erste legten. Das sind so die Gradunterschiede. Die einen ahmten die Eleganz nach und schufen eine Talmi-Eleganz, die sich bis zu dem Wintergarten, bis in die goldgepreßte Linkrustatapete der Diele und dem elektrischen Zigarrenanzünder im Lift (die beide nie gingen) erstreckte. Und die anderen imitierten nun *nach* dieser Talmi-Eleganz nur das Talmi und sparten sich die Eleganz.

Aber eines muß man zugeben: die Häuser hier draußen mochten ärmlicher, noch löckriger gebaut sein als die anderen ... ohne all jene kleinen Annehmlichkeiten, die der vornehme Bewohner des Berliner Westens so liebt – vom Kühlschacht bis zum Müllschlucker, vom Warmwasser bis zur Zentralheizung – , selbst Badezimmer waren hier oft nur eine dunkle Mythe, Tapeten wie Decken waren grotesk ... aber in *einem* war der Baustil des neuen Friedenau allen anderen Stadtteilen und Vororten des Westens voraus: in farbigen Glasfenstern auf den Treppenfluren. Da gab es 150 schmiedende Bismarcks, 719 Weiher mit Schwänen zwischen Pappeln, 368 italienische Landschaften mit düsteren Zypressen, 237 Wassernixen, bekränzt, aber sonst nackt, und 28 Barbarossas. Während Karl der Große siebenmal und Hermann der Cherusker neunmal auftrat. Andere Häuser lehrten sogar die Geschichte des Deutschen Reiches in Glasfenstern, indem man über Wilhelm den Großen und Kaiser Friedrich zu Wilhelm II. im dritten Stock emporstieg. Es ersetzte den Schülern direkt ein Geschichtsbuch. In farbigen Glasfenstern marschierte Friedenau an der Tete.

Lebten aber im Kern – in den Puppenvillen! – Würde, Behäbigkeit und Angejahrtheit mit erwachsenen Söhnen und heiratsfähigen Töchtern, so herrschten in der Schale – im Kranz der neuen Mietshäuser – die jungen Ehepaare vor und liehen sich die gerade vorhandenen Ehemänner gegenseitig, um die Kinderwagen die vier Treppen hinunterzutragen und heraufzuschleppen.

Es wohnten also da so zweite Buchhalter, Eisenbahnbeamte, kleine Kaufleute, Sekretäre und Bankmenschen und was für tausend Berufe zwischen 150 und 250 Mark Monatsgehalt es noch gibt, die den Mann, solange er einen von ihnen ausführt (aber auch nicht acht Tage länger!), vor dem Verhungern notdürftig schützen und die ihm außerdem gestatten, dreimal in der Woche einen reinen Kragen umzubinden und der Frau eine Zugeherin oder gar ein Dienstmädchen von fünfzehn Jahren zu halten, das noch lernen will und dessen Leistungen in Einklang mit der Behandlung und Bezahlung stehen („aber das Kind hat sich so an sie gewöhnt"). Und dann gab es hier Witwen in vier Zimmern, die von möblierten Herren lebten und deshalb in der Mädchenkammer schliefen, hungerten und froren. Dabei hätten sie in Zimmer und Küche ganz anständig von ihrer Pension bestehen können. Und dann gab es jüngere Söhne guter Häuser, die gegen den Willen der Eltern ein Mädchen mit gefärbtem Haar geheiratet hatten oder die Empfangsdame bei ihrem Zahnarzt; und die nun hier, im Exil, schlicht und kleinbürgerlich, die Versöhnung abwarteten, die spätestens nach dem zweiten Kinde einzusetzen pflegte. Und so allerhand andere junge Ehepaare waren auch geduldet – Künstler, Musiker, Journalisten, die vorgaben, daß die Ruhe und Ländlichkeit hier draußen sie gelockt hätten, die Abgeschiedenheit, die der Künstler zum Schaffen brauchte, und was man sonst noch alles für Umschreibungen für billigere Mieten macht …

Daß dazwischen auch mancherlei fragwürdiges, durchaus unbürgerliches saß, von privilegierten Sirenen bis zur kleinen Schauspielerin und zur großen Choristin, die das Doppelte ihrer Gage verwohnte; und daß sogar nachts manchmal von freundlichen Jünglingen mit Knüpftüchern um den Hals, die an Laternenpfählen lehnten, langgezogene Pfiffe durch die stillen, laubüberdachten Straßen gellten – war weder zu übersehen noch zu überhören. Aber es war doch nur eine leise Schattierung nach unten, die sich nicht vordrängte in all dem Kleinbürgertum.

Kaiserallee bei Nacht

Wer war Georg Hermann?

Als Georg Borchardt ist er 1871 geboren, das jüngste von sechs Kindern einer alteingesessenen Berliner jüdischen Familie, der auch Rudolf Borchardt entstammte. Später nahm er den Vornamen seines Vaters als Künstlernamen an. Aufgewachsen ist er im Alten Westen, im sogenannten Geheimratsviertel westlich des Potsdamer Platzes, auf dem heutigen Areal zwischen Kulturforum und Nollendorfplatz. Als Georg fünf Jahre alt war, zog die Familie Borchardt ein Stück näher zum Tiergarten. In diesem Alter wird das Kind an einem jüdischen Feiertag zum erstenmal am Abend mitgenommen zur Schul, zum jüdischen Betraum in der Spandauer Straße – bei aller religiösen Abstinenz, die Hermann zeitlebens gewahrt hat, ein ihm unvergeßliches Erlebnis. In die gleiche Zeit fällt der finanzielle Zusammenbruch seines Elternhauses. Er erinnert sich an den Gerichtsvollzieher, Pfändungen, fluchtartige Abreisen des Vaters und steht als Heranwachsender einem hoffnungslos erkrankten, seelisch und körperlich gebrochenen, früh gealterten Vater gegenüber. Indem Georg sich dessen Vornamen als Pseudonym zulegte, folgte er buchstäblich den Worten seiner Mutter, die nach dem Tod des Vaters zu den Söhnen sagte: „Jetzt seid ihr die Träger des Namens, bringt ihn wieder zu Ehren."

Georg Hermann wurde im ersten Jahrhundertdrittel ein international renommierter Autor, dessen Werk sich breit fächerte in Romane, Essays, Feuilletons, kulturhistorische Darstellungen und Reiseskizzen. Seine Schriften sind geprägt von historischer und vor allem kunsthistorischer Kennerschaft, Leidenschaft für Berlin als frühe Metropole des 20. Jahrhunderts, von gediegener Erzählkunst und politisch-gesellschaftlicher Gegenwärtigkeit, von Pazifismus und aufklärerischem Weltbürgertum.

Georg Hermann war sich der epochalen Schwellensituation, in der er lebte, bewußt. Es ging ihm darum, das Vergangene mit seinen schon verlöschenden Lebensspuren vor dem endgültigen Vergessen zu retten. Die Erinnerung an Menschen und Dinge zu bewahren ist das leitende Motiv für sein Werk nicht weniger als für sein Leben, das Leben eines Sammlers, dessen Wohnräume angefüllt waren mit Kunst- und

Alltagsgegenständen verschiedener Epochen und Kulturen. Seine Stimme klingt liebenswert, subtil nuanciert – und heutiger Redeweise fremd – aus dieser unwiederbringlichen Vergangenheit herüber.

Für die Berliner Heimatkunde, die von Glaßbrenner bis Zille, von Raabe bis Hans Fechner und von Fontane über Stinde sich einzuverleiben sucht, was nur irgend sich anbietet, ist Georg Hermann nicht der Richtige. Von den echten Heimatdichtern trennt ihn die kritische Distanz zu seiner Stadt und die Übernationalität seines Geistes. Für wen „die Heimat eines jeden Menschen die ganze Erde ist", der taugt zum Lokalpatrioten sowenig wie zum Heimatkundler. Dennoch oder besser: gerade deshalb sind Georg Hermanns Bücher die besten literarischen Stadtführer für das für immer versunkene Berlin der Epoche zwischen 1900 und 1933.

Am 16. November 1943 wurde er aus dem von den Deutschen eingerichteten niederländischen Internierungslager Westerbork nach Auschwitz deportiert. Sollte der herz- und zuckerkranke Zweiundsiebzigjährige den Transport überlebt haben, wurde er gleich bei der Ankunft nach der Selektion in der Gaskammer getötet.

Gundel Mattenklott

Die kleinen Geschichten „Friedenau damals" und „Ja, wie das so wurde ..." sind aus dem Band „Georg Hermann, Nur für Herrschaften", erschienen 1949 im Verlag Das Neue Berlin, auszugsweise entnommen. Die beiden Stücke sind eigentlich Passagen aus Hermanns Romanen „Kubinke" (1910) und „Der kleine Gast" (1925), 1997 neu herausgegeben von Gert und Gundel Mattenklott im Verlag Das Neue Berlin.

Georg Hermann wohnte in Friedenau von 1901–1902 in der Kaiserallee 68, und 1903–1904 in der Kaiserallee 108. In der Stubenrauchstraße 6 befindet sich der seit 1962 so genannte „Georg-Hermann-Garten" mit einem Gedenkstein.

Kaiserallee um 1908

Georg Hermann

Ja, wie das so wurde …

Berlin ist groß, und jeder hat eine andere Meinung von Berlin. Der Osten liegt fern vom Westen und der Süden weit vom Norden. Es sind Städte für sich. Jede Straße, jeder Komplex ist eine Insel für sich. Hier ist es die neue Stadt des Reichtums und dort die harte Stadt der Arbeit. Hier ist es das Thule der Gelehrten oder dort die Veste der Macht. Hier ist seine Schönheit gepriesen und dort seine Häßlichkeit verachtet. Hier in diesem Winkel berühren sich alle Gegensätze, reiben sich Armut und Laster, Reichtum und Elend.

Hier jagen die Eisenbahnen schlafscheuchend an rauchgeschwärzten Hinterhäusern vorüber, und dort gleiten und huschen die hellen Hochbahnzüge, wie leuchtende Glasschlangen in ihre schwarzen Löcher hinab und steigen mühelos aus ihnen empor. Dort liegen Nebenstraßen, ganze Viertel, lang, einsam, unheimlich und finster; und hier schiebt sich die Menschenwoge im bunten Narrenkleid der tausend Stände, Tag und Nacht, ohne Unterbrechung, stockend, langsam, schrittweis, ruckweis … schiebt sich – immer wieder sich bindend und immer wieder sich lösend – über die Plätze hin, die, von ganz hoch oben herab, von den mattblauen Monden der Bogenlampen bestrahlt werden.

Oh, Berlin ist groß, und sein Gewand schillert in tausend Farben. Hier ist es grau und abgewetzt und lumpenhaft jämmerlich, und dort ist es wie alter Brokat. Hier ist es wie schwerer, roter Samt und dort nur wie gezwirnte, billige Krefelder Seide. Und jedes Berlin ist weltfern und verschieden dem anderen. Und wenn ich hier von Berlin spreche, so meine ich *nicht* das Berlin der Arbeit, *nicht* das des Elends und des Lasters, *nicht* das des Reichtums und des Überflusses, ja ich muß gestehen, das Berlin, von dem ich hier spreche, *ist* ja gar nicht recht und eigentlich mehr Berlin, es ist Schöneberg, es ist Wilmersdorf, es ist Charlottenburg, es ist weit draußen, es ist das Berlin der reichen Leute, die kein Geld haben. Es ist das Berlin der billigen Krefelder Seide, die auf den ersten Blick recht gut aussieht, aber verflucht schlecht hält. Wie alt ist es denn? Kaum fünf, zehn, zwanzig Jahre, da waren da nur Gräben und Feldraine, Weidenalleen und Buschketten, Wiesen, Kartoffeläcker und Mohrrübenfelder; und der Sonnenbruder kletterte zur Nacht an eingeschlagenen, rostigen Nägeln auf den Weidenbaum. Und wo jetzt die Straßenbahnen bis nachts um drei entlangbrausen, mit dem unermüdlichen Getöse des Niagarafalls, da lag der schöne alte Feldweg mit seinen tiefen Gleisen, ganz einsam – und rechts und links standen mit den kurzen, dicken, gewundenen Stämmen die Bäume, morsch, rissig, gekröpft, mit großen runden Büscheln grüner Gerten. Ganz in Nesseln standen sie – man könnte sagen, sie standen bis zur Brust in diese Nesseln gedrückt. In ihren Rissen und Höhlungen nisteten Fink und Bachstelze; und ganz in der Nähe zog der alte Graben vorüber, überall von Gestrüpp umrahmt, das mit Hopfen umflochten, schwer und üppig ausschaute, und das sich mit Fenchel, Schilf und Schierling zu dem schwarzen, schleppenden Wasser neigte. Im Frühjahr waren die Wiesen zwischen den Gräben gelb von Dotterblumen; dann wurden sie weiß und rot von Schaumkraut und Bachnelken; dann färbten sie sich braun von Ampfer; und dann wurden sie getupft von den stacheligen Köpfen der Karden und

Disteln. Hunderte von Schmetterlingen tummelten sich hier, wo der Wind heute nur noch Papierfetzen den Asphalt hinabtreibt. Mit großen Streifen über den Flügeln saßen die Admirale an der sonnenbeschienenen Rinde; und die Jungen liefen mit bloßen Füßen hinter den Kohlweißlingen her, quer durch die Wiesen, schlugen mit den Jacken nach ihnen und sangen dazu:

„Kalitte, Kalitte, setze dir,
Ich jebe dir auch Brot und Bier.
Brot und Bier, das jeb ich dir,
Kalitte, Kalitte setze dir."

Aber Kalitte dachte nicht daran und machte, daß sie weiterkam, über Gräben, Felder und Hecken.

Ach, Gott, wo sie nach Kaulquappen und Salamandern fischten, da ist der Graben längst zugeschüttet und da werden jetzt auf dem schmalen Streifen zwischen zwei Brandmauern Teppiche geklopft. Wo aber des Abends aus der Laube der Gärtnerei, aus dem Urwald von Sonnenblumen, Goldruten, Balsaminen und Georginen heraus die milden, melancholischen Klagetöne der Ziehharmonika durch den blauen Herbstdunst schwebten, da ist jetzt durch vier Stockwerke ein richtiges Konservatorium für Musik, und den ganzen Tag und die halbe Nacht schwirren die Tonwellen der Kadenzen, Fingerübungen und Läufe ... straßauf, straßab, überall hin, vom Keller bis in die Böden hinauf.

Ja, wie das so wurde! Da wurde eines schönen Tages Sand gefahren; da wurden eines schönen Tages Straßen gezogen; da kamen eines schönen Tages Rammen und Dampfwalzen; da wurden Bäume gefällt; die Felder verkamen, versandeten und wurden aufgeschüttet; Laubenkolonien kamen und wuchsen hoch; wurden wieder fortgebrochen, rückten weiter und weiter hinaus. An der einen Ecke kam ein Haus empor, dann an der anderen Ecke. Halb fertig ließ man es stehen. Prozesse wurden geführt; Gerichte behelligt; Urkunden geschrieben; Geld geliehen; Geld gewonnen; Geld verloren. Und wo noch vor kurzem bunte Knabenkräuter im Maiwind ihre Blüten gewiegt hatten, da trieb jetzt nur noch die Bauspekulation und der Häuserschwindel Blüten. Pferde wurden geschunden, Arbeiter um ihren Lohn gebracht; Handwerker betrogen. Die Häuser gingen von Hand zu Hand, wechselten dreimal den Besitzer, ehe sie fertig wurden. Trockenmieter kamen und unterschrieben Kontrakte mit Mietsummen, die sie nie in ihrem Leben beieinander gesehen hatten und sehen würden. Wo heute ein Käsegeschäft war, war morgen ein Schuhgeschäft; und übermorgen standen elektrische Lampen im Fenster. Nur die Destillationen blieben, die Restaurants „Zum gemütlichen Schlesier"; und sie blieben so lange, bis auch die letzte Lücke in der Straße, der letzte öde Bauplatz verschwunden war, bis die Ziegelhaufen nicht mehr auf dem Bürgersteig standen, die Zementwagen nicht mehr vor den Bauzäunen hielten, die Kräne nicht mehr schnarrend ihre Lasten hoben und alles neu, sauber und propper war. ...

O diese Dienstboten!!!

Ich kann eine kleine Geschichte erzählen, die sich in diesen Tagen in Friedenaus Mauern abgespielt hat, die so wahr ist, wie unglaublich. Ich suchte zum 1. April laut Anzeige im „Friedenauer Lokal-Anzeiger“ ein Mädchen. Da ich bei meinem kleinen Haushalt 80 Thaler Lohn bezahle, meldete sich eine stattliche Anzahl. Ich kam jedoch aus dem Staunen garnicht heraus, wie sich in zwei bis drei Jahren das Bild verändert hatte. Ich konnte vor den jungen, kecken Dingern kaum zu Worte kommen. Die Eine fragte, wer die Teppiche klopfe, und die Fenster putze, die Andere erkundigte sich, ob alle Wäsche außer dem Hause gewaschen würde, die Dritte wünschte, mindestens die Woche eine Ausbesserin zu sehn, da sie nicht gewöhnt sei, Strümpfe zu stopfen für die Herrschaft oder Sachen zu flicken, die Vierte verlangte ein möglichst großes Zimmer für sich mit Kleiderschrank und Ofen, am liebsten Zentralheizung, und erst die Fünfte, die mir vorklagte „noch nie eine gute Stellung gehabt zu haben“ mietete ich aus Mitleid. Am nächsten Morgen war das Fräulein schon wieder da. Sie erzählte mit klagender Stimme, daß sie sichs über Nacht überlegt habe, und unmöglich drei Zimmer und Küche sauber halten könne, wenn sie sich dabei auch noch um zwei fünf und sechsjährige Kinder kümmern müsse. „Sie müsse ihre Ruhe haben“ sei kränklich, und dürfe bei der Arbeit nie gestört werden. Entweder also nur die Kinder, oder nur die Wirtschaft …“ Ich verzichtete auf Beides, und riet ihr liebevoll, in ein Sanatorium, oder in eine Nervenheilanstalt …

Friedenauer Familienidyll um 1910

Am nächsten Tage mietete ich durch eine Frau ein zweites Mädchen mit einigermaßen guten Zeugnissen. 12 Stunden später brachte auch diese mir den Mietstaler zurück mit dem jammernden Bemerken, ihre Mutter sei plötzlich schwer erkrankt, und sie müsse sofort nach Hause. Als ich ihr etwas verwirrt erklärte, ich hätte sie fest gemietet, brauchte auf jeden Fall ein Mädchen, und sie könne vielleicht nach 4 Wochen nach Hause, erklärte sie, ich hätte kein Recht sie zu zwingen, „binnen 24 Stunden könne jeder einen Dienst rückgängig machen …“

Ich glaubte das auch, weil ich ja im Mädchenmieten bisher keine Erfahrung hatte, und ließ sie ziehen … zur kranken Mutter … oder Gott weiß wohin …

Nun kam der dritte und schwerste Fall. Kommt mir da vor 3 Tagen ein hübsches, frisches Ding von 16 Lenzen ins Haus, bittet mich, sie in Stellung zu nehmen, ihre Dame hätte sie selber geschickt, weil sie es hier gewiß sehr gut haben würde. Sie könne alles, arbeiten wäre ihr Hochgenuß, und ohne Kinder könne sie überhaupt nicht leben … Ich war ordentlich kleinlaut vor soviel Können! Um aber ganz sicher zu gehen, erkundigte ich mich erst hier in Friedenau (Menzelstraße) bei der betreffenden Dame, die dann auch in der liebenswürdigsten Weise erzählt, „Frieda" wäre ein sehr gutes Mädchen, kinderlieb etc. etc. wäre in dem halben Jahre nie alleine ausgegangen, völlig ohne Anhang und fremd hier, und ich möchte doch ja dafür sorgen, daß sie auch gut bleibt, nie Abends spät ausgehe, sie wäre vollständig kindlich …"

Ich versprach gerührt alles!! Mein Herz tat sich weit für das junge fleißige Ding auf, und ich mietete es zu Sonntag, den 18. April, da die betreffende Dame dann schon mit ihrem Kinde zur Mutter fortreiste, wozu sie kein Mädchen brauchte …

Wir warteten am Sonntag, und richtig, gegen 10 Uhr Abends klingelt es heftig und das „fleißige Ding" steht heulend draußen, erbittet sich ihre vorher gebrachten Sachen und erzählt, es hätte eine Depesche bekommen, ihr Vater wär tot, und sie müßte noch in dieser Nacht nach Haus (nach Rügen) fahren. „Gut", sagte ich, „wo ist denn die Depesche?"

„Die liegt bei der Portierfrau noch in der Menzelstraße."

Ich bitte tröstlich das schluchzende Mädchen, mir erst die Depesche zu holen, dann könne sie drei Tage zur Beerdigung fahren und dann wiederkommen. Das Mädel will erst nicht, stürzt aber dann wie eine Besessene bei Blitz und Donner los und kommt nach einer Viertelstunde zwar nicht mit einer Depesche, sondern mit einer plump gefälschten Postkarte zurück, wo mit Blei drauf gekritzelt ist: „Komme sofort, Vater tot." …

Ich will ein Wort sagen, mein Mann will fragen, wer die Karte gefälscht hat, da rennt das kecke Ding auch schon los, heidi in die Nacht, in Sturm und Regen und Freiheit hinaus und kommt am nächsten Mittag verweht und übernächtigt wieder. Ich nehme mir „das Kind" vor, sie gesteht, daß ihr Vater noch lebt und sie selber die Karte geschrieben habe, um nur nicht wieder in den Dienst zu gehen und schwindelt noch so eine Portion dazu, daß ich bei so einer großen Verworfenheit nicht weiß, woher das richtige Wort nehmen. Schließlich kommt noch unter Tränen heraus, die Portierfrau in der Menzelstraße hätte sie nur zu all der Schlechtigkeit beredet, und ich solle sie man ja in Stellung nehmen. Ich glaube aber nichts mehr. Ich ließ auch das dritte „gute Mädchen" in Frieden ziehen.

Ist das nicht eine sehr belehrende Geschichte für allzu vertrauensselige Hausfrauen, die auf Mädchensuche gehen? Das von einem Rückgängigmachen des Dienstes binnen 24 Stunden steht in keiner Polizeiordnung, wovon ich mich an maßgebender Stelle überzeugt habe. Wie schützt man sich aber vor Verlogenheit und Betrug? Doch nur so, daß man nicht alles glaubt, was einem von fremden Mädchen so rührselig erzählt wird. Will man aber so ein Mädchen ins Haus nehmen, ihm sein Bestes, die Kinder anvertrauen, wenn man schon von vornherein den Glauben an ihm verloren hat? … Nein! Wohl denen, die so etwas nicht brauchen … Dienstboten!!!

Friedenauer Lokal-Anzeiger 22. April 1909

Die Enthüllung des Sintflutbrunnens. Auf dem Hamburger Platz im Zuge des Südwestkorso wurde am Sonnabend Nachmittag 5 Uhr der von Herrn Kommerzienrat G e o r g H a b e r l a n d unserer Gemeinde zum Geschenk gemachte kunstvolle Brunnen „Die Sintflut" in einer kleinen Feier enthüllt.

Es hatten sich hierzu eingefunden: Der Spender des Denkmals Herr Kommerzienrat Haberland, dessen Vater, sowie einige Herren vom Vorstande der „Terrain-Gesellschaft Berlin-Südwesten", deren Direktor Herr Haberland ist; dann der Schöpfer des Brunnens Herr Bildhauer P a u l A i c h e l e , unser Gemeindeältester Herr Kommerzienrat Moeller und von unserer Gemeindeverwaltung Herr Bürgermeister Schnackenburg, die Herren Schöffen Wossidlo und Lichtheim, die Herren Gemeindevertreter Hendrich, Homuth, Knaak, Lehment, Matthies, Ott, Schu und v. Wrochem, ferner die Herren Baurat Altmann, Direktor Mulertt und Obergärtner Korte.

Herr Kommerzienrat Haberland übergab der Gemeinde den Brunnen in folgender Ansprache:

„Verehrter Herr Bürgermeister! Sehr geehrte Herren! Im Herbst des Jahres 1906 ist die Anlage des Süd-West-Korsos, in dessen Mitte wir uns jetzt befinden, von der Gemeinde Friedenau beschlossen worden, ein neuer Straßenzug, der den Südwesten Berlins durchschneidet und von der aufblühenden Kolonie Dahlem eine direkte Verkehrsstraße durch die Kaiser-Allee mit der Stadt bildet. Wie zweckmäßig diese Maßnahme war, ersehen Sie aus dem Umstande, daß kaum 2 Jahre nach seiner Anlage ein großer Teil des Korsos bereits der Bebauung erschlossen worden ist. – Die Gemeinde Friedenau ist reich an schönen Plätzen und geschmackvollen künstlerischen und gärtnerischen Anlagen, welche einen besonderen Anziehungspunkt des Ortes bilden. Den Bürgern der Großstadt wohnt in hohem Maße die Neigung inne, sich da anzusiedeln, wo sie Freude an der Natur genießen können, wo sie nach harter Arbeit im Schatten grüner Bäume der Ruhe pflegen können. –

Südwestkorso mit Hamburger Platz, um 1910

Hamburger Platz, um 1910

Friedenau, die Aue des Friedens, des Friedens, dessen wir alle bedürfen, um von unsern Berufspflichten auszuruhen, macht seinem Namen volle Ehre durch all jene Maßnahmen, welche die Verwaltung in Bezug auf gärtnerische und künstlerische Gestaltung getroffen hat. Noch ragen die Bäume, welche den Süd-West-Korso einrahmen, nicht über das Erdgeschoß der Häuser hinaus. In wenigen Jahren werden sie bei der guten Pflege, welche Ihre Gartenverwaltung allen gärtnerischen Anlage angedeihen läßt, in vollem Laube prangen und eine lange schattige Allee bilden. Diese Allee bedarf einer Unterbrechung, eines Ruhepunktes, auf dem das Auge mit Wohlgefallen ruht und kein anderer Ort scheint geeigneter für einen solchen, als dieser Platz, auf welchem sich der Brunnen erhebt, den ich heute Ihnen, meine Herren übergeben will. Der Brunnen ist das Werk des Bildhauers Aichele, der sein Atelier in Ihrem Gemeindebezirk hat. Das reizvolle Modell hat allgemeinen Beifall auf der Kunstausstellung im Jahre 1908 gefunden. Es erfüllt mich mit besonderer Freude, daß das in Friedenau entstandene Kunstwerk in der Gemeinde selbst Aufstellung gefunden hat. – Der Brunnen stellt die Sintflut dar, Gestalten, welche sich vor der herandrängenden Flut auf den Felsen flüchten. Die Sintflut war jene Umwälzung unseres Erdballs, aus der in größerer Pracht sich Berge und Meere, Wälder und blumengeschmückte Wiesen entfaltet haben. Der Brunnen soll daran erinnern, daß nach den Schrecknissen jener Umwälzung die warme Sonne des Friedens auf die Erde niederleuchtete, daß aus dem nassen Grabe der Erde ein neues schönes und üppiges Weltall entstand. – Möge dieser Brunnen eine Bereicherung der vielen künstlerischen Anlagen Ihres Gemeinwesens darstellen, möge die Gemeinde Friedenau, deren Vertreter Sie sind, in ihrem Bestreben, der Bevölkerung Groß-Berlins eine anziehende und anmutvolle Stätte des Friedens nach des Tages Last und Arbeit zu bilden, wachsen, blühen und gedeihen! – Ich bitte nun Herrn Aichele die Hülle zu entfernen und bitte Sie, hochverehrter Herr Bürgermeister, den Brunnen in Empfang zu nehmen.“

Die Hülle fiel nun; gleichzeitig sprudelte das Wasser hervor und spielte um die Felsgesteine.

Herr Bürgermeister Schnackenburg dankte namens der Gemeinde Friedenau der Terrain-Gesellschaft Berlin-Südwesten für das wunderbare Kunstwerk. Es freue ihn, daß Herr Kommerzienrat Haberland gerade die gärtnerische Pracht Friedenaus und die Ruhe, die in unseren Straßen das Wohnen angenehm macht, hervorgehoben habe, denn er möchte nicht hoffen, daß die Kraft Friedenaus in Denkmälern bestehen soll, sondern daß Ruhe und Frieden es ziere. Dieses Denkmal aber paßt ganz genau in den Rahmen unseres Ortes hinein; es macht uns gegenwärtig, wie nach der Sintflut wieder Ruhe und Frieden auf unserer Erde eintrat. Es soll auch Friedenau und seinen Bürgern nach des Tages Mühe und Arbeit eine Stätte der Ruhe und des Friedens sein. Eine ganz besondere Freude sei es ihm, daß dieses Kunstwerk von einem Friedenauer Künstler geschaffen wurde. Die Terrain-Gesellschaft Berlin-Südwesten habe eine große Bedeutung für unsere Gemeinde, fast der ganze Rest unbebauten Geländes befinde sich in ihrer Hand. Da sei es uns eine Genugtuung zu wissen, daß die Gesellschaft nicht nur die Terrains aufschließe und sie nach Belieben bebauen lasse, sondern, daß diese Gesellschaft auch dahin wirkt, solche Häuser zu errichten, die unserem Ort zur Zierde gereichen. Nicht nur der nüchterne Alltag soll uns im Straßenbilde entgegentreten, sondern auch die Kunst. Daß dies die Gesellschaft erreicht habe, zeigt ein Blick auf den Südwestkorso, der durchaus als großzügig bezeichnet werden muß; dies beweist aber auch der herrliche Brunnen. Es ist gewiß, daß dieses Denkmal zur vollen Wirkung kommen wird, man wird es immer gern betrachten, auch dann noch, wenn in unserem Ort die Tätigkeit der Gesellschaft längst abgeschlossen ist. Er danke nochmals herzlich im Namen der Gemeinde und nehme das denkmal in diesem Sinne gern in Empfang.

Blick in den Südwestkorso vom Ringbahnhof Wilmersdorf-Friedenau, um 1910

Hieran schloß sich eine Besichtigung des Denkmals, das allgemein von den Herren als wundervoll gelobt und gebührend gewürdigt wurde. Herr Kommerzienrat Haberland bat dann die Teilnehmer, mit ihm einen Imbiß einzunehmen. In einem leeren Laden des von Herrn Maurermeister Beck neuerbauten Hauses Wilhelm- Ecke Mainauerstraße waren mehrere Tische gedeckt, an denen die Herren Platz nahmen. Die hübsche Ausschmückung mit Blumen und grünen Blattpflanzen hatte unsere Gemeindegärtnerei besorgt. Die dargereichten vorzüglichen Speisen, sowie die Weine bester Güte, machten dem vornehmen Wirt alle Ehre. Während des Essens wurden mehrere Toaste ausgebracht.

Der „Sintflutbrunnen" stellt sicherlich ein ganz hervorragendes Kunstwerk dar. Als die Errichtung des Brunnens bekannt wurde, hat man dagegen Bedenken geäußert, daß sein Standpunkt unmittelbar vor dem Friedhof wohl nicht der Rechte sei. Die wunderbare Anordnung der den Brunnen zierenden Gestalten, der Ausdruck von Furcht und Angst in den Gesichtszügen der Figuren und die besonders im Denkmal ausgeprägte Mutterliebe und die Liebe des Mannes zum Weibe sprechen innig zum Herzen. Trotz der nackten Darstellung der Figuren findet die Sinnlichkeit doch keine Nahrung, sondern wir können nur eine edle Auffassung beim Beschauen der Denkmalsgruppe gewinnen. Die Wirkung wird später, wenn die im Südwestkorso angepflanzten Bäume sich zu hohen Laubkronen entwickelt haben, noch eine viel tiefere sein. Am gestrigen Sonntage wurde das Denkmal von Vielen besichtigt und man konnte nur Worte der Bewunderung vernehmen. So wird das herrliche Kunstwerk eine dauernde Zierde für unseren Ort sein.

Friedenauer Lokal-Anzeiger 5. Juli 1909

Der Sintflutbrunnen befindet sich heute auf dem Perelsplatz an der Lauterstraße. Er wurde 1931 im Rahmen einer neuen Verkehrsgestaltung des Südwestkorsos, wodurch der Hamburger Platz dann gänzlich verschwand, auf den damaligen Maybachplatz umgesetzt.

Gemeindeesel. Der „Kladderadatsch" veröffentlicht auf die Nachricht hin, daß Friedenau für die Gärtnerei zwei Esel anschaffen will, folgendes satirisches Gedichtchen:

Als neu erzählt die Zeitung heut,
Daß man im Amt von Friedenau
Beschäft'gen will in nächster Zeit
Zwei Esel, langgeohrt und grau.
Doch, ob auch mancher mich verdammt,
Bericht'gen muß ich den Bericht,
Daß Esel tätig sind im Amt
– Neu ist das nicht.

Ob der Beschluß der Gemeindevertretung, zwei Esel für die Gemeindegärtnerei anzuschaffen, zur Ausführung kommt, ist, wie wir hören, noch nicht ganz sicher; man erwägt noch, ob es nicht vorteilhaft und besser ist, einen Ponny anzuschaffen.

Friedenauer Lokal-Anzeiger 13. Juni 1909

AUTO-GARAGE
Unbefugten Eintritt verboten
I.-9523

Eigene
J. Braun. Schwei
2
streng verboten

Der Narr von Friedenau

Onkel Ete † Eine Trauerbotschaft durcheilte heute vormittag unsern Ort und rief in aller Herzen tiefes Bedauern wach: Onkel Ete ist nicht mehr! ein Herzschlag hat seinem Leben ein schnelles Ende bereitet. Wer kannte ihn nicht, den guten, lieben Onkel Ete mit seinen vielen Erbnichten und -neffen, der immer fröhlich und guter Dinge war und die Welt stets von der humorvollsten Seite betrachtete. – Schriftsteller Theodor Ludwig Eduard Jürgensen – so sein voller Name – wurde am 21. Januar 1847 in Rendsburg (Schleswig-Holstein) geboren, hat also ein Alter von 63 Jahren erreicht. Er war der Sohn des Oberarztes Nikolai Jürgensen in dem genannten Orte, seine Mutter, Christine Johanna Henriette, war eine geborene Hinrichsen. Heute Nacht hatte er, trotzdem ihn ein schweres Gichtleiden seit einigen Tagen an das Zimmer fesselte, fleißig gearbeitet. Während seiner Arbeit stellten sich bereits leichte Anfälle ein, die er jedoch wenig beachtete. Früh, kurz nach 8 Uhr, wurde er dann von einem schweren Herzschlage betroffen; die Anfälle wiederholten sich, bis er um 10½ Uhr verschied. – Mit Eduard Jürgensen ist eine der beliebtesten und bekanntesten Persönlichkeiten unseres Ortes dahingegangen. Obwohl er in den letzten Jahren recht leidend war, hatte er sich doch immer einen fröhlichen Sinn bewahrt und sein göttlicher Humor wußte in jedem Kreise, wo er weilte, heitere Gesichter hervorzuzaubern. Der Verstorbene war mit unserem Orte eng verwachsen, seit vielen Jahren zählte er zu unseren Mitbürgern, sein Friedenau liebte er über alles, er kannte es durch und durch und jeder entsinnt sich wohl noch seines Lichtbildervortrages vor zwei Jahren im Verein Friedenauer Ferienkolonien, wo er den Ursprung Friedenaus, die Urmenschen Friedenaus nachwies und uns den Werdegang unseres Ortes vorführte. Seit dem vorigen Jahre hatte er sich auch „ansässig" gemacht, indem er an der Laubacherstraße das wohl allen bekannte Landgut „Etenhall" gründete, wo er auch als „Landwirt" gute Erfolge erringen konnte. Vor allem aber war er, und dies nicht nur in Friedenau, als Dichter bekannt und geschätzt. Bei jeder Festlichkeit, bei allen kommunalen Geschehnissen und Anlässen griff Eduard Jürgensen zur Feder und schrieb von köstlichem Humor durchglühte und treue Anhänglichkeit an Friedenau bezeugende Verse, die wir gar vielmals in unserem Blatte veröffentlichen durften. Ja, als unseren treuesten Mitarbeiter schätzen wir ihn noch ganz besonders. Nun ist der fröhliche Sänger dahin. Seine so viele oftmals begeisterte Laute hat ausgeklungen. Noch der letzte Ton war ein klangvoller, zu Herzen gehender. Gern wird man „Onkel Ete" ein dauerndes Andenken bewahren. Schlafe in Frieden, edler Menschenfreund und Dichter!

Friedenauer Lokal-Anzeiger 9. März 1910

Eduard Jürgensen soll eine fröhliche Jugend genossen haben. Als jedoch seine Mutter starb und sein Vater bald darauf wieder heiratete, verließ der Achtzehnjährige völlig mittellos seine Heimat in Richtung Amerika, um dort im „Land der unbegrenzten Möglichkeiten" sein Glück zu suchen. Mit Gelegenheitsarbeit in Bergwerken und in der Landwirtschaft verdiente er dort anfangs durch harte Arbeit seinen Lebensunterhalt. Später war er auch als Assistent bei einem Arzt beschäftigt, wo er die bei seinem Vater erworbenen medizinischen Kenntnisse verwerten konnte. Als 1870 die Nachricht vom Kriege gegen Frankreich nach Amerika gedrungen war, meldete sich Jürgensen freiwillig, um für sein Vaterland zu kämpfen. Unter Prinz Friedrich Karl wurde er im III. Armeekorps Kanonier und war an mehreren Schlachten beteiligt. Nach dem Krieg kehrte er als Obergefreiter für kurze Zeit nach Rendsburg zurück, ging dann in den Harz, wo er seine Lebensgefährtin kennenlernte und sie 1874 heiratete. Sein Schwiegervater richtete ihm dann in Berlin ein Farben- und Drogengeschäft ein, welches Jürgensen jedoch 3 Jahre später, nach dem Tod des Schwiegervaters, wieder aufgab. Um in Ruhe seinen schriftstellerischen Neigungen nachzugehen, übersiedelte er mit seiner Frau auf ein Gut bei Oranienburg. Doch das Gut brannte bald nieder und er stand wieder einmal vor den Nichts.

Eduard Jürgensens erstes größeres Werk war eine Posse, die er für Ernestine Wegener schrieb. Viele seiner humoristischen Arbeiten wurden in Zeitschriften abgedruckt, so in den „Lustigen Blättern“ oder in den „Feierstunden“, in Schorers Familienblatt, einer illustrierten Zeitschrift, schrieb er neben Autoren wie Julius Stinde oder Leopold von Sacher-Masoch. Er veröffentlichte auch mehrere Bücher, „Münchhausen der Jüngste und andere Lügenden“ erschien 1891, 1894 „König Kalauer-Kauers hinterlassene Schriften“, „Kinderparadies“, gezeichnet vom Friedenauer Maler Johann Bahr und mit Versen von Eduard Jürgensen, folgte 1897.

In den frühen 1880er Jahre kam Jürgensen dann nach Friedenau, zuerst nur für die Sommermonate, dann ab 1889 mit festem Wohnsitz in der Rheinstraße 40.

Als der Verleger und Druckereibesitzer Leo Schulz 1894 den Friedenauer Lokal-Anzeiger gründete, war Eduard Jürgensen sofort zur Stelle und blieb über viele Jahre als Redaktionsmitglied dem Blatt und seinem Friedenauer Publikum verbunden. Häufig bediente er sich lokaler Themen, die er mit dem ihm typischen Humor bisweilen bis ins Groteske trieb. Mit seinen volkstümlichen Gedichten, die er zu Vereinsjubiläen, Gemeindefesten oder Veranstaltungen wie dem Goldenen Rad von Friedenau schrieb, oder auch durch Fortsetzungsgeschichten wie beispielsweise seine „Hundstags-Reiseberichte eines Hiergebliebenen“ gelang es Jürgensen schon nach kurzer Zeit, unter dem Namen Onkel Ete in Friedenau zur Berühmtheit zu werden. Doch Onkel Ete war nicht nur komisch. Mit viel Pathos und Vaterlandsliebe verfaßte er im Lokalanzeiger auch Gedichte wie etwa 1898 zum 10. Todestag von Kaiser Wilhelm I. oder zum Tode Bismarcks im gleichen Jahr.

Vom öffentlichen Umgang mit einer Persönlichkeit wie Onkel Ete zeugen zwei kleine Meldungen im Friedenauer Lokal-Anzeiger vom 19. und 20. Januar 1900:

„Ein falsches Zwei-Markstück wurde gestern auf dem hiesigen Postamt angehalten und vernichtet. Es gehörte unserem Mitarbeiter Herrn Jürgensen, der sich sehr wunderte, ein Opfer dieses unangenehmen Vorfalles geworden zu sein.“

„Herr Kollege Jürgensen, dem das gestern mitgetheilte Mißgeschick mit dem falschen Zweimarkstück passirte, erfreute uns durch folgende launige Zuschrift: Mit Interesse Ihre Notiz in der gestrigen Nummer des ‚Friedenauer Lokal-Anzeigers‘ gelesen. Freue mich, daß Sie mich so berühmt gemacht haben. – Hoffentlich beabsichtigen Sie, mir den Schaden auch zu vergüten.“

Herr Schriftsteller Eduard Jürgensen tat in seinem anläßlich des Festes zum Besten der Ferienkolonie vorgetragenen Sange über die Entwickelung des Friedenauer Schulkindes von der Pfahl- bis zur Putz- und Rohbauernzeit auch des „Püderingspfuhls“ Erwähnung. Hätten nicht unsere einheimischen Künstler, die Herren Bahr und Professor Hans Bohrdt diesen Püderingspfuhl in trefflichen Bildern veranschaulicht, dann hätten wohl nur unsere ältesten Friedenauer gewußt, daß dieser Pfuhl ein an der Ecke Stubenrauch- und Wilhelmshöherstraße gelegener Teich war. Und wie sah dieser Teich aus? Er war ungefähr 50 Meter lang, dabei aber nur 20 Meter breit und zeigte in der Mitte eine ganz ansehnliche Tiefe von über Mannshöhe, so daß also die Gefahr des Ertrinkens nicht ausgeschlossen war. Es war eine schöne Zeit für Friedenau, als noch der Püderingspfuhl sein Dasein fristete. Wer in stiller, silberglänzender Mondnacht den Teich entlang wandelte, der sah – er brauchte nicht einmal ein Sonntagskind sein – in der Tiefe das geheimnisvolle Leben und Treiben der Nixenwelt, ja die Götter des alten Olymps waren dort oft zu Gast geladen, Zeus, Venus und Aphrodite zeigten sich in der Tiefe dem einsamen Wanderer und nur der meerkristallene Thron war nicht zu erspähen. Die weltklugen Friedenauer aber schüttelten zu diesem Märchen den Kopf und böse Menschen erzählten sogar, daß der Pfuhl von Stukkateuren und Bildhauern als Ablageplatz für zerbrochene und wertlos gewordene Büsten und Modelle benutzt werde. Aber so völlig unrecht schienen diese Leute doch nicht gehabt zu haben, der Teich wurde immer kleiner und schließlich völlig zugeschüttet. Mit des Püderingspfuhls Glanz und Herrlichkeit war es also vorbei und dadurch zugleich die Friedenauer Jugend ihrer natürlichen Schwimm- und Badeanstalt beraubt. Denn daß dort so, wie auf den Bildern unserer Künstler gezeigt, wirklich gebadet wurde, ist Tatsache. Noch heute erzählt ein Friedenauer Malermeister ein hübsches Geschichtchen aus seiner Jugendzeit. Kühlte er da auch einmal seine Glieder in den „Fluten" des Püderingspfuhls mit einigen Schulkameraden, als zwei heute noch hier wohnhafte Bürger, die damals Fuhrwerksbesitzer waren, mit ihrem Gespanne vorbei kamen und ihre Freude an dem munteren Spiel der Knaben hatten. Zur allgemeinen Belustigung warfen sie nun Geldstücke in den Teich und die Jungens bewährten sich als gute Taucher, während die beiden Fuhrwerksbesitzer inzwischen die am „Strande" niedergelegten Kleider auf ihr Fuhrwerk warfen und dann rasch davon fuhren. Unsere Jungens aber liefen unbesorgt in Adams Kostüm hinter den Wagen her, von denen die Kleider Stück für Stück herunter geworfen wurden und zwar das letzte gerade da, wo heute das Hohenzollern-Restaurant steht.

Friedenauer Lokal-Anzeiger 10. März 1905

Friedrich-Wilhelm-Platz von Westen gesehen, um 1897

Um 1906 konnte man unter dem Titel „Zum Besten der Friedenauer Ferienkolonie – Die Entwickelung des Friedenauer Schulkindes von den Pfahlbauern bis zur Roh- und Putzbauernzeit“ in den hiesigen Schreibwarenläden und Buchhandlungen eine Broschüre erwerben, die auch als Postkartenserie erhältlich war. Drei in Friedenau ansässige Maler, Johann Bahr, Professor Hans Bohrdt und Franz Jüttner, hatten diese zu Jürgensens Versen illustriert. In sechs Bildern war das Kinderleben am Püderingspuhle zur Pfahlbauern-, Germanen-, Wenden-, Dreißigjähriger Kriegs-, Neu- und Ferienzeit festgehalten. Der Erlös sollte der Friedenauer Ferienkolonie dienen, die ein Haus in Zinnowitz an der Ostsee betrieb.

Pfahlbauernzeit

Das war in der seligen Pfahlbauernzeit,
Da lebten die Kinder in Fröhlichkeit,
Sie hatten Ferien das ganze Jahr,
Weil das Lernen noch nicht erfunden war! –
Sie brauchten nicht zu lesen, zu schreiben,
Nur immer im Freien umherzutreiben;
Die Schwimmschule war die einzige Schule,
Die draußen am alten „Püderingspuhle“
Errichtet war, wie deutlich Ihr seht,
Dort, wo der Weg nach Schmargendorf geht.
Hei! Wie sind die Urfriedenauer Jungen
Dort voller Lust ins Wasser gesprungen,
Wie haben sie auf die Schandarmen gepfiffen
Und Salamander und Frösche gegriffen,
Mit Holzkloben, klobig, sich blau und braun
– Zur Freude ihrer Eltern – verhau'n!
So wuchsen sie auf, waren dick und rund,
Durchaus normal und von Herzen gesund;
Und jeder, der dort vorbeikam am Orte,
Der sprach: „Das ist 'ne besondere Sorte!“
Und die Eltern nickten: „Der Mann hat Recht,
Wir züchten ein ganz vorzüglich Geschlecht!
Wir Pfahlbauern sind gar friedliche Leut'
Und tun nur, was die Natur gebeut;
Und weil jedes „Au“ seinen „Frieden“ hier fand,
So sei der Ort Friedenau genannt!“

In Friedenau wurde kaum eine Persönlichkeit zu Grabe getragen, ohne daß ein Nachruf in Form eines Gedichtes von Eduard Jürgensen im Friedenauer Lokal-Anzeiger abgedruckt wurde. So auch beim Tode von Amts- und Gemeindevorsteher Major a. D. Albert Roenneberg am 1. November 1906.

Am Allerseelentag ist er geschieden;
Novemberwolken hängen trüb und grau,
Ein wackrer Kämpfer findet ewigen Frieden
Auf unserm Friedhof jetzt in Friedenau.
Was er dem Ort, dem Vaterland gewesen,
Ich brauch's Euch nicht zu künden. Schau't nur hin,
In tränenvollen Blicken könnt Ihr's lesen:
Es schied ein braver Mann mit deutschem Sinn.
Doch auch wenn erst die Blümlein wieder sprießen,
Wenn's grünt und blüht an unsres Friedhofs Hag,
Wird auf sein Grab noch manche Träne fließen –
Man weint nicht nur am Allerseelentag.

„Wenn wir aber Eduard Jürgensen recht gedenken wollen, so dürfen wir vor allem seine Verdienste um Friedenau nicht vergessen." So der Friedenauer Lokal-Anzeiger in seinem Nachruf auf den Dichter vom 23. März 1910. „Er war ein echter Lokalpatriot, er schwärmte für unseren schönen Ort. Fast jeden kannte er und fast jeder kannte ihn. ‚Onkel Ete' war eine beliebte Persönlichkeit. Was im Orte sich auch ereignete, ‚Onkel Ete' mußte seinen ‚Senf' dazu geben, erst durch ihn wurde eine Feierlichkeit, eine Begebenheit usw. in unserem Ort vollkommen. Seine Gedichte, ob ernst, satyrisch oder humorvoll, trafen stets das Rechte. Er konnte loben, sich begeistern, aber er konnte auch der Entrüstung Ausdruck geben, wenn man an unserem lieben Friedenau rüttelte. Dies bezeugt das Gedicht ‚**Die Zukunft Friedenaus**', das er im Jahre 1908 verfaßte:

Inmitten riesigen Radau's,
Umgeben rings von wüstem Toben,
Liegt still und friedlich – hoch dadroben –
Ein schmuckes „Dorf". – Mit grünen Bäumen
Tat man die Häuser hübsch umsäumen
Und wo sich je ein Plätzchen fand,
Ein freies, war man flugs zur Hand
Mit bunten Blumen es zu schmücken,
Um Herz und Auge zu entzücken.
So war's; so wird's in Zukunft sein.–
Und kommt dann von Berlin herein
Nach 15 oder 20 Jahren

Ein Großstadtmensch mal angefahren
Und steckt in unsre frische Luft
Voll Blüten- und voll Blumenduft
Mit Wohlbehagen seine Nase,
So ruft er gleich: „Wat? 'ne Oase?
Ick hab jegloobt, det wär' hier' Dorf
Mit Mist un Rooch von schwarzen Torf;
Hier zieh' ick nächste Woche raus!"
Drauf spricht ein Bürger Friedenau's:
„Bedaure, werter Herr, b e s e t z t !!
Wir haben der Bewohner jetzt
Genug, just neunundfünfzig Tausend!"
Dann schreit der Fremde wild aufbrausend:
„Na, heer'n Se mal, det is ja doll!
Det soll woll heeßen, hier is't voll
Und Keener kommt hier mehr herin?
Is det valleicht der Rede Sinn?"
„Ja, allerdings, das geht nicht an!"
Meint drauf der Friedenauer Mann.
„So, so? Un Ihr wollt hier uf Erden
Denn ooch woll niemals „S t ä d t e r " werden?
Na, denn adje, Du Vorortbauer!" –
Drob lächelt unser Friedenauer
Und dreht mit großem Stolz sich um:
C i v i s F r i e d e n a u t i l u s s u m !

Ringstraße 41–43. Vor dem Zaun: Eduard Jürgensen, genannt Onkel Ete

Das letzte von Eduard Jürgensen verfaßte Gedicht von 1910, kurz vor seinem Tod, behandelte die Eingemeindungsfrage. Schon in den 1880er Jahren glaubten viele Einwohner der Gemeinde, daß dem Ort die notwendigen Lasten über den Kopf wachsen könnten und so wurde schon damals in Gemeinschaft mit anderen Vororten eifrig die Eingemeindung nach Berlin angestrebt. Ab 1897 diskutierte man dann dieses Problem über längere Zeit mit Schöneberg. Beide Gemeinden waren sich schon einig, als 1900 auf Betreiben des Kreises Teltow der Minister den Antrag Friedenaus ablehnte. In den folgenden Jahren wurde noch öfter die Frage der Eingemeindung Friedenaus zu Schöneberg erörtert, besonders hitzig um 1910.

Jürgensens „lokalpatriotischer Sang“ glich einem Fanfarenruf für die Selbständigkeit Friedenaus:

Ein lokalpatriotischer Sang. (Nach uralter Melodie)

Sie sollen es nicht haben
Das schöne Friedenau,
Ob sie wie gier'ge Raben
Es rings umlauern schlau! –
Nicht wahr, das wär' so'n Happen
Und paßte Euch wohl sehr,
Uns einfach wegzuschnappen,
Was wir errungen schwer?!

Doch das sind bloße Träume,
Denn das wird nie gescheh'n,
So lang noch grüne Bäume
Auf unsern Fluren stehn,
So lang noch treue Herzen
Am Ruder halten Wacht;
Drum geht mit solchen Scherzen,
Habt auf Euch selbst nur Acht!

Nie werdet Ihr uns kriegen
Trotz Eurer schlauen Weis';
Mags brechen oder biegen,
Wir halten treu zum „Kreis“.
Werft fort den – Aberglauben,
's gibt noch Gerechtigkeit!
Wir lassen uns nie rauben
Die Unabhängigkeit!!

– – – – – – – – –

Doch wer selbständig Wesen
Und wahre Arbeit liebt,
Der mög auch richtig lesen
Was mein Gedicht ergibt:
„Wir wählen fürder Keinen,
Der sich nicht strack und stramm
Festlegt – so tat ich's meinen –
Auf obiges Programm!“

Onkel Ete, Etenhall, Anfang März 1910

Daß sich Onkel Ete mit seiner Einmischung in kommunalpolitische Themen nicht nur Freunde gemacht hat, geht aus einer anonymen Zuschrift hervor, abgedruckt am 1. Februar 1910 im Friedenauer Lokal-Anzeiger unter dem Titel „Der Narr von Friedenau“:

Unsere Zeit kann sich nicht mehr so recht an den Narren und Hanswursten des Mittelalters erfreuen. Damals hielt jeder Fürst seinen Spaßmacher, der ernste Sachen ins lächerliche zog und dem ewig strengen Antlitz seines Herren eine lustige Grimasse aufprägte. So weit entfernt wir von jener Zeit sind, so wird doch immer wieder der Versuch gewagt, die Narreteien von damals auch in die Gegenwart zu versetzen. Auch Friedenau hat seinen Narren gefunden, der mit Fleiß und vollem Selbstbewußtsein in der Chronik Friedenaus herumstöbert, der sich als Gegenwartskritiker und als Prophet offenbart. Zwar vermag er nicht viel aus der Vergangenheit Friedenaus hervorzuheben, desto mehr rüttelt er an der Gegenwart, zeigt uns Friedenau nicht wie es ist, sondern wie es in seinen verblendeten Augen erscheint. Mit Bleistift und Notizblock verfolgt er eifrig jeden Vorgang in unserem Orte, notiert jeden kleinen Vorfall und zeigt alsdann seine Narrenkünste, indem er sie in wenig geschmackvoller Art einer johlenden Menge vorträgt. Mit seinen politischen Hirngespinsten hopft er bald hierhin, bald dorthin.

Es ist klar, daß jeder Narr seinen Anhang findet und so ist es nicht verwunderlich, daß auch der Friedenauer Narr eine Gefolgschaft hinter sich hat. Ganz in seinem Geiste wird diese geleitet, in seltener Hingabe und Treue folgen die Mitglieder seinen Worten, und seine Ideen sind ihr Ideal. Wie die von einem Einzigen ausgehende religiöse Wahnidee alles in Verzückung, alles in einen Taumel bringen kann, so auch hier bei unserem Narr. Sind seine Reden und Gedanken auch noch so konfus, man schlürft sie ein, als wäre es köstlicher Nektar, man erlabt sich daran, als gäbe es keinen süßeren Quell der Weisheit. Doch Menschen edler Denkart wenden sich mit Abscheu von diesem Zerrbild, bedauern den armen Mann, aber noch mehr, die so jäh Verblendeten.

„Jürgensen's Lebenswerk war Stückwerk; es fehlt der Zusammenhang." So der Friedenauer Lokal-Anzeiger in seinem Nachruf. „Er lebte mit dem Augenblick und wirkte für den Augenblick. Er verstand es aber nicht, die Gunst des Augenblicks zu fesseln und sich selbst tüchtig den Platz zu erobern, der ihm gebührte. Er war genügsam, bescheiden, mit sich selbst zufrieden und freute sich kindlich, wenn er andere erfreuen und begeistern konnte. So sind seine Manuskripte verstreut und es fehlt die liebevolle, ordnende Hand, um aus dem verstreuten ein Ganzes zu machen."

Onkel Ete, der nie ganz von seiner Schriftstellerei alleine leben konnte – im Nebenberuf war er auch Vertreter der „Versicherungsgesellschaft Deutschland" – zog sich in seinen späten Jahren auf sein „Landgut Etenhall", ein gepachtetes Laubengelände an der Laubacher Straße, zurück. Das Gartengrundstück diente dem ohne Nachwuchs gebliebenen Ehepaar Jürgensen als Ersatz, Onkel Ete nannte dieses Stückchen Land sein Kind, dem er mit ganzer Hingabe und Freude zusehen könne, wie es wachse und gedeihe.

Bei Onkel Etes Beerdigung war ganz Friedenau auf den Beinen. Der in der Friedhofshalle aufgebahrte Sarg war mit zahlreichen Kränzen und Blumen bedeckt, Herr Pfarrer Görnandt hielt die Trauerrede. Er legte ihr das Wort „Mein ist beides, Rat und Tat" zugrunde und würdigte den Verstorbenen als einen Menschen mit einem fröhlichen, mutigen, kindlichen und gläubigen Herzen, der sich dieses sein ganzes Leben über bewahrt habe.

„Wenn Friedenau im Strudel der Großstadt untergetaucht sein wird und dann sich Freunde treffen und über diesen und jenen sprechen, so wird dabei auch der Verstorbene erwähnt werden. Sein Andenken wird dauernd fortleben."

Nicht nur Eduard Jürgensens literarische Spuren sind verwischt – auch sein Grab auf dem Friedenauer Friedhof ist inzwischen eingeebnet und neu belegt.

Billig
unter Garantie
ist die
Frege
Drogerie!
Conserv

Christian Morgenstern
Aus einem Zyklus: Berlin

BERLIN

Ich liebe dich bei Nebel und bei Nacht,
wenn deine Linien ineinander schwimmen, –
zumal bei Nacht, wenn Deine Fenster glimmen
und Menschheit dein Gestein lebendig macht.

Was wüst am Tag, wird rätselvoll im Dunkel;
wie Seelenburgen stehn sie mystisch da,
die Häuserreihn, mit ihrem Lichtgefunkel;
Und Einheit ahnt, wer sonst nur Vielheit sah.

Der letzte Glanz erlischt in blinden Scheiben;
in seine Schachteln liegt ein Spiel geräumt;
gebändigt ruht ein ungestümes Treiben,
und heilig wird, was so voll Schicksal träumt.

DIE ALLEE

Ich liebe die graden Alleen
mit ihrer stolzen Flucht.
Ich meine sie münden zu sehen
in blauer Himmelsbucht.

Ich bin sie im Flug zu Ende
und land' in der Ewigkeit.
Wie eine leise Legende
verklingt in mir die Zeit.

Mein Flügel atmet Weiten,
die Menschenkraft nicht kennt:
Groß aus Unendlichkeiten
flammt furchtbar das Firmament.

DRAUSSEN IN FRIEDENAU

Es bläst wer in der Winterluft
zum Blut der Abendröte …
Ein fragender Vorfrühlingsduft
mischt sich dem Klagen der Flöte.

Vor einer Schenke steht ein Kind,
ein schlankes, mit kurzen Röcken.
Es steht mit seinen Locken im Wind
wie ein erstes Frühlings-Erschrecken …

Dahinter flammt durch Pappelreihn,
die Welt mit Schmerz durchseelend,
der tiefe himmlische Widerschein
von unendlichem Glück und Elend.

Christian Morgenstern, Melancholie, Neue Gedichte, 1906–1914

Becker-Strasse
Restauration und Destillation.
MÜNCHENER BÜRGER-BRÄU
BRAUEREI

Restauration
Fritz Preuss.
Lagerbier
BRAUEREI
Königstadt
Cranach-Str.
WEIN-
estauration
und
Destillation.

„Aus dieser Wohnung werde ich Dir nicht mehr schreiben."

Rosa Luxemburg in Friedenau

„Die Humanität in unserer Gesellschaft wird sich auch danach bemessen, inwieweit wir das Erbe Rosa Luxemburgs in Ehren halten." *Walter Jens*

Den Jahreswechsel 1910/11 verbringt Rosa Luxemburg wieder bei ihrer Freundin Clara Zetkin in deren Haus in Sillenbuch bei Stuttgart. Dorthin fuhr Rosa in den letzten Jahren häufiger, um sich auszuruhen, und auch, um Kostja, Claras jüngerem Sohn, nahe zu sein. In diesem Jahr beginnt der Unterricht an der sozialdemokratischen Parteischule, an der sie seit vier Jahren Lehrerin für Nationalökonomie und später auch für Wirtschaftsgeschichte ist, schon am 3. Januar, so daß ihre Ferien viel zu kurz ausfallen.

Die aus dem Arbeiterbildungsgedanken hervorgegangene Parteischule der SPD war am 15. November 1906 in Berlin im Gebäude des „Vorwärts" in der Lindenstraße eröffnet worden. In einem sechsmonatigen Kursus von Oktober bis März wurden dort, von der Partei und der Gewerkschaft delegiert, dreißig zumeist aus der Arbeiterschaft stammende Männer und Frauen in Sozialwissenschaften und Agitation geschult. Die Aufgabe der Schule sei, so August Bebel in seiner Begrüßungsansprache, „einer Reihe tätiger und geistig strebsamer Genossen die Grundlage derjenigen sozialen und politischen Erkenntnis zu übermitteln, die bei dem so mächtig in die Breite gegangenen Parteileben doppelt notwendig ist."

Kurz vor dem am 1. Oktober 1907 beginnenden Kursus an der Parteischule war zwei Lehrern, dem Österreicher Rudolf Hilferding und dem Holländer Anton Pannekoek von den Behörden die Lehrtätigkeit untersagt worden mit der Begründung, sie seien Ausländer. Die Polizei drohte bei weiterer Mitwirkung in einem Ultimatum sogar mit deren Ausweisung. Hilferding und Pannekoek mußten gehen, allerdings nicht weil sie Ausländer, sondern weil sie Sozialisten waren.

Um den Kurs 1907/08 nicht zu gefährden, hatte August Bebel sofort Karl Kautsky angefragt, der es aber abgelehnt hatte, die Stelle an der Parteischule zu übernehmen. Beide waren sich schnell darin einig, ihre befreundete Genossin Rosa Luxemburg dafür zu erwärmen.

Für Rosa, die ihren Lebensunterhalt bislang ausschließlich mit journalistischen Arbeiten bestritten hatte, begann im Oktober 1907 ein neuer, geregelter Lebensrhythmus. An vier Tagen in der Woche stand sie um ½7 Uhr auf, ging gegen 8 meist kurz spazieren und fuhr dann mit der S-Bahn von Friedenau nach Berlin. Sie war die einzige Frau im Lehrerkollegium. Einfühlsam verstand sie es, ihren zumeist aus einfachen Verhältnissen stammenden Schülern selbst die schwierigsten philosophischen Fragen des Marxismus klar und anschaulich zu vermitteln. Sie bemühte sich um jeden Einzelnen und wenn nötig, erteilte sie selbstverständlich individuelle Nachhilfe, nicht selten auch bei ihr zu Hause in der Cranachstraße. An normalen Tagen, wenn nicht Lehrerkonferenzen oder Gespräche mit Schülern stattfanden, die sich häufig bis nachmittags hinzogen, kam Rosa gegen 13 Uhr nach Friedenau zurück. Sie war dann zumeist müde und erschöpft, ruhte sich aus oder unternahm einen Spaziergang. Danach setzte sie sich an ihren Schreibtisch, bereitete den nächsten Schultag vor, verfaßte Artikel oder bearbeitete ihre umfangreiche Korrespondenz; häufig kam sie allerdings zu gar nichts, weil einer oder gleich mehrere ihrer zahlreichen Besucher hereinschneiten.

„Ach, Niuniu, ich sehne mich so nach Sonne; nach Neujahr fällt mir hier immer die winterliche Farblosigkeit auf die Nerven, und ich werde müde davon." beklagt sich Rosa gleich nach ihrer Ankunft in Friedenau im Januar 1911 in einem Brief an Kostja. Kurz darauf gesteht sie ihm, daß sie aber auch fast krank vor Verlangen nach Schlittschuhlaufen sei. „Ich bilde mir ein, ich könnte es, wenn ich erst auf dem Eis stehe. Aber Niuniu ist ja nicht da, um mich aufzuheben, wenn ich auf dem Rücken zapple wie eine Hummel."

Im November 1910 hatte Rosa anläßlich des Todes von Leo Tolstoi noch vor den Weihnachtsferien in der Schule einen Vortrag über den von ihr sehr geschätzten Schriftsteller gehalten. Der Parteigenosse Karl Korn hielt ihr entgegen, daß man den jungen Leuten eine „Anna Karenina" wirklich nicht empfehlen könne, weil darin doch zu viel von Liebe sei und überhaupt, Tolstoi habe eben nichts gemein mit Kultur und mit Kunst. „Soll man da nicht platzen?" schrieb sie Kostja. „Wenn ich bloß diese rote Fratze aus Holz und diesen dicken Überzieher auf der kurzen Figur sehe, die in ihrer Unbeweglichkeit wie eine Pißrotunde auf der Straße wirkt... Ach, mir ist manchmal hier schrecklich zumute, und ich möchte am liebsten fort aus Deutschland. In irgendeinem sibirischen Dorf spürt man mehr Menschentum als in der deutschen Sozialdemokratie".

Rosa Luxemburg auf dem Balkon ihrer Wohnung Cranachstraße 58, 1907

Schon vor Beginn des laufenden Kurses im Oktober 1910 hatte sie Kostja geschrieben, daß das einzig Schöne, was sie sich noch vom Leben verspreche, das Reisen in ganz entlegenen Ländern sei: Kaukasus, Südafrika, Zentralasien. Nur zu diesem Zwecke wolle sie Geld zusammenscharren und mit dieser Hoffnung arbeiten; denn an sich sei ihr das ganze Leben hier völlig gleichgültig.

Auch liegt im Januar 1911 wieder einmal eine Anklage wegen Majestätsbeleidigung gegen Rosa Luxemburg vor, die sie bei ihrer Rede während einer Volksversammlung zum Thema Klassenkampf und Tagespolitik am 16. Oktober 1910 in Stuttgart geäußert haben soll.

Schon 1901 war sie wegen Beleidigung eines Ministers angeklagt, doch mit einer Geldstrafe von einhundert Mark davongekommen, und im Januar 1904 war sie zu drei Monaten Haft verurteilt worden, denn sie hatte während einer Veranstaltung anläßlich der Reichstagswahlkampagne im Sommer 1903 niemand Geringeren als den Deutschen Kaiser angeblich öffentlich beleidigt. Kaiser Wilhelm II., der sich gerühmt hatte, die Probleme der deutschen Arbeiter besser zu verstehen als jeder Sozialdemokrat, soll sie in einer ihrer Reden entgegnet haben: „Der Mann, der von der guten und gesicherten Existenz der deutschen Arbeiter spricht, hat keine Ahnung von den Tatsachen."

Unmittelbar nach dem Internationalen Sozialistenkongreß in Amsterdam, zu dem über 500 Delegierte aus 24 Ländern angereist waren, trat Rosa Luxemburg dann am 24. August 1904 in Zwickau ihre erste Haftstrafe an. In diesem Sommer war sie auf dem Höhepunkt ihrer Popularität angelangt. Auf dem Kongreß, der höchsten Instanz des internationalen Sozialismus, hatten die Marxisten mit ihr an der Spitze den Kampf gegen alle Reformbestrebungen in der Sozialdemokratie vorerst gewonnen. Doch dieser Sieg bestand aus Absichtserklärungen, aus Worten, zu Resolutionen verfaßt und auf Papier geschrieben, deren Wertlosigkeit sich bald erweisen sollte.

Übermütig und voller Stolz trat Rosa damals ihre Haftstrafe an, so als wäre diese eine noch fehlende Auszeichnung in ihrer Karriere. Im Gefängnis hätte sie jetzt endlich genügend Zeit, um in Ruhe zu lesen und ihre zahlreichen Briefschulden abarbeiten zu können.

Die Freundschaft zu Karl und Luise Kautsky intensivierte sich in dieser Zeit, das förmliche „Sie" verschwand aus ihrer Korrespondenz. Ihren „liebsten Karolus" stachelte sie an, den Reformisten gegenüber jetzt entschieden mehr Courage zu zeigen, und ihrer „geliebten Luigina" schrieb sie Briefe, die ihre innersten Gedanken und Gefühle sichtbar machten, auch Erinnerungen an ihre Kindheit in Warschau, über die sie sonst nie sprach, tauchten aus der Vergangenheit auf.

Rosa Luxemburg mit August Bebel in Amsterdam, 1904

Rozalia Luksenburg war am 5. März 1870 in dem von Rußland besetzten Polen, im ostpolnischen Städtchen Zamosc zur Welt gekommen. Zamosc, in der Provinz Galizien am Wege zwischen Lemberg und Lublin gelegen, war schon im 16. Jahrhundert ein bedeutendes Handelszentrum – ein Drittel der Bevölkerung waren Juden. Der Familienlegende zufolge war Elias Luksenburg, Rozalias Vater, der Nachkomme eines jungen Landschaftsarchitekten, den Graf Andrzey Zamoyski im 18. Jahrhundert in Brüssel kennengelernt hatte und, von ihm eingenommen, auf sein Gut holte. Elias hatte von seinem Vater, einem wohlhabenden Holzhändler, das Geschäft und ein Haus im Zentrum des Ortes geerbt, wo er mit seiner Frau Lina und fünf Kindern lebte, Rozalia war die Jüngste. Lina Luksenburg war die Tochter von Rabbi Itzhak Löwenstein, einem Nachfahren von Rabbinern und hebräischen Gelehrten, die über sechzehn Generationen bis zu Rabbi Zerachia Halewi, einem Kommentator des Talmud im Spanien des 12. Jahrhunderts, zurückreichten.

Rozalia als Fünfjährige

Elias Luksenburgs Geschäfte in Zamosc liefen schlecht. Auch hatte er als assimilierter Jude, als Abtrünniger, keinen Rückhalt in der orthodoxen Gemeinde, als ein „Deutsch", wie er von den Glaubensgenossen genannt wurde, der sich gegen die jüdische Tradition die Schläfenlocken abrasiert und den obligatorischen Kaftan abgelegt hatte, wurde ihm auch kein Kredit mehr gewährt.

Die Luksenburgs verkauften also ihr Haus und siedelten sich 1873 in Warschau an, wo Elias glaubte, seiner Familie eine bessere Zukunft ermöglichen zu können.

Rozalia war drei Jahre alt, als die Familie eine kleine Wohnung in einem Haus in der Zlotastraße 16 bezog, einer Gegend nahe dem Zentrum, doch außerhalb des jüdischen Ghettos, dessen Grenzen kurz zuvor aufgehoben worden waren. Die Luksenburgs hatten eine weitere Stufe ihrer Assimilation erreicht, sie suchten Zugang zur polnischen Welt, ohne jedoch ganz mit ihren jüdischen Traditionen zu brechen. Zu Hause wurde in Rozalias Kindheit Polnisch, Jiddisch und Deutsch gesprochen – die offizielle Sprache aber war Russisch, und nur in dieser Sprache war ein gesellschaftliches Vorankommen möglich.

Im Alter von fünf Jahren ereilte Rozalia ein Schicksalsschlag. Ein erblich bedingtes Hüftleiden wurde von den Ärzten fälschlicherweise als Knochentuberkulose behandelt. Sie verordneten Rozalia ein ganzes Jahr strikte Bettruhe. Doch Gipsverbände und Kompressen halfen nicht. Rozalia behielt eine Gehbehinderung bei, die sie zwar unglücklich machte, ihr aber auch Kraft gab, ihr ganzes Wesen beeinflußte und vor allem ihren Willen stärkte.

Bis zum Alter von zehn Jahren wurde Rozalia zu Hause unterrichtet. Im Jahr 1880 gelang es den Eltern, daß sie in eine Staatsschule, dem russischen II. Gymnasium für Mädchen aufgenommen wurde. Sie entwickelte sich zu einer Musterschülerin und konzentrierte sich ganz darauf, die Aufmerksamkeit von ihren semitischen Zügen und ihrem verkürzten Bein auf ihren Geist abzulenken. Die Rolle der Starken, die sie sich selbst gab, spielte sie mit der Zeit so überzeugend, daß diese zu ihrer zweiten Natur wurde. Doch Eigenschaften wie Arroganz, Aggressivität und übersteigertes Selbstvertrauen, die in ihrem späteren Leben noch deutlicher zum Ausdruck kommen sollten, verbargen auch ihre Unsicherheit und ihre Angst. Als Jüdin, in Polen einer kaum geachteten Minderheit zugehörig und zusätzlich durch ihr Hinken als Krüppel zur Außenseiterin gestempelt

– jeder Gang zur Tafel muß für Rozalia eine Qual gewesen sein – absolvierte sie die Abschlußprüfung im Sommer 1887 dennoch als Klassenbeste. Eine goldene Medaille als Auszeichnung, wie sonst üblich, verweigerte ihr die Schulleitung jedoch, weil man ihre politische Zuverlässigkeit bezweifelte. Rozalia gehörte schon damals einem Kreis von Gymnasiasten und Studenten an, in dem illegale Broschüren gelesen und von der Tätigkeit unter den Arbeitern geschwärmt wurde. Eine weiterführende Ausbildung war für Rozalia im russisch besetzen Polen des ausgehenden 19. Jahrhunderts nicht möglich, nur im Ausland konnte sie eine Universität besuchen.

Aus dem Gefängnis in Zwickau schrieb Rosa 1904 in einem Brief für Luise, an Benedikt gerichtet, ihrem Liebling unter den drei Kautsky-Söhnen:

„Gestern fand ich wieder im selben Hof ein winziges perlgraues, weiches Federchen, das ich in meinem ornithologischen Schwachsinn auf eine junge Taube diagnostizierte. Klein-Bendelein würde es sicher besser wissen, von wem mir diese anonyme Visitenkarte in den Hof heruntergereicht wurde. Ich wollte ihm das Federchen in diesem Briefe schicken als ‚document humain' unserer inhumanen Zeit, ich trug es sorgsam vom Spaziergang in die Zelle mit, und nun habe ich es doch verloren. Bendel wird sich wahrscheinlich wundern, wie man in einer Zelle, die meine sieben Schritt in die Länge und vier in die Breite mißt, etwas ‚verlieren' kann. Ach, Bendelchen, man kann in einer so kleinen Zelle sogar einen großen Gegenstand verlieren, z. B. ist mir das einmal mit meiner Geduld passiert. Es war ein trüber, regnerischer Tag, und ich suchte die Entkommene umsonst in der Zelle herum. Da kam aber gerade ein heller Brief aus Friedenau, und ich fand sie sofort: Die Nichtswürdige lag dicht daneben unter dem Tisch und schmollte."

Im Frühjahr 1911, dem Jahr, in welchem Rosa Luxemburg Friedenau verlassen wird, sind ihre Beziehungen zu Karl Kautsky am Nullpunkt angelangt. Doch der Riß zwischen Luxemburg und Kautsky und der deutschen Sozialdemokratie tat sich schon viel früher auf...

Im September 1906 kam Rosa Luxemburg von der gescheiterten Revolution in Rußland, an der sie in Warschau aktiv teilgenommen hatte und in deren Verlauf sie dort zusammen mit Leo Jogiches am 4. März 1906 verhaftet worden war, nach neunmonatiger Abwesenheit wieder nach Friedenau zurück. Mit 2 000 Rubel Bestechungsgeld, von ihren Brüdern Józef und Maksymilian beschafft, war der zuständige

Cranachstraße mit Blick zum Dürerplatz, um 1902

russische Justizbeamte dazu gebracht worden, ein ärztliches Attest anzuerkennen und der Entlassung Rosas zuzustimmen. Durch die Zahlung von weiteren 3 000 Rubel als Kaution, die Rosas Bruder Józef direkt beim Parteivorstand der SPD in Berlin abgeholt hatte, kam Rosa dann frei.

In ihrer Wohnung in der Cranachstraße 58 wohnte seit dem Frühjahr 1906 Clara Zetkins jüngerer Sohn Konstantin; Clara hatte Luise Kautsky während Rosas Abwesenheit gebeten, den Einundzwanzigjährigen in der leerstehenden Wohnung ihrer gemeinsamen Freundin unterzubringen, damit dieser sein unnützes Dahinleben in Sillenbuch beende und statt dessen Vorlesungen an der Berliner Universität besuche. Rosa hatte nichts dagegen, kannte sie doch Kostja schon seit seinem dreizehnten Lebensjahr und wußte auch um die Probleme, die Clara mit ihrem Sohn hatte.

Auf den Sonntagsgesellschaften bei den Kautskys in der Saarstraße war Rosa jetzt eindeutig der Mittelpunkt; man hatte sie wie eine verlorene Tochter aufgenommen, die endlich wieder zurückgekehrt war. Luise, die Dame des Hauses, war mächtig stolz auf ihre beste Freundin, die den Gästen immer wieder von neuem über die unvorstellbaren Schrecknisse ihres Revolutionsabenteuers berichten mußte. Einer der Gäste, der über die russischen Verhältnisse besser informiert war und Rosas Schilderungen etwas übertrieben fand, war Lew Dawidowitsch Bronstein, genannt Trotzki.

Als Rosa auf dem Ende September 1906 stattfindenden Parteitag in Mannheim das Podium betrat, um in flammender Rede über die Revolution zu sprechen, spürte sie sofort die Zurückhaltung, Gleichgültigkeit, sogar Feindseligkeit der Delegierten. Sie war angespannt und erregt; bei dem Versuch, eine Analyse ihrer Erlebnisse zu vermitteln, wirkten ihre Ausführungen auf ihre Parteigenossen überzogen, ja beinahe deplaciert. Als sie im Verlauf ihrer Rede von Zwischenrufen unterbrochen wurde, brauste sie auf und griff dann sogar August Bebel an. „Ich wollte noch ein paar Worte zur Rede Bebels äußern, nur bin ich nicht sicher, ob ich sie richtig erfaßt habe, denn ich saß auf der linken Seite, und er hat heute immer nach rechts gesprochen.“

Vorgewarnt war sie ja. Bereits bei ihrer Rückkehr nach Deutschland hatte sie erfahren, daß man ihr Manuskript „Massenstreik, Partei und Gewerkschaften“, mit dem sie sich als erfahrene Revolutionärin triumphierend bei ihren deutschen Parteigenossen zurückmelden wollte, zwar als Broschüre gedruckt hatte, um diese auf dem Parteitag zu verteilen, dann aber einstampfen ließ. Die Gewerkschaftsführer lehnten den Text ab mit der Begründung, dieser sei zu radikal, und die Parteiführung hatte nachgegeben.

Während einer Versammlung am Rande des Parteitags ergriff Rosa Luxemburg noch einmal das Wort. Einige begeisterte Anhänger forderten sie auf, über die Revolution zu sprechen. „Ich habe aus der russischen Revolution gelernt: Wenn man sie totglaubt, steht sie wieder auf.“ Und unter lautem Beifall fügte sie hinzu: „Ich kann Sie ohne jede Übertreibung und in voller Ehrlichkeit versichern, daß jene Monate, die ich in Rußland zubrachte, die glücklichsten meines Lebens gewesen sind. Ich fühle mich tief betrübt, daß ich aus Rußland fort und herüber nach Deutschland mußte.“

Deutschland und auch die Sozialdemokratische Partei hatten sich seit der Russischen Revolution 1905/06 verändert. Hier konnte von einem revolutionären Ausbruch wie in Rußland nicht die Rede sein, doch entwickelte sich anfänglich bei den Linken ein ausgeprägtes Gefühl der Solidarität mit dem russischen Proletariat. Überall im Land fanden Versammlungen statt, auf denen Parteifunktionäre die russischen Revolutionäre in begeisterten Reden feierten. Danach wurde Geld gesammelt – um das Gewissen zu beruhigen; denn über die Revolution mochte man ja reden, doch stattfinden sollte sie woanders.

„Schon damals machte sich in dieser Frage ein Gegensatz zwischen ihr und Kautsky bemerkbar, mit dem sie bisher stets völlig einig gegangen war. Rosa vertrat den russischen Standpunkt, während Kautsky ihr entgegenhielt, daß in Deutschland andere Vorbedingungen ein anderes Vorgehen erheischten. Bei jedem Zusammentreffen gab die Frage des Massenstreiks immer wieder Anlaß zu neuen Erörterungen zwischen den beiden," erinnerte sich später Luise Kautsky.

Antisemitische Hetze und dumme Grobheiten, die schon seit 1905 über Rosa Luxemburg in der deutschen Presse veröffentlicht wurden, taten ihr übriges und begründeten so den Mythos von der „blutigen Rosa". Das Attribut „blutig" als Metapher für blutrünstig, kaltblütig, skrupellos usw., wurde fortan als der bestimmende Wesenszug Rosa Luxemburgs kolportiert und dieses „Image" hat sich bis in unsere heutige Zeit erhalten.

„Es ist ja ein Jammer, der Mensch lallt nur noch ganz unzurechnungsfähig," schreibt Rosa in einem Brief an Kostja im Frühling 1911 und bezieht sich damit auf einen gerade erschienenen Artikel Karl Kautskys in der „Neuen Zeit". Zum Leidwesen Luises besucht sie die Familie, die inzwischen in die Niedstraße 14 umgezogen ist, nach dem Streit mit Kautsky nicht mehr.

Zum Eklat zwischen den beiden war es im Sommer 1910 gekommen. Karl Kautsky hatte sich wiederholt geweigert, Rosa Luxemburgs Artikel „Die Theorie und die Praxis", in dem es insbesondere um den von ihr unterstützten Protest des rheinischen Agitationsbezirks gegen das von der Partei erlassene Diskussionsverbot zum Thema Massenstreik ging, in der „Neuen Zeit" abzudrucken. Mehrfach schickte er ihr das Manuskript mit Änderungswünschen zurück. Darüber erzürnt schrieb sie Kautsky einen Brief, in dem sie seine „Unverschämtheiten" zurückwies. Schließlich beugte sich Rosa in einigen Punkten, warf ihm allerdings in der nun abgemilderten Veröffentlichung eine Bevormundung der Partei im Hinblick auf die Reichstagswahlen vor. „Zum Bremsen, Genosse Kautsky, brauchen wir Sie nicht," schrieb Rosa in ihrem Artikel und freute sich zu Hause an ihrem Schreibtisch hämisch darüber, daß Kautsky den zweiten Teil ihres Artikels ja noch gar nicht kenne, der ihm dann vollends „den Rest" geben werde.

In diesem öffentlichen Streit, der sich über Wochen hinzog und der Karl laut Luise ganz krank mache, so daß er bei jeder Kleinigkeit mit der Faust auf den Tisch haue, polemisierte Kautsky dann seinerseits in dem Artikel „Zwischen Baden und Luxemburg" gegen Rosa und kam zu dem Schluß, daß ihre Theorien nur ein Bündel voller Fragezeichen hinterließen.

„Lauter Verdrehungen, Winkelzüge, wie die Zuckungen eines zertretenen Wurms," schrieb Rosa in einem Brief an Kostja als Reaktion auf Kautskys Artikel, und weiter vermutete sie nicht ohne Grund: „Sie wollen mich mundtot machen."

Der schonungslose und auf einer sehr privaten Ebene geführte Streit zwischen Rosa Luxemburg und Karl Kautsky, der schließlich die über zehn Jahre währende Freundschaft zerstörte, zog immer weitere Kreise. Victor Adler, Mitbegründer und führendes Mitglied der Sozialdemokratischen Partei Österreichs, wunderte sich in einem Brief an August Bebel im August 1910 nicht darüber, was Karl jetzt an seiner Freundin erlebe, diesem „giftigen Luder", das noch viel Schaden anrichten werde, um so größeren, da sie blitzgescheit sei und ihr jedes Gefühl für Verantwortung vollständig fehle und ihr einziges Motiv eine geradezu perverse Rechthaberei sei. Bebel seinerseits nahm Rosa in seinem Antwortbrief an Adler dennoch in Schutz: „Trotz aller Giftmischerei möchte ich das Frauenzimmer in der Partei nicht missen."

Rosa Luxemburgs Rückhalt in der Partei wurde immer geringer, jetzt, wo sich auch die „Alten" von ihr zurückzogen. Am 31. Januar 1911 ist auch der ihr immer freundschaftlich gesonnene Paul Singer, seit 1890 einer der beiden Vorsitzenden der Sozialdemokratischen Partei Deutschlands, gestorben, der ihr einmal gesagt hatte, daß er ihr immer helfen werde, wenn es darauf ankäme.

Neben den politischen Meinungsverschiedenheiten hatte das Zerwürfnis zwischen Rosa Luxemburg und Karl Kautsky auch private Gründe. Karl nahm Rosa vor allem übel, daß diese seine Frau in dem seit 1908 bestehenden Liebesverhältnis mit seinem jüngeren Bruder Hans, dem königlich-preußischen Hoftheatermaler, offensichtlich bestärkte. Die Affäre war zu einer ernsthaften Ehekrise zwischen Luise und Karl geworden, und beide hatten sich schon darüber auseinandergesetzt, wem nach einer Scheidung die Söhne zugesprochen werden sollten. Vermittelnd schalteten sich auch August Bebel und dessen Frau Julie ein und versicherten Karl, daß sie auf seiner Seite stünden.

Karl Kautsky, mittlerweile bald 60 Jahre alt, verstand die Welt – insbesondere die der Frauen – nicht mehr und zog sich ganz in sein Arbeitszimmer zurück. Seine Frau Luise schien von dem neuzeitlichen „Bazillus" der Emanzipation befallen. Auch war da Rosa Luxemburg, die seit Jahren eine undurchsichtige Beziehung zu dem Sohn ihrer Freundin Clara Zetkin hatte; diese wiederum lebte in wilder Ehe mit dem achtzehn Jahre jüngeren Künstler Friedrich Zundel in ihrem Haus bei Stuttgart zusammen.

Zu Rosas einundvierzigstem Geburtstag am 5. März 1911 sendet Kostja ihr einen großen Korb mit weißen und blaßblauen Hyazinthen und dazu eine Auswahl neuer Bücher. Besonders große Freude mache ihr Ludwig Nohls „W. A. Mozarts Leben". „Wenn der kleine ‚Wolfgangerl' zu Bett ging, sein Vater ihn jeden Abend erst auf einen Stuhl stellen mußte und mit ihm zweistimmig eine Melodie singen mußte, die der Bub auf einen unsinnigen Text komponiert hatte: Oragniafiaga ta fa, was italienisch klingen sollte, dann küßte er dem Vater ‚das Nasenspitzel' und versprach ihm, wenn er alt wäre, den Vater in einer Kapsel mit Glasdeckel immer bei sich zu tragen. Das hat mich furchtbar gefreut. Nach der ersten Darstellung seiner ‚Finta Giardiniera' in München schrieb er nach Hause einen Brief mit der Beschreibung des kolossalen Beifalls und zum Schluß: An Bimberl 1 000 Busserln. Der Bimberl war sein Hund. Wenn wir Mozart gekannt hätten, wir würden ihn sicher als Menschen auch gern haben."

Rosa Luxemburg 1907

Das Lesen und Briefeschreiben war schon immer ein fester Bestandteil in Rosas Leben, dem sie sich nach Möglichkeit täglich mehrere Stunden widmete. Jetzt, im Frühling, wo sie sich immer besser fühlt als in der übrigen Zeit, schreibt sie Kostja fast jeden Tag.

„Ich schrieb Dir gestern, aber heute ist so schön und warm. Die Sonne scheint so herrlich, daß ich meinem Niuniu schreiben muß. Fenster und Balkontür stehen breit offen, und die Sonne füllt beide Zimmer, in der Luft steht lustiger Lärm der Kinder, Vogelgezwitscher und Surren der Elektrischen. Man möchte so gern lustig sein."

Ein großes Thema in den Briefen an Kostja war die Literatur. Oscar Wilde mochte sie nicht, er sei eben nicht so ein Kerl wie dieser Stendhal, auf dessen in Deutschland gerade erschienene Briefe sie sich besonders freue. Strindberg hielt sie für verrückt, doch seien bei ihm einige feine Stellen. Anatole France fand sie sehr gut, obwohl sie meinte, daß außer Stendhal und der Bovary doch eigentlich jeder französische Roman Dreck sei und nur die Russen den Roman zur Kunstform erhoben hätten. Als sie neulich zu gar nichts gekommen sei, hätte sie Dostojewskis Idioten wieder gelesen. Turgenjew allerdings sei ein langweiliger Kerl, eben Backfischliteratur, wogegen sie Tolstois „Schneesturm" und „Die Kosaken" wieder sehr beeindruckt hätten.

Auch lese sie viel Reiseliteratur und historische Abhandlungen über fremde Länder, die sie vielleicht schon in diesem Sommer zusammen mit Kostja besuchen wolle. Besonders viel gegeben habe ihr „El Dorado. Geschichte der Entdeckungsreisen nach dem Goldland" von F. A. Junker von Langegg. Sie habe jetzt diese Zeit lebendig erfaßt, „wo das alte Europa einen unendlichen Strom von Schlamm, Blut und Schmutz der Kultur in die neuen Länder ausgesendet hatte." Sie habe nun ein „handgreifliches Bild dieser Überschwemmung aller Weltteile mit dem Kulturschmutz Europas," daß sie davon ergriffen sei. „D. h., die gesamten Mengen der Europäer entschleiern sich einfach als das, was sie sind, verbrecherisches Gesindel, sobald sie dem Käfig der ‚Kultur' entspringen."

Kaum ein Brief erreichte Kostja aus Friedenau ohne ein Gruß von Mimi: „Wir küssen Dich beide", „Ich küsse Dich, Mimi auch" oder „Ich küsse Dich. Mimi ist glücklich und läßt Dich grüßen". Mimi war Rosa Luxemburgs Katze, die sie abgöttisch liebte. Vor Jahren war diese ihr zugelaufen und wurde von Rosa fast wie ein eigenes Kind verwöhnt. Kostja, aber auch dessen Mutter Clara Zetkin wurden ständig und auf das intensivste über Mimis Gemüts- und Gesundheitszustand auf dem Laufenden gehalten, als ob es sich bei der Katze um ein menschliches Wesen handele. Walter Jens schrieb einmal in einem Artikel über Rosa Luxemburg, „daß der Leser am Ende ihres fünften Briefbandes in den Stoßseufzer ausbricht: Ach, wäre ich doch, zum Teufel, über Kautsky, Mehring und Bebel nur halb so genau informiert wie über Mimis Verstopfung!"

Rosa Luxemburgs beste Freundin neben Luise Kautsky war Clara Zetkin, der sie auch politisch am nächsten stand. Mehrmals im Jahr hatte die Politikerin und Frauenrechtlerin in Berlin zu tun und wohnte dann bei Rosa in der Cranachstraße in Friedenau. Trotz gesundheitlicher Probleme, mehrere Augenoperationen hatten ihre Sehkraft stark beeinträchtigt, hielt die unermüdlich für die politische und gesellschaftliche Gleichberechtigung Kämpfende in Wahljahren bis zu 250 Veranstaltungen ab. Fast nebenbei war sie auch die Herausgeberin der Zeitschrift „Die Gleichheit". 1911 ist Clara häufiger als gewöhnlich in Berlin. Die Mutter habe sie nur „kinematografisch vorbeisausen sehen", schreibt Rosa an Kostja. Sie sei frisch und gut gestimmt, obwohl ihr körperlich einige Male schlecht gewesen sei. Als Mitglied der Kontrollkommission der Sozialdemokratischen Partei Deutschlands ist Clara Zetkin auch mitverantwortlich für die Nachfolge des im Januar verstorbenen Parteivorsitzenden Paul Singer.

Clara Zetkin und Rosa Luxemburg, 1910

Wohnhaus von Rosa Luxemburg in der Cranachstraße 58, 1907

Hierbei hat Rosa Luxemburg hinter den Kulissen längst ihre Fäden gezogen, August Bebel hat sie bereits entsprechende Kandidaturen „eingeflüstert" und will dann über Clara Einfluß auf die Kontrolleure nehmen.

Ebenfalls häufig zu Besuch bei Rosa ist in jener Zeit der junge Medizinstudent Hans Diefenbach, ein Altersgenosse Kostjas, den sie bei den Zetkins kennengelernt hatte und der 1907 nach Berlin übergesiedelt war. Rosa fühlt sich geschmeichelt, wenn sie an der Seite ihres gutaussehenden Verehrers, den sie ihren „Ritter" nennt, ins Theater oder in die Oper ausgeführt wird, obwohl er ihr mit seiner ewig gleichbleibenden Sanftmut auf die Nerven fällt. Manchmal gesellt sich auch der Maler Hans Kautsky dazu und schickt dann per Rohrpost Karten fürs Theater oder Konzert nach Friedenau. Oder die drei unternehmen in seinem Automobil eine Spritztour zum Schlachtensee und in die weitere Umgebung Berlins. Hans Kautsky gibt Rosa auch fachlichen Beistand beim Malen und Zeichnen von Porträts und Landschaften, ihrer neu entdeckten Leidenschaft.

„Am Freitag war ich im ‚Don Juan'," schreibt sie Kostja. „Die Darstellung ist stellenweise schlecht, namentlich alle Weiber sind untauglich, stellenweise aber ganz ausgezeichnet, das Orchester durchweg gut und fein, die Schlußszene so groß, wie ich sie noch nie gehört habe. Ich habe an der Musik, namentlich im Orchester, großen Genuß gehabt, an einigen der schönsten Stellen empfand ich aber zugleich tiefen Schmerz."

Besucht wird Rosa auch von Wladimir Iljitsch Uljanow, genannt Lenin. Am 1. April 1911 sei er schon zum vierten Male hier gewesen, berichtet sie ihrem Kostja. „Ich rede mit ihm gern, er ist gescheit und gebildet und hat eine gar so häßliche Fratze, die ich gern sehe.

Hier ist wieder warm und lind, ganz Frühling. Die arme Mimi macht ‚kuru!'. Sie hat dem Lenin mächtig imponiert, er sagte er hätte nur in Sibirien so stattliche Tiere gesehen, sie sei ein „barskij kot" – eine herrschaftliche Katze. Sie kokettierte auch mit ihm, wälzte sich auf dem Rücken und lockte ihn, versuchte er aber, sich zu nähern, dann haute sie ihn mit dem Pfötlein und fauchte wie ein Tiger."

Lenin war Luxemburg bereits 1901 in München begegnet, seither polemisierten sie heftig gegeneinander. Ein Höhepunkt dieser Auseinandersetzungen fand 1904 anläßlich der Veröffentlichung von Lenins „Ein Schritt vorwärts, zwei Schritte zurück" statt. In einer Artikelserie, unter dem Titel „Organisationsfragen der russischen Sozialdemokratie", zuerst in dem russischen Emigrantenblatt „Iskra" veröffentlicht und zwei Wochen später dann in der „Neuen Zeit" erschienen, setzte sich Rosa Luxemburg mit Lenins autoritären Vorstellungen kritisch auseinander, der allen Ernstes glaubte, daß ohne aktive Einwirkung einer revolutionären Elite das Bewußtsein der Arbeiterklasse zur Impotenz verurteilt sei.

Rosa hielt Kautsky, der abfällig von der „Quasselei von Uljanow" sprach, für eine solche Auseinandersetzung nicht geeignet. „Karl versteht von diesen Dingen im einzelnen nichts. Seine Stellung beruht in der Hauptsache auf meiner. Wenn die Leute anfangen, auf ihn einzureden, kann er leicht den Boden unter den Füßen verlieren und ganz durcheinander kommen." Als einzige in der Parteiführung der russischen Sprache mächtig, versuchte sie Lenin nachzuweisen, daß sein ganzes Wesen nicht vom positiv schöpferischen, sondern von einem sterilen „Nachtwächtergeist" getragen sei, daß sein Gedankengang hauptsächlich auf die Kontrolle der Parteitätigkeit und nicht auf ihre Befruchtung, auf die Einengung und nicht die Entfaltung, auf die Unterdrückung und nicht auf den Zusammenhalt der Bewegung zugeschnitten sei.

„Und schließlich sagen wir es doch unter uns offen heraus: Fehltritte, die eine wirklich revolutionäre Arbeiterbewegung begeht, sind geschichtlich unermeßlich fruchtbarer und wertvoller als die Unfehlbarkeit des allerbesten ‚Zentralkomitees'."

Lenins Abgesandten Ljadow, der sich in Berlin um Veröffentlichung einer Gegenrede im „Vorwärts" und in der „Neuen Zeit" bemüht hatte, soll Kautsky geantwortet haben: „Was wollt Ihr, wir kennen Euren Lenin nicht, er ist für uns ein neuer Mensch."

Die Möglichkeit, Lenin besser kennenzulernen, bot sich Rosa Luxemburg 1906 nach ihrer Freilassung aus dem Warschauer Gefängnis. Durch die Haft gesundheitlich sehr angeschlagen, verbrachte sie zur Erholung vier Wochen in dem 40 Kilometer von Petersburg entfernten finnischen Hafenstädtchen Kuokkala; Lenin hatte dort nach der gescheiterten Revolution sein Hauptquartier aufgeschlagen.

Am Rande des Internationalen Sozialistenkongresses in Stuttgart im Jahre 1907, an dem auch Lenin teilgenommen hatte, machte Rosa ihn mit ihrer Freundin Clara Zetkin bekannt, laut Clara soll Rosa damals über ihn gesagt haben: „Schau den da gut an! Das ist Lenin. Sieh den eigenwilligen, hartnäckigen Schädel! Ein echt russischer Bauernschädel mit einigen leicht asiatischen Linien. Dieser Schädel hat die Absicht, Mauern umzustoßen. Vielleicht, daß er daran zerschmettert. Nachgeben wird er nie."

Bis zum Weltkrieg bestand zwischen Luxemburg und Lenin trotz aller Meinungsverschiedenheiten ein Verhältnis gegenseitiger Achtung und Sympathie, das dann aber nach erneuten Differenzen endgültig zerbrach.

Was heute bleibt, ist die Erkenntnis, daß über Lenins autoritärer Maxime von der „Diktatur des Proletariats" als Entgegnung immer Rosa Luxemburgs ungleich wertvollere, zutiefst humanistische Überzeugung „Freiheit ist immer Freiheit der Andersdenkenden" stehen wird.

Nach Beendigung ihres Halbjahreskurses an der Parteischule beginnen für Rosa Anfang April 1911 jetzt ihre heißersehnten Ferien und sie verläßt Friedenau in Richtung Sillenbuch. Für Mimi ist gesorgt, denn Ida, die Haushälterin, kümmert sich um die Katze. Kostja, der nach seinem Berliner Abenteuer längst wieder zuhause wohnt, hilft seiner Mutter Clara bei der Herausgabe ihrer Zeitschrift. Rosa hatte ihn schon des öfteren dafür gelobt, weil man bei jeder neuen Ausgabe der „Gleichheit“ seinen Einfluß und auch seine Hand immer deutlicher spüre. Sie genießt die drei Wochen im Hause ihrer Freundin und schöpft Energie für ihre jetzt wieder bevorstehenden Agitationsreisen.

Die Gabe, Menschenmassen von einer Bühne herab mit ihrer Rede zu überzeugen und diese dann zu Begeisterungsstürmen bewegen zu können, war für Rosa Luxemburg schon seit Beginn ihrer Karriere ein unverzichtbarer Bestandteil ihrer politischen Arbeit. Auf unzähligen Parteiveranstaltungen und internationalen Sozialistenkongressen wie in Stuttgart, London oder Amsterdam hatte sie diese Kunst über ein Jahrzehnt zur Perfektion gebracht. Sie wurde zur berühmtesten Politikerin ihrer Zeit und es gelang ihr mühelos, auch die größten Säle mit 5 000 Personen oder gar mehr bis auf den letzten Platz zu füllen, denn alle wollten sie hören oder wenigstens einmal gesehen haben. Insbesondere Rosa Luxemburg und ihrem unermüdlichen Einsatz für die Ziele des Sozialismus war es zu verdanken, daß die Sozialdemokratische Partei Deutschlands seit der Jahrhundertwende zu einer Massenorganisation herangewachsen war. Dies wußten auch die Funktionäre, die ihr so manchen Fauxpas oder auch kräftigere Schläge „unterhalb der Gürtellinie“, wenn auch zähneknirschend, bislang verziehen.

Rosa Luxemburg 1907

Ihre erste Agitationstour in diesem Jahr führt Rosa ins Rheinland, wo sie zum Thema „Die politische Lage und die Sozialdemokratie“ vom 5. bis zum 15. Mai 1911 an verschiedenen Orten spricht. Von Friedenau fährt Rosa nach Solingen, wo sie im Hotel „Zur Hauptpost“ für diese Zeit ihr Quartier bezieht.

„Niuniu, Liebling, ich freue mich so, heute noch zum Abschied ein Brieflein von Dir zu kriegen. Ich selbst kam in den letzten Tagen buchstäblich nicht dazu, Dir zu schreiben.

Ich komme nie vor 2, 3 Uhr nachts ins Bett, muß aber schon um 3, 4 nachmittags auf die Tour. Dazwischen mit Leuten reden, Zeitungen lesen, womöglich einen Artikel schreiben, etc.“

Wieder in Friedenau zurück geht Rosa auf Wohnungssuche.

„Ich habe mich fast entschlossen, die Wohnung zu wechseln, ich halte die Cranachstraße mit ihrem Kinderlärm nicht mehr aus, und ich suche eine Wohnung in Schlachtensee. Dort werde ich wenigstens Ruhe haben und Bäume um das Haus sehen, und wenn ich spazieren will, kann ich gleich in den Wald.“ hatte sie Kostja schon vor einem Jahr mitgeteilt.

Doch jetzt, im Sommer 1911, macht Rosa Ernst; die Wohnung in der Cranachstraße 58, in der sie zehn Jahre gewohnt hat, ist bereits gekündigt.

In den nächsten Wochen verbringt sie besonders viel Zeit an ihrem Schreibtisch, neben Zeitungsartikeln und ihrer Korrespondenz widmet sie sich wieder intensiv einem Manuskript, welches sie als Buch unter dem Titel „Einführung in die Nationalökonomie“ veröffentlichen will.

Mitte Juni 1911 ist sie erneut unterwegs, in Danzig, Königsberg und Elbing spricht sie unter dem Motto „Unser Kampf um die Macht“. Aus Danzig schreibt sie Kostja: „Liebling, Juju, die gestrige Versammlung hat mich ganz kaputt gemacht, es war ein so wahnsinniger Andrang, daß die Leute, die nicht mehr ’reinkonnten – und es sollen 3 000 ausgesperrt worden sein –, die ganze Zeit Radau machten, sie wollten mit Gewalt herein. Der Saal war akustisch miserabel, und ich bin ganz heiser. Aber diese Begeisterung der Masse macht doch große Freude. ... Gestern unterwegs sah ich die Weichsel von weitem, heute fahre ich darüber. Das Herz zuckte mir, als ich die graue, schnellströmige, breite Weichsel sah, an der ich meine Kindheit verbracht; die ganze Gegend hier erinnerte mich an Polen – flache, breite Horizonte, viel Getreidefelder und Wald, im Feld lauter Weiber in bunten Röcken und weißen Kopftüchern tief überm Gesicht, massenhaft Gänse und viel schwarzweiße Kühe.“

Anfang Juli 1911 kündigt Clara Zetkin wieder einen Besuch bei Rosa in Friedenau an. „Ich freue mich schon so auf ihr Kommen!“ schreibt sie Kostja. „Aber sonst ist jetzt hier so vieles, was mir Sehnsucht macht, von Berlin weit, weit fort zu gehen. Die Nähe L’ s ist mir wieder eine Pein, die kaum zu ertragen ist, denn ich fühle, daß nichts besser ist.“

Leo Jogiches war der Partner ihres politischen Doppellebens, von dessen Dimension keiner ihrer deutschen Parteigenossen auch nur annähernd wußte. Obwohl Rosa und Leo längst kein Paar mehr waren und sie schon lange darauf bestanden hatte, nur brieflich mit ihm zu verkehren, jedes Zusammentreffen mit ihm sei ihr eine Qual, waren sie beide immer noch in ihrer politischen Arbeit, die sie ihre „Sache“ nannten, aneinander gekettet. Bis zu Rosa Luxemburgs Ermordung blieb Leo Jogiches ihr Schatten – war er doch auch die große Liebe ihres Lebens.

Rosa hatte Leo Anfang der 1890er Jahre in Zürich kennengelernt. Beide mußten, kaum erwachsen, aus ihrer Heimat, dem von Rußland besetzten Polen, fliehen. Leo Jogiches kam aus Wilna, war bereits Berufsrevolutionär: wohlhabendes jüdisches Elternhaus, Gymnasium, Agitation, Verfolgung. Jahre im Untergrund, Verhaftungen, Gefängnisausbrüche. Desertion aus der zaristischen Armee. Steckbrieflich gesucht, gelang ihm die Flucht über die Grenze, angeblich verborgen unter einer Fuhre Lehm.

Die Befreiung Polens von der Zarenherrschaft, das seit seiner Teilung Ende des 18. Jahrhunderts durch Deutschland, Österreich und Rußland besetzt war, wurde in Zürich, dem bedeutendsten Sammelpunkt der polnischen und russischen Emigranten, zu ihrem Lebensziel, zu ihrer gemeinsamen „Sache“. Beide hatten nach unterschiedlichen Orientierungsphasen in den Jahren 1892/93 an der Universität Zürich „Allgemeines Staatsrecht“ belegt, was ihnen für ihre „Sache“ am zweckmäßigsten erschien. Kurz darauf wurden sie Mitbegründer der „Sozialdemokratischen Partei des Königreiches Polen und Litauens“ (SDKPiL) und der polnischen sozialdemokratischen Exilzeitschrift „Sache der Arbeiter“, für die sie dann auch zahlreiche Artikel lieferten.

Jahre der gemeinsamen politischen Arbeit, bei der Leo Jogiches immer tonangebend war, aber nie öffentlich auftrat, hatten beide allerdings in eine Sackgasse geführt. Ihr rebellisches und respektloses Verhalten gegenüber den Anführern der Exilbewegung isolierte diese „Neuen Wilden“ selbst in den eigenen Reihen immer mehr. Dr. jur. Rosa Luxemburg war im Mai 1898 also nicht als Unbekannte nach Berlin gekommen. 1897 hatte sie an der Züricher Universität promoviert und war der Spitze der sozialdemokratischen Partei durch zahlreiche Artikel und öffentliche Auftritte bereits aufgefallen.

Rosa, finanziell zwar noch von Leo abhängig, hatte sich mit dem Entschluß, nach Berlin zu gehen, ihm gegenüber durchgesetzt. Hier, im Zentrum der sozialdemokratischen Bewegung Deutschlands, ja ganz Europas, wollte die junge Sozialistin noch einmal von vorne beginnen, Karriere machen. Beschlossen war auch, daß ihr Leo nach Beendigung seines Studiums nach Berlin folgen sollte.

Es vergingen jedoch noch ganze zwei Jahre, bis Leo schließlich, ohne sein Studium beendet zu haben, die Schweiz verließ und im August 1900 nach Friedenau zog. Rosas bürgerliche Vorstellungen von einem gemeinsamen Leben entsprachen aber absolut nicht denen eines Berufsrevolutionärs.

„Eine eigene kleine Wohnung, ein paar eigene Möbel, eine eigene Bibliothek; ruhige und regelmäßige Arbeit, gemeinsame Spaziergänge, ab und zu in die Oper, ein kleiner, ein s e h r kleiner Kreis von Bekannten, die man gelegentlich zum Abendbrot einlädt, jedes Jahr im Sommer eine Reise für einen Monat aufs Land, das aber g a n z ohne Arbeit!... (Und vielleicht auch noch so ein kleines, ganz kleines Bobo? Wird es niemals erlaubt sein? Ach, Dziodziu, werde ich niemals ein Bobo haben?!)"

In einem intensiven Briefwechsel, der sich über die Zeit ihrer Trennung hinzog und in welchem Rosa ihm auch minutiös über ihre politischen Aktivitäten berichtete und oftmals herbe Kritik dafür einstecken mußte, setzte sie ihm schließlich ein Ultimatum, und Leo begriff, daß er Rosa verlieren würde, wenn er nicht endlich nach Berlin käme.

Leo wohnte nun ebenfalls in Untermiete bei der Familie Neufeld in der Wielandstraße 23 in Friedenau, die von Rosa langersehnte Nähe war wieder hergestellt; nur konnte er seine Untätigkeit jetzt nicht mehr vor ihr verbergen. Die Zeiten, in denen Rosa dachte und formulierte, während Leo die Richtung bestimmte, waren vorbei. Rosas politische Erfolge in Deutschland, die er früher noch aus der Ferne in seinen Briefen zu relativieren versucht hatte, vertieften jetzt an ihrer Seite seine Mißerfolge. Ihre Energie und Kraft lähmten ihn und vergrößerten nur seine Trägheit. Oft lag er tagelang kettenrauchend auf dem Bett, ohne ein Buch oder eine Zeitung zu lesen, während Rosa in ihrem Zimmer nebenan Artikel und Streitschriften über Wahlrecht, Rüstung, Kolonialismus oder allgemeine Weltpolitik schrieb. Rosa Luxemburgs öffentliches Auftreten, ob auf dem Podium oder auch bei privaten Gesellschaften wie bei den Kautskys, Bebels oder Mehrings war nicht seine Sache; er vergrub sich lieber in seinem Zimmer und las dann die Berichte über ihre Triumphe und ihre wachsende Popularität. Noch Jahre später sprach selbst August Bebel nur von „Rosa Luxemburgs Freund", denn kaum jemand kannte seinen wirklichen Namen.

Dürerplatz um 1900

Rosa respektierte notgedrungen Leos Inkognito und verschwieg ihn in der Welt der deutschen Sozialdemokratie; jedoch in ihrer gemeinsamen „Sache“, der illegal in der Heimat arbeitenden polnischen Sozialdemokratie, die sie über ein Jahrzehnt aus dem Ausland unterstützten, hatte Leo längst einen Namen. Dort, im Untergrund, galt er als „Meister der Konspiration“, und schon bald überwand er seine Lethargie. Es gelang ihm, in allen größeren polnischen Städten die durch Verhaftungen zerstörten Untergrundgruppen wieder zu beleben und illegale Zellen der SDKPiL einzurichten.

Ab Dezember 1901 gehörte die Zeit der möblierten Zimmer der Vergangenheit an; Rosa, mittlerweile finanziell unabhängig, mietete für sich und Leo ihre erste eigene Wohnung in der Cranachstraße 58. Doch anstatt sich mit ihr einzurichten, reiste Leo mit seinem an Tuberkulose erkrankten Bruder Jozef für Wochen nach Nordafrika, wo dieser hoffte, wieder zu genesen. Für Rosa und Leo, die die letzten anderthalb Jahre zusammen in Friedenau verbracht hatten, war dies die erste längere Trennung; sie sollte drei Monate andauern und eine Flut von Briefen auslösen.

„Zu ihm stand sie in einem ganz besonderen Verhältnis, doch habe ich es nie gewagt, darüber mit ihr zu sprechen,“ schrieb Rosas Freundin Luise Kautsky später. „Mir sind einzelne Momente erinnerlich, wo ich sie in schwere seelische oder Herzenskonflikte verwickelt wußte. Hand in Hand mit mir konnte sie dann lange sitzen und offenbar nach Worten ringen, um mir ihr Leid zu klagen. Aber meist kam es nur zu ein paar wehen Lauten, zu ein paar abgerissenen Sätzen. Dann sagte sie mit hilflosem Achselzucken: Ich kann nicht…, legte ihren Kopf an meine Schulter und – schwieg sich aus.“

Im Januar 1902 feierte Rosa dann den Einstand in ihrer neuen Wohnung und lud, aus taktischen Gründen an zwei Abenden, die Parteiprominenz zu sich ein. Leo beschrieb sie in allen Einzelheiten die mehrgängigen, selbst zubereiteten Menüs und ließ ihn nicht ohne Stolz auch wissen, daß die Freundschaft zwischen Clara Zetkin und Franz Mehring nun besiegelt sei.

Im Februar erhielt Rosa Luxemburg das Angebot, fest für die »Leipziger Volkszeitung« zu arbeiten. Die Redaktionsführung sollte sie sich mit Franz Mehring teilen. Schon zu Beginn der Verhandlungen mit den „Leipzigern“ war Rosa klargemacht worden, daß sie im Falle ihrer Zusage vor Ort wohnen und Friedenau verlassen müßte. Leo gegenüber, den sie auch in dieser Angelegenheit ständig auf dem Laufenden hielt, schrieb sie am 21. Februar: „Das erste, das sich in mir wie auch in Dir gegen diesen Gedanken empört, das ist die Angst vor neuer Unruhe, vor der Zertrümmerung dieses stillen Hafens, den wir uns eben erst aufgebaut haben, vor dem Verlassen dieser anheimelnden kleinen Wohnung in diesem stillen Friedenau, mit einem Wort, die Veränderung, die Unruhe, die Aufregung, und wir beide sehnen uns so sehr nach Ruhe!!!“

Die nächsten Jahre war das Paar wegen seiner sehr verschiedenen politischen Aktivitäten häufig getrennt. Rosa Luxemburg investierte jetzt ihre ganze Kraft in die Partei, unzählige Agitationsreisen, Parteitage, Versammlungen und internationale Kongresse führten sie durch halb Europa, als eifrige Briefeschreiberin berichtete sie Leo von all ihren Stationen. Für eine Familie hatte sie jetzt – auf dem Höhepunkt ihrer Karriere – keine Zeit. Und wenn Rosa dann wieder in Friedenau weilte und Leo unterwegs war, berichtete sie ihm von zu Hause:

Menzel- Ecke Beckerstraße, um 1902

„Gegen 9 Uhr kam Karl mit Luise und einem Genossen aus Friedenau hereingestürzt, um mich mitzunehmen. Stell Dir vor, Karl hatte auf die Bitte der Friedenauer Genossen einen Vortrag über ... ‚Marx' ökonomische Lehre' – und rate, wo? – In dieser obskuren Kneipe an der Ecke Menzel- und Beckerstraße, wo diese beiden entzückenden Hündchen sind, die wie Tiger aussehen, und die, wie es sich herausstellte, ‚eine Hochburg' der hiesigen Sozialdemokratie ist. Natürlich ging ich mit ihnen, und wir betraten ein verräuchertes, winziges Zimmerchen, darin saßen dichtgedrängt und höchst konzentriert – fünfundzwanzig Mann. Karolus räusperte sich und begann vorzutragen, was das ist, Wert und Tauschwert – NB, so unpopulär, daß ich mich direkt wunderte. So etwa ein Stündchen. Die Ärmsten kämpften krampfhaft gegen das Gähnen und den Schlaf an. Dann begann die Diskussion, ich mischte mich ein, und sofort wurde es sehr lebhaft; die Leute sagten immer wieder, daß ich oft kommen soll, es war sehr gemütlich, und wir unterhielten uns alles in allem sehr gut. Karolus gingen vor Bewunderung die Augen über: Woher Du alle diese Tatsachen weißt (verschiedene Praktiken mit Tarifverträgen etc.), und woher verstehst Du, so mit den Leuten umzugehen usw."

Zu einer längeren Trennung zwischen Rosa und Leo kam es nach dem Ausbruch der russischen Revolution von 1905, die auf einen Schlag ihr Leben veränderte.

Leo Jogiches hatte in Krakau sein Hauptquartier aufgeschlagen. Er war verantwortlich für die Herausgabe von Zeitungen, Broschüren und Flugblättern und auch dafür, daß diese in den russischen Landesteil Polens geschmuggelt und dort verteilt werden konnten – er war Chefredakteur, Hersteller und Vertriebsleiter mehrerer illegal oder halblegal erscheinender Zeitungen in einer Person. Rosa in Friedenau war seine Redakteurin. Sie sorgte auch für die Finanzen aus Spenden und Sammlungen und hatte die Aufgabe, in sozialdemokratischen Zeitungen über die Revolution im Russischen Reich zu berichten, um die deutschen Leser auf dem Laufenden zu halten.

Aus dieser Zeit sind mehr als einhundert Briefe von Rosa erhalten geblieben, die sie Leo entweder nach Krakau oder Warschau schrieb. Die wirkliche Zahl dürfte weit höher gelegen haben. An manchen Tagen schrieb sie ihm sogar dreimal. Leo schrieb ihr weniger, zu wenig, wie Rosa meinte. Bald fühlte sie sich von ihm abgeschnitten, war nicht mehr in der Lage, die geforderten Artikel zu verfassen.

In jenen Tagen wurde Rosas Wohnung in der Cranachstraße eine Durchgangsstation für viele Exilanten, die, verstreut in ganz Westeuropa, die Revolutionswirren in ihrer Heimat nutzten, um nach Hause zurückzukehren und am Umsturz teilzunehmen. Aus der Gegenrichtung, nicht selten von Leo geschickt, kamen Kuriere, die in Deutschland beschafftes Agitationsmaterial oder Bargeld dann zurück über die Grenze nach Polen schmuggelten.

Rosa Luxemburg verfaßte in diesem Jahr auch nahezu einhundert Artikel für deutsche und polnische Blätter. Trotz gesundheitlicher Rückschläge – eine Rippenfellentzündung machte ihr wochenlang zu schaffen – steigerte sie ihre Energie, verglichen mit den Vorjahren, fast bis über die Grenzen des Möglichen hinaus. Auf Veranstaltungen sprach sie in stundenlangen Ausführungen vor zwei- bis dreitausend Zuhörern. Sie war von der Idee besessen, russische Verhältnisse auf Deutschland zu übertragen und das Thema „Massenstreik" als legitimes Kampfmittel des Proletariats gegenüber dem Kapitalismus durchzusetzen.

Als zu Beginn des Winters der Kontakt zu Leo abriß, der sich inzwischen unter dem Namen Otto Engelmann im Warschauer Untergrund aufhielt, und sich im Dezember 1905 die Zustände in Rußland derart zuspitzten, daß auch für Polen der Belagerungszustand ausgerufen wurde, hielt es Rosa in Friedenau nicht mehr aus. Sie wollte Teil dieser Revolution sein. Da es unmöglich war, unter ihrem richtigen Namen zu reisen, verschaffte sie sich die Ausweispapiere einer Genossin und begab sich als die deutsche Journalistin Anna Matschke nach Warschau.

Jahre später erinnerte sich Luise Kautsky an den Tag, an dem Rosa Luxemburg zur Revolution fuhr:

„Am Donnerstag, 28. Dezember 1905, hatte die ganze Familie Kautsky Rosa das Geleite auf den Friedrichsbahnhof gegeben, wo wir uns schweren Herzens von ihr verabschiedeten, als sie fröhlich, als ginge sie zum Tanz, ‚zur Arbeit' fuhr. Jeder wollte ihr noch etwas Liebes erweisen: die Granny hing ihr einen blauen Lodenmantel um, den sie stets sehr bewundert hatte, Karl deckte sie mit seinem großen warmen Plaid zu, damit sie nicht friere, ich hing ihr meine Uhr um den Hals, da sie geklagt hatte, sie müsse in die Revolution gehen, ohne genau zu wissen, ‚wieviel es geschlagen hatte'."

Rosa traf sich sofort mit Leo und mit ihren anderen Genossen in Warschau und kam in der Pension der Gräfin Walewska unter. Beide wohnten anfangs getrennt, die Gefahr war noch zu groß, Leo logierte im Hotel Victoria. Sie schien nun ganz in ihrem Element zu sein, schrieb Artikel und Aufrufe, redigierte den „Czerwony Sztandar", die „Rote Fahne", denn ihre Waffe war das Wort. Jedoch waren ihr jetzt öffentliche Auftritte und Versammlungen strengstens untersagt, man bangte um ihre Sicherheit. In Warschau, der Stadt ihrer Jugend, mußte sich Rosa nun wieder verstecken, so wie damals, vor mehr als 15 Jahren, bevor sie in die Schweiz geflohen war.

Gebannt schaute man aus Polen, das weitgehend durch einen Generalstreik lahmgelegt war, auf die Ereignisse in Moskau, wo die Revolution in einen bewaffneten Aufstand übergegangen war. Zwei- bis dreihundert revolutionäre Arbeiter konnten sich elf Tage lang im Straßenkampf behaupten, bevor sie dann von der übermächtigen Armee niedergemacht wurden. Der Zar nahm grausame Rache. Verhaftungen, Massenhinrichtungen und Deportation waren an der Tagesordnung, es wurde gefoltert, erschossen und gehängt, Tausende kamen um und Zehntausende wurden nach Sibirien verbannt.

Rosa Luxemburg war schon bald nach ihrer Ankunft in Warschau klar, daß der Generalstreik mißlungen war und jetzt als Kampfmittel seine Rolle ausgespielt hatte. Durch die jüngsten Ereignisse gelangte sie zu der Überzeugung, daß die Revolution nur noch gewaltsam in einem bewaffneten Aufstand zu retten sei.

Anfang März 1906 hatte sie den Entschluß gefaßt, nach Deutschland zurückzukehren, zumal Bebel keine Anstalten gemacht hatte, sie als Abgesandte einer deutschen Parteiorganisation in einer internen russischen Angelegenheit auftreten zu lassen. Leichtsinnigerweise war Leo Jogiches zuvor aus seinem Hotel zu Rosa in die Pension gezogen. Am Abend des 4. März 1906, ein Tag vor Rosas sechsunddreißigstem Geburtstag, bezahlten beide für ihre Unvorsichtigkeit: Anna Matschke und Otto Engelmann, Journalisten der „Neuen Zeit" und der „Leipziger Volkszeitung", wurden gemeinsam in Rosas Zimmer, in welchem illegale Schriften, Manuskripte, Korrekturbögen und Korrespondenz in Hülle und Fülle herumlagen, von der russischen Polizei überrascht und sogleich verhaftet.

Rosa und Leo Jogiches sahen sich erst ein Jahr später wieder, als dieser im Frühjahr 1907 nach abenteuerlicher Flucht aus russischer Gefangenschaft vor ihrer Tür in der Cranachstraße stand.

Nach Feststellung ihrer wahren Identität wurde Rosa Luxemburg noch im März 1906 in das Frauengefängnis Pawiak in Warschau verlegt. Die Haftbedingungen, wie sie ihren Freunden im April nach Friedenau berichtete, seien hier ungleich besser, ähnlich wie in Zwickau, und ganz anders als im früheren Quartier im Rathaus, wo das Arbeiten undenkbar gewesen wäre. Die „liebste Lulu" bat sie noch, weiter die Miete auszulegen, und sie freue sich auch schon darauf, bald wieder zu Hause in ihrem ‚roten' und ‚grünen' Zimmer zu sein und kündigte auch an: „Ich werde Euch aus meinen ‚Reiseeindrücken' massenhaft zu erzählen haben, wenn wir wieder einmal beisammen sind, und wir werden uns den Buckel voll lachen, besonders die Buben."

Humor zu bewahren, wo andere in Verzweiflung geraten, gehörte ebenso zu Rosas Charakter wie auch die Tatsache, daß sie sich in all den Jahren, in denen sie in den verschiedensten Gefängnissen saß, nie über ihre Haft beklagte. „Wißt Ihr auch, welcher Name am häufigsten im Rathaus in der ‚politischen' Nr. 3 genannt wurde? ‚Kautsky'. Es waren nämlich mehrere übersetzte Broschüren dieses Herrn im Umlauf, und da fünfzehn wissensdurstige Seelen danach lechzten um die Wette, so verging keine Viertelstunde, daß man nicht in jeder Ecke hörte: ‚Wissen Sie nicht, wo Kautsky liegt?' Da das kein Ende nehmen wollte, hatte ich mehrmals Lust auszurufen: Werdet ihr wohl mit Eurem saudummen Kautsky aufhören?! Ich schwieg jedoch. Nur einmal, als die Frage auch noch fünf Minuten nach zehn Uhr abends erscholl, da konnte ich nicht mehr an mich halten und rief: ‚O Ihr jungen Törinnen, ich weiß, wo Kautsky liegt: Er liegt in seinem Bett und schnarcht, daß die Wände zittern!'"

Rosa Luxemburg im Gefängnis, Warschau 1906

Ihren Brief nach Friedenau schloß sie mit August Bebels berühmt gewordener Parole: „Diesem System keinen Mann und keinen Groschen!“ Womit sie andeuten wollte, daß bei den Bemühungen um ihre Freilassung kein Bestechungsgeld fließen dürfe.

Die Führung der Sozialdemokratischen Partei Deutschlands und insbesondere August Bebel, der schon am 5. April 1906 Rosa Luxemburgs Situation vor dem Deutschen Reichstag zur Sprache gebracht hatte, war nun zu schnellem Handeln entschlossen. Jakub Hanecki, Vorstandsmitglied der SDKPiL, der vor Rosas erneuter Verlegung in den „Pavillon X“, einem Gebäude der berüchtigten Warschauer Zitadelle, welches ausschließlich für politische Gefangene vorgesehen war, noch in ständigem Kontakt mit ihr gewesen war, erinnerte sich später: „Am meisten beunruhigt war der alte Bebel. Unablässig bat und beschwor er uns, keine Energie und kein Geld zu scheuen, um alle Mittel zu mobilisieren, Rosa Luxemburg aus dem Gefängnis zu befreien. ‚Wir können nicht ruhig abwarten‘, schrieb er, ‚bis man sie zur Zwangsarbeit schickt. Unsere Partei wird keine Ausgaben scheuen. Handeln Sie schnell und energisch.‘“ Während ihrer nun schon zweieinhalb Monate andauernden Untersuchungshaft, besonders unter den erschwerten Haftbedingungen in der Zitadelle, verschlechterte sich Rosa Luxemburgs Gesundheitszustand zusehends. Durch die Bemühungen ihrer Familie und ihrer Freunde gelang es, sie am 27. Mai im Gefängnis untersuchen zu lassen. Die Ärzte attestierten ihr Blutarmut, eine vergrößerte Leber und einen Magen- und Darmkatharr und kamen zu dem Schluß, daß die Kranke einer Mineralwasser- und Badekur unter entsprechenden hygienischen Bedingungen und spezieller Schonkost bedürfe. Dieses Attest, die Voraussetzung für eine Haftverschonung aus Gesundheitsgründen und 5 000 Rubel Bestechungsgeld führten am 28. Juni 1906 zu Rosas Freilassung.

Der Prozeß gegen Leo Jogiches fand Anfang Januar 1907 vor dem Warschauer Militärgericht statt. Sein Inkognito hatte er bis August 1906 aufrecht erhalten können, auch wurde eine Kaution wie in Rosas Fall bezahlt, aber nachdem seine wahre Identität bekannt wurde, erfolgte am 14. November die Anklage. Rosa Luxemburg war in Abwesenheit gleichfalls angeklagt. Während des dreitägigen Prozesses schwieg Leo hochmütig, weil ihn der Richter, ein General, gleich zu Beginn mit „du“ angesprochen hatte, wie es nach der alten Ständeordnung einem „Kleinbürger“ gegenüber üblich war. Leo wurde angeklagt, „die durch die Grundgesetze in Rußland festgelegte monarchische Regierungsform durch bewaffneten Aufstand zu stürzen und auf diese Weise die Autonomie Polens zu erzielen“ und zu acht Jahren Zwangsarbeit und lebenslanger Verbannung verurteilt. Mit diesem Urteil hätte auch Rosa Luxemburg rechnen müssen – es wäre ihr Todesurteil gewesen.

Im August 1911 ist es sehr heiß, doch Rosa leidet nicht wie früher unter der „kannibalischen Hitze“, sondern fühlt sich physisch und geistig so gut wie noch nie. Sie ist froh, daß alle Bekannten verreist sind und sie „keine Seele“ sieht. Auch hat sie ein neues „Gewand fürs Haus, das ganz lose und leicht ist, wie ein Hemd“ und geht immer barfuß durch ihre Wohnung, in der es in diesem „afrikanischen Sommer“ selbst bei heruntergelassenen Jalousien über 30°C ist. Sie steht um 6 Uhr auf, „duscht tüchtig“ und setzt sich danach gleich an die Arbeit.

Rosa ist mit den Vorarbeiten zu ihrem bedeutendsten Werk beschäftigt, welches 1913 unter dem Titel „Die Akkumulation des Kapitals“ erscheinen wird. Hierzu liest sie jetzt über Ägypten und die Zeit der

Pharaonen und träumt davon, das ganze Geld, daß sie für ihre Schriftstellerei bekommen wird, für Reisen zu verwenden; „Spanien, Kaukasus, Ägypten, das ist mein nächstes Sehnsuchtsziel."

Rosa bereitet auch ihren Umzug in die neue Wohnung vor, und wenn ihr dann noch etwas Muße bleibt, malt sie wieder. Mimi sei bei Tag schläfrig, „abends aber wird sie munter und vor dem Schlafengehen tollen wir gewöhnlich beide durch alle Zimmer, daß die Wände zittern."

„Jetzt habe ich Deine lieben Sachen endlich aus dem Kleiderschrank herausholen müssen, denn zum Umzug geht das nicht so. Den großen Glaskrug, der mir so lieb ist als Erinnerung an Deine kleine Wirtschaft, habe ich ins kleine Zimmer gestellt. Kaum war er da, so zerschlägt ihn die Ida. Das tat mir sehr weh. Ich habe sofort einen ganz gleichen bei Wertheim gekauft." schreibt sie Kostja.

Rosa Luxemburg war müde, traurig und gesundheitlich angeschlagen in das Jahr 1907 gegangen, die Ereignisse des vergangenen Jahres hatten ihre Spuren hinterlassen. Nicht nur die zunehmende Isolierung in ihrer Partei lastete auf ihr, auch eine erneute Haftstrafe war zu befürchten, die sie dann im Berliner Weibergefängnis in der Barnimstraße im Juli antreten sollte. Die Ungewißheit über Leos Schicksal, den sie in Warschau zurücklassen mußte, machte ihr außerdem zu schaffen. Sie sehnte sich nach dem Süden und empfand einen Widerwillen gegen dieses dunkle und verschlafene Deutschland und insbesondere gegen diese feigen Sozialdemokraten, von denen sie sich im Stich gelassen fühlte. Ihrer Freundin Clara Zetkin, der sie in politischen Dingen uneingeschränkt ihre Gedanken und Gefühle anvertrauen konnte, hatte sie in einem Brief gestanden: »Mir kommt die Zaghaftigkeit und Kleinlichkeit unseres ganzen Parteiwesens so schroff und schmerzlich zu Bewußtsein wie nie zuvor. Bei irgendeiner Wendung, die über die Schranken des Parlamentarismus hinausgeht, versagen sie gänzlich, ja, noch mehr, suchen alles auf den parlamentarischen Leisten zurückzuschrauben, werden also mit Grimm alles und jeden als ‚Volksfeind' bekämpfen, der darüber hinaus wird gehen wollen. Die Massen, und noch mehr die große Masse der G e n o s s e n sind innerlich mit dem Parlamentarismus fertig, das Gefühl habe ich. ... Solange es die Defensive gegen Bernstein und Co. gab, ließen sich August und Co. unsere Gesellschaft und Hilfe gern gefallen."

Trotz eines Zuwachses von rund einer Viertelmillion Stimmen im Vergleich zu 1903, ging die SPD aus der Reichstagswahl vom 25. Januar 1907 als Verliererin hervor. Den Sozialdemokraten verblieben von den bisherigen 81 Sitzen im Reichstag nur noch 43. Nicht nur die aggressiven Wahlkampfparolen aller anderen Parteien gegen die SPD – vom „Gespenst der russischen Revolution" war viel die Rede – sondern auch eine Änderung der Wahlkreis-Einteilung, eiligst noch kurz vor dem Wahltermin im Januar beschlossen, führte zu dieser Niederlage. Die Sozialdemokraten hatten ihre Gewinne bei Wahlen bisher immer als selbstverständlich hingenommen, sah man darin doch die „Unvermeidlichkeit" des Sozialismus. Der innerparteiliche Waffenstillstand nahm nun in der SPD ein jähes Ende; Reformisten und Radikale bombardierten sich gegenseitig monatelang mit Schuldzuweisungen bei den Analysen der erlittenen Niederlage. Längst waren neue Männer wie Ebert, Scheidemann und Noske in die Spitze der Partei vorgedrungen und festigten ihre reformistischen und gemäßigten Positionen – jetzt müsse die Revolution erst einmal warten, bis man verlorenes Terrain zurückerobert habe.

Blick über den Bahnhof Friedenau zum Dürerplatz, um 1907

Im März 1907 verließ Kostja auf Rosas Wunsch vorerst Friedenau und fuhr zu seiner Mutter nach Sillenbuch. Kurz darauf konnte sie ihm mitteilen: „Am letzten Sonnabend ist Lew Grigorowitsch glücklich aus dem Gefängnis entwichen – er wird wohl bald in Berlin auftauchen." Tatsächlich gelang Leo Jogiches nach seiner Verlegung in das Zuchthaus von Warschau die Flucht. Rosa, in ständigem Kontakt mit ihren polnischen Genossen, war schon im Vorfeld darüber informiert worden.

Als sie Leo bei seiner Rückkehr nach Friedenau im April 1907 dann offenbarte, daß sie ihre frühere Beziehung zu ihm nicht mehr fortsetzen wolle, geriet er vollkommen außer sich. Verzicht war für ihn jedoch undenkbar, er ließ sich die Wohnungsschlüssel aushändigen und bezog wieder sein altes Zimmer. Das Verhältnis zwischen Rosa und Leo entwickelte sich zu einem Drama, das noch über Jahre hin andauerte.

Auf dem im Mai 1907 in London stattfindenden Parteitag der russischen Sozialdemokratie waren sowohl Rosa Luxemburg als auch Leo Jogiches als Vertreter der SDKPiL eingeladen. Unter anhaltendem Beifall der Delegierten hieß Lenin am 16. Mai Rosa Luxemburg ebenfalls als Vertreterin der deutschen Genossen willkommen. Man war zwar getrennt gereist, doch Rosa war es während ihres Aufenthaltes unmöglich, Leo aus dem Weg zu gehen. Sie saßen beim Kongreß nicht nur gemeinsam auf dem Podium, zudem waren sie im gleichen Hotel untergebracht. Von seiner maßlosen Eifersucht getrieben fing Leo die an Rosa adressierten Briefe ab. Am 22. Mai erhielt Kostja eine dringende Warnung: „Geliebter! Gestern hat L. Deinen Brief abgefangen, geöffnet und gelesen. Er gab ihn mir nicht, und ich will nicht danach fragen, um hier keine Katastrophe herbeizuführen. Ich weiß nicht, was Du darin geschrieben hast. Ich will Dir nur in aller Hast avisieren, daß Du *nicht mehr* Briefe schreibst."

Am Abend waren sie von Rosas Bruder Nathan eingeladen, der jetzt in London lebte, und der wie alle anderen Familienangehörigen glaubte, daß sie verheiratet und noch ein Paar seien. Am folgenden Tag berichtet sie Kostja, daß es während der Omnibusfahrt mit Leo zu einer kurzen und leisen, aber furchtbaren Auseinandersetzung gekommen war. „Ohne vom Brief zu sprechen redeten wir von meiner Absicht, morgen abzureisen. L. läßt mich nicht fort und erklärt, eher schlägt er mich tot: Ich bleibe hier, und sei es im Spital ... Wir traten gerade in ein elegantes Restaurant, wo mein Bruder mich zum Diner erwartete. Auf dem Chor spielte ein feines Orchester, und es waren die Klänge der letzten Szene aus der Carmen, bei der L. mir leise zuraunte: Eher schlage ich Dich tot ... „

Am späten Abend des gleichen Tages beschwor sie Kostja in einem weiteren Brief: „Du mußt um jeden Preis aus dieser Affäre heraus, Du mußt beiseite bleiben, bis ich die Sache gänzlich ausgefochten habe. Unser Verkehr wird ja jetzt in den ersten Tagen noch viel unmöglicher als früher, denn L. weiß alles. So mußt Du denn ruhig warten, bis ich mich ganz frei gemacht habe."

Seit Leo sein Zimmer in der Cranachstraße wieder bezogen hatte, war es fast täglich zu heftigen Auseinandersetzungen zwischen den beiden gekommen. Er beanspruchte weiterhin sein Arbeitszimmer, in welchem er mehrmals in der Woche Besprechungen mit seinen Genossen abhielt; er beanspruchte auch weiterhin die gemeinsame Bibliothek, die er als Archiv für seine Arbeit betrachtete, und er beanspruchte vor allem auch weiterhin Rosa, die sich jetzt durch ihn und sein penetrantes Verhalten bedroht fühlte, so daß sie schon überlegte, ihm alles zu überlassen und aus Friedenau zu verschwinden.

Im September brach Leo dann zu einem mehrmonatigen Aufenthalt nach Finnland auf, wo sich noch immer das Hauptquartier der russischen Sozialdemokraten befand, in deren Vorstand er auf dem Parteitag im Mai in London gewählt worden war.

„Duduk, dachte ich bei mir im stillen, da L. weg ist, könnte Niuniu hier in Friedenau ruhig sein."

Wenige Tage später kam Kostja zurück. Um ihr Verhältnis diskreter zu gestalten und vor allem, um Leo keinen Anlaß zu weiteren unüberlegten Handlungen zu geben, zog Kostja aber nicht wieder in Rosas Wohnung in der Cranachstraße, sondern mietete sich ein Zimmer wenige Minuten entfernt bei einer Frau Großmann in der Peschkestraße 14.

Ob es zwischen Rosa und Leo nach dessen Rückkehr im Frühjahr 1908 wieder zu Auseinandersetzungen kam, ist nicht belegt, da Rosas einziger Vertrauter, dem sie zu jener Zeit sogleich darüber geschrieben hätte, ja ganz in ihrer Nähe war. Im Laufe seiner mehrmonatigen Abwesenheit hatte sich Leo möglicherweise etwas beruhigt, jedenfalls zog er nicht wieder bei Rosa ein, sondern nahm sich ein Zimmer im Steglitzer Schloßpark-Hotel, behielt aber weiterhin die Schlüssel zu ihrer Wohnung. Auch wenn ihre Liebe inzwischen gestorben war, wußten beide, daß sie wohl oder übel weiter zusammenarbeiten mußten. Jetzt dienten Rosas Mitteilungen an Leo ausschließlich der gemeinsamen „Sache"; ihre Briefe, meist per Rohrpost von Friedenau ins benachbarte Steglitz gesandt, enthielten nichts Persönliches mehr und waren ohne Anrede und ohne Gruß.

Im Mai kam Leo dann dahinter, daß Kostja offenbar die letzten Monate wieder in Berlin verbracht hatte. „Oben lagen meine Briefe geöffnet, und wie ich runter ging, war er wieder vor dem Hause und ging neben mir her. Er war bei Dir, Frau Großmann hätte ihm ‚alle Informationen' gegeben – offenbar über Besuche – , ‚der Vogel sei herausgeflogen', aber er werde ihn schon erreichen; ferner dürfe ich keinen Schritt aus Berlin tun, ich solle es versprechen, sonst schlägt er mich sofort tot. Und er griff schon in die Tasche. Ich blieb ruhig und eisig, wandte nicht einmal den Kopf um, darauf ging er."

Luise Kautsky berichtete später, daß Rosa in jenen Tagen eine Pistole besessen habe, um sich im Notfall gegen Leo verteidigen zu können.

Rosas ständig wachsender Besitzanspruch an Kostja in der nun seit mehr als einem Jahr währenden Liebesbeziehung, in ihren Briefen „Liebe" genannt, stand für ihn immer mehr im Widerspruch zu ihrer Lebensrealität. Wieso verhielt sich Rosa wie eine Ehefrau, die ihren Mann mit einem heimlichen Geliebten hintergeht? Hatte es ihm am Anfang vielleicht noch imponiert und geschmeichelt, in Konkurrenz zu Jogiches von Rosa vorgezogen zu werden, dämmerte ihm langsam, daß hinter dieser Beziehung mehr als nur politische Gemeinsamkeiten verborgen waren. Kostja, der diesem Druck nicht mehr standhalten konnte, gab sein Zimmer in der Peschkestraße auf – seine „kleine Wirtschaft", wie Rosa es nannte – und zog wieder nach Hause zu seiner Mutter.

„Gestern ging ich von der Post zur Handjerystraße und stand eine Weile an der Ecke, die dunkle Straße sah doppelt düster aus, da kein Niuniu dort über die Ecke wartete."

Kostja kam fortan nur zu kurzen Besuchen nach Berlin und wohnte dann vermutlich bei Hans Diefenbach. Das Liebesverhältnis zwischen Rosa und Kostja zog sich noch über ein Jahr hin, im August 1909 gab sie ihn dann schließlich frei, auch aus Angst, von ihm verlassen zu werden.

„Nun, es ist überwunden. Ich bin mit Lust und Liebe an der Arbeit und bin entschlossen, noch mehr Strenge, Klarheit und Keuschheit in mein Leben zu bringen. Diese Lebensauffassung ist in mir gereift im Verkehr mit Dir, deshalb gehören diese Worte noch Dir.

Nun bist Du frei wie ein Vögelchen, sei doch auch glücklich. Die Principuccia steht Dir nicht mehr im Wege. Leb wohl, die Nachtigallen des Apennin singen Dir, und die breithörnigen Ochsen des Kaukasus grüßen Dich."

Mit Kostja blieb Rosa freundschaftlich verbunden, schon wegen ihrer Beziehung zu Clara. Diese kann das Verhältnis ihres jüngeren Sohnes mit ihrer Freundin nicht übersehen haben; es ist nicht überliefert, ob sich beide Frauen jemals darüber austauschten. Clara Zetkin wird die Liaison stillschweigend gebilligt haben. Rosa erzählte ihrem Liebling Kostja auch weiterhin aus ihrem und aus Mimis Leben und gab ihm noch über Jahre in ihren Briefen fast mütterlich Ratschläge, wie er das Seinige zu meistern habe.

Leo war inzwischen aus dem Hotel in Steglitz in die Nähe von Rosas Wohnung gezogen – zu nahe für Rosa. Er lebte jetzt unter dem Namen Krysztalowicz in der Fregestraße. In Rosas Briefen an ihn stand die gemeinsame „Sache" noch immer im Mittelpunkt, aber auch alltägliche Dinge wie die lästige Bezahlung von Leos Rechnungen an den gemeinsamen Schneider Wiethölter in der Wielandstraße fanden wieder Raum in ihrer Korrespondenz. Ob Rosa wußte, daß Leo mit dem Dienstmädchen seines Vermieters liiert war und daß diese 1911 ein Kind von ihm erwartete, ist nicht belegt.

Doch Rosa hat längst beschlossen, ihre Wohnung in der Cranachstraße nun endgültig zu verlassen. Sie nimmt nach zwölf Jahren Abschied von Friedenau.

Am Wannseebahnhof Friedenau, um 1911

Ihren letzten Brief an Kostja aus der Cranachstraße schreibt sie am 28. August 1911:

„Niuniutek, Herzlein, ich bin diese Tage sehr beschäftigt und fleißig, stehe nach 6 auf, liege aber um 9 schon im Bett. Gestern, also am Sonntag, war ich schon ½8 ins Bett gegangen, da ich sehr müde war. Ich lag allein ganz still im Bett, und es war mir so wohl, daß noch etwas Tageslicht durch das Fenster kam, draußen lärmten noch lange die Menschen, ich aber hatte Ruhe, auch Mimi hatte ich ins Bett gebracht, d. h. ins kleine Zimmer aufs Sofa. Ich arbeite jetzt viel körperlich, putze, poliere die Möbel, scheuere. Das tut mir sehr wohl und gibt Abwechslung. Es macht mir Spaß, heute ganz früh erst die Blumen zu putzen und zu binden, dann einen Artikel für die ‚Leipziger Volkszeitung' schreiben und gleich darauf Möbel abreiben.

Also ich ziehe Mittwoch früh. Aus dieser Wohnung werde ich Dir nicht mehr schreiben. Die neue Adresse ist: Südende bei Berlin, Lindenstraße 2.

Sei heiter, Liebling, wir sind beide heiter und küssen Dich."

Surre – surre – surre machte der Motor. Die Räder knirschten. Der Wagen zog an. Mitternacht war vorbei.

Die Soldaten hinten zogen die Beine hoch vor dem Blut, das von ihr lief und unten Pfützen bildete. Wo geht's hin? Wer weiß? Wer viel fragt, kriegt viele Antworten. Wohin? Wo's schön ist, zu Mutter Grün. Die Mutter ist nicht grün im Winter. Wo's schön ist, wo's düster ist.

Vorwärts, Jäger, Tempo, mehr Gas, nächster Gang.

Die blutige Rosa, die rote Sau, jetzt liegt sie da, man kann sich freuen.

Das Auto rasselt und schüttelt. Die Hupe bläst und schreit die Häuserfassaden an.

Scharen von Verdammten und Verruchten lockt der Lärm an. Sie hängen sich an den Wagen und hatten ihr ein Fest bereiten wollen. Sie drehen sich mit den Speichen, heulen, johlen, und jauchzen in den Reifen.

Der Landwehrkanal, zur nächsten Brücke, machen wir uns das Leben nicht so schwer. Das arme Kind wird sich noch ganz verbluten. Dagegen sollte man was tun. Da hast Du – eine Kugel. Und da ist die andere. Macht zwei, nach Adam Riese. Und jetzt bist du tot, und so soll's allen gehn, allen Schweinen und Juden und deiner ganzen Sippe. Jetzt reißt du dein Maul nicht mehr auf und spritzt dein Gift, du Schlange. Zur nächsten Brücke, ins Wasser, um das Gift zu verdünnen.

Die Fische, da lernt sie, was sie nie gelernt hat: das Maul halten.

Halten, hier, Herrschaften, ran, zugefaßt, keine Müdigkeit vorschützen. Das alte Vieh will zu den Fischen in die Schule gehn. Raus aus dem Wagen mit dem Bündel. Übers Geländer, Schwung, eins – zwei – drei, da fliegt sie. Plumps, da fällt sie, und ward nicht mehr gesehn. Ein Prosit, ein Prosit der Gemütlichkeit.

Alfred Döblin, November 1918, Band 4, Karl und Rosa, 1950

Restaurant

Nanny Steinmann

Martha Freude

Es läutet. Alle meinen kleinen Mädchen sitzen auf ihren Plätzen in der Klasse mit gefalteten Händen. Auf meinen Wink hin erheben sie sich und singen mit lieben, frommen Kindergesichtchen das Morgenlied.

Gerade sind wir fertig, da öffnet sich noch einmal hastig die Tür. Ein blasses Mädchen tritt ein. Laut weinend stammelt sie: „Frollein, wia hab'n ja heut 'n Kind jekryt."

„Und warum weinst du so? Aber Martha!" frage ich scherzend.

„Nein, darum ja nich. Aber daß ich zu spät komm'. Ich hab' ja noch 'ne Flasche jeholt."

„Was denn für eine Flasche?"

„'Ne Kinderflasche!"

„Ist es denn ein Brüderchen oder ein Schwesterchen?"

„'n Schwesterchen!" sagt sie mit plötzlich vergnügt lachenden Augen.

„Wie groß ist es denn?"

Sie zeigt mir gewissenhaft die Größe und teilt mir auch mit, daß der neue Familiensprößling „Erika" heißen solle. Dann kramt sie in ihrer Mappe und holt einen kleinen, etwas schmutzigen Zettel heraus.

„Mutter hat jeschrieb'n ob ich nicht fehlen kann." Ich nehme den Zettel und lese:

„Wertes Fräulein!

Wir haben heut das Achte Kind jegrikt. Bitte wollen sie Marthan ein paar Tage freigeben. Ich habe Niemand. Ich hoffe, das mir die kleine Bitte erfüllt wird.

Hochachtend Frau Freude."

„Bist du die älteste?" frage ich das kleine, blasse achtjährige Mädchen.

„Ja."

„Wieviel seit ihr denn?"

„Nun, sind wa achte!"

Einen Augenblick bin ich still und sehe mir das elende kleine Geschöpf an. Mutter im Wochenbett. Und 6 kleine Geschwister zu besorgen.

„Habt ihr euch denn gefreut über das neue Schwesterchen?"

Ein Knixchen und ein glückliches "Ja" antwortet mir.

„Was ist denn dein Vater?" frage ich weiter. „Kellner." –

Nachdem ich mit dem Rektor Rücksprache genommen, schicke ich Martha heim mit dem Bescheid, sie könne acht Tage lang fehlen. –

Nun kommt mir das Geschöpfchen den ganzen Tag über nicht aus dem Sinn.

Martha Freude hat mir noch wenig Freude gemacht. Das kann ich wohl sagen. Ich muß mich redlich mit ihr quälen. Sie kann schlecht rechnen, schlecht lesen und schlecht schreiben. Sie sitzt auch immer ganz unten in der Klasse. Ich kann sie eigenlich nie loben.

Bis heute war sie in meinen Augen das kleine, dumme Geschöpfchen, das eben trotz aller Mühe, – die ich mir mit ihr gebe – und die sie sich ja auch gibt – doch absolut nichts begreift.

Heut aber ist sie vor meinen verwunderten Augen gewachsen: Mutter im Wochenbett, und 6 kleine Geschwister zu besorgen.

Da muß meine kleine, dumme Martha einspringen. Diese Riesenlast wird auf die kleinen Kinderschultern gelegt.

Acht Tage lang wird sie jetzt sorgen und pflegen und laufen und arbeiten wie ein erwachsener reifer Mensch. Dann wird sie wieder in die Schule kommen und wahrscheinlich noch schlechter rechnen, lesen und schreiben können.

Und das Quälen für mich und sie wird erneut anfangen.

Und ob sie nun begreifen wird oder nicht – sie wird wie eine kleine Majestät vor mir sitzen.

Friedenauer Lokal-Anzeiger 25. Februar 1912

Am Friedrich-Wilhelm-Platz, um 1906

An warmen Sommertagen sucht man gern des Abends ein lauschiges Plätzchen im Freien auf, um sich der nach der Schwüle des Tages in der frischen Abendluft bei einer „kühlen Blonde“ zu erquicken. Solches Plätzchen findet man hier im Restaurant „Grenzschlößchen“ (Inh.: Wilh. Grube), gegenüber dem Elektrizitätswerk an der Kreuznacher- und Laubacherstraße. Herr Grube, der seit 23 Jahren in unserem Orte wohnhaft ist und in dieser Zeit verschiedene hübsche Gartenlokale betrieb, hat hier in dem „Grenzschlößchen“ eine wirklich prachtvolle Parkanlage geschaffen. In sehr geschmackvoller Weise sind Blumenbeete und Strauchgruppen angeordnet, und besonders jetzt, zur Zeit der Rosenblüte, ist es ein Genuß, an diesem Ort zu weilen. Mit Freunden oder lieben Verwandten und Bekannten nimmt man da wohl in einer der aus Sträuchern gebildeten Nischen (oder in der „Liebeslaube“) Platz, läßt sich die bekannt „gute Weiße“, oder einen schönen Schoppen „Friedrichshainer Pilsener“ vorsetzen und genießt in vollen Zügen die herrliche Abendluft bei fröhlichem Geplauder. Aber auch Unterhaltung und Vergnügen kann man finden, ebenso wie man hier dem Tennissport huldigen kann. Auf dem 12 000 qm großen Gelände befinden sich 19 gut angelegte Tennisplätze, in der nächsten Zeit werden noch 12 weitere Plätze hinzukommen. Außerdem besitzt Herr Grube noch auf dem Gemeindegrundstück an der Wiesbadenerstraße 11 Tennisplätze. So bildet das Grubesche Unternehmen auch den Treffpunkt der vornehmen Welt Friedenaus. Die Jugend wie auch ältere Herrschaften finden sich zum gesunden Tennissport hier zusammen. Ein hübsches Klubhäuschen, im Schweizerhausstil, ist dicht an den Tennisplätzen errichtet. Mehrere Tennisklubs halten hier ihre Zusammenkünfte, u.a. der Klub „Schwarz-Grün“ mit über 100 Mitgliedern. Selbst wenn schon die Dunkelheit hereingebrochen ist, übt man noch den gesunden Sport, denn elektrische Lampen erhellen den Platz taghell.

Wilhelm Grubes Sportplätze an der Laubacher Straße, um 1910

Tennisplätze an der Wiesbadener Straße, um 1912

Im Winter dagegen bieten die Plätze bei Frostwetter eine große, spiegelblanke Eisbahn. Doch wir sind jetzt im Sommer. Ist das Tennisspiel zu Ende, so nimmt man wohl einen Labetrunk ein im prachvollen Garten. Manches Mal setzt sich jemand auch ans Klavier und dann wird schnell ein kleines Tänzchen im Freien arrangiert. Neben dem Tennissport kann man im Grenzschlößchen aber auch den Billard- und Kegelsport ausüben. Denn während im Lokal ein erstklassiges Billard aufgestellt ist, befinden sich im Freien zwei gute Bohlenbahnen. So können wir unseren Mitbürgern nur aufs beste empfehlen, dem „Grenzschlößchen" des öfteren einen Besuch abzustatten.

Friedenauer Lokal-Anzeiger 30. Juni 1912

Eisbahn an der Wiesbadener Straße, um 1910

Berlin-Friedenau. Diese Bezeichnung wird vom 1. April des Jahres ab unser Ort führen. Das von 29 Groß-Berliner Gemeinden beantragte nominelle Groß-Berlin ist nämlich durch königliche Kabinettsorder vom 8. des Monats mit der Maßgabe genehmigt worden, daß es am 1. April dieses Jahres in Kraft tritt. Sämtliche Ortschaften innerhalb der jetzigen postalischen 5 Pfennig-Zone führen also von diesem Zeitpunkte ab das Wort „Berlin" vor ihrem bisherigen Ortsnamen.

Friedenauer Lokal-Anzeiger 22. Januar 1912

Ein Loblied auf Friedenau singt der „Vorwärts" in seiner Nr. 188. Unter dem Titel „Auf der W-Bahn" bringt das Blatt die anschauliche Beschreibung einer Fahrt mit der W-Bahn von der Schönhauser Allee aus. Die anderthalbstündige Fahrt führt sowohl durch die Arbeitergegend Berlins wie durch Alt- und Neu-Charlottenburg, um überzugehen in die emporstrebenden neuen Gebiete Groß-Berlins: die südwestlichen Vororte. Der „Vorwärts" schreibt: „... Fast ohne erkennbare Grenze schließt sich Wilmersdorf an Charlottenburg, Friedenau an Wilmersdorf, Steglitz an Friedenau, Lichterfelde an Steglitz, und überall spürt man die riesigen Fortschritte, die hier aus unbedeutenden Dörfern in wenigen Jahrzehnten mächtige Gemeinwesen gestaltet haben. Der zwingende Eindruck ist der, daß Berlin schnell und sicher überflügelt wird, überflügelt von Vorortverwaltungen, die es verstanden haben, Häuser und Straßen und Plätze nach den Regeln moderner Städtebaukunst zu formieren. Wir wollen gar nicht mal reden von der Häuserbautechnik, von der heutigen Fassadenkunst, die ebenso oft feinsten Geschmack verrät als in bizarren, sezessionistischen Gestaltungen abstößt. Was vor allem Bewunderung abnötigt, ist die Anlage der Straßen. Wilmersdorf und Friedenau sind darin vor den Toren Berlins geradezu vorbildlich. Zwischen den beiden Gemeinden weitet sich zwar noch eine kleine Wüstenei beim Hohenzollerndamm und dem allbekannten Wilmersdorfer Seebade, das in naher Zeit in einen großen Stadtpark umgewandelt werden soll, doch sonst ist hier die Straßennüchternheit nach Berlins Muster verpönt. Die Kaiserallee in Friedenau verdient den Namen einer Prachtstraße ersten Ranges. Zu beiden Seiten doppelte Fußsteige, doppelte Rasenstreifen im herrlichen Blumenflor, doppelte Baumreihen. Und auch die Elektrische fährt im Südwestkorso zwischen Rasenflächen wie über einen langen grünen Teppich. Dementsprechend sind auch die Plätze angelegt, die uns Berliner neidisch machen können. Ein so wundervoller, fein abgetönter gärtnerischer

S c h m u c k ist selbst in den vornehmsten Straßen der Reichshauptstadt kaum zu finden, und man fragt sich verwundert, woran das wohl liegen mag, an dem Wollen oder an dem Können. Ja, dem schönheitssinnigen Beschauer drängt sich die Überzeugung auf, daß ein ganz bestimmter Unterschied hervortritt, der Unterschied zwischen Kunst und Künstelei. Sogar noch die kleinen, allerorten verstreuten Schmuckplätze zeigen in ihrer Aufmachung e i n e G r ö ß e d e s S t i l s, von der Berlin viel lernen kann. Und so versteht man auch den Massenauszug aus der Berliner Steinkiste, an dem keineswegs nur bessersituierte Kreise Gefallen finden.

Friedenauer Lokal-Anzeiger 28. Mai 1912

Die Schriftstellerin Frau Minna Kautsky, die Mutter des hier wohnhaften bekannten Herausgebers der sozialdemokratischen Zeitschrift „Neue Zeit", Karl Kautsky, ist gestern im Alter von 76 Jahren gestorben. Frau Kautsky stammte aus Graz und war mit dem seither ebenfalls verstorbenen Wiener Hoftheatermaler Johann Kautsky verheiratet. In ihrer Jugend widmete sie sich zunächst der schauspielerischen Karriere und war eine Zeit lang erste tragische Liebhaberin am Hoftheater in Sondershausen und am Landestheater in Prag. Später wandte sie sich schriftstellerischer Tätigkeit zu und verfaßte eine große Anzahl von Romanen und Theaterstücken.

Friedenauer Lokal-Anzeiger 22. Dezember 1912

Luise, Minna, Benedikt und Karl Kautsky, 1907

Ludwig Meidner (1884–1966) Die Kirche auf dem Friedrich-Wilhelm-Platz in Friedenau, Aquarell 1913

Die Ateliers der „Brücke“ in Friedenau

Die Künstlergruppe „Brücke“ wurde 1905 von den vier Architekturstudenten Ernst Ludwig Kirchner, Fritz Bleyl, Erich Heckel und Karl Schmidt-Rottluff in Dresden gegründet. Später schlossen sich u.a. auch Max Pechstein und Otto Mueller an. Ihr Ziel war es, sich von dem tradierten Stil der Akademien und von der Malerei des Impressionismus zu lösen und neue Wege im künstlerischen Ausdruck zu finden. Die neue Lebensform, welche die Künstler in gemeinsamer Arbeit entwickelt hatten, ist als Expressionismus in die Kunstgeschichte des 20. Jahrhunderts eingegangen.

Im Jahre 1911 entschieden sich die Brücke-Künstler endgültig für das „unerbittliche“ Berlin. Die hektische Metropole lockte mit Karriere und geschäftlichem Erfolg. Ab 1911 wurde auch das Motiv der Großstadt verstärkt wieder aufgenommen, was besonders aus dem Konflikt mit Berlin einherging. Einerseits war die Großstadt mit ihrer Anonymität und Hektik abstoßend, andererseits faszinierte sie die Künstler auch.

Otto Mueller und Max Pechstein lebten bereits seit 1908 in der Reichshauptstadt. Im Spätherbst 1911 verließen Ernst Ludwig Kirchner, Erich Heckel und Karl Schmidt-Rottluff Dresden, zurück ließen sie ihre Modelle Fränzi und Marzella, Ernst Ludwig Kirchner seine Freundin Dodo, Doris Große. Emy Frisch und Sidi Riha begleiteten ihre Freunde Karl Schmidt-Rottluff und Erich Heckel nach Berlin. Max Pechstein betätigte sich beim Umzug der Freunde als „Brückenkopf“ und findiger Quartiermacher. In Dresden hatte man im Arbeiterviertel der Friedrichstadt in einer verschworenen Ateliergemeinschaft gearbeitet und sich jeden Tag gesehen. In Berlin zog es die Freunde in die von Bürgern bewohnten Gemeindebezirke Friedenau, Schöneberg, Steglitz und Wilmersdorf. Die Atelierwohnungen lagen keine zwei Kilometer weit auseinander, die Neuberliner erreichten sich bequem zu Fuß.

In der Landhauskolonie Friedenau siedelten sich um die Jahrhundertwende zahlreiche Künstler und Schriftsteller an. Symbolisches Zentrum war die rote Backsteinkirche Zum guten Hirten am Friedrich-Wilhelm-Platz. Die Schriftsteller Kurt Hiller und Paul Zech, der Maler Ludwig Meidner sowie die Bildhauer Ernst Barlach und Wilhelm Lehmbruck hatten in den angrenzenden Straßen ihre Quartiere.

Otto Mueller und Karl Schmidt-Rottluff bezogen hier zum Jahreswechsel 1911/12 ihre neuen Atelierwohnungen in der Varziner- und Wilhelmshöher Straße sowie in der Niedstraße. In ihrer Umgebung arbeiteten einige Mitglieder der Neuen Secession, der die Künstler der „Brücke“ auch angehörten: César Klein, Moriz Melzer und Heinrich Richter-Berlin. Man traf sich in der Intimität der Ateliers zum Diskurs über das Abenteuer Kunst in einer Zeit des gesellschaftlichen Niedergangs der Wilhelminischen Epoche. Die Avantgarde der Expressionisten formierte sich vor den Toren der rapide wachsenden Metropole Berlin.

Die Künstlerräume befanden sich zumeist unter den Dächern hoher, nach der Jahrhundertwende erbauter Mietshäuser. Ärmliche Räume unter Dachschrägen dienten als Atelier, kleinere Räume zum Wohnen und Schlafen schlossen sich an. Der Begriff der Atelierwohnung oder des Wohnateliers ist dieser Kombination unterschiedlicher Räume angemessen. Einige der Architekten bezogen das kombinatorische Modell in ihre Baupläne ein. Die Ausstattung der Künstler folgte dem Dresdner Kanon exotischer Raumausstattung mit selbst gefertigten Möbeln, Paravents, Vorhängen und Wanddekorationen sowie Perserteppichen. Die Lebensgefährtinnen der Künstler haben mit Batik, Stickerei und Weberei an diesem Gesamtkunstwerk mitgewirkt.

Bemalte Holzplastiken der Künstler und außereuropäische Skulpturen vervollständigten das Ensemble.

Unter dem Dach durfte zwar gearbeitet, aber nach baupolizeilicher Vorschrift nicht gewohnt werden. Um sich zu schützen, haben die „Brücke"-Künstler deshalb in ihrer Korrespondenz das „IV." Stockwerk als Adresse angegeben, die letzte von den Behörden genehmigte Wohnetage unter dem Dachgeschoss.

Hinter die Fassade der „Brücke"-Ateliers hat der Museumsmann Ernst Gosebruch geblickt: "Die grenzenlose Dürftigkeit dieser Dachquartiere fiel ja dem Eintretenden nicht so ins Auge, so gaben Muellers feierliche Friese seinen Stuben etwas, man muss schon sagen, fürstliches, einen großen Stil, hinter dem man den Mangel gar nicht verspürte, und in den Räumen seiner Genossen war es oft phantastisch geschnitzter und ausgemalter Hausrat, der aus Kisten von ihnen gezimmert, den ersten Eindruck reizvoll genug bestimmte. Aber dem teilnehmenden Freundesblick entging doch nicht, dass hinter dem bunten Schein dieser Kistenwelt jede Erleichterung, jede Bequemlichkeit unserer Wohnkultur fehlte, wie konnte es überhaupt, wo von Jahr zu Jahr die Zahl der unverkauften Bilder, jeden Winkel ausfüllend, anstieg, noch möglich sein, hier Ordnung zu halten? Nie habe ich in diesen niedrigen, ganz und gar verstellten Zimmern ein richtiges Bett gesehen. Mit heißem Mitgefühl sehe ich immer noch eine blutjunge, zarte, wachsbleiche Frau, die mitten im Winter in kaum beheizbarem Verschlag fieberkrank auf einer Kiste lag. Nein, man wird doch recht bitter, wenn man darüber hinaus an die Sorglosigkeit des kaiserlichen Deutschlands denkt."

Max Pechstein hat sich nach seiner Heirat mit Lotte Kaprolat „ein damals verbotenes Dachatelier in der Offenbacher Straße 1 in Friedenau eingerichtet, das ich freilich nur mit dem Notwendigsten versehen konnte. Ich hatte in diesem einen Raum die Wände mit Nessel bespannt und ringsherum von oben bis unten mit Stoffarben bemalt, so daß das Fehlen der Möbel kaum auffiel. Daß das Öfchen zu klein war, merkte ich allerdings im darauf folgenden Winter".

Im Frühjahr 1913 zog Max Pechstein in die Offenbacher Straße 8. In der Wohnung, eine halbe Treppe unter dem Dachatelier, entstand die Portraitfotografie von Waldemar Titzenthaler, die Pechstein in dem Journal „Die Dame" als Repräsentant Berliner Interieurs zeigt. Der erfolgreiche Maler Max Pechstein im Habitus eines kursächsischen Landadeligen, den es in preußische Gemächer verschlagen hat.

Pechstein trat 1914 eine zweijährige Reise auf die Palau-Inseln in der Südsee an. Nach der Rückkehr fand er seine Wohnung in Berlin infolge von Kriegsereignissen besetzt und das versiegelte Atelier vollkommen ausgeräumt vor.

Max Pechstein vor seinem Gemälde Stehender Akt mit Schirm und Fächer (um 1912) in Berlin-Friedenau, Offenbacher Straße 8, um 1913/14, Fotografie von Waldemar Titzenthaler.

Vom exotischen Ateliertreiben der „Brücke" hat sich der Eremit Karl Schmidt-Rottluff immer etwas zurückgehalten. Er kam als letzter der Gefährten Ende Oktober 1911 aus Dresden nach Berlin-Friedenau. In seiner Atelierwohnung in der Niedstraße 14 hat er bis zum Jahr 1933 gelebt:

„Das Atelier befand sich unter dem Dach. Dort durfte nach feuerpolizeilicher Vorschrift nicht gewohnt werden, wohl aber durfte man sich dort aufhalten und arbeiten. Wir mußten deshalb den Eindruck vermeiden, dass es sich um unsere Wohnräume handelte. Die notwendigsten Möbel mussten tagsüber im Speicher verschwinden. So war der Raum nur mit Vorhängen dekoriert. Ein Vorhang hing vor der Eingangstür, ein zweiter vor der Ofenheizung. Beide Vorhänge waren Applikationen mit abstrakten Ornamenten und ohne Figuren. Einen Nebenraum verdeckte ein Vorhang mit ungegenständlicher Batik. Das Hauptstück war ein gestickter Wandbehang und zeigte eine sitzende Figur vor offenem Grund. Sie war aus dünnen Metallfolien appliziert und leuchtend farbig."

In der Friedenauer Atelierwohnung von Karl Schmidt-Rottluff verkehrten die Kunsthistoriker Rosa Schapire und Wilhelm Niemeyer, aber auch der von ihm verehrte Richard Dehmel aus dem Friedrichshagener Kreis um den Dichter Gerhart Hauptmann.

Nach dem Auseinanderfall der „Brücke" im Jahr 1913 zog Ernst Ludwig Kirchner im Oktober aus dem Atelierhaus Durlacher Straße 14 mit seiner Lebensgefährtin Erna Schilling in die geräumige Mansardenwohnung in der fünften Etage in der Körnerstraße 45, die mit zwei Ateliers und den Wohnräumen das gesamte Dachgeschoss einnahm.

Unter dem Atelierfenster lag die Wannseebahn, in der Nähe der kleine Bahnhof Friedenau. Jetzt war Kirchner mit der Stadtbahn in zwanzig Minuten am Potsdamer Bahnhof, wo das weltstädtische Herz Berlins schlug. Kirchner nahm seinen Kaffee im Café Josty und ging dann als Flaneur unentwegt zeichnend seinen Weg kreuz und quer durch die Straßen zu den Kanallandschaften und großen Plätzen der Reichshauptstadt. Der Potsdamer Platz war die Drehscheibe der Metropole, von der aus Kirchner mit den Skizzen des „ersten Sehens" zu seinen Straßenszenen mit den Kokotten in dem Gemälde „Potsdamer Platz" zur Krönung seines Berliner Schaffens gelangte.

Wohnecke im Atelier Körnerstraße,
Fotografie von E. L. Kirchner, 1914/15

Atelierszene in Kirchners Atelier, mit Werner Gothein, dessen Freundin, Erna Kirchner (Schilling), Ernst Ludwig Kirchner, Fotografie von E. L. Kirchner, 1914/15

Kirchners Atelier war aber auch ein Ort der ausschweifenden Geselligkeit der Freunde. Es wurde Schach gespielt, diskutiert und nach den Grammophonklängen Berliner Gassenhauer und des afroamerikanischen, parodistischen Cake-Walk ausgelassen getanzt: „Das Atelier wurde eine Heimstatt den Menschen, die gezeichnet wurden: Sie lernten von den Malern, die Maler von ihnen. Unmittelbar und reichhaltig nahmen die Bilder das Leben auf." Den Kreis der vertrauten Freunde hat Kirchner in zahllosen Skizzen, Aquarellen, Zeichnungen und Gemälden festgehalten.

Die verschwenderische Geselligkeit Kirchners hat ihre depressive Seite stets nach innen gekehrt. Mit den Stickereien Erna Schillings inszenierte er nach Kriegsausbruch 1914 sein weißes ‚Zelt', ein alkovenartiges Ensemble vor dem schwarz verhängten Fenster. Ein Refugium der Selbstbesinnung, als für den Maler die ‚schweren Depressionen' übermächtig wurden. Kirchners weißes ‚Zelt' und die Bilder seiner Brücke-Gefährten repräsentieren die stillen Orte der Unantastbarkeit der Künstler in den katastrophalen Perspektiven der Zeit.

Gekürzte Fassung des Beitrages „Berliner Ateliers der Brücke" von Dr. Roland März aus: „Brücke und Berlin. 100 Jahre Expressionismus", S. 307 ff.

Ernst Ludwig Kirchners 1914 entsandenes Ölgemälde „Eisenbahnüberführung" auf dem Buchtitel zeigt den Blick aus dem Atelierfenster in der Körnerstraße 45 auf die Friedenauer Brücke.

Entrüstungssturm der Künstler in Berlin. Seit einigen Wochen ist in Berlin, Charlottenburg, Schöneberg, Friedenau und anderen Orten der größte Teil der Künstler aus ihren Ateliers, welche sie in der 5. Etage inne hatten, polizeilich ausgewiesen, oder aber die Ausweisung steht ihnen seitens des betreffenden Polizei-Reviers stündlich bevor. Innerhalb 4 Wochen sind all die vielen hundert Ateliers zu räumen bei Androhung einer Strafe von 50 M. im Nicht-Erfüllungsfall, dabei hat aber die Behörde nicht etwa gleichzeitig dafür Sorge getragen, daß die so plötzlich ausgewiesenen Künstler anderweitig – für verhältnismäßig niedrige Miete, wie sie bisher für die Ateliers verlangt wurde – ein Unterkommen finde. Ob ein Künstler gleichzeitig in seinem Atelier wohnt, das heißt darin übernachtet, oder nur darin am Tage malt, alles muß raus, weil das sechste Geschoß oder die fünfte Etage nicht zum dauernden Aufenthalt von Menschen dienen darf. Eine Verfügung seitens eines Ministers und was bedeutet diese? „Den Ruin vieler hundert Künstler?" Die Kunst wird bei der ihr bekannten Sorge auf die Straße getrieben. Seht doch zu, wo ihr ein Nest findet, nirgends Unterkunft, jeder Wirt zuckt mit den Achseln, auch ihm ist es polizeilich untersagt, uns aufzunehmen? Jedem Vogel wird im Tiergarten ein Nistkasten gebaut, täglich liest man „Gedenket der armen Vögel!" nur die Künstler, denen wird noch eine Sorge mehr aufgepackt und was für eine Sorge? Wohin sollen wir uns wenden, irgend ein Zimmer in der 4. Etage können wir doch für unsere Zwecke nicht gebrauchen und kein Wirt kann uns solches Einzelzimmer vermieten. Es ist ja auch ganz unmöglich, darin künstlerisch zu schaffen, die reflektierenden Gebäude vis-à-vis hindern uns ja in der Beurteilung unserer Arbeiten. Seit Menschengedenken schaffen die Künstler friedlich in ihren Ateliers da oben unterm Dach, da finden sie das rechte Licht und die Ruhe, aber plötzlich müssen sie raus – auf die Straße? – Denn es gibt nur allzu wenige Ateliers, die in anderen Etagen liegen und diese sind eben nicht zu bezahlen? –

Nun höre man aber, daß Tausende von Waschfrauen tagtäglich, bei offenem Feuer unter dem Herd, von früh bis in die Nacht in derselben Etage ihrer Arbeit nachgehen? – Hiergegen hat die Polizei nichts einzuwenden? – Wieviele Burschen und Dienerzimmer liegen in derselben Etage, darum kümmert sich kein Mensch. – Wo bleibt die große Gerechtigkeit? – Für Obdachlose wird gesorgt, gesammelt, nur wir Künstler sind obdachlos, jetzt bitten wir um Hilfe? Helft uns, alle, die ihr euch erfreut an gesunder froher Kunst? Steht uns bei, damit wir weiter schaffen können in unseren bescheidenen Räumen hoch oben unterm Dach? – Diese Räume haben das Zweckmäßige für uns, Licht und Luft zur Genüge! G.M.

Friedenauer Lokal-Anzeiger 13. Dezember 1911

Ernst Ludwig Kirchner

Heckel im Atelier von Kirchner, 1911

Zwei Friedenauer Karikaturisten: Johann Bahr und Walter Trier

Johann Bahr, 1856 in Flensburg geboren, war eigentlich gelernter Maschinenbauer, bevor er in Friedenau begann, als Maler und Illustrator zu arbeiten. Im Friedenauer Adreßbuch findet sich sein Name ab 1893, er wohnte in der Handjerystraße 75. Bahr war regelmäßiger Mitarbeiter bei den „Fliegenden Blättern", „Lustigen Blättern" und anderen Zeitschriften. 1896 gründete er den „Verband deutscher Illustratoren", dessen Präsident er wurde.

Johann Bahr war einer der ersten Zeichner, der auch Bildergeschichten verfaßte.

Diese kleinen Zeichnungen wurden damals auch als Ansichtskarten in Friedenau veröffentlicht.

Der Name Walter Trier ist untrennbar mit dem Erich Kästners verbunden: Walter Trier, geboren 1890 in Prag, gestorben 1951 in Collingwood/Ontario, ist der kongeniale Schöpfer der Umschlag- und Textillustrationen von Kästners berühmten Kinderbüchern wie „Emil und die Detektive", „Pünktchen und Anton" oder „Das fliegende Klassenzimmer". Erich Kästner hatte ab 1935 sein Büro in der Niedstraße 5 in Friedenau.

Walter Trier lebte von 1912 bis 1916 in Friedenau in der Elsastraße 2, dort wurde auch seine einzige Tochter Margarete geboren.

Trier, im Prag Kafkas und Kubins in einem jüdisch-liberalen Elternhaus aufgewachsen, studierte nach einem kurzen Aufenthalt an der Prager Kunstgewerbeschule an der Münchener Akademie in der Klasse von Franz von Stuck. Nach erfolgreichem Studienabschluß veröffentlichte er bereits 1909 seine ersten Arbeiten im „Simplicissimus" und in der „Jugend". 1910 übersiedelte er nach Berlin, wo er als Pressezeichner tätig wurde. Seine geistreich-pointierten Arbeiten dieser Jahre erschienen vor allem in den „Lustigen Blättern", in der „Berliner Illustrierte", im „Uhu" und in der „Dame".

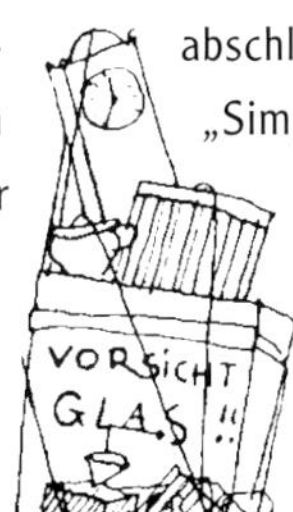

... Und neues Leben blüht aus den Ruinen! Als Friedenau noch jung, sehr jung war, da gab es in ihm mehrere hübsche Gartenlokale. Wirkliche Gartenlokale mit einem schönen Naturgarten, in dem prächtige Bäume ihre Gipfel zum Himmel reckten. Da ließ hier noch in lauer Sommernacht die Nachtigall ihr Liebeslied erklingen. Da kamen die Familien, die älteren und die jungen Leute in die Lokale, um hier im Schatten der Bäume ihr Abendbrot zu verzehren. Und die tanzfrohe Jugend vergnügte sich drinnen im Saal. Doch die Grundstücke wurden seltener und teurer, Die Bautätigkeit sog alles freie Land auf. So verschwand ein Gartenlokal nach dem andern.

Bahnhofs-Restaurant von Gustav Möhring, um 1899

Und heute besitzen wir keins mehr von jenen Lokalen. Auch am Wannseebahnhof Friedenau bestanden zwei schöne gern besuchte Gartenlokale. Möhring und Panzer, später Reimann, dann Müller. Der Möhring'sche Garten machte bald einem Hochbau Platz. Der gegenüberliegende Garten hielt sich, weil z. T. bahnamtliches Gelände, bis vor kurzem. Da kam die Aufteilung des Willmannschen Parkes, die Anlage neuer Straßen und hiermit schlug auch dem letzten großen Naturgarten des „Bahnschlößchens", die letzte Stunde. Die im Bogen von der Sponholzstraße zum Bahndamm führende Baumeisterstraße nahm ihm ein gut Teil fort. Aber der rührige Inhaber des Lokals, Herr Carl Müller, der schon von dem Tage an, da er die Wirtschaft übernahm, durch Umgestaltung der Räume dem Zuge der Neuzeit folgte, hat es verstanden, auch bei dieser Gelegenheit den Vorteil seines Lokals im Auge zu behalten. Die hohen Bäume sind in dem zum großen Teile erhaltenen Garten geblieben. Doch die Einfassung und die Ausgestaltung des Gartens ist eine moderne geworden, sodaß ein durchaus vornehmer Anstrich gegeben ist. Wer nach des Tages Last und Hitze einige Erholungsstunden sucht, dem sei der Aufenthalt im Garten des „Bahnschlößchens" wärmstens empfohlen. Die Verpflegung ist eine vorzügliche; Küche und Keller bieten das beste. Auch unterhaltsam wird der Aufenthalt im „Bahnschlößchen" durch die Beobachtung des lebhaften Wannseebahnverkehrs und durch den regen Betrieb auf den vier Verbandskegelbahnen. Man kann dem Kegelspiel zuschauen und (wer das wünscht) findet Gelegenheit, sich selbst hieran zu beteiligen. Doch auch zu stillem Sinnen ist jener Garten wie geschaffen. Wer noch den alten schönen Willmannschen Park, wer überhaupt Friedenau in seiner Vorzeit kannte, der mag sich hier angesichts des rauschenden Verkehrs und der hohen Mietshäuser sagen: „Ja, ja, das Alte stürzt," um darauf froh hinzuzusetzen: „Doch neues Leben blüht aus den Ruinen!"

Friedenauer Lokal-Anzeiger 7. August 1913

Das Birkenwäldchen. Die Hauptstadtpresse beschäftigt sich selten mit F r i e d e n a u und noch seltener mit seinen Vorzügen. Um so angenehmer berührt es, wenn man folgende Betrachtung über unser Birkenwäldchen, die der „Berliner Lokal-Anzeiger" veröffentlicht, liest: Mancher, der mit dem Südring der Stadtbahn vom Potsdamer Bahnhof über Schöneberg nach dem Ringbahnhof Wilmersdorf-F r i e d e n a u fährt, wundert sich, daß er unmittelbar vor diesem Bahnhof zur Linken des Bahndammes an einer von Häusern freien Stelle die weißen Stämme einer Anzahl von Birken hervorleuchten sieht. Er weiß, daß dort der Vorort Friedenau liegt, und ist erstaunt, in dem voll bebauten Orte eine Birkenanpflanzung zu finden, wie man sie sonst in der Nähe des Bahndammes erst in weiter Entfernung von der Reichshauptstadt und nur in Gegenden erblicken kann, die noch nicht der Bebauung erschlossen sind. Friedenau hat wohl daran getan, daß es dieses alte Birkenwäldchen, das eine Anzahl stattlicher, hochragender Bäume aufweist, erhalten und es in einen prächtigen Schmuckplatz umgewandelt hat. Auch im Winter bietet diese Birken-Oase, deren leuchtend-weißen Stämmen der Rauch und der Staub der Großstadt nichts anzuhaben vermögen, einen eigenartigen Reiz, am schönsten aber erscheint das Wäldchen dem

Birkenwäldchen am Maybachplatz, um 1908

Beschauer jetzt, wo die zarten, im leichten Winde sich wiegenden Zweige der Bäume von frischem Grün geschmückt sind. Die Gemeinde Friedenau hat das Wäldchen mit Blumen und Sträuchern, Rhododendren usw. geschmückt, aber all diese Zierpflanzen und prangenden Blüten können doch nicht mit dem Zauber wetteifern, der von den schönen Bäumen ausgeht. Die Birke verdient es, daß die Deutschen sie seit der grauesten Vorzeit zu den bevorzugtesten Bäumen rechnen und daß sie insbesondere zur Frühlingszeit in ihr ihren Lieblingsbaum erblicken. Mit Recht erfreut sich das Birkenwäldchen so großer Wertschätzung, und so ist es täglich das Ziel zahlreicher Spaziergänger, die sich des schönen Stückchens Natur erfreuen, und der Tummelplatz der Jugend, die hier Erholung findet. Seit jeher war es bei unseren Vorfahren Brauch, zum Frühlingsfest das Dorf und die Hütte mit dem Maibaum, der Birke, zu schmücken.

Friedenauer Lokal-Anzeiger 23. Juni 1913

Daß unserem Orte auch vom Auslande die Anerkennung nicht versagt wird, ist aus folgendem Artikel, der in der „Chicago Sunday Tribune" vom 30. November 1913 aus der Feder einer Dame aus Chicago erschien, zu ersehen: ‚Friedenau ist ohne Frage der schönste (most beautiful) Vorort Berlins. Man sieht es der Gemeinde an, daß sie reich ist und viel Aufwendungen für die Schönheit und Reinlichkeit der Straßen macht. Die ganze Stadt hat etwas abgeschlossenes, etwas von einem eigenen Stil, so dass man aufatmet, wenn man mit der Bahn durch das laute Schöneberg gekommen ist und dann in dem stillen, vornehmen Friedenau landet. Auch die Häuser zeigen eine mehr durchgereifte Architektur, als in anderen Vororten, so daß man verstehen kann, weshalb viele Künstler und Maler hier wohnen. In Friedenau sieht man auch, daß in einigen besseren Cafés die guten Familien verkehren. In anderen Vororten trifft man selten die besseren Familien in den Lokalen des Ortes. Alles strömt nach Berlin. Aber hier, in Friedenau, dessen Name schon wie ein kleines Idyll klingt, fühlen sich die Leute auch der ersten Klasse mehr verbunden, als anderwärts. Ich erinnere mich an eine kleine Episode, die bezeichnend ist. Eine befreundete Familie war aus der Lenbachstraße fortgezogen nach Charlottenburg in die Niebuhrstraße. Als ich sie nach längerer Zeit in ihrem neuen Heim besuchte, sagten sie mir, daß sie nach Ablauf des Kontraktes wieder nach Friedenau zurückziehen würden. Es wäre dort „gemütlicher", was sich bekanntlich in unsere rauhe englische Sprache nicht übersetzen läßt. Jedenfalls bewahre ich in dem stillen Friedenau ein treues Angedenken. Es ist eine feine, ruhige intime (cosy) Stadt für sich selbst innerhalb des großen Berlin und ich kann jeder Landsmännin raten, falls sie ihr Weg oder ihr Studium nach Berlin führt, in Friedenau Wohnung zu nehmen.'

Diese unsern Ort schmeichelnden Ausführungen werden sicher ihre Wirkung nicht verfehlen. In der Tat haben ja auch bereits viele Fremde in Friedenau Wohnung genommen.

Adressbuch für Friedenau 1914

August Bebel, der Führer der deutschen Sozialdemokratie, ist gestern in der Schweiz im Alter von 73 Jahren gestorben. Ein Schlaganfall setzte seinem Leben ein Ziel. Mit August Bebel ist ein Parlamentarier dahin geschieden, dem selbst seine schärfsten Gegner Achtung zollen mußten. Für seine Ueberzeugung trat er mit seiner ganzen Persönlichkeit und der ihm eigenen Rednergabe ein. In den letzten Jahren mußte er seines leidenden Zustandes wegen etwas zurücktreten und jüngeren „Genossen" den Redekampf im Parlament und auf Parteitagen überlassen. Bebel war in Köln geboren. Er erlernte das Drechslerhandwerk und machte sich nach seinen Wanderjahren in Leipzig selbständig. Hier widmete er sich der Arbeiterbewegung und seine Beredsamkeit verschaffte ihm gar bald verschiedene Ehrenämter. Er wurde dann auch von einem sächsischen Wahlkreis in den Norddeutschen Bundestag geschickt und später in den Deutschen Reichstag, dem er also von der Gründung an angehörte. In den letzten Jahren vertrat er den Wahlkreis Hamburg I. Wo immer Bebel auftrat, wußte er die Massen mit sich fortzureißen. Er ist der eigentliche Begründer der deutschen Sozialdemokratie, aufgebaut auf Marx-Lasalleschen Lehren. In Friedenau war August Bebel kein Unbekannter, er wohnte in der Hauptstraße 97 in Schöneberg und besuchte gern unseren Friedrich-Wilhelm-Platz. Er war auch Leser des „Friedenauer Lokal-Anzeigers" und interessierte sich sehr für die Entwicklung unseres Ortes und den hier regen kommunalen Geist.

Friedenauer Lokal-Anzeiger 14. August 1913

Friedenauer Eckkneipe 1913

Die bauliche Entwicklung Friedenaus gestaltete sich folgendermaßen. Von 1871–72 wurden 3 Villen errichtet, von 1873–75 80 Villen und Landhäuser. Die Bautätigkeit ließ dann merklich nach, von 1876–80 entstanden nur 15 Villen und Landhäuser. Durch die Freie Vereinigung wurde sie im Jahre 1882 wieder reger, sodaß von 1881–85 76 Gebäude errichtet wurden. Im Jahre 1887 erlangte die geschlossene Bauweise in Friedenau Geltung, was sehr befruchtend auf die Bautätigkeit wirkte, denn von 1886 bis 1890 entstanden 123 Gebäude, darunter nur 24 Villen oder Landhäuser. Bis 1895 wurden nur Wohnhäuser und zwar 102 gebaut, 1896–99 und 1901 entstanden je 1 Villa, 1900 und 1902 je 2 Villen. Dann hörte der Villenbau in Friedenau für immer auf. Der Abriß der ersten Villa erfolgte im Jahre 1895; in jedem folgenden Jahre fielen dann einige Villen der Spitzhacke zum Opfer. Heute sind ihrer nur noch etwa 100 in Friedenau vorhanden; Baustellen gibt es nur noch 54. Und wenn wir da lesen, daß im Jahre 1891 noch A c k e r b a u in Friedenau getrieben wurde, daß hier in jenem Jahre noch mit Winterroggen 12,4 Hektar, Hafer 23,7 Hektar, Kartoffeln 27,5 Hektar, Rüben, Erbsen, Futterpflanzen usw. 8,5 Hektar angebaut wurden, und wir schauen dann auf die heutige Häuserstadt, so bekommen wir erst den rechten Begriff von der geradezu „amerikanischen" Entwicklung, die mit Friedenau vor sich gegangen ist.

Der Haus- und Grundbesitzer-Verein zu Berlin-Friedenau 1888–1913

Großstädtische, ruhige Gartenstadt, dicht bei Berlin, in der Nähe des Grunewaldes und des Botanischen Gartens, im Jahre 1871, kurz nach dem Feldzuge gegründet, hat sich Berlin-Friedenau zu einem prächtigen Orte von rund 44 000 Einwohnern entwickelt. Zahlreiche Verkehrsmittel (Straßenbahnen, Wannseebahn, Ringbahn, Untergrundbahnen) vermitteln den raschen und billigen Verkehr mit allen Teilen Groß-Berlins. Gemeindesteuer 100%. Elektrizität 35 Pfg. für die Kwstd.

Gertrud und Siegfried Klein beim Rollschuhlaufen, Südwestkorso Ecke Laubacher Straße, 1912

Untergrundbahnhof Rüdesheimer Platz 1912

Die wohlgepflegten sauberen Straßen sind mit geräuschlosem Pflaster, herrlichen alten Bäumen, Vorgärten und elektrischer Beleuchtung versehen. Große Schmuck- und Spielplätze verschönern das an und für sich schon reizvolle Stadtbild und bieten für Alt und Jung einen angenehmen Aufenthalt. An Unterrichtsanstalten sind außer den Volksschulen ein Gymnasium, ein Realgymnasium nebst Realschule, ein Lyceum und zwei private höhere Mädchenschulen vorhanden. Schulgeld 120 M. in den Vorschulen, 140 M. in den Hauptanstalten der Gemeinde. Wohnungen in jeder Größe zu angemessenen Preisen, ausgestattet mit allem Komfort der Neuzeit, sind jederzeit zu haben.

Auskünfte und Abgabe des offiziellen Wohnungsnachweises erfolgt durch den Gemeindevorstand, Feurigstraße 8, und den Haus- und Grundbesitzerverein, Kaiserallee 128.

Anzeige des Haus- und Grundbesitzervereins im „Groß-Berliner-Kalender" 1914

Friedenau ist heutzutage zu über zwei Dritteln bebaut. Seine Bewohnerzahl wird, selbst wenn manche der Villen Mietshäusern Platz gemacht haben werden, kaum über 50 000 steigen können. Der Ort hält, wie die Errichtung eines Vollgymnasiums, einer Reformschule sowie einer höheren Mädchenschule beweist, mit den Nachbarkommunen gleichen Schritt und hat sich dabei bis jetzt ein eigenartiges Gepräge bewahrt. Während es fast unmöglich ist, ohne genaue Lokalkenntnis zu bestimmen, wo Berlin aufhört und Schöneberg und Wilmersdorf beginnen, trägt Friedenau in seinem ältesten Teil östlich der Rheinstraße noch immer den Stempel einer von mittleren Beamten begründeten Kolonie und erhebt sich durch eine im besten Sinne des Wortes kleinbürgerliche Art von den Nachbargemeinden ab.

Willy Spatz, Geschichte der Ortschaften des Kreises Teltow, 1912

Hans Altmann, Baurat a. D.

Die bauliche Entwicklung Friedenaus von 1871 bis 1914

In diesen Tagen, in denen ein halbes Jahrhundert seit der Gründung Friedenaus verflossen ist, dürfte es angebracht sein, einen Rückblick auf die bauliche Entwicklung unseres Ortes zu werfen, um sich noch einmal ins Gedächtnis zurück zu rufen, in wie kurzer Zeit sich Friedenau aus kleinsten Anfängen zu seinem jetzigen großstädtischen Bilde entwickelt hat.

Als die Gründer Friedenaus im Jahre 1871 infolge der allgemeinen Wohnungsnot in Berlin den Plan faßten, durch Abzweigung von 550 Morgen des Restgutes Deutsch-Wilmersdorf eine Kolonie Friedenau zu gründen, hatte wohl niemand geahnt, daß in verhältnismäßig kurzer Zeit aus dieser lockeren Verbindung einzelner Siedler sich ein so blühendes, leistungsfähiges und selbständiges Gemeinwesen entwickeln würde, wie es Friedenau vom Tage seiner Gründung an bis zum Tage seines Aufgehens in Groß-Berlin gewesen ist. Der Gemeinsinn und die Liebe zu ihrer Wohnstätte, welche die Gründer Friedenaus beseelte, hat sich, wie man mit vollem Recht sagen darf, auch in den späteren Jahrzehnten in der Bürgerschaft und der Verwaltung des Ortes segensreich fortentwickelt. Diesen Eigenschaften der jeweils maßgebenden Persönlichkeiten ist es neben der schnellen und günstigen Entwicklung Berlins zu danken, wenn Friedenau eine vorteilhafte Entwicklung genommen hat und stets bei der Bevölkerung Berlins als gesuchter Wohnort geschätzt und aufgesucht wurde.

Dabei sollen die Verdienste, welche sich besonders in dem ersten Dezennium der „Landerwerb- und Bauverein auf Aktien“ und der „Gemeinnützige Verein von Friedenau“ erworben haben, unvergessen bleiben.

Den im letzteren tätigen Mitgliedern, den Herren Rechnungsrat Fröauf, Rechnungsrat Hertel und dem exped. Sekretär Roenneberg, dem ehemaligen ersten Gemeindevorsteher Friedenaus und ihrem rastlosen Bemühen ist es besonders zu danken, wenn die „Kolonie Friedenau“ durch allerhöchste Kabinettsordre vom 9. November 1874 unter Abtrennung einer Fläche von 141,3516 Hektar von dem Gutsbezirk Deutsch-Wilmersdorf zur „Landgemeinde Friedenau“ erhoben wurde.

War schon im Jahre 1871 nach einem Siedlungsplane des Herrn von Carstenn-Lichterfelde für das sogen. Wilmersdorfer Oberfeld eine Art Bebauungsplan, nach welchem die Ansiedlung der Einwohner und die Errichtung deren Häuser vorgenommen wurde, aufgestellt worden, so fand dieser Plan im Jahre 1874 mit der Gründung der Gemeinde Friedenau seine amtliche Anerkennung und wurde dadurch zu jenem Bebauungsplan, nach dem sich der ältere Ortsteil im Laufe der Jahrzehnte zu seinem jetzigen Bilde entwickelt hat. Als dann mit der Erschließung des neuen Westens Berlins der Kommerzienrat Haberland seine Terrainerschließungen auch auf das Friedenauer Gebiet ausdehnte und das ehemalige Sportparkgelände am Bahnhof Wilmersdorf-Friedenau und bald darauf auch das in Verbindung mit dem Wilmersdorfer Gartenstadtviertel stehende Gelände zwischen dem nördlichen Teile der Kaiserallee und der Wilmersdorfer Grenze entstand, fand der alte Carstennsche Bebauungsplan in diesen Ortsteilen eine vollständige Umwandlung und einen großzügigen Anschluß an die in den Nachbargemeinden beschlossenen Bebauungspläne, so daß hier ein neues modernes Viertel mit meist größeren Wohnungen erwuchs, das für Friedenau in finanzieller und städtebaulicher Hinscht eine gewaltige Verbesserung bedeutete.

Die bauliche Entwicklung des Ortes, welche im ersten Jahre der Ansiedlung mit der Zahl von 44 Kolonien begann, nahm bald bei der damals in Berlin herrschenden außerordentlichen Wohnungsnot in großem Umfange zu. Wer heute durch die asphaltierten, großstädtischen und mit schönen Blumen bepflanzten gut erhellten Straßen geht, wird sich schwerlich vorstellen, wie der Ort vor 50 Jahren aussah.

Wie in die Felder hineingekrochen einzelne kleine Häuschen, durch Kornfelder und unwirtliches Land voneinander getrennt, jedes in Einsamkeit für sich, des abends im Innern von Petroleumlampen erleuchtet, außen tiefe Dunkelheit, und wehe dem Ansiedler, der es wagen wollte, an Regentagen den Nachbar zu besuchen; tiefe Regenpfützen auf ungangbaren Wegen und schlecht gepflasterten Straßen straften ihn für seinen Übermut.

Doch bald, viel schneller als je einer gedacht, schwanden diese einfachen Ortsverhältnisse. Die private Bautätigkeit nahm so zu, daß die erste amtliche Volkszählung im Jahre 1875 schon 1104 Einwohner und 228 Haushaltungen ergab.

Mit der Gründung der Gemeinde brauchte die junge Verwaltung auch eigene, wenn auch noch bescheidene Geschäftsräume. Diese wurden in dem Roenebergschen Hause in der Moselstraße Nr. 5, in dem seit 1873 auch die Roennebergsche Schule, die erste höhere Mädchenschule, eröffnet war, hergerichtet, so daß hier das erste Verwaltungsgebäude der Gemeinde zu suchen ist. Schon im Jahre 1877 war man genötigt, da die Wilmersdorfer Gemeinde die weitere Aufnahme von Leichen aus Friedenau nicht mehr gestatten wollte, an die Anlage eines eigenen Friedhofes zu denken. Es wurde dafür der damalige sogenannte Hamburger Platz gewählt, der in dem Carstennschen Bebauungsplan an der Stelle lag, wo sich noch heute der alte Friedenauer Friedhof in der Stubenrauchstraße befindet. Erst 11 Jahre später, im Jahre 1888 folgte hier die Errichtung einer Leichenhalle und der Kapelle, welche im allgemeinen noch heute in ihrem alten Zustande vorhanden sind.

Schon für die ersten Siedler Friedenaus war die Lösung der Schulfragen natürlich von besonderer Bedeutung. Mußten die Friedenauer Kinder in den ersten Jahren noch in Berlin, Schöneberg oder Wilmersdorf zur Schule gehen, so bedeutete es einen großen Fortschritt, als die erste Schule des Ortes, die Roennebergsche höhere Mädchenschule auf dem Grundstück Moselstraße 5 eröffnet wurde. Am 1. Dezember 1875 wurde die Gemeindeschule mit einer Klasse im Hause Ringstraße 49 eingerichtet. Vom Jahre 1876 an diente die inzwischen von der Gemeinde erworbene Villa Albestraße 32 zu Schulzwecken. Im Jahre 1890 konnte ein eigenes, für Schulzwecke bestimmtes Gebäude in der Albestraße errichtet werden, außerdem wurde eine geräumige Turnhalle erbaut. Im Jahre 1895 folgte dann an Stelle der alten Villa auf diesem Grundstück ein Schulhaus von 15 Klassen mit den erfolderlichen Nebenräumen, das bis zum Jahr 1906 das einzige Schulgebäude des Ortes blieb.

Nicht unerwähnt bleiben soll, daß in den 80er Jahren Herr Dr. Lorenz eine höhere Knabenschule als Privatschule errichtete und dieser gleichzeitig eine höhere Mädchenschule angliederte, die sich blühend entwickelte, während die Knabenschule später in den Klassen der höheren Knabenschule der Gemeinde aufging, als es letztete unternahm, eine höhere Lehranstalt in Gestalt von Gymnasialklassen einzurichten.

Schmargendorfer Straße 24–25a, Lorenz-Lyceum um 1906

Besondere Aufmerksamkeit widmete die junge Gemeinde auch dem Feuerlöschwesen. Die Errichtung des ersten Spritzenhauses erfolgte auf dem Schulhofe in der Albestraße, dem dann in späteren Jahren ein sehr viel größeres massives Gerätehaus mit Steigerturm auf dem Gemeindegrundstück in der Handjerystraße folgte, das jetzt von dem Postgebäude eingenommen wird. Hier hatte die freiwillige Feuerwehr ihre Räume, bis sie im Jahre 1915 in das jetzige Rathaus übersiedelte.

Für die schnelle Besiedelung Friedenaus erwarb sich der „Verein zur Beschaffung billiger Wohnhäuser", der den Zweck hatte, Unbemittelten zu einem eigenen Heim zu verhelfen, wesentliche Verdienste. Nachdem die Frage der sogen. Residenzpflicht der Beamten für die in Friedenau ansässigen Beamten im günstigen Sinne geregelt war, wurde von zahlreichen Staats- und Kommunalbeamten der Anbau in Friedenau vorgenommen. Die Grundstücke, nach den Blocks mit Buchstaben bezeichnet, wurden im wahrsten Sinne des Wortes ausgeknobelt. Die neuen Grundbesitzer pilgerten mehrmals in der Woche von Berlin heraus, um die Fortschritte ihrer Bauten zu besichtigen. Meist wurden diese in Ziegelrohbau ausgeführt. Die Erbauer dieser Häuser erhielten im Volksmunde den Namen „Rohbauer", im Gegensatz zu den „Putzbauern" oder „Kuhbauern", welche wie insbesondere die Ansiedler der Ill-, Saar- und Ringstraße ihre Häuser in Putz ausführen ließen. Alle diese Häuser bestanden meist nur aus einem Keller-, einem Erdgeschoß und ausgebauten Dachgeschoß und waren, wie einige, noch heute in der Schmargendorfer Straße stehenden Häuschen zeigen, in ihren Abmessungen außerordentlich bescheiden.

Ein für Friedenaus Entwicklung bedeutungsvoller Wendepunkt war es, als die Gefahr drohte, daß eine Gasanstalt auf dem Gelände des jetzigen Gymnasiums am Maybachplatz errichtet werden sollte. Hier war es die „Freie Vereinigung", die mit Nachdruck beim Landrat Einspruch dagegen erhob und der es gemeinsam mit der Verwaltung des Ortes erst nach vielen Petitionen und nach Anrufung des Fürsten Bismarck selbst, gelang, mit des letzteren tatkräftiger Hilfe das Ziel zu erreichen und die drohende Gefahr der Errichtung einer Gasanstalt von unserem Orte abzuwenden.

Waren die Wege und Straßen in den ersten Jahren des Bestehens der Gemeinde in nicht weniger als wünschenswertem Zustande, so gelang es den eifrigen Bemühungen und Opfern der Bürger aber doch bald, hier einigermaßen erträgliche Zustände herbeizuführen. Die Selbsthilfe der Siedler, die schon so viele schöne Erfolge gezeitigt hatte, war es auch hier, die die Entwicklung der Verhältnisse weiter schob. Durch Gründung des „Verschönerungsvereins" und der sogleich einsetzenden eifrigen Bemühungen seines Vorstandes gelang es, die Fußwege nach den Bahnhöfen, die Uebergänge über die Rheinstraße und die Freihaltung der Fußwege von Schnee mittels Schneepfluges zu erreichen und überall Ordnung zu halten. Ja, der Schneepflug wurde sogar z. T. von dem Vorsitzenden des Vereins selbst bedient, ein rührender Beweis für den damaligen Gemeinsinn und die Opferwilligkeit der Einwohner Friedenaus.

Auch die ersten gärtnerischen Anlagen auf den Wegen zu den Bahnhöfen, auf dem Friedrich-Wilhelm- und dem Wilmersdorfer Platz sind trotz der langen Widerstände des Gemeindevorstehers dem Bemühen des „Verschönerungsvereins" zu danken.

Mit dem Erwachen des kommunalen Lebens in Friedenau ging auch der Wunsch nach Abhaltung von regelmäßigen Gottesdiensten Hand in Hand. Waren die Einwohner in der ersten Zeit darauf angewiesen, beim Besuche von kirchlichen Veranstaltungen das Wilmersdorfer Gotteshaus aufzusuchen, so gelang es bereits im Jahre 1873, ein passendes Zimmer in der Rheinstraße herzurichten, in dem der erste Gottesdienst am Charfreitag, den 11. April 1873, abgehalten werden konnte. Die regelmäßigen Sonntagsgottesdienste fanden dann in einer etwas späteren Zeit in den Räumen des Kaiser-Wilhelm-Gartens, den jetzigen Kronenlichtspielen, statt.

Mit der Gründung einer politischen Gemeinde wurde die Frage der Errichtung eines eigenen Gotteshauses immer ernsthafter ins Auge gefaßt. Nachdem jedoch die Gottesdienste noch jahrelang in den vom Gemeindevorsteher zur Verfügung gestellten Räumen der Gemeindeschule in der Albestraße abgehalten waren, kam die Angelegenheit des Kirchenbaus im Jahre 1882 ernstlich in Gang. Am 15. März 1883 stellte die Gemeinde die Fläche des Friedrich-Wilhelm-Platzes unentgeltlich für den Kirchenbau zur Verfügung. Im gleichen Jahre hatte bereits der Rittergutsbesitzer Hüneken sich bereit erklärt, die ihm gehörende Parzelle an der Ecke der Kaiserallee und der Goßlerstraße für den Bau eines Pfarrhauses unentgeltlich abzutreten. Trotzdem aber vergingen auch hiernach noch lange Jahre, ehe es zur Ausführung des Baugedankens kam. Erst am 22. Oktober 1891, am Geburtstage Ihrer Majestät der Kaiserin, der Protektorin der zu errichtenden Kirche, wurde der Grundstein gelegt und am 10. November 1893 das von dem Architekten Doflein entworfene und ausgeführte Gotteshaus im Beisein der Kaiserin geweiht.

War man ursprünglich bei der Gründung des Ortes nur von dem Gedanken ausgegangen, einen Villenort entstehen zu lassen, und hatten sich die ersten Ansiedler durch Eintragung in das Grundbuch verpflichten müssen, auf ihren Grundstücken keinerlei Mietshäuser zu errichten, so begannen trotzdem, infolge der am 25. Juni 1887 erlassenen neuen Bauordnung unternehmende Baumeister, welche die zukünftige Entwicklung des Ortes vorausahnten, mehrstöckige Häuser zu errichten. Es wurden fünfgeschossige Häuser gebaut, wie sie noch heute am Friedrich-Wilhelm- und am Wilmersdorfer Platz, sowie in der Rheinstraße stehen, die die Höhe der fünfgeschossigen Mietskasernen Alt-Berlins haben und das bauliche Bild des stillen Villenortes zu zerstören begannen.

Rheinstraße um 1897

Eine solche, der bisherigen so entgegengesetzte Bauart konnte nicht im Interesse einer günstigen Entwicklung des Ortes liegen, so daß der Irrtum, den die Bauordnung vom Jahre 1887 in sich schloß, schon bald, und zwar im Jahre 1892 durch eine neue Baupolizeiverordnung berichtigt wurde. Dieselbe beschränkte für Alt-Friedenau die Höhe der Gebäude auf vier Wohngeschosse und ließ nur unter besonderen Bedingungen einen teilweisen Ausbau des Dachgeschosses zu, schrieb im übrigen für den bisher noch unbebauten westlichen Teil eine niedrige Bauweise von zwei Wohngeschossen bei einer Ausnutzung von nur 3/10 der Grundstücksfläche vor. Leider ist diese letztere Bauweise nicht zur praktischen Anwendung gekommen, da schon das Jahr 1903 eine neue Bauordnung mit neuer Bauklasseneinteilung brachte, die Friedenau neben der Bauklasse I, der geschlossenen Bauweise für den alten Teil, die sogen. offene Bauweise in Bauklasse A für den neuen Teil bescherte, also Mietshäuser mit vier Geschossen und Bauwich genehmigte und damit unter vollständiger Verkennung der Grundbedingungen der offenen Bauweise Einrichtungen, die bei niedrigen Villen zweckmäßig sind, mißverständlich auf hohe Mietshäuser übertrug.

Auf die Bauordnung vom Jahre 1903 folgte diejenige vom Januar 1912, welche sich nur in unwesentlichen Teilen von der vorangegangenen unterschied, aber in sofern Bemerkenswertes brachte, als sie die Ausnutzung der Kellergeschosse zu einer selbständigen Wohnung und die Atelierausnutzung des Dachgeschosses endgültig aufhob. Fanden die wechselnden Einzelbestimmungen der jeweiligen Bauordnungen in den Kreisen der weiteren Bürgerschaft im allgemeinen wenig Widerhall, so wurde der Frage der Anlegung und Unterhaltung von Vorgärten bei allen Bauten sowohl seitens der Gemeindeverwaltung als auch seitens der Anlieger besondere Aufmerksamkeit geschenkt. Da Friedenau durch seinen herrlichen, schon von Herrn von Carstenn-Lichterfelde angelegten Baumschmuck von jeher den Eindruck einer Gartenstadt erweckte, legte man allgemein besonders Gewicht darauf, auch die Vorgärten diesem Charakter entsprechend anzulegen und in gutem Zustande gepflegt zu erhalten. Zur Förderung dieses Gedankens setzte der rührige „Verein der Gartenfreunde" jährlich einen namhaften Betrag für die schönsten Vorgärten und die bestgeschmückten Balkons aus. Auch die Gemeindeverwaltung hat sich in dankenswerter Weise stets bemüht, diesen Charakter der freundlichen Gartenstadt zu erhalten und zu pflegen und hat es verstanden, die in dem engen Bebauungsplan übrig gebliebenen geringen Grünflächen in geschmackvoller Weise anzulegen und gärtnerisch zu erhalten. Hier verdient der Name des rührigen Gemeindmitgliedes Herrn Lichtheim erwähnt zu werden, der sich mit großer Hingabe der Pflege des Ortes und der Erfüllung der von ihm übernommenen Aufgaben unterzogen hat.

Da Friedenau von jeher eine Bevölkerung des Mittelstandes besaß, wurde allen hygienischen Fragen eine bemerkenswerte Liebe und Aufmerksamkeit zugewandt. Eine eigentliche Entwässerung im heutigen Sinne kannte man im alten Friedenau nicht. Mit Schöneberg, Schmargendorf und Wilmersdorf zusammen, führte Friedenau seine Abwässer nach dem sogen. „Schwarzen Graben", der sein Wasser in die Spree abführte. Klosettanlagen durften nicht an diese Entwässerung angeschlossen werden. Als dann der „Schwarze Graben" eingezogen wurde, traten die vorgenannten Gemeinden zwecks Beschlußfassung über eine gemeinsame Entwässerung zu Beratungen zusammen. Da Friedenau das Vorflutrecht zur Entwässerung nach dem „Schwarzen Graben" zustand, mußten seine Wünsche bei dem geplanten Unternehmen Berücksichtigung finden. So kam das von Schöneberg gemeinsam mit Wilmersdorf durchgeführte Entwässerungsprojekt zustande, an welches die Entwässerungsleitungen Friedenaus ihren Anschluß finden. Seit dem Jahre 1904 werden die Abwässer Friedenaus in die Schöneberger Kanalisationsanlage geleitet. Um das Zustandekommen dieser Anlage und den Anschluß Friedenaus an das Schöneberger Netz haben sich besonders Herr Prof. Büsing und der langjährige Schöffe, Herr Architekt Draeger hervorragende Verdienste erworben. Noch wichtiger als die Frage der Entwässerung war diejenige der Wasserversorgung des Ortes. Ursprünglich wurde Friedenau nur durch Brunnen, welche auf jedem Grundstücke errichtet waren, mit Wasser versorgt. Im Laufe der 80er Jahre dehnten jedoch die Charlottenburger Wasserwerke ihr Netz auch über Friedenau aus.

Die Straßen, welche ursprünglich in sehr bescheidenem Maße befestigt waren und die dann später vom „Landerwerb- und Bauverein“ und vom „Charlottenburger Bauverein“ mit Kopfsteinen gepflastert waren, konnten in diesem Zustande auf die Dauer den Bewohnern Friedenaus nicht genügen. Lange gingen die Verhandlungen mit der Kreisbehörde darüber hin und her, ob die Hauptverkehrsstraße des Ortes, die Rheinstraße, in ihrem Zustande verbleiben oder ob sie gepflastert oder asphaltiert werden sollte. Schließlich wurde die Asphaltierung der Rheinstraße durchgeführt. Damit war der erste Weg zur großstädtischen Anlage der Straßen Friedenaus beschritten. Verursachte auch die Regulierung der Kaiserallee noch heftige Kämpfe in der Gemeindevertretung, so war auch hier zum Schluß das Ergebnis, daß eine Asphaltierung beschlossen wurde. Nun folgte die Asphaltierung einer Straße nach der anderen und bei der Neuanlegung des Wagnerviertels und des Viertels um den Südwestkorso herum wurde die Frage, welche Befestigung des Straßendammes zu wählen sei, allein zugunsten der Asphaltstraßen entschieden, so daß Friedenau heute zum größten Teil asphaltierte Straßen besitzt und nur einige wenige mit stärkerer Steigung mit Schlackensteinen befestigt sind.

Hand in Hand mit der Pflasterung ging die Reinigung der Straßen, die unter der Leitung der Gemeindeverwaltung für saubere Straßen sorgte, so daß sich Friedenau mit Recht vor dem Kriege zu einem der reinlichsten Vororte Berlins rechnen konnte.

Die Straßenbeleuchtung, welche ursprünglich in bescheidener Form durch Petroleumlampen erfolgte, die die Kolonisten selbst aufstellten und unterhielten, konnte in dieser Einfachheit auf die Dauer und bei der fortschreitenden Entwickelung des Ortes nicht lange verbleiben. Es muß deshalb als ein Verdienst des „Haus- und Grundbesitzer-Vereins“ bezeichnet werden, daß er im Jahre 1889 bei der Gemeindevertretung den Antrag auf Einführung der Gasbeleuchtung stellte. Schon im Jahre 1891 wurde diesem Wunsche durch Abschluß eines Gaslieferungsvertrages mit der Imperial Continental Gas-Association Rechnung getragen. Mit dem Wachsen des Ortes und den weiter gehenden Ansprüchen der Bevölkerung und der Einführung der elektrischen Beleuchtung auch in anderen Orten, wurde der Wunsch, auch Friedenau mit elektrischer Beleuchtung zu versehen, immer reger. Die weitgehenden Bemühungen, auch aus den Kreisen der Bürgerschaft führten dann dazu, daß unter der tatkräftigen Führung des damaligen Bürgermeisters Schnakkenburg der Beschluß gefaßt wurde, den Ort mit elektrischer Beleuchtung, nicht nur in den Häusern, sondern auch auf den Straßen zu versehen. Anstatt jedoch den von dem Elektrizitätswerk Süd-West angebotenen Lieferungsvertrag anzunehmen, entschloß sich die Gemeindevertretung dazu, sogleich ein eigenes Elektrizitätswerk zu errichten. Dieser weitschauende Gedanke wurde die Grundlage zu einer in der Zukunft sehr glücklichen finanziellen Entwicklung des Ortes, da die Einnahmen aus dem Elektrizitätswerk, besondes, nachdem dasselbe aus der eigenen Verwaltung in diejenige der Vorort-Elektrizitätswerke übergegangen war, echte Überschüsse brachte und dem Gemeindesäckel dazu verhalf, manche schöne Aufgabe zu lösen, die bei dem schnellen Aufblühen Friedenaus am Anfang dieses Jahrhunderts notwendig wurde.

In die Zeit nach 1900 fällt nämlich der große Aufschwung der Gemeinde. Durch das außerordentliche Anwachsen der Bevölkerung wurde es im Jahre 1900 erforderlich, für das humanistische

Gymnasium, dessen erste vier Klassen in der alten Gemeindeschule untergebracht waren, ein eigenes Gebäude zu errichten. Nach einem engeren Wettbewerbe wurde der Bau 1901 nach den Plänen der Preisträger, Regierungsbaumeister Erich Blunck und Paul Engelmann begonnen und 1902 vollendet. Ein Jahr später folgte die Turnhalle der Anstalt und 1905 das Dirtektorhaus am Maybachplatz.

Es war jetzt die Zeit angebrochen, wo die verdienstvolle ehrenamtliche Leitung der Verwaltung notwendigerweise durch eine fachmännisch geschulte jüngere Kraft ersetzt werden mußte, weil die Lösung dringender Verwaltungsfragen, sowie die Errichtung von Gemeinde- und höheren Schulen, des Rathauses, des Elektrizitätswerkes, Bebauungsplanfragen und anderes brennend geworden war.

Elektrizitätswerk in der Rheingaustraße 30, um 1910

Der im Jahre 1903 gewählte Gemeindevorsteher, Bügermeister Schnackenburg stand daher neben wichtigen Verwaltungsaufgaben eine große Reihe von Bauaufgaben vor, die ihrer dringenden Lösung harrten. Konnte er noch an der Vollendung der neuen Gymnasialanstalt mitarbeiten, so galt es weiter, dür die in der denkwürdigen Cholerabaracke auf dem jetzigen Schillerplatz aufs dürftige untergebrachten Ortsarmen ein würdiges Armenhaus zu bauen, das an dem alten, von Wilmersdorf nach Steglitz führenden Feldwege, der jetzigen Laubacher Straße von dem damaligen Architekten der Gemeinde, Herrn Duntz errichtet wurde. Gleichzeitig war es notwendig geworden, Schulräume für eine doppelte Gemeindeschule zu beschaffen, da die in der Albestraße vorhandene, aus den Jahren 1890/95 stammende erste Volksschule nicht mehr ausreichte, um bei dem starken Bevölkerungszuzug Raum für die zahlreichen Volksschulkinder zu bieten. So erstand im Jahre 1905/6 wiederum von dem Architekten Duntz in sparsamer und vorbildlicher Weise ausgeführt, die Gemeindeschule in der Rheingaustraße, in welcher 36 Klassenräume, sowie die Nebenräume für 2 Schulen und einer Kochküche untergebracht wurden. Noch während der Bauausführung wurde dies Bauprogramm in großzügiger Weise erweitert und in das Gebäude umfangreiche Handfertigkeitsräume, eine Aula, die gleichzeitig als Gesangsaal und Zeichensaal benutzt wird, und eine Schul-Brausebadanlage hineingebaut. Im Oktober 1906 konnte diese Anstalt ihrer bestimmung in feierlicher Weise übergeben werden.

Gleichzeitig hiermit war im Jahre 1905 das oben bereits erwähnte Elektrizitätswerk errichtet worden, Dieselmotoren wurden hier zur Erzeugung des elektrischen Stromes aufgestellt. Da sich bei der Zunahme der Bevölkerung die Anlage nach einigen Jahren als zu klein erwies, wurde das Werk bereits im Jahre 1910 erweitert. Auch hier stammt der Entwurf des Baues aus der Hand des Architekten Duntz.

Die nächste Aufgabe war die Errichtung eines Rathauses am Wilmersdorfer Platz. Ein zu diesem Zwecke unter den Architekten Deutschlands ausgeschriebener Ideenwettbewerb hatte leider kein befriedigendes Ergebnis. Da der auf Aufforderung der Gemeindekörperschaften vom Verfasser dieser Zeilen gleichzeitig mit den Wettbewerbsentwürfen eingereichte Bauentwurf die einstimmige Zustimmung fand, faßte die Gemeindevertretung den Beschluß, diesen Bauentwurf so schnell wie möglich auszuarbeiten und das Rathaus beschleunigt zur Ausführung bringen zu lassen. Kaum waren die Bauplätze so weit, daß mit dem Bau hätte begonnen werden können, als sich dringendere Bauaufgaben einstellten, die den Säckel der Gemeinde in so hohem Maße in Anspruch zu nehmen drohten, daß von der Errichtung eines Rathauses einstweilen abgesehen wurde. Dies war um so mehr möglich, als aus dem damals als Amtgebäude dienenden Mietshause Handjerystraße 90, Ecke Feurigstraße, einige Zweige der Verwaltung in andere Gebäude verlegt werden konnten, so daß die freien geldlichen Mittel zusammen mit den aufzunehmenden Anleihen zunächst für den jetzt drängenden Schulentwurf Verwendung finden konnten.

Das Gymnasium am Maybachplatz mit seinem humanistischen Lehrgange reichte nämlich schon lange nicht mehr aus, um die verschiedenartigen Wünsche der Elternschaft unseres Ortes zu befriedigen. Man war daher der Gründung einer Realanstalt näher getreten, für die es galt, baldig ein eigenes Schulgebäude zu errichten. Nachdem zuerst geplant war, diese Anstalt neben das Gymnasium am Maybachplatz zu stellen, entschloß man sich, den dafür geeigneteren Baublock zwischen der Rheingau-, Schwalbacher, Homuth- und Wiesbadener Straße anzukaufen, um die größere Hälfte des Geländes für die Errichtung einer doppelzügigen Realanstalt mit Direktorwohnung und allen dazu gehörigen Nebenräumen zu verwenden. Da die im Orte vorhandenen Festsäle den an sie gestellten Ansprüchen von Jahr zu Jahr weniger gerecht werden konnten, die Bevölkerung daher in zahlreichen Fällen ihre Feste außerhalb des Ortes feiern mußte, beschloß die Gemeindeverwaltung, sie Aula der Anstalt so groß zu gestalten, und mit so vielen und verschiedenartigen Nebenräumen zu versehen, daß in derselben auch größere Veranstaltungen der Bürgerschaft, wie Konzerte, Wohltätigkeitsfeste, ja selbst Kaisergeburtstagsfeiern mit Festessen abgehalten werden konnten. Es wurde daher selbst eine kleine Küchenanlage in den Räumen hinter der Aula eingerichtet. So entstand der sogen. Bürgerfestsaal des Realgymnasiums in der Homuthstraße, der 800 Personen Raum bietet und noch heute nicht nur den fröhlichen und ernsten Veranstaltungen der Bürgerschaft dient, sondern auch seit vielen Jahren von den mosaischen Mitbürgern unseres Ortes als Tempel an ihren hohen Feiertagen benutzt wird. Für die kleine eingebaute Orgel hat die jüdische Gemeinde einen entsprechenden Zuschuß gegeben. Im April 1910 fand die feierliche Einweihung der neuen Anstalt in dem festlich geschmückten Bürgersaal unter Beteiligung der Vertreter staatlicher und kommunaler Behörden statt. Die Baukosten des von dem Unterzeichneten entworfenen und geleiteten Baues betrugen rund 813 000 M.

Ehe noch der Neubau des Realgymnasiums beendet war, hatte sich die Gemeindeverwaltung schon der Aufgabe der Errichtung einer höheren Mädchenschule widmen müssen. Die im Orte

Real-Reformgymnasium an der Schwalbacher Straße, um 1910

vorhandenen beiden privaten höheren Mädchenschulen konnten die Töchter der ortsangesessenen Familien schon lange nicht mehr aufnehmen. Es galt daher auch hier, sogleich eine Doppelanstalt mit allen den modernen Lehransprüchen gerecht werdenden Nebenräumen zu errichten.

Bei dem Mangel an geeigneten Grundstücken der Gemeinde kam hierfür nur das Grundstück in der Goßlerstraße in Betracht, das, eigenartig geschnitten, zwischen bebauten Mietsgrundstücken mit schmaler Front an der Goßlerstraße lag und nach hinten in das Grundstück der Gemeindeschule in der Rheingaustraße überging. War es bei dem Grundstücke des Realgymnasiums leichter, eine geeignete Grundrißlösung des Baues zu finden, die auch in städtebaulicher Hinsicht dem Stadtbild eine Note geben konnte, so war bei den erschwerenden baupolizeilichen Vorschriften der

Bauklasse A, in welcher das Grundstück der höheren Mädchenschule lag, sowie bei der geringen Breite des Geländes die Aufgabe, eine geeignete Grundrißlösung bei gleichzeitiger ästhetischer Ausbildung des Gebäudes im Aeußeren zu finden, sehr erschwert.

Aus diesen Schwierigkeiten enstand der Bau der Königin-Luise-Schule mit ihrer als Aula dienenden monumentalen Halle und den sie von allen Seiten umgebenden Klassen-, Sammlungs- und sonstigen Räumen, die noch heute die einzige sogen. Hallenschule Berlins und damals auch Norddeutschlands war. Die Baukosten der Anstalt mit der anliegenden Direktorenvilla betrugen rund 750 000 Mark. Die Einweihung des neuen vom Verfasser entworfenen und geleiteten Baues fand im April 1911 statt.

Als dann trat eine kuze Ruhepause ein, in welcher die Gemeinde sich von den großen Ausgaben für ihre neuen Bauten erholen konnte.

Vor der Königin Luise-Schule in der Goßlerstraße, 1912

Jedoch schon im Jahre 1912 wurden die Verhandlungen zur Beschaffung eines neuen ausreichend großen Friedhofes außerhalb Groß-Berlins zum Anschluß gebracht und in den Jahren 1913 und 1914 der Waldfriedhof in Gütergotz angelegt, der den modernen Anschauungen über Friedhofskunst entsprechend, nicht mehr den Charakter der üblichen Begräbnisstätten mit ihrer nüchternen Gleichförmigkeit trägt, sondern dem Besucher den versöhnlichen Eindruck gibt, in dem Garten Gottes, dem schönen märkischen Wald seine Toten besuchen und sich in Andacht der Stimmung des Ortes hingeben zu können. Diesem Gedankengange sind auch die Baulichkeiten des Friedhofes und seine ganze Anlage angepaßt. Der Eingang durch ein monumentales Portal wird von einem malerisch hingestellten Verwaltungsgebäude und einer Blumenverkaufshalle flankiert. Die geräumige Friedhofskapelle schließt sich in ihrem Charakter der Stimmung des sie umgebenden Hochwaldes an. Kleine, in Stroh gedeckte Unterkunfts- und Bedürfnishäuschen fügen sich in den gewollten Charakter der ganzen Anlage ein. Im Jahr 1914 konnte die Einweihung des Waldfriedhofes stattfinden und gleichzeitig die auf dem hinteren Teil des Geländes errichtete Gärtnerei der Gemeinde ihrer Bestimmung übergeben werden. Da sich die Wirtschaftsanlagen hier bald als zu klein erwiesen, wurde im Jahre 1919/20 ein großes Wirtschaftsgebäude und ein erweitertes Gewächshaus errichtet, da inzwischen der Bedarf an Blumen und Pflanzen für die Anlagen in Friedenau ein gewaltig gesteigerter geworden waren.

Während der Errichtung der Baulichkeiten auf dem Waldfriedhof hatte sich die dringende Notwendigkeit herausgestellt, an den Bau einer dritten Gemeindeschule heranzugehen und sogleich eine Doppelschule herzustellen, in der auch Räume für die Pflichtfortbildungsschule für Knaben und Mädchen, Klassenräume für schwachbegabte Kinder, Räume für den Handfertigkeitsunterricht, für Papp-, Holz- und Eisenarbeiten, eine Kochschule, Plätt- und Nähstube, Räume für die Schulzahnpflege, umfangreiche Räume für die Schulpflege und ein Zimmer für den Schularzt hergerichtet werden sollten. Außerdem beschloß die Gemeindevertretung, zwei große Turnhallen und einen Festsaal, der gleichzeitig der Bürgerschaft dienstbar gemacht werden könne, in den Bau mit einzuschließen. Da das hinter dem Friedhofe gelegene, ursprünglich zu seiner Vergrößerung in Aussicht genommene Grundstück an der Offenbacher, Laubacher und Fehlerstraße für die Errichtung dieser großen Anstalt besonders geeignet schien, gingen die Gemeindekörperschaften über das ursprüngliche Bauprogramm noch hinaus und beschlossen, da die öffentlichen Spielplatzanlagen in Friedenau recht beschränkt waren, einen allen modernen Anforderungen entsprechenden Spielplatz für die Sport- und Turnvereine mit Turngeräten, 300 Meter langer Laufbahn, Springgruben usw. anzulegen. Mit dem Bau wurde sogleich begonnen. Seine Vollendung fiel in den Beginn des Krieges. Da die Bauten bei ihrer gesunden Lage und großräumigen Anordnung sich außerordentlich gut für Lazarettzwecke eigneten, überließ die Gemeindeverwaltung, noch ehe die Anstalt ihrer eigentlichen Bestimmung übergeben wurde, die Bauten der Militärverwaltung zu Lazarettzwecken. Die eigentliche Kochschule bot dabei eine sehr günstige Gelegenheit, die Lazarettküche, welche von dem damaligen Gemeindeverordneten Herrn Geh. Kommissionsrat Sachs zusammen mit den Damen des Vaterländischen Frauenvereins unter tatkräftiger Leitung seiner rührigen Vorsitzenden, Frau Jos. Wetzell, geführt wurde, unterzubringen. Nach Beendigung des Krieges und vollständiger Instandsetzung der Bauten wurde dann im Jahre 1919 die Anstalt endlich als Schule benutzt. Inzwischen hatte die Gemeinde, da die Räume für die Unterbringung der Verwaltung immer unzulänglicher geworden waren, den Plan der Errichtung eines Rathauses erneut aufgenommen. Während weite Kreise der Bevölkerung und der Gemeindevertretung nachdrücklich den Wunsch vertraten, das Rathaus auf dem ursprünglich dafür in Aussicht genommenen Grundstücke am Wilmersdorfer Platz errichtet zu sehen, wurde nach gründlicher Untersuchung der Raumfrage und Ankauf der Grundstücke Niedstraße 1 und 2, Ecke Rheinstraße, doch der endgültige Beschluß dahin gefaßt, das Rathaus am Lauterplatz, im Angesicht der Hauptverkehrsstraße Friedenaus, zu errichten.

Bei der Größe des Bauprogramms und dem Wunsche, nicht nur die Diensträume, sonder auch die Feuerwehr, mehrere Dienstwohnungen von Unterbeamten, einen Ratskeller und, wenn möglich, eine Wohnung für den Bürgermeister im neuen Hause unterzubringen, ergab sich, daß trotz Inanspruchnahme weitgehender Dispense für die Bauausführung das vorhandene Grundstück bei weitem nicht ausreichte, um den aufgestellten Anforderungen zu entsprechen. Es wurde deshalb zur Vergrößerung des Grundstückes ein Teil des Straßengeländes bis zu 12 Meter Tiefe durch Aenderung der Baufluchtlinien zu dem Baugrundstück hinzugeschlagen. Gegen diesen Beschluß erhoben die Gegner des Rathausprojektes eine Klage im Verwaltungsstreitverfahren, welche durch das Oberverwaltungsgericht in günstigem Sinne für die Gemeindeverwaltung entschieden wurde. Inzwischen war das Bauprogramm noch weiter dadurch gewachsen, daß die Gemeindevertretung unmittelbar vor dem Baubeginn beschloß, in das Rathaus einen Bürgersaal mit Nebensälen und den dazu gehörigen anderen Räumen einzubauen. Trotzdem dadurch der bereits aufgestellte Bauentwurf eine ganz wesentliche Aenderung erfuhr, mußte ohne Zeitverlust mit dem Bau begonnen werden. Als derselbe aus dem Erdreich herauswuchs, brach der Krieg aus. Trotz anfänglicher

Grundsteinlegung des Rathauses am 18. Oktober 1913

Bürgermeister Walger beim Hammerschlag, 1 Hans Altmann, 2 Friedrich Bache, 3 Georg Haberland, 4 Heinrich Sachs, 5 Paul Kunow, 6 Paul Sadée

Bedenken wurde der Bau mit aller Energie fortgeführt und so beschleunigt, daß bereits im Jahre 1915 fast die ganze Verwaltung in das Haus hinein verlegt werden konnte. Auch der Ratskeller konnte gleichzeitig seiner Bestimmung übergeben werden. Im nächsten Jahre folgte dann die Fertigstellung des Festsaales und seiner Nebenräume und im Jahre 1917 die Fertigstellung des Turmes. So kam Friedenau noch im letzten Augenblick zu seinem so langersehnten Rathaus.

Bei allen vorerwähnten Aufgaben, die dem Unterzeichneten zu entwerfen und zu bauen oblagen, hat, das muß rückhaltlos anerkannt werden, die Gemeinde stets opferwillig Mittel zu einer würdigen Ausgestaltung der Bauten bewilligt. Dies zeigt sich nicht zuletzt auch in der Ausgestaltung des Rathauses. Nicht unerwähnt bleibe, daß in dem Gesellschaftszimmer des Ratskellers Bilder von Stätten Alt-Friedenaus, welche älteren Mitbürgern in lieber Erinnerung geblieben sein dürften, der Nachwelt als Wandschmuck überliefert werden, und einst, wenn diejenigen, die die Entwicklung Friedenaus miterlebt haben, schon lange der Rasen deckt, wird ein späteres Geschlecht an diesen Bildern die schnelle Entwicklung Friedenaus noch nacherleben können.

Bevor ich diese Zeilen schließe, muß noch auf eine Bautätigkeit hingewiesen werden, die zwar nicht von der Gemeindeverwaltung ausging, aber auch für die Bevölkerung Friedenaus von hoher Bedeutung gewesen ist. Die Kirchengemeinde, welche an der Ecke der Kaiserallee und der Goßlerstraße ein Pfarrhaus mit bescheidenen Küstereiräumen besaß, mußte sich mit dem schnellen Wachstum Friedenaus selbstverständlich auch ihrerseits um Beschaffung erweiterter Räume bemühen. Das an der Kaiserallee in den 90er Jahren des vorigen Jahrhunderts errichtete Gemindehaus reichte bei weitem nicht aus, um den gesteigerten Bedürfnissen der Kirchengemeinde zu entprechen. Außerdem war die dem ersten Geistlichen der Kirchengemeinde zur Verfügung gestelte Wohnung unzulänglich geworden. Deshalb entschloß sich die Kirchengemeinde auf ihrem Grundstücke unter Beseitigung des Pfarrhauses einen Neubau zu errichten, in welchen das vorhandene kirchliche Gemeindehaus durch Umbau einbezogen und neben 4 Wohnungen für die Geistlichen der Gemeinde ausreichende Versammlungs-, Konfirmanden- und Jugendpflegeräume untergebracht werden konnten. Außerdem sollten an der Goßlerstraße ausreichende Räume für die Gemeindeschwestern und für einen Kinderhort vorgesehen werden. Mit dem Bau wurde im Jahre 1911 begonnen und derselbe im nächsten Jahre vollendet.

Die Fürsorge für die Jugend Friedenaus und deren gesunde Erziehung veranlaßte die Gemeinde, als der Verein für Ferienkolonien ein eigenes Ferienheim in Zinnowitz zu gründen beabsichtigte, diesem Unternehmen seine tatkräftige Hilfe insofern zur Verfügung zu stellen, als die Baupläne im Bauamt unentgeltlich entworfen und ausgearbeitet wurden und auch die Ausführung des Baues von dort aus geleitet wurde. In diesem Heim finden alljährlich zahlreiche Kinder Friedenaus Erholung und Pflege. Um die Verwirklichung dieses dankenswerten und segensreichen gemeinnützigen Unternehmens und seine Erhaltung auch in den schweren Kriegsjahren hat sich neben den Herren des Vorstandes vor allem Frau Josefine Wetzell große Verdienste erworben, die auch heute noch der Leitung der Anstalt in vorbildlicher Weise vorsteht.

Da die katholischen Bürger Friedenaus zu gottesdienstlichen Feiern und Andachten die Gotteshäuser der Nachbargemeinden aufsuchten, weil in Friedenau keine eigene katholische Kirche vorhanden war, so ging die rührige katholische Einwohnerschaft zusammen mit der katholischen Kirchengemeinde in Wilmersdorf kurz vor dem Kriege daran, eine Kirche zu errichten, welche so angeordnet wurde, daß der Haupteingang noch auf Friedenauer Gebiet lag, während der größere Teil der Anlage auf Wilmersdorfer Gebiet entfiel.

Damit war dann Friedenau, das in den Jahren bis zum Kriege fast ganz ausgebaut war, allmählich in den Besitz aller derjenigen öffentlichen Anlagen gekommen, die von seiner Einwohnerschaft seit Jahren erstrebt waren. Der Krieg hat dann leider durch die weitere Entwickelung des Ortes einen Strich gemacht.

Schöneberg-Friedenauer Lokal-Anzeiger 9. November 1924

Zeppelin über Friedenau, um 1914

Die Mobilmachung von Heer und Flotte konnten wir am Sonnabend Abend bereits kurz vor ½7 Uhr durch Aushang im Schaufenster unserer Geschäftsstelle unsern Mitbürgern bekannt geben. Gegen 7 Uhr kamen dann auch die amtlichen Plakate, die die Mobilmachung ankündigten. Wie eine Befreiung von drückendem Alp erschien vielen diese Nachricht; war man doch nun aus der nervenerregenden Ungewißheit heraus und hatte jetzt ein klares Bild vor Augen. Allerdings eine Freude wollte über diese Meldung nicht recht aufkommen. Im Gegenteil löste sie in vielen Familien Jammer und Klagen und bitteren Schmerz aus. Wie viele mußten sich doch sofort oder bereits am nächsten Tage stellen. Für den Abschied gab es da nicht mehr viel Zeit. Die gedrückte Stimmung hielt auch noch am Sonntag vormittag an. In Automobilen oder mit der Straßenbahn ging es dem Stellungsorte zu. Die Offiziere in der Feld-Uniform, vielfach begleitet von Angehörigen und ihren Burschen, strebten zumeist in Automobilen den Bahnhöfen zu. Selbst das härteste Herz wurde weich bei den sich immer und immer wiederholenden Abschiedsszenen. Noch ein letztes Winken, dann ging es fort, hinaus ins Feld. Wer weiß, ob wir uns wiedersehen! Erst allmählich schickte man sich in das nun einmal Unvermeidliche. Herzhaft drückten Väter und Mütter ihre Erregung nieder und verabschiedeten den Sohn mit kurzen Worten der Aufmunterung: „Halte Dich brav, mein Sohn, tue Deine Pflicht!“ Diese und ähnliche Worte konnte man des öfteren hören. Schwerer war schon der Abschied, wo Frau und Kind zurückbleiben mußten. In unsrere Rheinstraße war der Verkehr wohl nie so stark, wie am gestrigen Sonntage. Automobile jagten nach beiden Richtungen. Die Bürgersteige hielt eine zahlreiche Menschenmenge besetzt, die auf- und abwanderte und namentlich in den Abendstunden jedes mit Kriegern durchfahrende Automobil lebhaft begrüßte. Das Klagen war bald vaterländischer Begeisterung gewichen, nachdem durch Extrablätter bekannt geworden, daß Rußland und Frankreich durch Bruch des Völkerrechts unsere Grenzen überschritten hatten. An der Kaisereiche hatten sich größere Gruppen gebildet, die die Kriegsereignisse lebhaft erörterten. Als gegen 11 Uhr im Cafe Woerz „Deutschland über alles“, „Die Wacht am Rhein“ und andere patriotische Lieder gesungen wurden, veranlaßte dies einen Manne zu unflätigen Bemerkungen. Sofort wurde er von einem älteren Herrn zurechtgewiesen, dem die Umstehenden begeistert zustimmten. Es fehlte nicht viel, so wäre der Schmäher von der erregten Menschenmenge gelyncht worden. In der Sonnabend Nacht war es schon im Cafe Woerz zu einer erregten Szene gekommen. Als dort ein Herr eine patriotische Rede hielt, wurde er von zwei Herren darin unterbrochen. Diese erhoben sich auch nicht von den Plätzen, als schließlich alle Anwesenden „Deutschland über alles“ sangen. Die empörte Menge wandte sich nun gegen diese beiden Herren, die schließlich schleunigst das Lokal verlassen mußten. Gläser, Tassen und andere Gegenstände wurden hinter ihnen her geworfen. – Die vaterländische Begeisterung in unserem Orte zeigt sich in schönster Weise. Dem Gemeindevorsteher haben sich zahlreiche Personen zur Verfügung gestellt, um in irgend einer Weise dem Vaterlande zu dienen. Viele haben sich in die Verwaltungsbüros einstellen lassen, um an die Stelle einberufener Gemeindebeamten zu treten. Auch zur Aufnahme und Pflege von Verwundeten haben sich viele bereit erklärt. Bei dem Bunde für freiwilligen Vaterlandsdienst, der sein Büro jetzt nach dem Restaurant Kaisereiche verlegt hat, melden sich viele Personen, Frauen, junge Mädchen, Männer und Jünglinge. Dem dringenden Rufe

Am Ringbahnhof Wilmersdorf-Friedenau, August 1914

nach Erntearbeitern sind mehrere junge Leute aus Friedenau und aus dem Friedenauer Ortsteil von Schöneberg gefolgt. Überall also echte, helle Begeisterung. Der alte deutsche Geist, der unser Volk 1813 zu Ehren führte, beherrscht auch heute wieder jeden Bürger.

Friedenauer Lokal-Anzeiger 8. August 1914

Ein Erinnerungsfoto – mit Blasmusik werden die ersten Soldaten an die Front verabschiedet. Vielleicht sind auch einige „im Feld gebliebene" ehemalige Schüler des Friedenauer Gymnasiums darunter. Für Ehre und Freiheit des deutschen Volkes zogen die Männer in den Krieg – das war sogar das erklärte Erziehungsziel an dieser Schule. 1922, kaum vier Jahre nach Kriegsende, erinnerte Direktor Dr. Wilhelm Busch in seiner Festrede anläßlich des 25jährigen Bestehens des Gymnasiums an „die selbstlose Hingabe an das Vaterland", denn Menschen heranzubilden von festem Charakter, die „heiße Liebe" für ihr deutsches Volk in sich trügen, sei das „Endziel aller Erziehung".

Wie es aber um die Gesinnung stand, die in dieser Jugend lebte, das ist nie kraftvoller und überzeugender zum Ausdruck gekommen als in den langen Jahren des Krieges. Da hat es keinen einzigen in der großen Anzahl gegeben, dessen Herz nicht in heißer Liebe für sein Volk aufloderte, da konnten die älteren den Tag der Entlassung nicht abwarten, damit sie dem Vaterlande mit den Waffen dienen konnten, und wer dazu noch nicht fähig war, der verpflichtete sich für den freiwilligen Hilfsdienst. Und betätigen wollten sich alle, selbst die jüngsten, und jeder gab dem Vaterlande, was er vermochte. Es ist eine große Zeit gewesen auch für uns, die wir nicht hatten mit hinausziehen können in den heiligen Krieg für die Ehre und die Freiheit unseres Volkes. Wir neigen uns in Ehrfurcht vor ihnen, die so unendlich viel mehr geleistet haben als wir. „Tote reden die eindringlichste von allen Sprachen“. Ihre Namen sollen noch den späteren Geschlechtern künden, welcher Geist in der Jugend lebte, die unserer Anstalt in ihren ersten Jahrzehnten angehört hat, und Gott gebe es, daß jede Schulgemeinde, die je in diesem Saale versammelt sein wird, stets von derselben Gesinnung der selbstlosen Hingabe an das Vaterland erfüllt sei.

Gedenkbuch zum 25jährigen Bestehen des Friedenauer Gymnasiums 1897–1922

Die deutsche Sprache im Fleischergewerbe. Der Deutsche Fleischerverband schlägt, wie die „Deutsche Fleischer-Zeitung“ meldet, seinen Berufsgenossen folgende unsere Hausfrauen gewiß sehr interessierende Aenderung der Fleischbezeichnungen vor: Für Roastbeef: Ochsenrücken (Rinderrücken), für Filet: Lende, für Beefsteak: Lendenschnitte, für Entrekote: Mittelrippenstück, für Rumpsteak: Rückenschnitte, für Cotelette im Stück: Rücken, zusammenhängend: Sattel, für Carbonade und Carree: Rippschnitt, für Gulasch: Pfefferfleisch, für Ragout und Frikassee: Würzfleisch, für Frikandeau: Kalbsspickbraten, für Frikandelle: Hackfleisch zu Fleischklößchen, für Bouillon: Fleischbrühe, für Aspik und Gelee: Fleischauszug, für Saucischen: Würstchen, für Delikateß-Schinken: Edelschinken, für Corned Beef: Büchsensalzfleisch, für Boiled Beef: Büchsenfleisch.

Friedenauer Lokal-Anzeiger 9. Oktober 1914

„Reichswollwoche“, Sammlung von Kleiderspenden im ersten Kriegswinter

Julius Möller

Das Denkmal für die Gefallenen

Schon in den ersten Tagen des Weltkrieges wurde im Gemeinde-Kirchenrat angeregt, das Andenken der fürs Vaterland gefallenen Gemeindemitglieder durch ein in der Kirche angebrachtes Denkmal zu ehren. Über das „Wie" schwankten die Ansichten hin und her. Die einen hielten eine symbolische Trauerfigur mit angemessener Inschrift in der Eingangshalle der Kirche für zweckmäßig, andere wiederum die Anbringung von Namenstafeln an den Wänden – und wenn die in der Vorhalle nicht ausreichten, an den Wänden des Kirchenschiffes – für empfehlenswerter. Von dritter Seite wurde, namentlich als sich die Zahl der Gefallenen immer mehr und mehr vergrößerte und in anderen Gemeinden mit Wandtafeln keine günstigen Erfahrungen gemacht waren, die Herstellung eines sogenannten Ehrenbuches in Anregung gebracht. Schließlich kristallisierte sich aus den verschiedenen Meinungen die Ansicht heraus, daß sich mit einer symbolischen Figur im Verein mit einem Ehrenbuche der Gedanke der Trauer, des Andenkens und der Dankbarkeit wohl am besten zum Ausdruck bringen ließe.

Bei den nun einsetzenden näheren Beratungen über die Platzfrage mußte die Eingangshalle ausscheiden, weil hier infolge der inzwischen erfolgten Aufstellung zweier Gasöfen zur Verstärkung der Heizungsanlage für ein Denkmal kein Platz mehr vorhanden war. Die Wahl fiel dann auf die Nische in der östlichen Schrägfläche des Halbjoches zwischen Schiff und Chor, und diese Wahl sollte sich als eine glückliche erweisen. Bildet doch hier das Denkmal gewissermaßen ein Gegenstück zu der vor der westlichen Schrägfläche stehenden Kanzel.

Ohne weiteres war nun aber die Nische mit ihrem ebenen Hintergrunde und scharfen Kanten für die Denkmalanlage nicht geeignet, sie mußte umgestaltet und der Rückwand eine ausgerundete, vorn übergeneigte muschelartige Form gegeben werden. Das Denkmal selbst besteht aus einer überlebensgroßen knienden betenden Frauenfigur, die die Hände über dem stützenden Knie faltet und das verschleierte Haupt nach vorn überneigt, dabei wie schmerzempfindend auf den lorbeergeschmückten Stahlhelm blickt, der zu ihren Füßen auf einem Schwerte liegt. Die Figur, an der der Faltenwurf des bis zum Fuße herabwallenden Schleiers ganz vorzüglich gelungen ist, übt eine ergreifende Wirkung aus, besonders wenn gedämpftes Licht auf sie fällt.

Aus der Mitte des Sockels tritt ein in der Form eines Betpultes gehaltener Schrank (mit Einsatz von Eichenholz) hervor, in dem das Ehrenbuch aufbewahrt wird. Die Pultdecke, die zum Auflegen des Ehrenbuches beim Gebrauch dient, weist das Wort der heiligen Schrift auf: „Sei getreu bis in den Tod!" und der Sockelrand trägt die Inschrift: „Zum Gedächtnis unserer Gefallenen". Um dem durch die gebückte Stellung der Figur ungleich in die Erscheinung tretenden Hintergrund eine bessere Raumwirkung abzugewinnen, ist auf der Mitte der Rückwand ein etwas erhabenes, strahlendes Kreuz angebracht, das zugleich den Sieg des Kreuzes über den Tod zum Ausdruck bringt. Das schöne Denkmal ist in Entwurf und Ausführung ein Werk unseres Mitbürgers und Gemeindemitgliedes Heinrich Mißfeldt.

Chronik der Kirchengemeinde zum guten Hirten 1871–1930

III. Gemeindeschule Offenbacher Straße

Die III. Gemeindeschule für Mädchen und Knaben nach den Plänen des Germeindebaurates Hans Altmann wurde noch vor Kriegsbeginn fertiggestellt. Doch das Gebäude konnte erst ab Ostern 1919 als Schule genutzt werden; im Dezember 1914 mußte in den Räumen ein Reservelazarett eingerichtet werden.

Lazarett in den Räumen der III. Gemeindeschule Friedenau

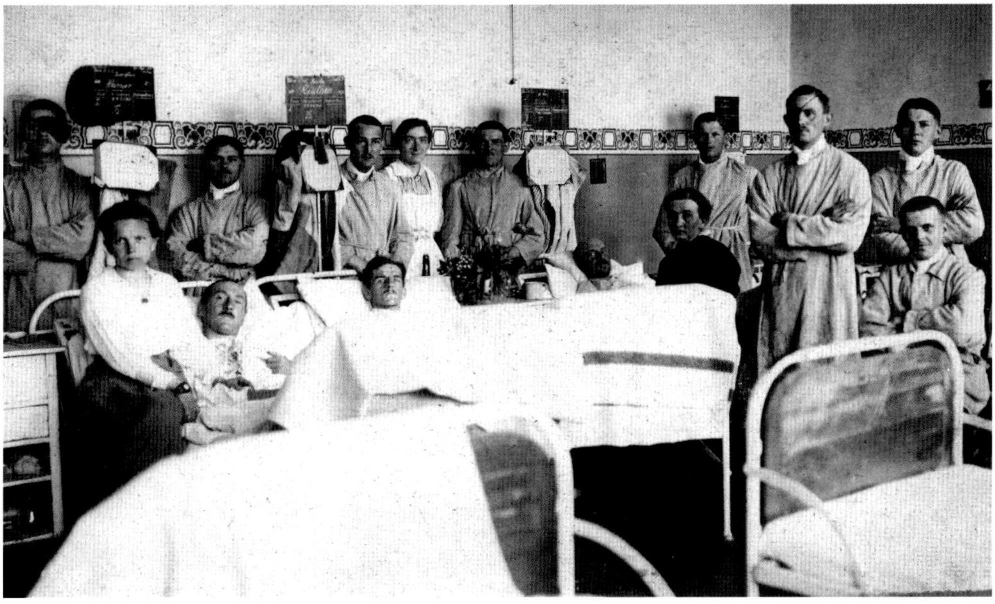

Gershom Scholem

Von Berlin nach Jerusalem – Jüdisches Milieu

Die zweifellos bunteste Figur in meinem Familienkreis war der Onkel Theobald, ein um zehn Jahre jüngerer Bruder meines Vaters und, wie ich schon sagte, vor seiner Heirat der einzige Zionist der Familie. Er bildete in diesem im allgemeinen sehr antizionistischen Kreis lebhafte Opposition, und es hatte schon lange, bevor ich zu eigenem Denken erwacht war, heftige Diskussionen mit ihm gegeben. …

Seit 1905 war die zionistische Organisation sein größter Kunde. So druckte er die zwei offiziellen deutschsprachigen Organe der Bewegung, die »Jüdische Rundschau«, das Sprachrohr der Zionistischen Vereinigung für Deutschland, die später unter der Redaktion von Robert Weltsch, einem der hervorragendsten Journalisten dieser Zeit überhaupt, in der Geschichte der deutschen Juden eine große Rolle gespielt hat. Und dazu kam von 1911 bis zum Ausbruch des Weltkrieges auch »Die Welt«, das von Theodor Herzl gegründete Zentralorgan der Zionistischen Organisation. Als ich begann, mich für diese Dinge zu interessieren, lief ich alle paar Wochen nach der Hauptstraße in Schöneberg, um mir die angesammelten Nummern zu holen.

Der Onkel war ein verhinderter Gelehrter. Seine Liebe gehörte dem Studium der Geschichte und Völkerkunde, und Bücher über den fernen Osten, Japan, China, Tibet und Indien sowie über den Buddhismus und den Islam füllten den eichenen Bücherschrank in seiner Wohnung in Friedenau. Er war es, der mir den »Buddhistischen Katechismus« von Subhadra Bhikschu (einem braver Herrn Zimmermann) in die Hand drückte, das erste Buch über eine fernöstliche Religion, das ich gelesen habe. Als er heranwuchs und die Prüfungen bestanden hatte, die notwendig waren, um den Militärdienst auf ein Jahr zu reduzieren – er und seine Brüder gingen schon in dieselbe Schule wie ich und die meinen –, zwangen ihn finanzielle Krisen, die Schule zu verlassen und in eine kaufmännische Lehre zu gehen, mit der er sich allmählich doch befreundete. Die Brüder Scholem hatten auf Geheiß der Eltern alle noch jahrelang die Religionsschule einer kleinen Synagoge in der Prinzenstraße besucht, mein Onkel allein mit großem Vergnügen und mindestens mit dem Erfolg, daß er Hebräisch, wenn es vokalisiert gedruckt war – vor allem Siddur und Pessach-Haggada –, fast fließend lesen konnte. Wenn er auch kaum viel von dem, was er vorlas, verstand, so kannten er und seine Brüder doch die traditionellen Melodien, die sie im Haus ihres Vaters an den Freitagabenden und am Sederabend gehört hatten.

Er sah seinem Vater sehr ähnlich, hatte aber die Energie, Klugheit und Sparsamkeit von seiner Mutter geerbt. Obwohl er seine Ansichten mit Entschiedenheit vertrat, war sein Sinn doch stets auf Erhaltung der Familieneintracht gerichtet, was in unserem Fall und bei dem großen Altersunterschied zwischen ihm und meinem Vater keineswegs einfach war. Der Zionismus war für ihn eine Art seelischer Befreiung, die sich in einer etwas paradoxen Weise ausdrückte. Er war einer der Begründer des jüdischen Turnvereins Bar-Kochba und turnte 1903 vor Theodor Herzl auf dem Baseler Zionistenkongreß. Das Bild der Turnriege mit Herzl in der Mitte hing bei ihm im Salon.

Mein Onkel war ein ziemlicher Kauz. Die Opposition zu seinen Brüdern kam für mein Ohr nicht so sehr in den ideologischen Auseinandersetzungen, die offenbar lange vor meinem Heranwachsen stattgefunden hatten, zum Vorschein, sondern darin, daß er an den Freitagabenden in jüdischen Redewendungen (und manchmal auch Verdrehungen) schwelgte, – den Resten des Jiddischen, das seinen Vorfahren in Schlesien und Posen noch geläufig war – und deren gemischte Aufnahme bei einigen der Versammelten ihn anscheinend gerade zu weiteren Produktionen linguistischer Jüdischkeit anregte. Das jüdische Bürgertum benutzte solche Redensarten (in aschkenasischer Aussprache) in der Generation meiner Eltern im privaten Umgang häufig noch ganz selbstverständlich. Öffentlich nahm sie aber kein Mensch mehr in den Mund. Mein Onkel warf sie in der Freitagabendrunde gleichsam als Losungen um sich. In seiner Wohnung hing an sichtbarer Stelle eine Sammelbüchse des Jüdischen Nationalfonds zugunsten der Erwerbung von Boden in Palästina. Wetten zwischen den Brüdern wurden, falls er sie gewann, meistens mit dem Einwurf eines Markstückes in die Büchse honoriert.

In dem Turnverein, der Max Nordaus schreckliche Formel vom »Muskeljudentum«, der physischen Regeneration der Juden, konkretisieren sollte, fand dieser Mann, der so ganz und gar nichts davon an sich hatte, eine mir ziemlich unverständliche Entspannung. Mich ärgerte die Formel von Anfang an, und obwohl mich der Onkel, seitdem ich Sympathie für den Zionismus bekundete, immer wieder zum Eintritt aufforderte, brachte ich es nicht über mich, meine jüdische Begeisterung, die nach Wissen und Erkenntnis dürstete, mit Turnübungen nach Vater Jahn zu befriedigen. Dadurch erschien mir mein Onkel, je mehr ich heranwuchs, um so fragwürdiger. Ich empfand viel menschliche Sympathie für sein widersprüchliches Wesen, doch der Ärger über die, wie mir schien, irreale Ebene seines Zionismus, machte mich je länger desto nervöser. Aber ich rechnete ihm hoch an, daß er im Ersten Weltkrieg, als ich meiner Haltung wegen in schwere Konflikte mit meinem Vater geriet, zu mir hielt. Das war damals nichts weniger als selbstverständlich. Wirklich tief verbunden fühlte ich mich mit seiner Frau, der Tante Hedwig, die mein Hauptrückhalt in der Familie war und meine noch unklaren, aber doch ins Geistige des Zionismus weisenden Tendenzen freudig aufnahm. Sie war noch keine 30 Jahre alt, als diese Neigungen bei mir einsetzten, und es entstand ein echtes Vertrauensverhältnis zwischen uns. In den Kriegsjahren und später noch kam ich oft nach Friedenau zum Mittagessen heraus, und pflegte mich, wenn der Onkel sich zur Mittagsruhe legte, mit ihr über alles, was mich in meinen jüdischen Bestrebungen bewegte, zu unterhalten. Kurz nach dem Kriege nahm sie für ihre zwei kleinen Kinder, meine viel jüngeren Kusinen Eva und Dinah, ein junges Mädchen ins Haus. Esther Dondikoff, eine sympathische und reizende Frau, die fließend hebräisch sprach, stammte aus einem der ersten jüdischen Dörfer im Lande Israel und war zur Ausbildung als Kindergärtnerin nach Berlin gekommen. Sie unterrichtete die Tante in Hebräisch und sang den kleinen Mädchen die hebräischen Lieder vor, die damals dort drüben umgingen. Sie wurde später die Frau Mosche Smilanskys, eines der angesehensten und einsichtigsten Männer des jüdischen Palästina, der sich mit großer Energie und lange Jahre für jüdisch-arabische Verständigung eingesetzt hat.

Meine Tante war begeistert, als ich ihr mitteilte, ich sei entschlossen, nach Palästina zu gehen, sobald mein Studium beendet sei, und gewiß wäre sie selber auch gerne gegangen. Das stieß sich aber an den Rechnungen des in geschäftlichen Dingen außerordentlich vorsichtigen Onkels, der nicht glaubte, daß er die große Druckerei dort für den Unterhalt der Familie rentabel machen könnte. Das waren Pläne der frühen zwanziger Jahre, die manchmal zur Sprache kamen, bevor ich selber ging. Als Hitler an die Macht gelangte, gingen meine Kusinen nach Palästina, und 1938 kamen auch mein Onkel und meine Tante – der einzige Zweig meiner Familie, der sich ganz im Lande niederließ.

Schon der 1833 in Berlin geborene Großvater von Gershom Scholem besaß eine Buchdruckerei. Als begeisterter ‚Wagnerianer' nannte er sich bereits in den 1850er Jahren Siegfried und verkörperte so in eigener Person den Übergang eines Juden in die deutsche Kultur. Seinen Söhnen Arthur und Theobald vermachte er das 1861 gegründete Unternehmen, das über drei Generationen bis 1938 in Berlin fortgeführt wurde.

Aus Gerhard Scholem, der 1923 nach Palästina auswanderte, wurde Gershom Scholem. Bald war er Direktor der judaistischen Abteilung der Hebräischen Universität in Jerusalem und 1933 Professor für Kabbalistik. Sein Lebenswerk galt der Erforschung der jüdischen Mystik. Er war einer der bedeutendsten jüdischen Philosophen des 20. Jahrhunderts. Seine Jugenderinnerungen „Von Berlin nach Jerusalem" schrieb er 1977. Gershom Scholem starb im Alter von 84 Jahren am 20. Februar 1982 in Jerusalem.

Vielleicht mußte Onkel Theobald noch vor seiner Flucht aus Nazi-Deutschland erleben, wie 1927 an der Haupt- Ecke Wielandstraße, wenige Meter von seiner Wohnung entfernt, eine neue Kneipe eröffnet wurde. Der Garten der „Ameise", so der Name des Stammlokals des SA-Sturms 9, dessen Mitglieder sich „Ameisen" nennen ließen, sollte dann am 21. April 1930, Friedenau zur Schande, zu einem historischen Schauplatz werden: Hier ließ der Nazi-Schankwirt, von seinen SA-Mannen liebevoll „Ameisenbär" genannt, zum erstenmal öffentlich in Berlin eine Hakenkreuzfahne wehen.

Sicherlich kann das Treiben in der „Ameise" Theodor Heuss, dem späteren ersten Präsidenten der Bundesrepublik Deutschland, nicht entgangen sein, der, wieder nach Friedenau zurückgekehrt, von 1918 bis 1930 in unmittelbarer Nähe des Lokals in der Fregestraße 80 lebte.

Doch wann Theodor Heuss erfahren hat, wer der kleine, eher unscheinbar wirkende, gehbehinderte Mann war, der ihm gegenüber wohnte und dem er auf der Straße begegnet sein mußte, ist nicht zu belegen.

Ende der 20er Jahre befand sich in geradezu grotesk wirkender Nachbarschaft in der Fregestraße 76 die Wohnung von Joseph Goebbels, Gauleiter von Berlin und späterer Propagandaminister Adolf Hitlers.

Von unbekannter Frauenhand geschrieben steht auf der Rückseite dieser Fotografie:
„Mein Verlobter Conrad Ulrich als Einjährig-Freiwilliger, Berlin-Friedenau 1913,
Gefallen im 1. Weltkrieg 1914–1918 am 9. September 1914 in Orly b/Paris“

Heidel-
berger Pl.
Mannheimer
Detmolder
Aachener
Main
Hanauer Str.
Elltvill.S.
Triberger S.
Siegburger S.
Hohensteiner S.
Burgunder S.
Fehler
Offenbach
Spessart
Deidesheimer
Nauheimer Str.
Homburger Pl.
Homburger
Wiesbadener Pl.
Wiesbadener
Neckar S.
Rüdesheim. Pl.
Landauer S.
Wilhelm
Taunus
Wiesba
Schiller Platz
Ref. Sch.
Homuth
Schwalbach S.
Rheingau
Hertel S.
Oden
Born
Lorcher
Sodener
Falkensteiner
Binger
Johannisberger
Schlangenbader
Laubenheimer Pl.
Wetzlarer
Marbach
Aachener Pl.
Kreuznacher Str.
Rastatter
Schildhorn
Mommsen
Treitschke
Forst
Gellert Str.
Opitz S.
Gangh
Grillparzer
Rückert S.
Paulsen
Arndt
Uhland S.
Zimmermann Str.
Ahorn
Victoria Park
Miquel Str.
Hubert
Flensburger
Herder Str.
Fleming S.
Jahn Str.
Allee
Sachs
Kleist
Pflanz. Phys. J.
Grunewald S.
Kaiser

Wilmersdorf
Friedenau
denau
Friedenau
Am Seepark
Str.
Kuppenheimer S.
Raether S.
Sternb. S.
Hey
Voss-bergs.
Reuter S.
Gutzkow S.
Haupt
Ebers
Gem. Schöneberg
Bruchsal
Wex
Kaiser Pl.
Isolde S.
Gymn.
Bennigsen S.
Maybach Platz
Hähnel Str.
Träger
Rubens
Innsbrucker S.
Betriebs-Bhf.
Senta S.
Wagn. Pl.
Eva S.
Ortr. S.
Elsa S.
Bismarck S.
Raths.
Feurig S.
Lauter
Stier
Albe Str.
Raths. t.D.
Friedr. Wilh.
Nied Str.
Sponholz Str.
Hedwig Str.
Wilmersdorfer Pl.
Schmargen dorfer S.
Kirch
Hand Str.
Mosel S.
Hauff S.
Wieland
Bahnhof
Helmholz R. Gym.
Dürer Pl.
Begas S.
Cranach
Schule
Rönnebg. S.
Rhein
Ring
Str.
Rembrandt
Menzel
Nathanael K.
Beckel
Frege
Lenbach S.
Peter Vischer St.
Peschke S.
Schöneberger
Feuerbach
Feld S.
Holstein
Real Sch.
Alsen Str.
Lauchinger Str.
Posen
Sachsen wald
Canova
Thor wald sen
Städt. Kranken haus
Stubenrauch Pl.
Lauenb. Pl.
Kiss ing S.
Horst
Kohl S.
Bucher S.
Körner
Knieper hof
Schöneberg
Friedrichsruher
Altmark
Göttinger Str.
Ev.V.

Literatur- und Quellenverzeichnis

Adressbuch von Berlin
und Vororte für die Jahre 1850–1943

Adressbücher für Friedenau 1906–1914
Druck und Verlag von Leo Schulz, Friedenau

Amtliche Ausgabe der Polizei-Verordnungen
und Orts-Statute für den Amts- und Gemeindebezirk Friedenau bei Berlin, 1909

Archiv zur Geschichte von Tempelhof und Schöneberg

Bildarchiv Preußischer Kulturbesitz

Brücke und Berlin
100 Jahre Expressionismus
© Nicolaische Verlagsbuchhandlung Berlin und Staatliche Museen zu Berlin, 2005

Bürgerliche Aufklärung und Liberales Freiheitsdenken: A. Bernstein in seiner Zeit
Julius H. Schoeps,
Stuttgart · Bonn: BURG, 1992

Chronik Friedenau
Günter Wollschläger, Berlin, 1986

Chronik der Kirchengemeinde zum guten Hirten Berlin Friedenau
Julius Möller, Verlag der Kirchengemeinde Berlin-Friedenau, 1930

Das andere Friedenau
Spaziergänge durch 125 Jahre Kunst-, Literatur- und Baugeschichte, Christel und Heinz Blumensath
Bezirksamt Schöneberg
Museum Schöneberg Berlin, 1996

Das steinerne Berlin
Werner Hegemann
Gustav Kiepenheuer Berlin, 1930

Denkmale in Berlin, Bezirk Schöneberg, Ortsteil Friedenau
Peter Lemburg, Gabriele Schulz, Dietrich Worbs
Verlag Wilmuth Arenhövel Berlin, 2000

Der Haus- und Grundbesitzer- Verein zu Berlin-Friedenau 1888–1913
Ein Überblick seiner Entwicklung
Berlin-Friedenau, 1913

Der kleine Gast Roman von Georg Hermann
© 1999 neu herausgegeben von Gert und Gundel Mattenklott/Freie Universität Berlin und des Moses Mendelssohn Zentrums/Universität Potsdam im Verlag Das Neue Berlin

Der Künstlerfriedhof in Friedenau
Pohren-Hartmann, Ebling, Weissberg
© edition Friedenauer Brücke Berlin, 2006

Der Männer-Turnverein zu Friedenau 1886–1911
Jubiläumsschrift zum 25 jährigen Bestehen
Friedenau, 1911

Deutsches Historisches Museum

Die Eisenbahn Berlin-Potsdam
Die Wannseebahn, Stefan Handke
© Marion Hildebrand Verlag, 1988

Die Geschichte des Gossner-Hauses in Berlin-Friedenau, Siegwart Kriebel
Broschüre der Gossner Mission, 1979

Es war in Schöneberg
Aus 700 Jahren Schöneberger Geschichte
Helmut Winz
Hg: Bezirksamt Schöneberg von Berlin, 1964

Festschrift zur 60 Jahr-Feier der Rönnebergschen Höheren Mädchenschule Berlin-Friedenau
Dr. Dorothea Menadier

Friedenau 1871–1920
Aus der Geschichte einer Landgemeinde
Werner Heilmann, Berlin, 1964

Friedenau – Aus dem Leben einer Landgemeinde 1871–1924
Hermann Ebling, Berlin, 1986

Friedenauer Lokal-Anzeiger Jahrgänge 1894–1914

Friedenau – Straßen, Häuser, Menschen
Alfred Bürkner, Stapp Verlag Berlin, 1996

Geheimes Staatsarchiv Preußischer Kulturbesitz

Geschichte der Ortschaften des Kreises Teltow 3. Teil, Der Teltow, Willy Spatz, Berlin, 1912

Theodor Heuss, Erinnerungen 1905–1933
© 1963 Wunderlich/Deutsche Verlagsanstalt, München, Verlagsgruppe Random House GmbH

International Institute of Social History Amsterdam

Jettchen Gebert Roman von Georg Hermann
© 1998 neu herausgegeben von Gert und Gundel Mattenklott/Freie Universität Berlin und des Moses Mendelssohn Zentrums/Universität Potsdam im Verlag Das Neue Berlin

Jubiläumsausgabe des Schöneberg-Friedenauer Lokal-Anzeigers 50 Jahre Friedenau
9. November 1924

Jüdisches Museum der Stadt Frankfurt am Main

Kubinke Roman von Georg Hermann
© 1997 neu herausgegeben von Gert und Gundel Mattenklott/Freie Universität Berlin und des Moses Mendelssohn Zentrums/Universität Potsdam im Verlag Das Neue Berlin

Landesarchiv Berlin

Rosa Luxemburg Bilderlesebuch
Herausgegeben von Kristine von Soden
Elefanten Press Verlag GmbH Berlin, 1995

Rosa L.
Die Geschichte der Rosa Luxemburg und ihrer Zeit
Frederik Hetmann
© 1976 Beltz Verlag, Weinheim und Basel

Rosa Luxemburg
Gesammelte Briefe, Band 1–6
© Karl Dietz Verlag Berlin, 1982–1993

Rosa Luxemburg
Briefe an Karl und Luise Kautsky 1896–1918
Herausgegeben von Luise Kautsky
E. Laub'sche Verlagsbuchhandlung Berlin, 1923

Rosa Luxemburg – Ein Gedenkbuch
Luise Kautsky
E. Laub'sche Verlagsbuchhandlung Berlin, 1929

Rosa Luxemburg: Ein Leben
Elzbieta Ettinger
Verlag J. H. W. Dietz Nachf. GmbH Bonn, 1990

Im Lebensrausch, trotz alledem Rosa Luxemburg. Eine Biographie
Annelies Laschitza
Aufbau-Verlag GmbH Berlin, 1996

Rosa Luxemburg und Leo Jogiches
Maria Seidemann
Rowohlt Verlag GmbH Berlin, 1998

Meinen Söhnen und meinen Enkelkindern
Erinnerungen von Frida Brücker geb. Bauer
Manuskript, Berlin, 1940

Meine Zeit wird wieder kommen ...
Das Leben des Karl Kautsky
Harald Koth
© Dietz Verlag Berlin GmbH, 1993

Christian Morgenstern
Gedichte in einem Band
© 2004 Insel Verlag Frankfurt a. M. und Leipzig

Musikgeschichte im Spiegel der Berliner Friedhöfe
Joachim Strunkeit
Verein für die Geschichte Berlins, 2004

Bronzegießerei Noack: Kunst und Handwerk
Paul Otto Schulz, Ulrich Baatz
Otto Meier Ravensburg, 1993

November 1918, Alfred Döblin
Band 4, Karl und Rosa, Freiburg, 1950
© Patmos Verlag GmbH & Co. KG, Düsseldorf
Walter Verlag, Düsseldorf

Nur für Herrschaften, Georg Herrmann
ausgewählt von Christfried Coler
in der Reihe „Berlinische Miniaturen"
© 1949 Das Neue Berlin

Offener Brief an die Mitglieder des Reichstages und des Preußischen Landtages sowie Die zukünftige Entwicklung von Berlin
von Carstenn-Lichterfelde, Berlin, 1892
© Landesarchiv Berlin

Thaddäus Robl, Eine Biographie
Verlag der „Rad-Welt", 1908, 1919

Schöneberg auf dem Weg nach Berlin
Historische Pläne, Texte und Fotografien
Petra Zwaka
Herausgegeben vom Bezirksamt Schöneberg von Berlin, 2. Auflage, 1998

Stiftung Stadtmuseum Berlin

Teltower Kreisblatt Jahrgänge 1882–1899

Von Berlin nach Jerusalem. Jugenderinnerungen Gershom Scholem
© der deutschen Ausgabe Suhrkamp Verlag Frankfurt am Main, 1994

Von der Wilhelmsaue zur Carstenn-Figur
120 Jahre Stadtentwicklung in Wilmersdorf
Bezirksamt Wilmersdorf von Berlin, 1987

Zentral- und Landesbibliothek Berlin Zentrum für Berlin-Studien

Gertrud und Siegfried Klein, Stubenrauchstraße 7, um 1909

Personenregister

Eigennamen wurden in der im Original
vorgefundenen Schreibweise übernommen

Straßen- und Platznamen

Heutiger Name	Ehemaliger Name
Breslauer Platz (1964)	Lauterplatz (um 1880), davor Schulplatz
Bundesallee (1950)	Kaiserstraße (1874), Kaiserallee (1888)
Bundesplatz (1950)	Kaiserplatz (1888)
Cosimaplatz (1935)	Wagnerplatz (1905)
Dickhardtstraße (1962)	Ringstraße (1872)
Görresstraße (1947)	Carlsruher Straße (1872), Wilhelmstraße (1884),
Hauptstraße (1908)	Friedenauer Straße (1882)
Perelsplatz (1961)	Berliner Platz (1873), Maybachplatz (1884)
Renée-Sintenis-Platz (1967)	Wilmersdorfer Platz (1883)
Sarrazinstraße (1947)	Bismarckstraße (1884)
Schillerplatz (1905)	Schmargendorfer Platz (1895)
Schmiljanstraße (1962)	Chausseestraße (1873), Kirchstraße (1890)
Schnackenburgstraße (1931)	Feurigstraße (1885)
Stubenrauchstraße (1889)	Ringstraße (1883)

Ehemaliger Name	Heutiger Name
Berliner Platz	Perelsplatz
Bismarckstraße	Sarrazinstraße
Chausseestraße	Schmiljanstraße
Feurigstraße	Schnackenburgstraße
Friedenauer Straße	Hauptstraße
Golzheimer Straße	Görrestraße
Kaiserstraße	Bundesallee
Kaiserallee	Bundesallee
Kaiserplatz	Bundesplatz
Kirchstraße	Schmiljanstraße
Lauterplatz	Breslauer Platz
Maybachplatz	Perelsplatz
Ringstraße	Stubenrauchstraße
Ringstraße	Dickhardtstraße
Schmargendorfer Platz	Schillerplatz
Wagnerplatz	Cosimaplatz
Wilhelmstraße	Görresstraße
Wilmersdorfer Platz	Renée-Sintenis-Platz

Der Name **Kaisereiche** für die Kreuzung Rhein-/Saar-/Schmiljanstraße ist – obwohl seit 1897 in Gebrauch – nicht offiziell bezeichnet.

Abbildungsverzeichnis

Titelbild:

Eisenbahnüberführung (Friedenauer Brücke)
Ernst Ludwig Kirchner, 1914
Museum Ludwig, Köln
© by Ingeborg & Dr. Wolfgang Henze-Ketterer, Wichtrach/Bern
und Rheinisches Bildarchiv Köln, ML 76/3110

Doppelseiten:

Alle nicht weiter bezeichneten historischen Abbildungen stammen aus der Sammlung der edition Friedenauer Brücke

Etwaige Rechteinhaber, die wir nicht ermitteln konnten, werden gebeten, sich mit dem Verlag in Verbindung zu setzen

Bildnachweise:

15 H 1023-1 ©Bezirksamt Tempelhof Schöneberg/ Berlin, Amt für Geoinformation und Vermessung

16/17, 19 ©Landesarchiv Berlin

26, 47, 70, 72/73, 75, 104/105, 107, 133, 156, 180, 183, 188, 198, 208, 214, 234, 238, 325, 327, 330
und die Ausgaben des Friedenauer Lokal-Anzeigers und des Teltower Kreisblattes
©Archiv zur Geschichte von Tempelhof und Schöneberg

32 mit freundlicher Genehmigung des Heimatvereins Steglitz e.V.

38/39, 76, 78, 88, 102, 103, 239, 261
mit freundlicher Genehmigung Dr. Peter Lemburg

79, 83, 84, 92, 95, 98, 100, 197
mit freundlicher Genehmigung
Renate und Daniel Brücker

101, 134 mit freundlicher Genehmigung Jens Lorenz

115, 301
©International Institute of Social History, Amsterdam

153 mit freundlicher Genehmigung Hermann Noack

164/165
mit freundlicher Genehmigung Michael Röblitz

173 19bT40 ©Geheimes Staatsarchiv PK, Bibliothek

271 ©Deutsches Historisches Museum Berlin

272, 273, 277, 278, 281, 287, 293
mit freundlicher Genehmigung
Karl Dietz Verlag Berlin

302 **Die Kirche auf dem Friedrich-Wilhelm-Platz**
in Friedenau von Ludwig Meidner, 1913, Aquarell
Stiftung Stadtmuseum Berlin, GHZ 82/1
©Ludwig Meidner-Archiv, Jüdisches Museum der Stadt Frankfurt am Main

304 **Max Pechstein vor seinem Gemälde „Stehender Akt mit Schirm und Fächer"**
Fotografie von Waldemar Titzenthaler, um 1913/1914
mit freundlicher Genehmigung
©Pechstein – Hamburg/Tökendorf

305 **Wohnecke Atelier Körnerstraße**
Fotografie von Ernst Ludwig Kirchner
306 **Atelierszene**
Fotografie von Ernst Ludwig Kirchner
307 **Heckel im Atelier von Kirchner, 1911**
Bleistiftzeichnung von Ernst Ludwig Kirchner
mit freundlicher Genehmigung
©by Ingeborg & Dr. Wolfgang Henze-Ketterer, Wichtrach/Bern

309 (oben und Mitte)
mit freundlicher Genehmigung TU Dresden/ Trier-Fodor Foundation/Art Gallery of Ontario

Herzlichen Dank

allen Mitarbeiterinnen und Mitarbeitern der Bibliotheken und Archive für die freundliche Hilfe:

Archiv zur Geschichte von Tempelhof und Schöneberg

Art Gallery of Ontario

Bezirksamt Tempelhof-Schöneberg/Berlin

Bildarchiv Preußischer Kulturbesitz

Deutsches Historisches Museum

Geheimes Staatsarchiv Preußischer Kulturbesitz

International Institute of Social History, Amsterdam

Jüdisches Museum der Stadt Frankfurt am Main

Landesarchiv Berlin

Stiftung Stadtmuseum Berlin

Zentral- und Landesbibliothek Berlin
Zentrum für Berlin-Studien

und besonders

Renate und Daniel Brücker für die Leihgabe des Manuskriptes von Frida Brücker und der Fotografien der Familien Bauer, Brücker und Fehler

Ingeborg & Dr. Wolfgang Henze-Ketterer für die Abdruckgenehmigung der Fotografien und einer Zeichnung von Ernst Ludwig Kirchner und vor allem dafür, Kirchners Gemälde als Titelbild verwenden zu dürfen

Dr. Peter Lemburg für den Plan auf dem Buchumschlag + S. 38/39 und den Leihgaben aus seiner Sammlung zu den Familien Fehler und Löbner

Jens Lorenz für die Fotografien der Familien Lorenz und Löbner

Dr. Roland März für die unkomplizierte Kooperation zu dem Beitrag „Die Ateliers der ‚Brücke' in Friedenau"

Prof. Dr. Gundel Mattenklott für die wunderbare Kurzbiografie über Georg Hermann

Dr. Matthias Oehme/Verlag Das Neue Berlin für die Abdruckgenehmigung von Auszügen aus Georg Hermanns Werk

Alexander Pechstein für die Abdruckgenehmigung der Fotografie von Max Pechstein

Dr. Jörn Schütrumpf/Karl Dietz Verlag Berlin für die Abdruckgenehmigung der Fotografien von Rosa Luxemburg

Brita Schwietzer für die Überlassung der privaten Fotografien von Siegfried und Gertrud Klein, Friedenau

Siegfried Klein am Gartentor des Hauses Stubenrauchstraße 7, um 1905

Impressum

edition Friedenauer Brücke, Berlin
www.friedenauer-bruecke.de

Idee, Recherche, Konzeption und alle nicht durch Autoren- oder Quellenangaben gekennzeichneten Texte:
Hermann Ebling

Konzeptionelle Mitarbeit Recherche und Text, Einband, Buchgestaltung, Bildbearbeitung und Satz:
Evelyn Weissberg

Lektorat:
Dr. Anne Meckel
www.copyright-red.de

Druck: PRINTEC, Kaiserslautern

Buchbinderei: Schaumann, Darmstadt

ISBN: 978-3-9811242-1-7

1. Auflage 2007
Printed in Germany